westermann

Susanne Betz, Petra Cost, K. Peter Henn, Hans Hilt, Andrea Klopfer, Johan La Gro, Andreas Obermann, Rainer Schmidt, Anke Walter, Ulrich Walter

Herausgeber: K. Peter Henn, Johan La Gro, Andreas Obermann

Unter Mitarbeit von: Anke Edelbrock, Elfi Rentrop, Anna-Katharina Szagun und Simone Wustrack

Evangelische Religionspädagogik

für sozialpädagogische Berufe

3. Auflage

W0272224

Bestellnummer 50656

Die in diesem Produkt gemachten Angaben zu Unternehmen (Namen, Internet- und E-Mail-Adressen, Handelsregistereintragungen, Bankverbindungen, Steuer-, Telefon- und Faxnummern und alle weiteren Angaben) sind i. d. R. fiktiv, d. h., sie stehen in keinem Zusammenhang mit einem real existierenden Unternehmen in der dargestellten oder einer ähnlichen Form. Dies gilt auch für alle Kunden, Lieferanten und sonstigen Geschäftspartner der Unternehmen wie z. B. Kreditinstitute, Versicherungsunternehmen und andere Dienstleistungsunternehmen. Ausschließlich zum Zwecke der Authentizität werden die Namen real existierender Unternehmen und z. B. im Fall von Kreditinstituten auch deren IBANs und BICs verwendet.

Die in diesem Werk aufgeführten Internetadressen sind auf dem Stand zum Zeitpunkt der Drucklegung. Die ständige Aktualität der Adressen kann vonseiten des Verlages nicht gewährleistet werden. Darüber hinaus übernimmt der Verlag keine Verantwortung für die Inhalte dieser Seiten.

service@westermann.de
www.westermann.de

Bildungshaus Schulbuchverlage Westermann Schroedel Diesterweg Schöningh Winklers GmbH, Postfach 33 20, 38023 Braunschweig

ISBN 978-3-427-**50656**-0

westermann *GRUPPE*

Inhaltsverzeichnis

Vorwort

Das nun neu aufgelegte Schulbuch für angehende Erzieherinnen und Erzieher schloss in seiner ersten Auflage aus dem Jahr 2011 eine Lücke in der Literatur zum Berufsschulreligionsunterricht (BRU). Nicht zufällig erschien ein ausgewiesenes Lehrbuch für die Fachschule für Sozialpädagogik, da hier der Unterricht in Religion und Religionspädagogik zum Kerninhalt der Ausbildung gehört. Gegenüber der Erstauflage ist es vor allem der „Deutsche Qualifikationsrahmen“ (DQR), der in die Neuauflage prägend Eingang gefunden hat. Entsprechend werden im vorliegenden Band die Kompetenzformulierungen vereinheitlicht nach den Vorgaben des DQR formuliert und auf die religionspädagogischen Inhalte bezogen.

Die im Vorwort der ersten Auflage genannten Entwicklungen hin zu einer säkularen und pluralen Gesellschaft sind noch immer virulent und erfordern eine offene und konstruktive Auseinandersetzung. Das Lehrbuch nimmt diese weiterhin in doppelter Weise auf: Die einzelnen Kapitel zeigen zum einen Wege in die religiöse Erfahrungswelt von Kindern und Jugendlichen auf und unterstützen die Vermittlung bzw. Aneignung religiöser Inhalte im Unterricht in didaktisch und methodisch reflektierter Hinsicht. Zum anderen werden auch die Studierenden als Lernende in den Blick genommen: durch die Entfaltung der theoretischen Grundlagen religionspädagogischer Forschung, der verschiedenen Praxisfelder religiöser Erziehung, des prüfungsrelevanten Grundlagenwissens sowie der Impulse für einen praxisorientierten Religionsunterricht. Aktualisiert und völlig neu bearbeitet wurden dabei die Kapitel 2.1.6 bzw. 2.1.7, 2.3, 3.7.1 und 3.7.6.

In allen Kapiteln werden die Inhalte in vier existenziellen Zugängen zur Religion entfaltet: Religion erfahren, Religion verstehen, Religion vermitteln, Religion erleben.

Dieser Aufbau des Lehrbuchs ermöglicht den Studierenden auch weiterhin ein Selbststudium, bei dem die religiösen Zugänge entsprechend der je eigenen religiösen Sozialisation gewählt werden können. Der Aufbau erfolgt nicht nach Lernfeldern und Lernsituationen, da der länderübergreifende Lehrplanentwurf für die Fachschule (Fachakademie) für Sozialpädagogik das Verhältnis von Religionspädagogik und Lernfeldern nicht thematisiert und die Bundesländer dies unterschiedlich handhaben. Stattdessen sind allen Abschnitten Situationsbeschreibungen vorangestellt, die jeweils den Praxisbezug herstellen. Der Aufbau und der existenzielle sowie zieldifferenzierte Ansatz machen das Lehrbuch auch für Leser interessant, die eine Einführung in die christliche Religion und religiöse Bildung in Theorie und Praxis suchen.

Die Herausgeber des Lehrbuchs handeln als Vertreter der „Gesellschaft für Religionspädagogik Villigst e. V.“, die sich seit Jahrzehnten unter anderem der Publikation von didaktischer und religionspädagogischer Literatur zum Religionsunterricht an berufsbildenden Schulen verpflichtet weiß und Trägerin der einzigen bundesweiten Zeitschrift zum evangelischen Berufsschulreligionsunterrichts ist, dem BRU-Magazin (www.bru-magazin.de). In dieser Tradition möge das Lehrbuch den Lehrenden, Studierenden und allen Interessierten ein hilfreicher Begleiter sein und Wege zu einer religiösen Bildung eröffnen.

Hinweis zur 3. Auflage:

Für die 3. Auflage sind Texte, Bilder und Grafiken überprüft und bei Bedarf aktualisiert worden. Die neuen Kapitel „Religionssensible Erziehung, Bildung und Begleitung“ (2.6.7), „Interreligiöse Bildung“ (2.6.8) und „Religiöse Erziehung, Bildung und Begleitung“ (2.6.9) repräsentieren aktuelle religionspädagogische Entwicklungen im Elementarbereich. Das Gleiche gilt für das überarbeitete Kapitel 2.4.1.

K. Peter Henn — Johan La Gro — Andreas Obermann

1 Religion erfahren – Zugänge zur religiösen Bildung

1.1 Zugänge zur eigenen Religiosität

1.2 Religion in Einrichtungen der Kinder- und Jugendhilfe

Aufgabe jeder pädagogischen Fachkraft ist es, Kinder und Jugendliche umfassend zu begleiten und in ihrer Bildung zu unterstützen. In einer ganzheitlichen Sicht von Bildung gehört dazu auch das religiöse Lernen der Kinder. Kinder brauchen für ihre religiöse Entwicklung Erwachsene, die sich mit ihnen auf Gespräche über religiöse Fragen einlassen und die ihnen Impulse für die Entfaltung ihres persönlichen Gottesbildes sowie für ihre Einstellung zum Leben und zu Gott geben.

Pädagogische Fachkräfte müssen dazu offen sein, sowohl für die sehr unterschiedlichen religiösen Vorerfahrungen und Prägungen von Kindern und Jugendlichen als auch für differenzierte Vorstellungen und Erwartungen von Eltern an die Religionspädagogik in der Einrichtung. Auch Kinder und Eltern ohne Zugehörigkeit zu einem religiösen Bekenntnis, Angehörige nicht christlicher Religionen sowie bewusst atheistische Meinungen und Haltungen müssen akzeptiert und ernst genommen werden. Dabei spielt es keine Rolle, ob der Träger der Jugendhilfeeinrichtung eine kirchliche, eine andere freie oder eine öffentliche Institution ist.

Dies setzt die gründliche Reflexion der eigenen Haltung und Prägung voraus. Pädagogische Fachkräfte müssen keine glaubens- und bibelfesten Menschen sein. Aber sie müssen wissen, wo sie stehen, was sie in ihrer religiösen Entwicklung geprägt hat und was ihre Überzeugungen, aber auch ihre offenen Fragen und Zweifel sind. Nur wer sich selbst gegenüber offen ist, kann auch anderen offen begegnen. Nur wer sich selbst kennt, kann andere kennenlernen und sich mit ihnen auf einen Dialog einlassen.

*In diesem Kapitel erwerben Sie folgende **Kompetenzen**:*

- *Sie verfügen über grundlegendes Wissen religiöser und weltanschaulicher Bildungsprozesse bei Kindern und Jugendlichen.*
- *Sie verfügen über die Fertigkeit, religiöse Bildungsprozesse differenziert wahrzunehmen und zu beobachten.*
- *Sie reflektieren ihre eigene religöse und weltanschauliche Sozialisation und Haltung.*
- *Sie setzen sich auseinander mit den Erwartungen von Eltern und Trägern hinsichtlich religiöser Bildung und Erziehung.*

1.1 Zugänge zur eigenen Religiosität

1.1.1 Meine Erfahrungen mit Religion

„Mit anderen über Religion zu reden fällt schwer. Im Gegensatz zu Unterhaltungen über Alltägliches empfinden die Menschen Gespräche über ihre Vorstellung von Gott und die religiöse Deutung der Wirklichkeit als etwas ausgesprochen Intimes. Wer über seinen Glauben spricht, muss von seinem Innersten erzählen. Kommt es jedoch zu ernsthaften Dialogen über Gott und die Seele, werden sie als bereichernd beschrieben, auch dann, wenn sie streitig verlaufen."
(Brummer, 2005, S. 51)

Um Kindern und Eltern gegenüber sprach- und auskunftsfähig zu sein, müssen angehende Erzieherinnen und Erzieher sich über ihre eigenen Erfahrungen mit Religion als Kind und als erwachsene Person klar werden und im Gespräch in einem geschützten Rahmen darüber reflektieren. Dabei können die nachstehenden Anregungen helfen.

Aufgabe

Lesen Sie die folgenden Äußerungen von Menschen über ihre Erfahrungen mit Religion. Wählen Sie eine davon aus und schreiben Sie der Verfasserin bzw. dem Verfasser einen Antwortbrief.

„Wenn ich in meine Jugend zurückblicke (ich bin mit 17 Christin geworden), dann habe ich entscheidend davon profitiert, dass andere Christen mir Einblick in ihr Glaubensleben gewährt haben und auch ihre Zweifel und Anfechtungen nicht verschwiegen haben. Echtes Christsein, verbunden mit dem unbedingten Willen, an Gott trotz aller Zweifel festzuhalten – das hat mich am meisten geprägt und das will ich meinen Kindern weitergeben."
(Frau C. K., 38 Jahre, Mitglied einer freien evangelischen Gemeinde)

„Als ich an Leukämie erkrankte, musste ich für sechs Monate in eine Krebsklinik. Dort lernte ich viel über mich, meine Mitpatienten und das Leben. Ich hatte das deutliche Gefühl, dass Gott mich an seine Hand nahm. Und so war es auch. Jetzt, nachdem ich meine Therapie fast abgeschlossen habe und – Gott sei Dank! – gute Aussicht auf endgültige Heilung habe, möchte ich diese Erfahrungen nicht missen. Ich glaube fest, dass Gott uns in der Not nicht allein lässt und dass ein derartiger Schicksalsschlag eine unendliche Chance birgt, ihn und auch uns selber besser kennenzulernen."
(Frau E. E., 49 Jahre, evangelisch)

„Aus meiner Kindheit bleibt mir ein Bild in Erinnerung. Abends, vor dem Einschlafen, trat mein Vater an mein Bett, strich mir über den Kopf und flüsterte: ‚Kind, es wird alles gut.' Ohne über den Wahrheitsgehalt des Gesagten nachzudenken, sog ich die Worte meines Vaters auf. Eine tiefe Sehnsucht nach Geborgenheit und Sicherheit ließ mich daran glauben. Zugegeben, ein sehr kindlicher Glaube. Aber auch heute ist diese Sehnsucht nach einem übergeordneten, hoffentlich Guten, Göttlichen in mir lebendig."
(Frau M. K., 52 Jahre, katholisch)

„Ich finde es sehr schwer, über meinen Glauben zu reden, auch in meiner Familie, weil wir alle nicht so richtig gläubig sind. Ich kann es schwer zeigen, wie ich zu Gott stehe, weil es mir immer irgendwie peinlich ist. Peinlich, weil ich nicht weiß, was die anderen denken.

Neulich fragte mich ein Mädchen mit Blick auf das Kreuz, das ich um den Hals trage, in recht abfälligem Ton, ob ich etwa gläubig sei. Ich weiß genau, warum ich dieses Kreuz trage – als Zeichen meines Glaubens an Gott. Aber ich traute mich – wieder mal – nicht und so antwortete ich schnell: ‚Nein, das Kreuz habe ich zur Konfirmation bekommen und ich trag es halt einfach so.' Ich hasste mich dafür, konnte den Vorfall nicht vergessen, weil ich meinen Gott geleugnet habe."
(Julia S., 19 Jahre, evangelisch)

„Ich muss zugeben, dass ich kaum je mit anderen Menschen über meinen Glauben spreche. Ich würde es nicht mögen, von anderen ausgelacht zu werden. Diese Gefahr sehe ich schon. Denn ich denke, dass ich eine immer noch relativ kindliche Art habe zu glauben. Zum Beispiel stelle ich mir Gott als liebenden Vater vor. Gott ist für mich jemand, dem ich mich anvertrauen kann, bei dem ich manchmal sogar fühle, dass er mir zuhört, wenn ich bete. Das ist sehr beglückend. Jedoch richtig vermitteln kann ich das nicht."
(Frau M. W., 33 Jahre, katholisch)

„Wenn man wie ich jahre-, ja jahrzehntelang nicht mehr in einem Gottesdienst war, dann kommt einem einiges doch sehr seltsam vor. Da trifft sich also ein kleiner Kreis, oft nicht mehr als 10, 15, 20 Leute, die Hälfte von ihnen Rentner, die anderen Eltern mit Kindern und ein paar Konfirmanden, und dann geht's ab. Was geht da ab? Ein Ritus eben. Alles hat seine Form. Wendungen, die immer wiederkehren. Es nervt mich schrecklich. Ich habe keine Lust darauf. Ist das eine Feier? Ein Gottesdienst? Warum so? Immer noch so steif, so ohne Freude, so unspontan, so festgefahren. Man hat das Gefühl, als Neuling sofort aufzufallen."
(Herr L. J., 39 Jahre, früher katholisch, heute konfessionslos)
(Brummer, 2005, S. 52–58)

Aufgaben

1. *Formulieren Sie Sätze, die mit den Worten beginnen: „Gott ist für mich wie ..." Hängen Sie die Sätze an eine Wand und vergleichen Sie.*
2. *In der Mitte des Raumes liegt ein Symbol für „Religion". Stellen Sie sich in einer Ihrer persönlichen Haltung entsprechenden Entfernung zu diesem Symbol auf. Positionieren Sie sich eher in der Nähe von „Religion" oder doch eher weiter entfernt? Begründen Sie, warum Sie diese Position gewählt haben. Niemand wird dazu genötigt, seine Begründung vor den anderen öffentlich zu machen*
3. *Überlegen Sie sich einen Fragenkatalog: „Was würde ich einen anderen zum Thema ‚Religion' fragen?" Suchen Sie sich eine Interviewpartnerin bzw. einen Interviewpartner und stellen Sie sich gegenseitig die vorher überlegten Fragen. Fragen Sie den anderen, welche von seinen Äußerungen Sie anschließend vor der Klasse veröffentlichen dürfen und welche nicht.*

1.1.2 Meine Werte

Für viele sind Religion und Werte eng miteinander verbunden. Viele unserer Werte stammen aus der jüdisch-christlichen Tradition, beispielsweise Hilfen für Notleidende, die Strafbarkeit unterlassener Hilfeleistung (vgl. z. B. die Geschichte vom barmherzigen Samariter, Lk 10,29–36; siehe auch Kapitel 3.4.4; deren Grundgedanke sich ebenfalls im Namen des Arbeiter-Samariter-Bundes widerspiegelt), die Feier eines arbeitsfreien Tages (jüdisch: Sabbat, christlich: Sonntag) sowie die grundsätzliche Gleichwertigkeit und Gleichberechtigung aller Menschen. Dennoch gibt es keinen „Hoheitsanspruch" der christlichen Religion auf die Werte.

Umgekehrt wehren sich die Kirchen zu Recht, wenn sie dafür verantwortlich gemacht werden, dass in unserer Gesellschaft und vor allem bei den Jugendlichen und Kindern angeblich die Werte verloren gegangen seien. Der Ruf nach Wertevermittlung durch die Kirchen greift zu kurz. Religion ist mehr als ein Wertesystem und religiöse Erziehung und Bildung mehr als die bloße Weitergabe von Werten.

Angesichts des Zusammenhanges von Religion und Werten ist es für angehende pädagogische Fachkräfte wichtig, sich nicht nur über ihre religiösen Einstellungen, sondern auch über ihre Werteorientierung klar zu werden. Auch für sie sind ihre Werte nicht vom Himmel gefallen, sondern vor allem durch Vorbilder bekannt geworden und in einem (lebens-)langen Prozess immer wieder erprobt, verändert, verworfen und neu definiert worden.

Aufgaben

1. ***Wertehierarchie*** *– ein Konsensspiel:*

   Schreiben Sie die für Sie wichtigsten drei (fünf) Werte je auf eine Karte. Suchen Sie sich dann eine Diskussionspartnerin bzw. einen Diskussionspartner, mit der bzw. mit dem Sie die 2 x 3 Karten auf wiederum drei der wichtigsten Werte reduzieren und die übrigen Karten zur Seite bzw. in die Mitte legen. Wenden Sie sich nun an ein weiteres Paar und diskutieren Sie mit diesem, welche der 2 x 3 Karten nun die für Ihre Vierergruppe wichtigsten Werte sind. Sammeln Sie schließlich die jeweils drei wichtigsten Werte aller Beteiligten und stellen Sie fest, welche Werte mehrmals als „allerwichtigste" genannt wurden. Bilden Sie daraus in der Reihenfolge der Nennungen eine Wertehierarchie Ihrer Klasse bzw. Lerngruppe.

2. *Diskutieren Sie in diesem Zusammenhang die folgenden Fragen:*
   - *Warum sind diese Werte wichtig?*
   - *Warum sind sie für Sie/Ihre Klasse wichtig?*
   - *Inwiefern sind diese Werte wichtig für das Zusammenleben in der Gesellschaft?*
   - *Mit welchen Argumenten könnte man diese Werte gegen mögliche Gegner verteidigen, die für deren Abschaffung plädieren?*

3. *Vergleichen Sie Ihre Wertehierarchie mit folgender Liste, die der Kinderwertemonitor 2014 von GEOlino in Zusammenarbeit mit UNICEF und dem Bundesministerium für Arbeit und Soziales als wichtigste Werte für die Kinder ermittelt hat (vgl. UNICEF/ GEOlino, Kinderwertemonitor, 2014):*

4. *Überlegen und erörtern Sie: Welche Werte werden Ihrer Meinung nach für die heutigen Kinder im Jahr 2030 wichtig sein?*

1.1.3 Meine religiöse Praxis

Religiöse Praktiken sind nicht nur die klassischen christlichen Verhaltensweisen wie Beten, Gottesdienstbesuch und Bibellesen. Religiöse Praxis ist auch das regelmäßige Lesen des Horoskops, das Mit-sich-Führen eines Schutzengel(bilde)s und – selbstverständlich – auch die Praktiken anderer Religionen, z. B. im Islam das regelmäßige tägliche Gebet oder das Fasten im Ramadan.

Es gibt Menschen, denen ihre persönliche religiöse Praxis, z. B. das Gutenachtgebet, sehr wichtig ist, obwohl sie sich von der Einstellung her längst von der Zeit verabschiedet haben, in der sie – z. B. als Kind – dieses Ritual übernahmen. Rituale haben manchmal eine anhaltende, „überdauernde" Wirkung: Sie überdauern Zeiten und Veränderungen. Bisweilen besinnen sich Menschen in Zeiten großer Belastungen oder Verluste auf frühere, wohltuende Rituale religiöser Praxis. Sie versuchen, das Hilfreiche von einst wieder hervorzurufen, indem sie an die Praxis von damals anknüpfen. Und in der Tat: Ein erneuertes Ritual kann durchaus wieder die früheren Wirkungen auslösen. Beispielsweise haben viele Menschen nach dem Krieg wieder in Gottesdiensten Trost und Halt gesucht – und auch gefunden. (Weitere Informationen zum Thema „Rituale" können Sie in Kapitel 2.5.1 finden.)

Beim Nachdenken über die eigene Religiosität kann es also nicht nur um innere Einstellungen und Werthaltungen gehen, sondern es gilt auch, sich über persönliche Rituale und Praktiken im eigenen Leben klar zu werden.

Aufgaben

1. *Kennen Sie Menschen, die ihre Religion (nicht nur die christliche!) praktizieren? Diskutieren Sie darüber:*
   - *Was finden Sie daran gut?*
   - *Möchten Sie Ihren Glauben auch so leben (können)?*
   - *Was finden Sie kritikwürdig?*
   - *Was könnten Sie sich für sich selbst auf keinen Fall vorstellen?*
2. *Erstellen Sie eine Stichwortsammlung: Was ist Ihrer Meinung nach alles „religiöse Praxis"? Stellen Sie in einer Mindmap zusammen, was dazugehört.*

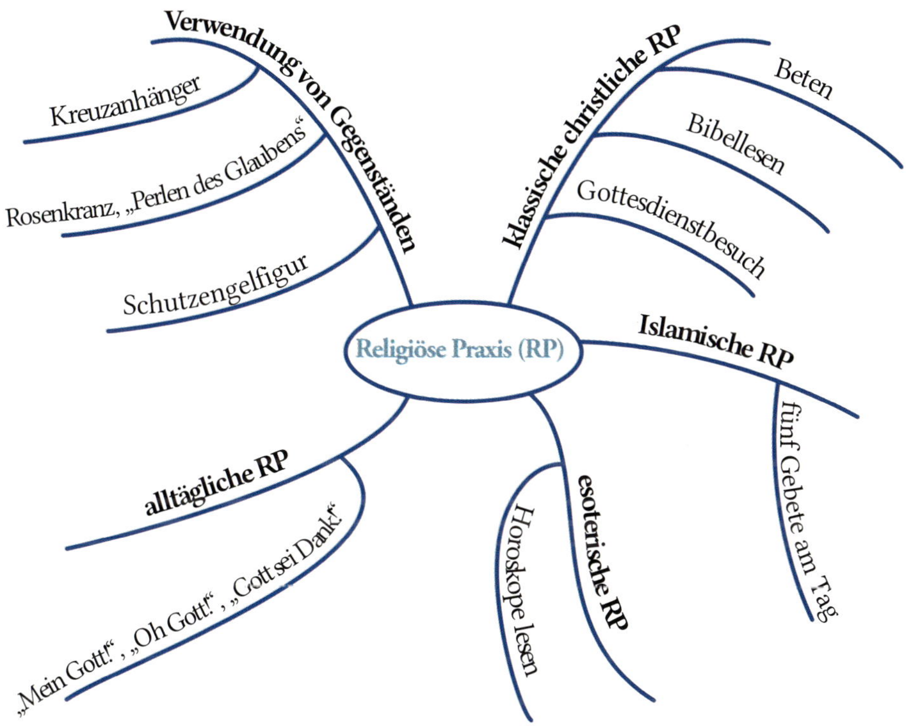

1.1.4 Und wenn ich nicht an Gott glaube?

Es heißt manchmal, dass „jeder irgendwas glaubt". Die evangelische Theologin Dorothee Sölle sprach sogar davon, dass man auch „atheistisch an Gott glauben" könne. Für viele Menschen, die sich aufgrund einer ausdrücklichen Entscheidung von der Religion abgewendet haben, sind solche Sätze jedoch wenig verständlich und werden eher als Übergriff und Zumutung angesehen.

Die Zahl der Menschen, die zu keiner Religion gehören, hat auch in Deutschland in den letzten Jahren stark zugenommen – selbstverständlich auch unter denen, die den Beruf der Erzieherin bzw. des Erziehers ergreifen wollen. Wenn diese Studierenden dennoch am Unterricht im Fach Religionslehre/Religionspädagogik teilnehmen, steht oft der Beweggrund dahinter, dass sie erfahren möchten, wie sie mit religiösen Fragen von Kindern umgehen können, ohne ihre eigenen Überzeugungen verheimlichen oder gar aufgeben zu müssen – auch und erst recht nicht im Religionsunterricht.

Aus der nachfolgenden Grafik wird deutlich, dass die beiden großen christlichen Kirchen nur noch einen Anteil von weniger als 30 % an der Gesamtbevölkerung haben und damit nur noch gemeinsam die größte religiöse Gruppe sind. Während der Anteil der muslimischen Bevölkerung bundesweit im Schnitt nur 5 % beträgt, ist dieser Anteil bei jüngeren Menschen – und hier vor allem in westdeutschen Ballungsgebieten (wie Duisburg, Dortmund etc.) oder Stuttgart – sehr viel höher, mitunter bis zu 50 % und mehr.

Der Anteil der „Konfessionslosen" beträgt in Deutschland mittlerweile 33 % der Gesamtbevölkerung, womit diese Gruppe die größte weltanschauliche Gruppe in Deutschland darstellt. In den Stadtstaaten Hamburg und Berlin und in den östlichen Bundesländern beträgt ihr Bevölkerungsanteil oft mehr als 50 %. Die Begriffe „konfessionslos" oder „konfessionsfrei" sagen letztlich nichts über die Einstellungen dieser Menschen zur Religion aus, weshalb in der fachwissenschaftlichen Diskussion unterschieden wird zwischen „atheistisch" und „religiös indifferent". Festzuhalten ist, dass es heute nicht mehr als Defizit empfunden wird, ohne Religion zu leben. Konfessionslos, so heißt es jüngst, könne man auch „glücklich" leben (Hans-Martin Barth).

Religionszugehörigkeit in Deutschland – Hochrechnung 2016

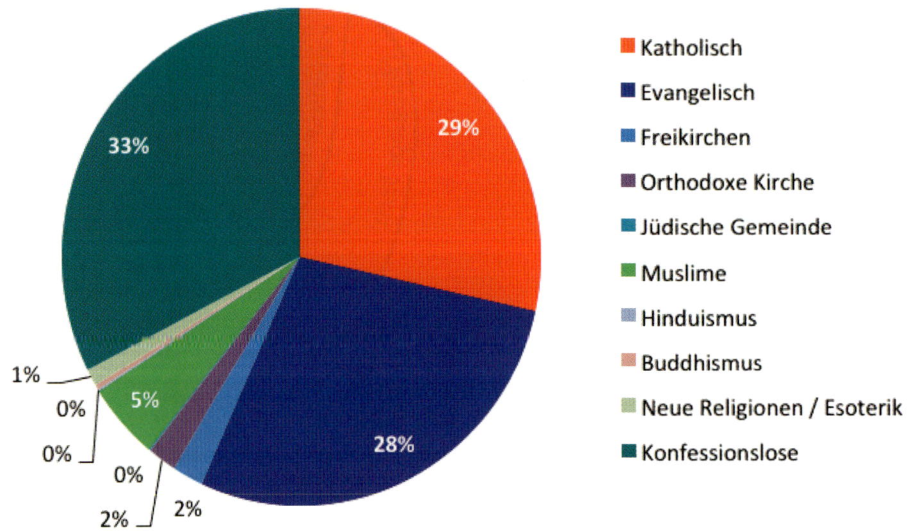

(REMID. Religionswissenschaftlicher Medien- und Informationsdienst e. V. Bezugsjahr: 2014. Teilweise (www.remid.de/))

Atheistisch

*Als **atheistisch** (wörtlich: „ohne eine Vorstellung von Gott") bezeichnet man eine Weltanschauung, die bewusst auf Deutungen und Erklärungen mit **transzendenten** (= das sinnlich Wahrnehmbare übersteigenden) Vorstellungen verzichtet. Für Atheisten gibt es keine Engel, kein Jenseits, keinen Himmel, keinen Gott, der die Welt geschaffen hat und erhält, sowie auch keinen persönlichen Gott, der das Leben des Einzelnen in seiner Hand hält und bestimmt. Für Atheisten ist alles **immanent** (= mit Mitteln der sinnlichen Wahrnehmung) erklärbar oder eben Folge von unerklärlichen Zufällen.*

Viele Atheisten leben bewusst humanistische Wertvorstellungen, d. h., sie engagieren sich für andere und für die Gemeinschaft, ohne dass sie sich hierfür einem Gott oder einem religiösen Gesetz gegenüber verantworten müssen.

Bei manchen Atheisten geht die Ablehnung alles Religiösen so weit, dass sie religiöse Vorstellungen für schädlich halten (z. B. für Kinder) und daher alles Religiöse aus dem öffentlichen Leben verbannt wissen möchten.

Religiös indifferent

*Als **religiös indifferent** (wörtlich: „gleichgültig, interesselos") bezeichnet man eine Haltung, die der Frage, ob es einen Gott gibt oder nicht, keine Bedeutung beimisst. Darum trifft der Betreffende auch keine Entscheidung für oder wider eine Religion, sondern Religion ist ihm grundsätzlich gleichgültig, weil er davon überzeugt ist, dass sich durch solch eine Entscheidung, ja durch Religion überhaupt, in seinem Leben nichts ändern würde.*

Die Liebenden, René Magritte (1928)

Mit oder ohne Gott: aber gemeinsam für die Welt

„Es gibt (mit an Sicherheit grenzender Wahrscheinlichkeit) keinen Gott" (s. Seite 52 ff.): Mit dieser Aufschrift fuhren vor einiger Zeit Busse durch Deutschland und andere Länder. Dieser Kampagne von Atheisten begegneten einige Christen, indem sie ebenfalls Busse auf die Reise schickten mit dem Slogan: ‚Und wenn es ihn doch gibt […]?'

Atheisten glauben nicht an einen Gott und lehnen für sich jede Religion ab. Sie sagen: Götter und Religionen haben die Menschen erfunden, um sich Unerklärliches zu erklären und Schweres im Leben leichter ertragen zu können. Atheistische Philosophen im 19. Jahrhundert vertraten sogar die Ansicht, Religion sei von den Mächtigen erfunden worden, um die kleinen Leute zu unterdrücken. Berühmt ist der Satz von Karl Marx: ‚Religion ist Opium des Volkes.'

Während im Laufe der Geschichte viele Atheisten als Ketzer und Ungläubige verfolgt, bestraft oder sogar getötet wurden (und mit ihnen oft auch gläubige Menschen, die ‚anders' an Gott glaubten als die Mächtigen), kam und kommt es in Staaten, die sich als atheistisch bezeichnen, umgekehrt oft zur Benachteiligung und Unterdrückung von religiös Gläubigen.

Atheismus ist – wie Religion – eine Weltanschauung, ein Verständnis der Welt, ihrer Entstehung und Wirklichkeit. Während für religiös gläubige Menschen zu diesem Bild der Welt – wie auch immer es konkret aussieht – ein Gott oder mehrere Götter gehören sowie eine ‚unsichtbare Wirklichkeit' (z. B. Jenseits, Himmel, Leben nach dem Tod, Auferstehung, Wiedergeburt und Engel), passt all dieses sogenannte ‚Transzendente' nicht in die Weltanschauung atheistischer Menschen. Weder die einen noch die anderen können jedoch einem Außenstehenden unwiderlegbar ‚beweisen', dass ihre Sicht richtig und die andere falsch ist.

Es kommt also im Umgang zwischen Christen und Atheisten darauf an, dem jeweils anderen nicht Vernunft, Logik und das Recht abzusprechen, so zu denken und zu glauben. Es muss darum gehen, das Gemeinsame zu klären. Und das ist eindeutig unsere Verantwortung für die Welt und die Menschen. Mitmenschlichkeit, Hilfe für Notleidende sowie nachhaltiges Planen und Handeln für die kommenden Generationen ist unser aller Aufgabe – egal, ob wir glauben, dafür auch einem Gott gegenüber verantwortlich zu sein oder nicht. Deshalb können auch Christen die Slogans der atheistischen Buskampagne für sich in Anspruch nehmen: ‚Gutes tun ist menschlich.' und ‚Werte sind menschlich – auf uns kommt es an.'

Kinder begegnen eher dem ‚stillen Atheismus', der sich seit den letzten Jahren breit macht: Menschen, die sich innerlich von Religion abwenden, ohne sie direkt abzulehnen oder gar zu bekämpfen. Manche bleiben sogar formal Mitglied einer Religionsgemeinschaft, zeigen aber durch ihr Verhalten und Reden, dass es ihnen völlig gleichgültig ist, ob es einen Gott und ein Jenseits gibt oder nicht. An unserem Vorbild als Erwachsene können Kinder erfahren, dass wir Gleichgültigkeit nicht gut finden (nicht nur in religiösen Fragen), dass uns aber alle Menschen am Herzen liegen, auch wenn sie anders oder bewusst nicht religiös glauben."

(Hilt, 2010, o. S., leicht verändert)

Aufgaben

Was denken bzw. sagen die anderen?

1. *Machen Sie sich Gedanken zum Inhalt der Illustration: Was würden Sie sagen? Was würde ein Mensch sagen, der gerade Schlimmes erlebt hat? Was würde ein Atheist sagen oder denken, was ein Agnostiker, der die Ansicht vertritt, dass die Existenz eines höheren Wesens wie Gott nicht zu klären ist?*
2. *Vereinbaren Sie verschiedene Rollen und spielen Sie den Disput im Rollenspiel nach.*

1.2 Religion in Einrichtungen der Kinder- und Jugendhilfe

Um angemessen mit Kindern und Jugendlichen umgehen zu können, muss die pädagogische Fachkraft imstande sein, religiöse Bildungsprozesse differenziert wahrzunehmen und zu beobachten. Eine solche differenzierte Wahrnehmung kann beeinträchtigt oder gar verhindert werden

- durch eine oberflächliche Betrachtung, die nur explizite, nicht aber implizite Bildungsprozesse wahrnehmen kann, und
- durch die Voreingenommenheit der beobachtenden Person gegenüber Religion, gegenüber einer bestimmten Religion oder gegenüber den Äußerungen und Verhaltensweisen eines Kindes.

1.2.1 Wie kommt Religion in Einrichtungen der Kinder- und Jugendhilfe vor?

Wer nur die Aktivitäten und Angebote in einer Einrichtung betrachtet, bei denen es ausgesprochen um religiöse Inhalte geht, nimmt nur die Spitze des Eisberges „religiöser Bildung" wahr. Um Religion im weiteren Sinne (vgl. Kapitel 2.1) geht es beispielsweise auch bei der Raumgestaltung, bei Ritualen, bei spontanen Gesprächen der Kinder untereinander oder mit Erwachsenen – und auch in Einrichtungen, in denen keine oder wenig religiöse Erziehung stattfindet.

Man unterscheidet explizite (ausdrückliche) religiöse Bildung einerseits und implizite (nicht ausdrückliche) religiöse Bildung andererseits. Letztere ereignet sich sozusagen „nebenbei" in Bildungsprozessen und ist gar nicht als Religionspädagogik geplant.

Pädagogische Fachkräfte müssen beide Formen in den Blick nehmen und Kinder dabei beobachten, wie sie damit umgehen.

Aufgaben

1. *Beobachten Sie, wo in einer Tageseinrichtung Religion vorkommt – explizit und implizit, z. B. in der Konzeption, im Leitbild, in der Raumgestaltung, am Schwarzen Brett, in Ritualen und regelmäßigen Formen im Tages- und Jahresablauf, aber auch in Äußerungen der Kinder (verbal, kreativ-künstlerisch oder spielerisch).*
2. *Befragen Sie die Praxisanleiterin bzw. den Praxisanleiter oder andere Mitarbeitende im Team nach ihren Beobachtungen.*

1.2.2 Was erleben und lernen Kinder durch Religion?

Nach dem ersten Blick auf die unterschiedlichen Formen expliziter und impliziter religiöser Bildung geht es darum, Kinder dabei differenziert wahrzunehmen. Manchmal unterschätzen oder überschätzen pädagogische Fachkräfte Bildungsprozesse in ihrer Bedeutung für das Kind. Oft schließen sie dann unbewusst und unreflektiert von sich auf die Kinder: „Was für mich wichtig und positiv ist, ist auch für Kinder bedeutsam und wohltuend – und umgekehrt."

Um die Kinder differenziert wahrnehmen zu können, bedarf es auch und gerade bei der religiösen Bildung einer sorgfältigen und nicht bewertenden Beobachtung.

Aufgaben

1. *Beobachten Sie ein Kind fünf Minuten lang bei einer Aktivität, die im weitesten Sinne mit Religion zu tun hat (z. B. ein Gespräch, Rollenspiel oder religionspädagogisches Angebot).*

   - *Was tut das Kind?*
   - *Was äußert das Kind (verbal und nonverbal durch Mimik und Gestik)?*
   - *Woran erkennen Sie den Grad der Aufmerksamkeit des Kindes?*
   - *Woran erkennen Sie, wie interessiert das Kind ist?*

   Machen Sie sich während der Beobachtung Stichwortnotizen.

2. *Schreiben Sie anschließend möglichst genau auf, was Sie gesehen und gehört haben. Vermeiden Sie dabei, Ihre eigenen Annahmen, Überlegungen und Schlussfolgerungen in die Beschreibung einfließen zu lassen.*

   Lesen Sie Ihre Beobachtung anderen vor und tauschen Sie sich darüber aus: „Sehen" die anderen vor ihrem inneren Auge, was Sie beobachtet haben?

   Versuchen Sie danach gemeinsam, Rückschlüsse und Einschätzungen zu formulieren: Was hat das Kind möglicherweise innerlich erfahren bzw. gelernt?

1.2.3 Was erwarten Eltern bezüglich religiöser Erziehung?

Die religiös-weltanschauliche Erziehung ist unbestrittenes Elternrecht. In § 9 Abs. 1 SGB VIII (Kinder- und Jugendhilfegesetz (KJHG) wird geregelt:

„Bei der Ausgestaltung der Leistungen und Erfüllung der Aufgaben [der Einrichtung] sind die von den Personensorgeberechtigten bestimmte Grundrichtung der Erziehung sowie die Rechte der Personensorgeberechtigten und des Kindes oder des Jugendlichen bei der Bestimmung der religiösen Erziehung zu beachten."

Das heißt keinesfalls, dass Einrichtungen ihr religionspädagogisches Konzept nach den Wünschen der Eltern ausrichten und ggf. verändern oder gar aufgeben müssten. Es bedeutet aber, dass pädagogische Fachkräfte die Eltern ausführlich über dieses Konzept unterrichten und mit den Eltern das Angebot für ihr Kind sorgfältig abstimmen müssen. Voraussetzung dafür ist, dass die Erwartungen der Eltern bezüglich der religiösen Erziehung sehr sensibel zur Kenntnis genommen werden. Eltern erwarten in jedem Fall

- die Wertschätzung gegenüber ihrer religiös-weltanschaulichen Einstellung,
- das Ernstnehmen ihrer Wünsche im Hinblick auf das Kind sowie
- Transparenz und Kommunikation im Sinne einer Erziehungs- und Bildungspartnerschaft.

Aufgaben

Gestalten Sie ein Planspiel zur folgenden Situation: „Das Team stellt den Eltern das pädagogische und religionspädagogische Konzept vor. Wie reagieren die Eltern darauf?"

1. *Überlegen Sie zunächst verschiedene mögliche Positionen von Eltern, bevor Sie dementsprechend die Rollen untereinander zuweisen bzw. verteilen, z. B.:*
   - *Eltern, die „mehr" wollen: Traditionelles, möglicherweise auch Fundamentalistisches*
   - *Eltern, die nur religiöse, aber keine christliche Erziehung wollen*
   - *Eltern, die nicht wollen, dass ihre Kinder in irgendeiner Weise beeinflusst werden: „Sie sollen sich später selbst entscheiden können."*
   - *Eltern, die einer anderen oder keiner Religion angehören und Angst vor einer „Missionierung" ihrer Kinder haben*
   - *Eltern, die selbst eine angstmachende religiöse Erziehung erfahren haben und befürchten, dass ihrem Kind hier Ähnliches widerfährt*
2. *Werten Sie anschließend das Planspiel aus und erstellen Sie Regeln oder Standards für den Umgang mit Eltern und ihren Wünschen zur religiösen Erziehung.*

1.2.4 Was erwarten Träger von Tageseinrichtungen bezüglich religiöser Erziehung?

Ungefähr die Hälfte aller Tageseinrichtungen für Kinder in Deutschland ist in kirchlicher Trägerschaft (z. B. evangelische und katholische Kirche, Diakonie, Caritas, kirchliche Vereine und Stiftungen). Die andere Hälfte ist zum größeren Teil in kommunaler und zum geringeren Teil in freier, nicht kirchlicher Trägerschaft.

Kirchliche Träger haben meist ein klares Bild davon, was sie hinsichtlich religiöser Bildung in ihrer Einrichtung erwarten. Dies spielt oft schon bei der Personalauswahl eine Rolle. In der Regel müssen die Mitarbeiter/-innen derselben Kirche oder zumindest einer Kirche angehören, die Mitglied der Arbeitsgemeinschaft Christlicher Kirchen in Deutschland (ACK) ist. Dennoch gibt es ein breites Spektrum konkreter Erwartungen an die pädagogischen Fachkräfte.

Bei kommunalen und anderen freien Trägern ist das Bild vielseitiger: von Trägern, die aufgrund eines gesetzlichen Auftrages oder einer vertraglichen Vereinbarung eine religiös-christliche Erziehung in ihren Einrichtungen befürworten bis zu solchen, die Kinder weltanschaulich neutral erziehen möchten.

Um Pauschalisierungen zu vermeiden, müssen daher in jedem einzelnen Fall die entsprechenden Erwartungen des Trägers geklärt werden. Der gesetzliche Auftrag zur religiös-christlichen Erziehung nach Art. 12 Abs. 1 der Landesverfassung von Baden-Württemberg besagt beispielsweise:

„Die Jugend ist in Ehrfurcht vor Gott, im Geiste der christlichen Nächstenliebe, zur Brüderlichkeit aller Menschen und zur Friedensliebe, in der Liebe zu Volk und Heimat, zu sittlicher und politischer Verantwortlichkeit, zu beruflicher und sozialer Bewährung und zu freiheitlicher demokratischer Gesinnung zu erziehen."

Aufgaben

1. *Vergleichen Sie schriftliche Aussagen von Trägern über ihre Vorstellungen zur religiösen Erziehung in ihren Einrichtungen, z. B. im Leitbild, im Vorwort der Konzeption oder sonstigen Veröffentlichungen und Dokumentationen.*
2. *Laden Sie einen Trägervertreter oder eine Fachberatung in den Unterricht ein und befragen Sie ihn (u. a.) zu seinen Erwartungen bezüglich religiöser Erziehung in seiner Einrichtung. Überlegen Sie sich dazu vorher Interviewfragen (die nicht mit „ja" oder „nein" zu beantworten sind).*

   Machen Sie sich klar, dass Aussagen eines Einzelnen allerdings nicht verallgemeinerbar sind.

2 Religion verstehen – Grundlagen religiöser Erziehung

2.1 Religion und religiöse Erziehung

Pädagogische Fachkräfte begleiten und unterstützen Kinder und Jugendliche bei ihrer Suche nach Antworten auf ihre ausgesprochenen und nicht ausgesprochenen Grundfragen des Lebens – und zwar unabhängig von kirchlicher, kommunaler oder sonstiger Trägerschaft der Einrichtung. Dies geschieht in einer Situation, in der die bindende Kraft der Religionen zurückgeht. An die Stelle tritt die persönliche Religiosität, die ganz unterschiedliche Formen annehmen kann und von Familientraditionen geprägt und individuell ausgestaltet wird. Kinder und Jugendliche brauchen Begleitung in ihrer religiösen Entwicklung, die sich an gesellschaftlich akzeptierten Zielen orientiert und die persönliche Entwicklung unterstützt.

In diesem Kapitel erwerben Sie folgende ***Kompetenzen:***

- *Sie verfügen über grundlegendes Wissen über Merkmale und Bedeutung von Religion.*
- *Sie verfügen über die Fertigkeit, religiöse Bildung in die Selbstbildung zu einem selbstständigen und verantwortungsfähigen Subjekt einzubeziehen.*

2.1.1 Religion – was ist das?

„Glaube ist Liebe zum Unsichtbaren,
Vertrauen aufs Unmögliche, Unwahrscheinliche."
(Johann Wolfgang von Goethe, 1749–1832)

„Es ist aber der Glaube eine feste Zuversicht auf das, was man hofft,
und ein Nichtzweifeln an dem, was man nicht sieht."
(Hebr. 11,1, https://www.bibleserver.com/text/LUT/Hebr%C3%A4er11,1)

Religion wird häufig – und das zu Recht – in einem Atemzug mit Weltanschauung genannt (z. B. in Art. 4 Abs. 1 Grundgesetz (GG) und in den §§ 1 und 9 Allgemeines Gleichbehandlungsgesetz (AGG)). Religion ist wie jede Weltanschauung zunächst nichts anderes als eine Betrachtung, eine Vorstellung, ein Bild von der Welt und vom Leben. Religionen und Weltanschauungen geben Antworten auf die „großen" Fragen nach dem Woher und Wohin, nach Sinn und Deutung der Weltzusammenhänge sowie der ganz persönlichen Lebensfragen. Das Bundesverfassungsgericht definiert es so: Religion und Weltanschauung sind gekennzeichnet „durch die Gewissheit über Aussagen zum Weltganzen sowie zur Herkunft und zum Ziel menschlichen Lebens" (Antidiskriminierungsstelle des Bundes, 2010, S. 17).

Im Unterschied zu den nicht religiösen Weltanschauungen (z. B. Materialismus, Nationalsozialismus), die sich auf innerweltliche Bezüge und Erklärungen beschränken, legt Religion „dabei eine den Menschen überschreitende und transzendente Wirklichkeit zugrunde" (Antidiskriminierungsstelle des Bundes, 2018, S. 12). Auf die **Transzendenz** (wörtlich: „das Übersteigen") kommt es also an. Dabei meint Transzendenz das Übersteigen des sinnlich Wahrnehmbaren und logisch-naturwissenschaftlich Erklärbaren, was das gemeinsame Merkmal aller Religionen ist: Sie operieren in ihren Denkvorstellungen, aber auch in ihrer religiösen Praxis mit unsichtbaren, transzendenten Phänomenen. Himmel und Jenseits, Geister, Engel und Götter können Einfluss nehmen auf die sichtbare Wirklichkeit und die Menschen. Letztere hören auf Botschaften aus dieser unsichtbaren Welt (z. B. in der Bibel, im Koran) und richten ihrerseits Botschaften dorthin (z. B. in Gebeten).

Neben Antworten auf und Deutung von Lebensfragen vermitteln Religionen Halt, Orientierung, Trost, Ermutigung, ethische Richtlinien, Geborgenheit usw. Ein Beispiel hierfür ist das berühmte Gedicht (1944) von Dietrich Bonhoeffer (1906–1945):

„Von guten Mächten wunderbar geborgen

Von guten Mächten treu und still umgeben,
behütet und getröstet wunderbar,
so will ich diese Tage mit euch leben
und mit euch gehen in ein neues Jahr.

Noch will das alte unsre Herzen quälen,
noch drückt uns böser Tage schwere Last.
Ach Herr, gib unsern aufgeschreckten Seelen
das Heil, für das du uns geschaffen hast.

Und reichst du uns den schweren Kelch, den bittern
des Leids, gefüllt bis an den höchsten Rand,
so nehmen wir ihn dankbar ohne Zittern
aus deiner guten und geliebten Hand.

Doch willst du uns noch einmal Freude schenken
an dieser Welt und ihrer Sonne Glanz,
dann wolln wir des Vergangenen gedenken
und dann gehört dir unser Leben ganz.

Lass warm und hell die Kerzen heute flammen,
die du in unsre Dunkelheit gebracht,
führ, wenn es sein kann, wieder uns zusammen.
Wir wissen es, dein Licht scheint in der Nacht.

Wenn sich die Stille nun tief um uns breitet,
so lass uns hören jenen vollen Klang
der Welt, die unsichtbar sich um uns weitet,
all deiner Kinder hohen Lobgesang.

Von guten Mächten wunderbar geborgen,
erwarten wir getrost, was kommen mag.
Gott ist mit uns am Abend und am Morgen
und ganz gewiss an jedem neuen Tag."

(Dietrich Bonhoeffer, 2005)

Moderne Auffassungen begreifen Religion nicht als geschlossenes System von Antworten, sondern eher als eine Grundhaltung, in der der Mensch offen, neugierig und fragend der Welt gegenübertritt. So verstanden gehören auch Glaube und Zweifel unmittelbar zusammen:

„Glaube denen, die die Wahrheit suchen,
und zweifle an denen, die sie gefunden haben."
(André Gide, 1869–1951, 2007, S. 107)

„Ich glaube; hilf meinem Unglauben!"
(Mk 9,24, https://www.bibleserver.com/search/LUT/„Ich%20glaube,%20hilf%20meinem%20Unglauben/1)

Es geht also – auch für pädagogische Fachkräfte und deren Umgang mit Kindern, Jugendlichen und ihren Eltern – nicht darum, im Besitz der Wahrheit zu sein, auf alle Fragen eine Antwort zu haben und unerschütterlich über allen Zweifeln zu stehen. Vielmehr geht es um eine Haltung, die sucht und fragt und anderen gegenüber offen ist, sie ernst nimmt und respektiert, auch wenn sie andere Positionen vertreten als man selbst.

Aufgabe

Eines der eindrucksvollsten Bilder zur Verdeutlichung dessen, worauf es bei Religion ankommt, ist der Holzstich von Camille Flammarion (1842–1925) aus dem Jahr 1888. Mit den Stilmitteln des Mittelalters und vor dem Hintergrund des antiken Weltbildes wird ein Mensch dargestellt, der das Unbekannte erkennen will.

Durchbrechung des mittelalterlichen Weltbildes (Camille Flammarion, Holzstich, 1888)

Formulieren Sie Ihre eigenen Wunschvorstellungen: „So wie dieser ‚Himmelsgucker' möchte ich […].“ – Was haben diese Wünsche für Sie mit Religion zu tun?

Religion beinhaltet das Suchen, Fragen, Offen-sein und vor allem das Sich-nicht-zufrieden-Geben.

Angetrieben von ihren inneren Wünschen und Vorstellungen macht sich auch die Hündin Jennie in dem Buch „Higgelti Piggelti Pop! oder Es muss im Leben mehr als alles geben“ von Maurice Sendak auf die Suche.

„Einst hatte Jennie alles. Sie schlief auf einem runden Kissen im oberen und auf einem viereckigen Kissen im unteren Stockwerk. Sie hatte einen eigenen Kamm, eine Bürste, zwei verschiedene Pillenfläschchen, Augentropfen, Ohrentropfen, ein Thermometer und einen roten Wollpullover für kaltes Wetter. Sie hatte zwei Fenster zum Hinausschauen und zwei Schüsseln für ihr Futter. Und sie hatte einen Herrn, der sie liebte.

Doch das kümmerte Jennie wenig. Um Mitternacht packte sie alles, was sie besaß, in eine schwarze Ledertasche mit einer goldenen Schnalle und blickte zum letzten Mal zu ihrem Lieblingsfenster hinaus.

‚Du hast alles', sagte die Topfpflanze, die zum selben Fenster hinaussah. Jennie knabberte an einem Blatt.

‚Du hast zwei Fenster', sagte die Pflanze. ‚Ich habe nur eines.'

Jennie seufzte und biss ein weiteres Blatt ab. Die Pflanze fuhr fort: ‚Zwei Kissen, zwei Schüsseln, einen roten Wollpullover, Augentropfen, Ohrentropfen, zwei verschiedene Fläschchen mit Pillen und ein Thermometer. Vor allem aber liebt er dich.'

‚Das ist wahr', sagte Jennie und kaute noch mehr Blätter.

‚Du hast alles', wiederholte die Pflanze.

Jennie nickte nur, die Schnauze voller Blätter.

‚Warum gehst du dann fort?'

‚Weil ich unzufrieden bin', sagte Jennie und biss den Stängel mit der Blüte ab. ‚Ich wünsche mir etwas, was ich nicht habe. Es muss im Leben mehr als alles geben!'

Die Pflanze sagte nichts mehr.

Es war ihr kein Blatt geblieben, mit dem sie etwas hätte sagen können."

(Sendak, 1969, S. 11 ff.)

Aufgabe

In der Bibel wird immer wieder von Personen erzählt, die sich nicht zufrieden geben mit dem, was ist und was sie haben, sondern die aufbrechen, um Gott anderswo zu suchen oder mit Gott an anderen Orten neue Aufgaben zu finden. Welche Personen fallen Ihnen dazu ein? Schlagen Sie ggf. in der Bibel nach, wie deren Suche nach Gott beschrieben wird.

2.1.2 Religion im Alltag

Zu allen Zeiten haben Religionen außergewöhnliche Orte, Zeiten und Handlungen gewählt, um das Besondere hervorzuheben, das sie „das Heilige" (= „das zu Gott Gehörende") nannten. Bis heute versammeln sich Juden, Christen, Muslime, Hindus u. a. in heiligen Gebäuden (z. B. in Tempeln oder Kathedralen), an heiligen Plätzen (z. B. an Wallfahrtsorten), zu besonderen Zeiten (z. B. am Sonntag oder an Festtagen) und praktizieren heilige Handlungen (z. B. Gebete oder die Sakramente).

Das Phänomen Religion begegnet uns noch in vielen anderen Situationen im Leben: im Alltäglichen, im Gewöhnlichen, aber auch im Elenden und Notleidenden. Wenn ein Kind – mitten im Spiel – beispielsweise die Frage stellt: „Wo war ich eigentlich, bevor ich auf die Welt kam?" Oder wenn jemand „Dem Himmel sei Dank!" sagt oder mit dem Lied „Viel Glück und viel Segen" gratuliert. Wenn Mutter Teresa eine Heilige genannt wird, dann nicht, weil sie so fromm war, sondern weil sie den Armen in Kalkutta selbstlos und aufopfernd geholfen hat. Und wenn der Vater eines Kindergartenkindes erzählt, dass ihm gekündigt wurde und er inzwischen ergebnislos siebzig Bewerbungen losgeschickt hat. Wenn er fragt: „Was hat mein Leben jetzt noch für einen Sinn?" Oder wenn die Mutter, die von ihrer Krebsdiagnose erzählt, fragt: „Womit habe ich das verdient? Wofür werde ich gestraft?"

Mutter Teresa (1910–1997)

Diese Beispiele beschreiben Situationen, in denen wir mit Religion konfrontiert werden, ganz ohne kirchlichen Rahmen und dessen Traditionen. Es gilt, die Augen und Ohren offenzuhalten für solche Signale – vor allem bei Kindern. Wer meint, es gehe nur dann um Religion, wenn das Wort „Gott" vorkommt, irrt. Viele Menschen suchen nach Halt und Geborgenheit, nach Liebe und Trost – aber nicht nach Gott. Was sie jetzt brauchen, sind Mitmenschen, die ihnen beistehen, zuhören, mit ihnen fragen und reden – über das Leben, die Welt ... und vielleicht auch über Gott. Vielleicht sagen sie ja hinterher „Sie waren ein Engel für mich" [...] und meinen es auch so.

Aufgaben

1. *Suchen Sie zu Hause in Illustrierten und Zeitschriften nach Werbung, die direkt oder durch indirekte Anspielungen mit religiösen Motiven ihr Produkt oder ihre Dienstleistung anpreist. Stellen Sie im Unterricht vor, was Sie gefunden haben.*
2. *Finden Sie es in Ordnung, Religion zu Marketingzwecken zu benutzen? Warum und wie wirken solche Botschaften in der Konsumwelt?*

2.1.3 Ist Religion lehr- oder vermittelbar?

Das Wort „vermitteln" passt nicht zu den modernen Ansätzen von konstruktiver Selbstbildung. Vermitteln kann man allenfalls Fertigkeiten und Techniken oder Sachwissen. Insbesondere in Bildungsbereichen, in denen es um Haltungen und Einstellungen geht, ist die Methode der Vermittlung ungeeignet. Kinder bilden sich selbst und was sie brauchen, sind pädagogische Fachkräfte, die sie nicht als Wissensvermittler, sondern als Bildungsbegleiterinnen und -begleiter in ihrer Entwicklung unterstützen (vgl. Ko-Konstruktion; z. B. Fthenakis, 2009). Einen automatischen Lernerfolg wie „Ich vermittle dir etwas und dann hast bzw. kannst du es" kann es nicht geben. Wie sollte man z. B. Mitgefühl, Toleranz, Resilienz (= Widerstandskraft; siehe dazu auch Kap. 2.1.6), Werthaltungen oder religiösen Glauben vermitteln? Hier kommt es auf Vorbilder an, auf Erwachsene, die leben, was sie sagen, und die den Kindern viele Erfahrungs- und Erprobungsmöglichkeiten (sowie -freiheiten!) einräumen.

Genauso wenig können Religion und Glaube einfach „an die kommende Generation weitergegeben" werden, wie es oft gefordert wird. Erstens sind Kinder nicht eine kommende, sondern eine bereits anwesende Generation, und zweitens ist der Glaube kein Erbstück, das man jemandem wie ein Vermächtnis hinterlassen kann. Wenn Kinder und Jugendliche allerdings erleben, dass Erwachsene das, was ihnen an ihrem Glauben wichtig ist, leben, darüber Auskunft geben und auch zur Diskussion – nicht zur Disposition! – stellen, dann bestehen gute Aussichten, dass sie dies nicht vergessen, sondern möglicherweise später zur Grundlage ihres eigenen Handelns machen.

Wenn hier die Auffassung vertreten wird, dass Glauben zwar nicht lehrbar oder vermittelbar sei, so bedeutet das jedoch keinesfalls, dass Glaube nicht lernbar ist! Beim Lehren sind die Erwachsenen die oft erfolglosen Akteure. Beim Lernen ist das Kind selbst der Handelnde: Es lernt, was es braucht und will, auf die Art und Weise, die ihm entspricht. So spielt es durchaus eine Rolle, welche Lernanlässe, -gelegenheiten und -impulse wir den Kindern geben. Natürlich kommt es auch darauf an, ob wir Religion um einer angeblichen Neutralität willen ganz aus dem Alltag der Einrichtung ausklammern oder ob Religion ganz selbstverständlich zum „Lernprogramm" gehört wie Sprache, Bewegung, logisches Denken, soziales Lernen usw. Kinder, die mit ihren Fragen nach Religion immer auf taube („neutrale") Ohren stoßen, die kein Gebet kennenlernen, keine biblische Geschichte hören und kein religiöses Fest feiern können, werden natürlich weniger „Religion lernen" können als andere, denen all das angeboten wird, einschließlich offener Ohren und Zeiten für ihre Fragen.

„Wächst ein Kind auf

Wächst ein Kind mit Kritik auf –
Lernt es, zu verurteilen!

Wächst ein Kind mit Hass auf –
Lernt es, zu kämpfen!

Wächst ein Kind mit Spott auf –
Lernt es, scheu zu sein!

Wächst ein Kind mit Schmach auf –
Lernt es, sich schuldig zu fühlen!

Wächst ein Kind mit Toleranz auf –
Lernt es, geduldig zu sein!

Wächst ein Kind mit Ermutigung auf –
Lernt es, selbstsicher zu sein!

Wächst ein Kind mit Lob auf –
Lernt es, dankbar zu sein!

Wächst ein Kind mit Aufrichtigkeit auf –
Lernt es, gerecht zu sein!

Wächst ein Kind mit Sicherheit auf –
Lernt es, zuversichtlich zu sein!

Wächst ein Kind mit Anerkennung auf –
Lernt es, sich selbst zu schätzen!

Wächst ein Kind mit Güte und Freundlichkeit auf –
Lernt es, die Welt zu lieben!"

(Wandspruch; Hugoth/Benedix, 2008, S. 63)

2.1.4 Ziele religiöser Erziehung und Bildung

„In einigen der in jüngster Zeit in allen Bundesländern entstandenen Bildungsplänen, -empfehlungen und Orientierungen zum Bildungsauftrag in Kindertagesstätten wird – mehr oder weniger ausführlich formuliert – auch religiöse Bildung zur Elementarbildung hinzugerechnet. Das ist ausdrücklich nicht als eine Besonderheit der Einrichtungen in kirchlicher Trägerschaft benannt, sondern als Aufgabe aller Einrichtungen. Religiöse Bildung ist unverzichtbarer Bestandteil des Bildungsgeschehens. Jedes Kind hat auch ein Recht auf religiöse Bildung. Zur Auseinandersetzung mit Natur und Kultur gehört auch die Dimension des Religiösen. (...) Mit dem Recht des Kindes auf Religion ist also gemeint, dem Kind all das zugänglich zu machen, was es für seine eigene religiöse Entscheidung braucht."

(Harz u. a., Braunschweig, SCHUBI Lernmedien, 2008, S. 10)

In den Bildungs- und Erziehungsempfehlungen für Kindertagesstätten in Rheinland-Pfalz sind die Ziele religiöser Bildung so formuliert:

„Religiöse Bildung ist Teil der allgemeinen Bildung und jeder Kindertageseinrichtung aufgegeben. [...] Dies geschieht mit dem Ziel,

- Kinder für ihre religiösen Fragen zu sensibilisieren und diesen Raum zu geben,
- mit ihnen nach Antworten zu suchen,
- sie zu befähigen, ihre Lebenswelt und einbindende Kultur zu begreifen,
- Erfahrungen und gewonnene Einsichten einzuordnen, [...]
- Grunderfahrungen des Gehaltenwerdens zu ermöglichen [...] (sowie)
- das Zusammenleben mit Menschen unterschiedlicher kultureller und religiöser Herkunft als bereichernd und selbstverständlich zu erleben und entsprechend wertzuschätzen."

(Ministerium für Bildung, Frauen und Jugend, Rheinland-Pfalz, Cornelsen Verlag, 2018, S. 65 ff.)

Weitere für die Arbeit in einer Tageseinrichtung für Kinder relevante Ziele ergeben sich jeweils aus Verlautbarungen der Kirchen sowie träger- bzw. einrichtungsbezogen aus Leitbildern, Konzeptionen und Leistungsbeschreibungen im Rahmen des Qualitätsmanagements.

Aufgabe

Suchen Sie im Bildungsplan Ihres Bundeslandes (oder in anderen Bildungsplänen) nach Aussagen über religiöse Bildung. Werden in diesem Zusammenhang Ziele formuliert und wie werden diese begründet?

2.1.5 Aufgaben religiöser Erziehung und Bildung

Aus den Bildungszielen sind die Aufgaben der Einrichtungen bzw. der pädagogischen Fachkräfte im Bildungsbereich Religion abzuleiten. Hierfür kann es natürlich keine konkreten und detaillierten Beschreibungen geben, da als oberstes pädagogisches Prinzip immer noch der Situationsansatz gilt, dem enge und vor allem situationsunabhängige Vorgaben widersprechen würden. Dennoch lassen sich allgemeine Aufgaben religiöser Erziehung beschreiben. Dies soll wieder am Beispiel der Bildungs- und Erziehungsempfehlungen für Kindertagesstätten in Rheinland-Pfalz verdeutlicht werden:

„Zu den allgemeinen Aufgaben religiöser Bildung gehören beispielsweise:

- unvoreingenommen unterschiedliche Formen von Glaube und Religion wahrnehmen,
- fähig sein, Sinn- und Bedeutungsfragen zu stellen,
- Feste und Rituale aus eigenen und fremden Kulturkreisen entdecken,
- innere Erfahrungen ausdrücken können und eine Sprache für die Kommunikation von Erfahrungen ausbilden,
- Zugänge zur Wirklichkeit finden durch Begegnung, Staunen, Stille und Formen elementarer Meditation (z. B. bei Naturerfahrungen, Horchen auf innere Bilder und Fantasien im Anschluss von Geschichten)."

(Ministerium für Bildung, Frauen und Jugend, Rheinland-Pfalz, Cornelsen Verlag, 2018, S. 65)

Bei der religiösen Bildung kann es nicht um einen abgegrenzten Bereich der Bildung des Kindes gehen. Dies macht die enge, ganzheitliche Verflechtung zwischen den unterschiedlichen Bildungsbereichen deutlich. Mit religiöser Bildung verknüpft sind Lernerfahrungen in anderen Feldern und umgekehrt: Zum Nachdenken über Werte gehört z. B. selbstverständlich auch das Nachdenken über ihren religiösen Ursprung bzw. Hintergrund.

Solche Verknüpfungen ergeben sich oft ganz automatisch, z. B.:

- „*sprachliche und kognitive Bildung* durch biblische bzw. religiöse Geschichten,
- *emotionale Bildung* durch die Verbundenheit mit Gott und anderen Menschen im Glauben,
- *soziale Bildung* durch religiös ausgestaltete Gemeinschaftserfahrungen und gemeinschaftliche Rituale,
- *ethische Bildung* durch religiös begründete Werte wie Nächstenliebe, Gerechtigkeit, Toleranz und Solidarität (sowie)
- *ästhetische Bildung* durch religiöse Lieder und Musik, Symbole und künstlerische Ausdrucksformen."

(Hugoth/Benedix, 2008, S. 22)

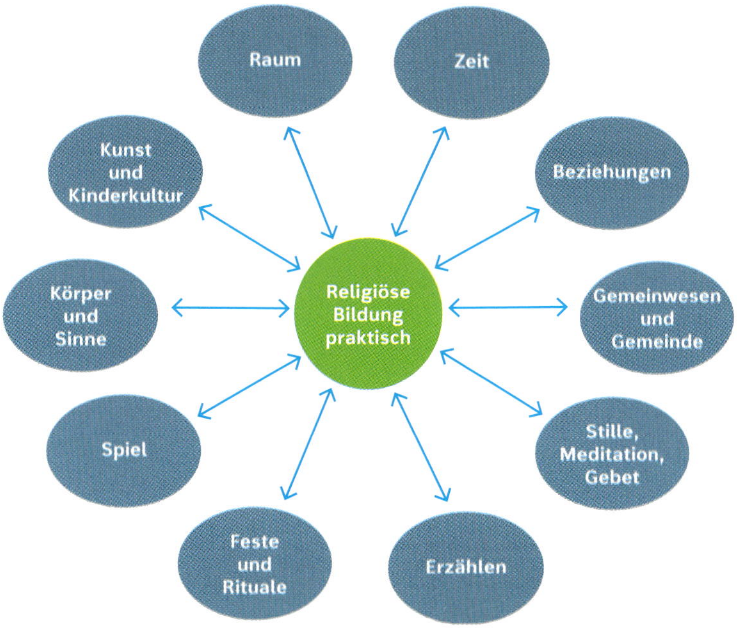

Aufgabe

Entwickeln Sie Ihren „religionspädagogischen Baum“ mit Ihren persönlichen Erfahrungen und der Grundkonzeption Ihrer Einrichtung im Wurzelwerk, den Erfahrungsmöglichkeiten für Kinder in der Einrichtung im Stamm und den religionspädagogischen Zielen als „Früchte“, in der Baumkrone.

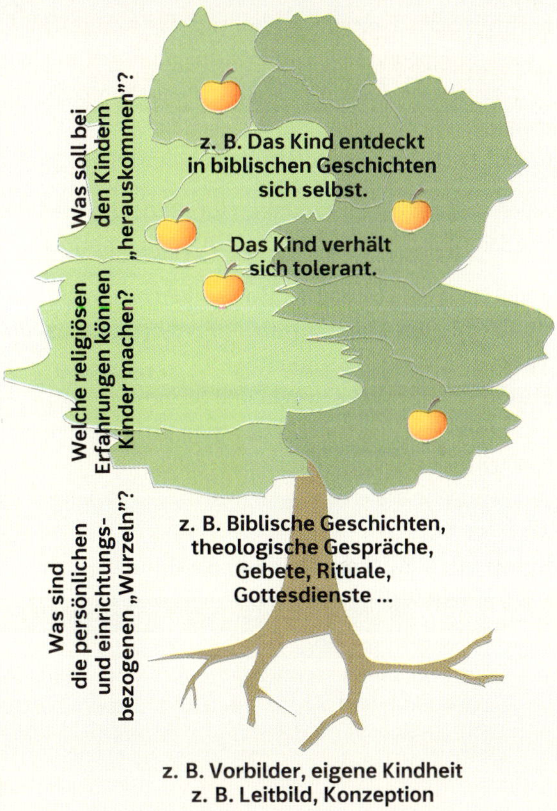

Der religionspädagogische Baum

2.1.6 Förderung von Resilienz in der religiösen Erziehung

Zunehmend wird die Förderung der Resilienz als eine zentrale Aufgabe der Kindertageseinrichtungen gesehen. Angesichts der Tatsache, dass noch keine Generation so wenig über die Zukunft der Kinder gewusst hat, ist es wichtig, sie für Schwierigkeiten und Herausforderungen jeglicher Art zu stärken. Hier setzt das Konzept der Resilienzförderung an.

Was ist Resilienz?

Resilienz (von resilience, engl.: Elastizität, Strapazierfähigkeit, Regenerationsfähigkeit) bezeichnet in Psychologie und Pädagogik die innere Kraft, erfolgreich mit Krisen, Schwierigkeiten und seelischen Verletzungen umzugehen. Die Resilienzforschung fragt danach, welche Eigenschaften und Fähigkeiten jene Kinder haben, die sich trotz Risikokonstellationen (z. B. Armut, Krankheit oder traumatische Erfahrungen) positiv und psychisch gesund entwickeln. Sie richtet ihren Blick vorrangig auf die Kompetenzen und Ressourcen eines Kindes und nicht auf seine Defizite und Schwächen. Das ermöglicht Vorsorge statt Nachsorge, indem die Resilienz- oder Schutzfaktoren gestärkt und erweitert werden.

Solche schützenden Faktoren sind u. a.:

- Problemlösefähigkeiten
- hohe Selbstwirksamkeits- und realistische Kontrollüberzeugung
- positives Selbstkonzept und hohes Selbstwertgefühl
- soziale Kompetenzen (z. B. Empathie, Kontaktfähigkeit, Übernahme von Verantwortung)
- aktives und flexibles Bewältigungsverhalten (z. B. die Fähigkeit, soziale Unterstützung zu mobilisieren, Entspannungsfähigkeiten)
- optimistische, zuversichtliche Lebenseinstellung.

Familien und Tageseinrichtungen für Kinder können Resilienz stärken, wenn sie für hilfreiche Lebens- und Bildungsvoraussetzungen sorgen. Dazu zählen:

- mindestens eine Bezugsperson, die Vertrauen und Autonomie fördert
- ein offenes und wertschätzendes Erziehungsverhalten
- Zusammenhalt und Stabilität
- klare und verlässliche Regeln und Strukturen
- positive Peerkontakte und Freundschaftsbeziehungen
- Erwachsene als positive Rollenmodelle.

(in: Betz u. a., 2014, S. 6)

Religion als schützender bzw. Resilienzfaktor

Aufgabe

Was hat Ihnen schon geholfen bzw. hilft Ihnen immer wieder, schwierige Situationen und Krisen in Ihrem Leben zu bewältigen (z. B. Überzeugungen, Umgangsweisen, Erfahrungen, unterstützende Personen oder Strukturen)?

Wichtige Resilienzfaktoren im Zusammenhang mit Religion können z. B. sein:

- *Überzeugungen* aus einem religiösen Glauben heraus, beispielsweise „Auch Schweres hat einen Sinn.", „Gott hält mich in seiner Hand, lässt mich nicht im Stich."
- *religiöse Rituale* als hilfreiche Formen der Lebensgestaltung, die auch in Krisenzeiten beibehalten oder wieder belebt werden, z. B. regelmäßiges Beten, Bibellesen, Gottesdienstbesuche
- *religiöse Lieder und geistliche Musik*, die Vertrauen und Zuversicht ausstrahlen
- *religiöse Sprache*, die hilft, die eigenen Gefühle auszudrücken, z. B. die Psalmen der Bibel, insbesondere die Klagepsalmen
- *Gemeinschaft einer religiösen Gruppe*, die in Krisen einerseits Halt, andererseits Unterstützung bietet
- [...]

Insofern besteht – auch für die Resilienzforschung insbesondere in angelsächsischen Ländern – kein Zweifel, dass eine lebensbejahende, menschenfreundliche Religion ein wichtiger Resilienzfaktor sein kann.

Religionspädagogische Förderung von Resilienz

- durch Mut machende biblische Geschichten
- durch Erzählungen von gläubigen Menschen, die in schwierigen Situationen ihr Vertrauen nicht verloren haben
- durch religiöse Rituale (und deren Beibehaltung in kritischen Lebensphasen von Kindern)
- durch vertrauensfördernde, Mut machende religiöse Lieder
- durch die Erfahrung, dass Personen in der Bibel ihre Schwierigkeiten und Probleme Gott geklagt haben, z. B. in Klagepsalmen
- durch theologische Gespräche mit Kindern über Leid und Trauer, über deren Ursachen und Überwindung
- durch [...]

2.1.7 Positive und negative Religionsfreiheit

Eine wesentliche Begründung für Religionspädagogik in Einrichtungen der Kinder- und Jugendhilfe ist das Recht des Kindes auf Religion im Rahmen der sogenannten **„positiven Religionsfreiheit"**. Nach Art. 4 GG hat jeder das Recht, in Freiheit religiöse oder weltanschauliche Überzeugungen zu bilden, zu haben und sich auch dazu zu bekennen.

„Es kann nicht darum gehen, alle Kinder zum christlichen Glauben zu führen, sie in die Gemeinschaft der Glaubenden zu integrieren. Es ist aber auch umgekehrt nicht im Sinne religiöser Bildung, die Begegnung mit religiösen Traditionen so weit hinauszuschieben, bis die Kinder selbstständig eine Entscheidung über ihre religiöse Bildung und Zugehörigkeit zu treffen vermögen. Denn die Fähigkeit zu einer eigenen Entscheidung schließt die Kenntnis dessen ein, worüber entschieden werden soll. Wer religiöse Traditionen, Inhalte und Verhaltensweisen nicht kennt, kann sich auch nicht begründet für oder gegen sie entscheiden."
(Harz u. a, Braunschweig, SCHUBI Lernmedien, 2008, S. 10)

Gleichzeitig garantiert die sogenannte **„negative Religionsfreiheit“**, dass niemand gezwungen werden darf, sich zu einer bestimmten Religion oder Weltanschauung zu bekennen oder an ihren Praktiken teilzunehmen. Die Frage ist nun, ob die Teilnahme beispielsweise von Kindergartenkindern an religiösen Ritualen (z. B. dem Tischgebet) oder an religiösen Bildungsangeboten diese negative Religionsfreiheit verletzt? Insbesondere spielt hier das elterliche Erziehungsrecht eine Rolle, das durch den Vertrag zwischen Eltern und Träger zur Bildung, Erziehung und Betreuung des Kindes nicht aufgehoben ist. Daher ist in jedem einzelnen Fall unter Vorlage der entsprechenden religionspädagogischen Konzeption mit Eltern zu besprechen, inwieweit sie die Teilnahme ihres Kindes an solchen Angeboten wünschen oder nicht. Wenn sich eine Alternative für das Kind nicht realisieren oder nicht pädagogisch verantworten lässt, müssen die Eltern darauf hingewiesen werden, dass sie in diesem Fall ihr Kind zu Hause lassen oder aus dem Kindergarten abholen müssen.

Interessant in diesem Zusammenhang sind die Entscheidungen des Verwaltungsgerichts Gießen und des Verwaltungsgerichthofs Kassel von 2003, das sogenannte **„Tischgebetsurteil“**. Ein atheistischer Vater hatte dagegen geklagt, dass in einer kommunalen Kindertagesstätte vor dem Frühstück ein Tischgebet mit den Kindern, also auch mit seinem Kind, gesprochen wurde. Der Vater bekam in diesem Verfahren jedoch kein Recht. Die Verwaltungsgerichte hielten ihm entgegen, dass der Kindergartenbesuch grundsätzlich keine Pflichtveranstaltung ist, sondern es den Erziehungsberechtigten freisteht, ob sie ihr Kind in den Kindergarten schicken wollen oder nicht. Wenn nun die Erzieher/-innen – noch dazu gestützt auf die schriftliche pädagogische Konzeption (die dem Vater bei der Anmeldung vorgestellt worden war) – mit Billigung und auf Wunsch der anderen Eltern ein Tischgebet sprechen, so ist dies zulässig. Zudem biete dies die Gelegenheit, die Kinder kindgerecht dazu anzuleiten, Glaubensüberzeugungen anderer zu respektieren: Wer will, darf mitbeten, wer nicht will, darf die anderen allerdings nicht stören. Wer nicht mitbetet, darf aber auch von den anderen nicht kritisiert oder gar ausgelacht werden.

Es wird daher darauf ankommen, die Frage, ob ein Kind am Tischgebet oder anderen „religiösen Übungen“ (so die Formulierung des Bundesverfassungsgerichts) teilnehmen soll oder nicht, mit den Eltern frühzeitig zu besprechen, z. B. bei der Aufnahme, und bei dieser Gelegenheit dann auch zu vereinbaren, über welche Aktivitäten die Eltern jeweils rechtzeitig vorher informiert werden möchten, sodass sie die Möglichkeit haben, für diese Zeit eine andere Betreuung des Kindes zu organisieren.

Keinesfalls sollte man es auf eine Konfrontation ankommen lassen, sondern im Sinne von Erziehungs- und Bildungspartnerschaft gemeinsam nach tragfähigen und pädagogisch guten Wegen für das Kind suchen.

2.2 Religionen und Konfessionen

„Ich bin evangelisch!“, „Ich bin katholisch!“ oder „Ich glaube an Allah – ich bin Muslim!“, antworten Schüler/-innen auf die Frage nach ihrer Religionszugehörigkeit. Wir leben heute in einer multikulturellen und auch multireligiösen Gesellschaft. Nach der evangelischen und der katholischen Kirche ist der Islam inzwischen die drittgrößte religiöse Gruppe in Deutschland: Geschätzt leben hier ca. 4,5 Mio. Menschen muslimischen Glaubens, wovon die Mehrheit eine

Migrationsgeschichte hat. Bei einer Gesamteinwohnerzahl von 82 Mio. Bürgern ist das ein Anteil von ca. 4,2 % – diese Zahl ist wichtig, weil besonders Schüler/-innen den Anteil der muslimischen Bevölkerung oft astronomisch hoch einschätzen. Daneben gibt es noch andere Religionsgemeinschaften, die gesellschaftlich hier jedoch weniger vertreten sind: Judentum, Buddhismus und Hinduismus. Keine dieser Religionsgemeinschaften ist eine in Lehre und Praxis einheitliche Gemeinschaft, sondern in sich unterschieden in Gruppen (sogenannte Konfessionen). Daneben gibt es (kleinere) Sondergemeinschaften mit spezifischen und exklusiven Anschauungen und Praktiken, die zum Teil aus einer großen Religionsgemeinschaft erwachsen sind und als Sekten (= Sondergemeinschaften) bezeichnet werden. „Ich glaube an nichts – jedenfalls nicht an Gott oder so!" oder „Ich bin Atheist!" – diese Schülerantworten weisen, besonders in den neuen Bundesländern, auf eine steigende Zahl von atheistisch geprägten Bürgern hin, deren Anzahl ungefähr der von evangelischen und katholischen Christen entspricht. Diese multireligiöse Situation bildet sich auch in der Kinder- und Jugendarbeit ab. Für Erzieherinnen und Erzieher stellt sich nun hierbei die Frage, welche Rolle Religion in der Pluralität spielt und wie ein religionspädagogisches Wirken mitten in der pluralen Gesellschaft sinnvoll gestaltet werden kann.

Klasse mit christlichen und muslimischen Schülerinnen und Schülern

*In diesem Kapitel erwerben Sie folge **Kompetenzen:***

- *Sie verfügen über grundlegende Kenntnisse über die Inhalte und Geschichte von Judentum, Christentum und Islam.*
- *Sie können die Begriffe „Religion", „Konfession" und „Sekte" unterscheiden.*
- *Sie haben die Fertigkeit, die eigenen religiösen Überzeugungen im pluralen Kontext wahrzunehmen und zu kommunizieren.*
- *Sie haben die Fertigkeit, die Begegnung mit Menschen anderer Religionen und Weltanschauungen zu gestalten.*

2.2.1 Konfessionen und Sekten – Annäherungen

Konfession

Der Begriff „Konfession" leitet sich ab von dem lateinischen „confessio" und bedeutet „Bekenntnis". Im Christentum bezeichnet Konfession die Zusammenfassung von Glaubenssätzen, die eine bestimmte christliche Gemeinschaft verwendet und durch die sie sich von anderen christlichen Gemeinschaften unterscheidet. Aus einer neuen Konfession kann sich auch eine neue Glaubens- oder Religionsgemeinschaft entwickeln. Die Unterscheidung von Konfession und neuer Glaubensgemeinschaft ist nicht klar zu treffen. Im Gespräch der Konfessionen gilt es immer wieder zu fragen, was die Lehrsätze der anderen Konfession für die eigene Konfession bedeuten (inwiefern z. B. das Besondere der fremden Gemeinde in der eigenen Konfession in Lehre und Leben vernachlässigt wurde und wird).

Religiöse Sondergemeinschaften – Sekten

Der Begriff „Sekte" leitet sich ab von dem lateinischen „sequi" (= „nachfolgen"). Eine Sekte bezeichnet eine Gruppe von Menschen, die in einer relativ strengen Exklusivität einer Idee, Ideologie oder Parteiung nachfolgen. Im theologischen Sprachgebrauch wird der Begriff der Sekte negativ verstanden, da die Großkirchen mit Sekten jene religiösen Gemeinschaften benennen, die sich von der Mutterkirche aufgrund neuer Offenbarungen und Lehren abgespalten haben und den Status einer selbstständigen Religionsgemeinschaft für sich beanspruchen. In diesem Sinne war die urchristliche Gemeinschaft in Jerusalem bis zu ihrer Eigenständigkeit eine jüdische Sekte. Die als Sekten bezeichneten Gruppierungen lehnen den Begriff ab und bezeichnen sich selbst als Verband, Gemeinschaft, Gesellschaft, Versammlung oder Kirche. Wegen der Negativwertung des Begriffs „Sekte" spricht man heute auch von einer „religiösen Sondergemeinschaft" oder einer „neureligiösen Gemeinschaft".

Wie bei den Konfessionen sind auch die Kirchen und „religiösen Sondergemeinschaften" zum Dialog im Sinne einer konstruktiven, aufrichtigen und kritischen Auseinandersetzung herausgefordert. Dieses Gespräch kommt an seine Grenzen, wenn eine Gruppe eine exklusive Anschauung vertritt und gegenüber anderen Ansprüchen intolerant und in Gesprächen abweisend ist. Gesellschaftlich wird zukünftig immer mehr die Fähigkeit gefordert sein, zwischen religiösen Gruppen unterscheiden sowie das Neben- und Miteinander konstruktiv gestalten zu können.

2.2.2 Die Religionen und ihre Konfessionen

Im folgenden Kapitel sollen diejenigen Weltreligionen in ihren Hauptinhalten und -linien dargestellt werden, die in Deutschland eine gesellschaftliche Relevanz haben. Das sind zunächst die drei monotheistischen Religionen Judentum (ca. 0,3 % der Weltbevölkerung), Christentum (ca. 33 % der Weltbevölkerung) und Islam (ca. 20 % der Weltbevölkerung), die wegen der jüdischen Thora, der christlichen Bibel und dem muslimischen Koran auch die drei Buchreligionen genannt werden. Daneben werden der Hinduismus (ca. 13 % der Weltbevölkerung) und der Buddhismus (ca. 8 % der Weltbevölkerung) als Weltreligionen vorgestellt, die aber in Deutschland nicht nur zahlenmäßig eine untergeordnete Rolle spielen.

Die folgende Grafik zeigt einen Überblick über die Verbreitung der Religionen im Verhältnis zur Weltbevölkerung:

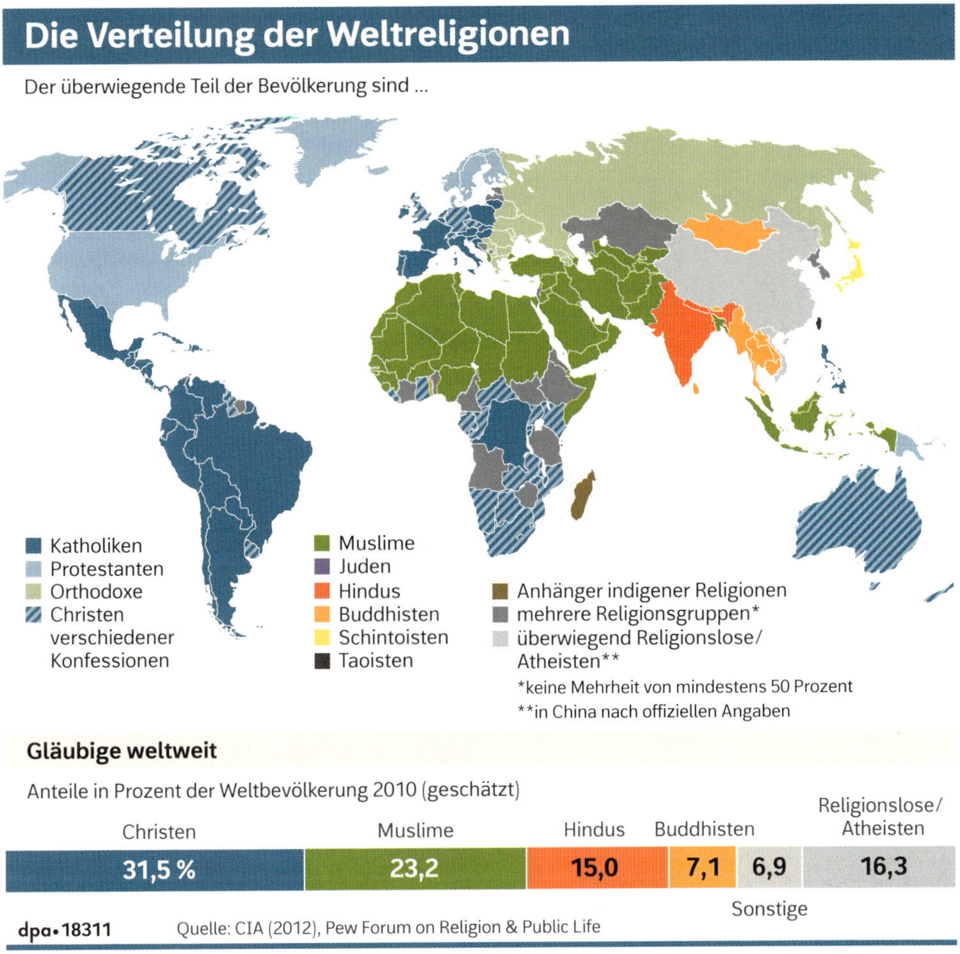

Die Weltreligionen

2.2.3 Die Buchreligionen: Judentum, Christentum und Islam

Die sogenannten Buchreligionen verdanken ihren gemeinsamen Namen den Schriften, die jeweils die Grundlage der Religion darstellen: die Thora des Judentums (die fünf Bücher Mose, auch Bestandteil des „Alten Testaments" des Christentums), die Bibel des Christentums (Altes und Neues Testament) sowie der Koran des Islam. Diese Schriften bilden als Offenbarungsquelle jeweils die Grundlage der theologischen Lehre und des religiösen Kultes. Zudem bestimmen sie auch die Lehrtätigkeit und Theologie der Buchreligionen, da die Auslegung der Schriften die Basis zur Klärung aktueller theologischer und ethischer Fragen darstellt.

Thorarolle

Bibel

Die Buchreligionen verbindet auch ihr Eintreten für den Monotheismus („Ein-Gott-Glaube“), weshalb sie auch die großen monotheistischen Religionen genannt werden. In Deutschland prägen diese drei Religionen die interreligiösen Gespräche („runde Tische“), da sie die religiösen Themen oder beispielsweise die Diskussion um den Religionsunterricht nach Art. 7 Abs. 3 GG am stärksten mitbestimmen. Im interreligiösen Dialog gibt es allerdings sowohl vonseiten des Judentums als auch des Islam kritische Anfragen an die christliche Trinitätslehre als einer fragwürdigen Form des Monotheismus. Die Gemeinsamkeiten von Judentum, Christentum und Islam resultieren aus gemeinsamen historischen Wurzeln. Diesbezüglich wird immer wieder Abraham als Urahn der drei Religionen genannt: Avraham im Judentum, Abraham im Christentum und Ibrahim im Islam. Da sich jedoch Abraham als lebende Person unserer historisch-kritischen Wahrnehmungsfähigkeit entzieht, ist es in der Forschung umstritten, ob die Figur des Abraham als gemeinsame historische Wurzel und als gemeinsame inhaltliche Basis dienen kann. Angemessener wäre es, von Abraham als einer Symbolfigur zu reden, in die die Buchreligionen ihre jeweiligen Anfangstraditionen einlesen können, um ihre Entstehung als gemeinsamen Entwicklungsprozess zu verstehen.

Menora vor der Knesset in Jerusalem

Das **Judentum** ist die älteste der Buchreligionen. Mose gilt mit dem Auszug des Volkes Israel (Exodus) aus Ägypten als Religionsstifter; das religiöse Zentrum ist Jerusalem mit dem jüdischen Tempel, der trotz seiner Zerstörung im Jahr 70 n. Chr. bis heute die Theologie des Judentums bestimmt. Der jüdische Kultus wird bis heute weltweit in Synagogen gefeiert, wobei die Lesung aus der Thora und ihre Auslegung im Mittelpunkt stehen. Die Hauptfeste sind das an den Exodus erinnernde Passahfest, das Wochen- (Schawuot; vgl. Kapitel 3.2.3), das Chanukka- und das Purimfest sowie der große Versöhnungstag (Jom Kippur). Die Thora bestimmt bis heute besonders das Leben von orthodoxen Juden durch die Beschneidung der Jungen am achten Tag (vgl. hierzu Lk 2,22–40), die Bar-Mizwa (ähnlich der Konfirmation) oder die Trennung von Milch- und Fleischspeisen (koschere Küche). Zum Judentum gehören heute weltweit ca. 13,5 Mio. Menschen.

Aufgaben

1. *Informieren Sie sich über die Judenpogrome, vor allem zur Zeit des Nationalsozialismus. Wie sah das jüdische Leben in ihrem Heimatort vor und während des Zweiten Weltkrieges aus?*
2. *Informieren Sie sich auch über das heutige Verhältnis von Kirche und Synagoge (christlich-jüdisches Gespräch).*

Die Grafik auf der folgenden Seite stellt die gemeinsamen Entwicklungsprozesse von Judentum, Christentum und Islam dar. Auch wenn alle christlichen Kirchen sich in ihrer Entwicklung zu Recht auf die ersten Christen, die Urgemeinde und Jesus selbst (der als Jude keine neue Religion, geschweige denn eine Kirche gründen wollte) beziehen, zeigt die Grafik sehr anschaulich, dass die katholische Kirche und altorientalische orthodoxe Kirchen (z. B. die armenisch-orthodoxe oder syrisch-orthodoxe) ihre Wurzeln bis in die Urgemeinde zurückverfolgen können. Die Wege der katholischen und der orthodoxen Kirchen haben sich im Schisma (= Trennung) von 1054 n. Chr. getrennt; die reformatorischen Kirchen sind im Anschluss an das Wirken Martin Luthers im 16. Jahrhundert aus der katholischen Kirche heraus selbstständig geworden. Trotz aller Trennungen und Ausdifferenzierungen haben dennoch alle christlichen Kirchen unumstößliche Gemeinsamkeiten: die Bibel als Offenbarungsquelle des lebendigen Wortes Gottes, die Hauptfeste (Weihnachten, Karfreitag, Ostern, Pfingsten), das Leben Jesu als Vorbild für ein christliches Menschenbild und Leben in der Nachfolge, das Vaterunser als von Jesus gelehrtes gemeinsames Gebet aller Christen, das Vertrauen in das Kreuz Jesu als Ausdruck der unergründlichen und unbegrenzten Liebe Gottes zu seiner Schöpfung mitsamt allen Menschen, den Glauben an die Vergebung der Sünden und die Auferstehung der Toten, die Taufe und das Abendmahl als die allen gemeinsamen Sakramente und schließlich den gemeinsam

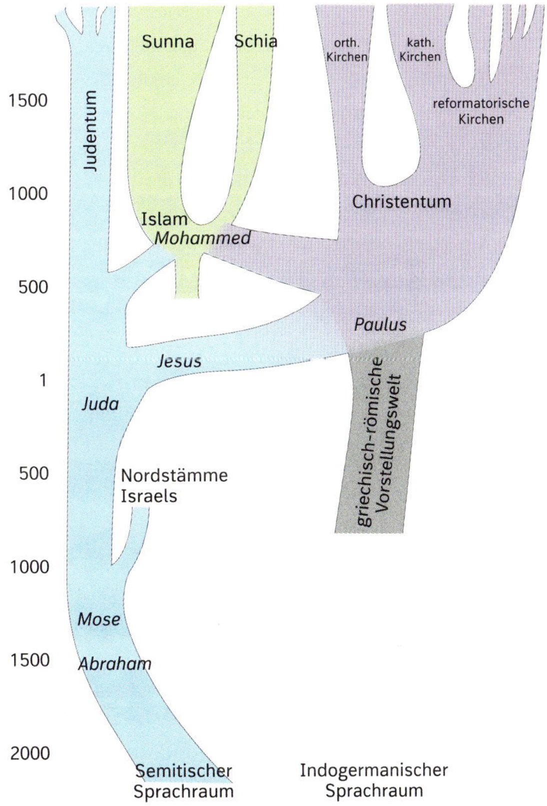

Fluss der Buchreligionen

anerkannten Wortlaut der Bekenntnisse der „Alten Kirche“. So wird z. B. das Apostolische Glaubensbekenntnis bis heute in den meisten evangelischen und katholischen Gottesdiensten in Deutschland und weltweit gesprochen.

Die **römische-katholische Kirche** versteht sich bis heute als die eine sowie Welt umfassende Kirche Jesu Christi: „katholisch“ bedeutet „allumfassend, allgemein“ (griechisch: „katholikos“); römisch nennt sich die katholische Kirche wegen des römischen Bischofs, der zugleich das Oberhaupt (= Papst) der katholischen Kirche ist. Auf dem Bild ist der Petersdom mit der heutigen Residenz des Papstes zu sehen. Dieser auf Petrus‘ Grab zurückgehende Kirchenbau symbolisiert den katholischen Anspruch als die Kirche, die sich auf den Apostel Petrus als Gründer berufen kann (vgl. Mt 16,18) und sich von daher als erste Kirche Jesu Christi versteht. Der heutige Papst Franziskus versteht sich seinerseits als direkter Nachfolger des Apostels Petrus. Diese Legitimation des Papstamtes und das dadurch geprägte katholische Amtsverständnis ist ein Differenzpunkt zu den anderen christlichen Kirchen, die den Papst nicht als alleiniges und exklusives Oberhaupt akzeptieren. Während also die katholische Kirche vom Papst her qualifiziert ist, versteht sich die evangelische Kirche als Gemeinschaft aller Gläubigen, die gleichberechtigt die Kirche als den Leib Christi bilden. Martin Luther sprach vom „Priestertum aller Gläubigen“. Neben dem Amts- und Kirchenverständnis hat die katholische Kirche auch gegenüber den reformatorischen Kirchen ein unterschiedliches Verständnis vom Abendmahl. Während bei der Eucharistie aus Brot und Wein im kultischen Vollzug Leib und Blut Christi werden, bleibt es nach evangelischem Verständnis Brot und Wein und ist als Symbol (Zeichen) zu verstehen. In der breiten Öffentlichkeit ist der Zölibat (d. h. die sexuelle Enthaltsamkeit katholischer Priester) eine wesentliche Prägung der katholischen Kirche. Zu ihr zählen heute weltweit ca. 1,14 Mrd. Mitglieder, womit die katholische Kirche die mit Abstand größte christliche Glaubensgemeinschaft ist (www.katholische-kirche.de).

Petersdom in Rom

Aufgabe

Informieren Sie sich, welche weiteren „katholischen“ Kirchengemeinschaften es gibt. Was bedeutet die Trennung innerhalb der Christenheit für Ihr Verständnis von Kirche?

Der Name der **orthodoxen Kirche** leitet sich ab vom griechischen „orthodox“, was „rechte Lehre“ und „rechtes Tun“ bedeutet. Der orthodoxen Kirche geht es dabei jedoch nicht um die rechte Verkörperung der Kirche insgesamt, sondern um die rechte Praxis der Anbetung und Verehrung Gottes. Entsprechend geht es beim orthodoxen Gottesdienst um die Teilhabe der Gemeinde am Heiligen durch die Liturgie, d. h. an der Gemeinschaft mit Gott im Heiligen Abendmahl. Eine große Rolle sowohl für den orthodoxen Gottesdienst als auch für die orthodoxe Frömmigkeit spielen die Ikonen (von „eikon“, griechisch: „Bild“):

Ikonen bilden weder Gott ab noch machen sie aus Menschen vermeintliche Heilige, die angebetet werden. Ikonen dienten ursprünglich als Trennung der Gottesdienstgemeinde vom Altar und sind dort gewissermaßen das Fenster des Heiligen, durch das der heilige Gott bei der Gemeinde ansichtig wird. Ihren Ursprung nahm die orthodoxe Kirche im 11. Jahrhundert. In ihrer Entwicklung hat sie eine Ausdifferenzierung erfahren; geografisch ist sie heute vor allem in Osteuropa, Griechenland und Russland beheimatet. Auch wenn die orthodoxen Kirchen selbst verwaltet und sowohl kulturell als auch sprachlich jeweils unterschiedlich ausgeprägt sind, verstehen sie sich theologisch als eine Kirche und bezeichnen sich als „Kirche der Orthodoxie“. Die orthodoxe Kirche zählt weltweit ca. 225 Mio. Gläubige (www.kokid.de).

Orthodoxe Ikone

Aufgabe

Informieren Sie sich über die verschiedenen orthodoxen Kirchen. Welche orthodoxen Kirchen gibt es heute in Deutschland? Informieren Sie sich auch über die orthodoxen Christen in Ihrer Heimatstadt.

Die **evangelische Kirche** als Kirche der Reformation ist die jüngste der großen christlichen Kirchen. Alle reformatorischen Kirchen gehen auf die Reformatoren des 16. Jahrhunderts zurück, von denen Martin Luther der bekannteste ist. Luther (1483–1546) kämpfte gegen den von ihm als Unsitte erkannten – und damals üblichen – Ablasshandel in der katholischen Kirche. Martin Luther schlug 1517 seine 95 Thesen an die Tür der Schlosskirche zu Wittenberg, um die (katholische) Kirche aufzuwecken und zu erneuern (Reformation = lateinisch: „Erneuerung“). Der Kernpunkt der Reformation war ein neues Verständnis der Schriften im Alten und Neuen Testament:

Martin Luther (Lucas Cranach d. Ä., 1529)

Nicht die Leistung des Menschen oder der Kirche (Ablass) bedingen die Gnade Gottes, sondern allein Gottes Wirken in Jesus Christus. Die Verbreitung dieser Rechtfertigungslehre – der Mensch wird allein durch Gottes Gnade als Sünder gerecht – führte zur Bildung der Evangelischen Kirche. Aufgrund ihrer Wertschätzung übersetzte Luther die Bibel ins Deutsche. Bis heute ist die Lutherbibel die beliebteste Bibelübersetzung im Protestantismus, die den biblischen Urtext und die damals moderne Sprache in Einklang zu bringen versucht. Entsprechend liegt ein Schwerpunkt der Reformation auf der Verkündigung der Bibel in Form der Predigt im Gottesdienst. Nicht die Kirche und auch nicht die Liturgie, sondern das Wort Gottes steht im Zentrum des reformatorischen Gottesdienstes und Kirchenverständnisses. Die Kirchen der Reformation sind zudem demokratisch organisiert und hatten auch Anteil an der demokratischen Entwicklung unserer modernen Gesellschaften. Die einzelne Ortsgemeinde ist im Hinblick auf ihr Bekenntnis und ihre Finanzen selbstständig, die übergeordnete Kirchengemeinschaft bildet sich durch Abordnungen von unten her. An dieser Stelle bilden die evangelischen Kirchen ein soziologisches Gegenmodell zur streng hierarchisch strukturierten katholischen Kirche. Die evangelische Kirche zählt weltweit ca. 800 Mio. Mitglieder und ist damit die zweitgrößte christliche Kirche (www.ekd.de).

Im Zusammenhang mit der Reformation entwickelte sich die eigene Linie der späteren **Freikirchen**. Von Zürich aus gründeten sich erste Täufergemeinden ab 1530 auch im süd- und norddeutschen Raum und entwickelten sich in Anlehnung an die reformatorischen Kirchen eigenständig weiter. Von den Reformatoren unterschieden sie sich vor allem in der Frage, ob die Säuglingstaufe (wie bei den Reformatoren) oder die Erwachsenentaufe biblisch geboten sei. (Das Bild zeigt die Taufstelle Jesu am Jordan, nördlich des Toten Meeres.) Ihren weltweit geläufigen Namen **„Baptisten“** erhielten sie vom griechischen „baptizein“ (= „taufen“). Heute zählen zu den baptistischen Gemeinden (u. a. Mennoniten, Bund Evangelisch-Freikirchlicher Gemeinden in Deutschland K. d. ö. R., Evangeliumschristen-Baptisten) ca. 47 Mio. getaufte Gläubige mit Schwerpunkten in den USA, Afrika und Asien. Insgesamt sind jedoch ca. 100 Mio. Menschen in Baptistengemeinden geistlich beheimatet.

Taufstelle am Jordan

Aufgaben

1. *Welche reformatorischen Kirchen – inklusive der Freikirchen – gibt es in Deutschland?*
2. *Wie beurteilen Sie die unterschiedliche Akzentuierung der Selbstidentifikation (Kirche – Liturgie – Predigt – Taufe) der großen Kirchen? Was ist für Sie das Entscheidende an Kirche?*

Der **Islam** ist die jüngste der Buchreligionen und gründet auf den Offenbarungen des Propheten Mohammed (arabisch: Muhammad), die dieser im 6. Jahrhundert n. Chr. in Mekka und Medina (beide in Saudi-Arabien) empfing und die – nach muslimischer Auffassung – wortwörtlich im Koran aufgeschrieben sind. Das Zentrum des Islam ist bis heute Mekka mit der Kaaba (erstes Gotteshaus im Islam). Auf der Grundlage des Korans ist die religiöse Praxis eines Muslim bzw. einer Muslima geprägt durch das fünfmalige Gebet pro Tag, den Fastenmonat Ramadan, das Bekenntnis zu dem einen Gott (arabisch: „Allah"), die Abgabe für die Armen und die Pilgerfahrt nach Mekka. Der Islam versteht sich als eine weltweite Gemeinschaft unabhängig von nationalen oder völkischen Unterschieden. Im Zentrum der muslimischen Gemeinschaft vor Ort steht das jeweilige Freitagsgebet in einer Moschee. Zum Islam zählen heute ca. 1,4 Mrd. Gläubige. In Deutschland leben ca. 4,5 Mio. Muslime, meist mit Migrationsgeschichte. Organisiert ist der Islam in der Bundesrepublik in einzelnen Moscheevereinen und zahlreichen Dachverbänden, die ebenfalls als Vereine organisiert sind.

Kaaba in Mekka (Saudi-Arabien)

Aufgabe

Die Religionsgemeinschaft der Aleviten ist stark durch den Islam geprägt und sieht sich selbst als islamische Religionspartei. Der Islam erkennt Aleviten jedoch nicht als rechtmäßige Muslime an.

Informieren Sie sich über die Religion der Aleviten und stellen Sie tabellarisch Gemeinsamkeiten und Unterschiede zum Islam heraus. Gibt es Aleviten in ihrer Einrichtung bzw. ihrem Heimatort?

2.2.4 Hinduismus und Buddhismus

Der **Hinduismus** entstand durch die Verschmelzung der vedischen Religion der arischen (indogermanischen) Einwanderer nach Indien mit den nicht arischen Religionen Indiens am Ufer des Flusses Indus (daher der Name). Im indischen Verständnis besteht die hinduistische Religion seit jeher und erneuert sich immer wieder. Der Hinduismus kennt keinen Religionsstifter und hat auch kein verbindliches Bekenntnis. Grundlegend ist die Lehre vom Karma und von der Wiedergeburt, nach der jedes Wesen – auch die

Götter – einen ewigen Kreislauf durchwandern muss. In der langen Folge guter Taten kann ein Hindu zur Erlösung gelangen; damit endet für ihn die sonst endlose Kette von Wiedergeburten. Auch das Weltgeschehen ereignet sich nach hinduistischem Denken in sich wiederholenden Perioden (mit je vier Weltzeitaltern) mit zunehmender Verschlechterung der menschlichen Lebensumstände. Im letzten Zeitalter wird die Welt durch einen Brand zerstört, worauf nach einer Ruhezeit der Weltprozess von vorn beginnt. Die Hauptgötter sind Brahma, Vishnu und Shiva. Soziologisch ist der Hinduismus durch eine hierarchische Rangordnung in Gruppen (Kasten) strukturiert. Heute zählt der Hinduismus etwa 811 Mio. Anhänger; in Deutschland gibt es nur rudimentäre Ansätze einer Organisationsstruktur.

Der tanzende Gott Shiva

Aufgaben

1. *Mahatma Gandhi (1869–1948) ist der in Deutschland bekannteste Hindu. Informieren Sie sich über seinen gewaltfreien Kampf für die Freiheit Indiens. Wie ist seine Lebenshaltung durch seine Religion geprägt worden?*
2. *Informieren Sie sich über hinduistische Gruppierungen in Deutschland (Ihrer Stadt) und nehmen wenn möglich Kontakt auf zur interreligiösen Begegnung.*

Der **Buddhismus** stammt aus dem Nordosten Indiens und beruht auf den Lehren von Siddhartha Gautama, der unter dem Namen „Buddha" bekannt und um 563 v. Chr. geboren wurde. Der Sohn des Herrschers über ein kleines Königreich wuchs in Luxus und Geborgenheit auf und lernte erst mit 28 Jahren das Elend der normalen Bevölkerung kennen; dadurch wurde er sich der Leere seines Lebens bewusst. Er machte sich auf die Suche nach Frieden und Erleuchtung und strebte nach Erlösung aus dem Kreislauf der Geburten. Er praktizierte Yoga und lebte zeitweilig in strenger Askese; danach lebte er zwischen Maßlosigkeit und Selbstverleugnung.

Unter einem Feigenbaum meditierend erreichte er höhere Bewusstseinsebenen bis hin zur ersehnten Erleuchtung. Anschließend zog er predigend umher, sammelte Schüler und organisierte eine Ordensgemeinschaft (Sangha). Siddhartha hinterließ keine Schriften, seine Lehren wurden erst später durch seine Nachfolger aufgeschrieben. Im Zentrum der buddhistischen Lehre stehen die vier edlen Wahrheiten: (1) Leben ist Leiden; (2) die Ursache allen Leidens liegt in Unwissenheit, Begierde und Neid; (3) das Leiden kann beendet werden durch die Überwindung von Unverständnis und des Gebundenseins; (4) der Weg zur

Überwindung des Leidens ist der „edle, achtfache Pfad“ (rechte Anschauung, rechtes Wollen, rechtes Reden, rechtes Tun, rechtes Leben, rechtes Streben, rechtes Denken, rechtes Sich-Versenken). Das buddhistische Leben bestimmt das Karma, eine Art moralisches Naturgesetz, nach dem gute bzw. schlechte Taten einer Person im Zusammenhang mit entsprechenden ethischen Folgen (Lohn bzw. Strafe) im System von Wiedergeburten stehen. Das Karma in der Welt vollzieht sich als universelle Gerechtigkeit. Das Ziel der buddhistischen Wege ist das Nirwana als ein Erleuchtungszustand, in dem Gier, Hass und Unwissenheit erlöschen. Der Buddhist lebt nach Erreichen des Nirwanas weiter; erst mit dem Tod wird das vollkommene Nirwana (Parinirwana) erreicht. Das buddhistische Leben vollzieht sich in Tempeln unterschiedlicher Ausrichtungen (z. B. der Zen- oder Theravada-Buddhismus) und ist in Klöstern organisiert. Die zeitweilige Existenz als Mönch prägt buddhistische Biografien, vor allem in den Ursprungsländern Thailand, Myanmar, China, Korea und Vietnam.

Der betende Buddha

In Deutschland zählen sich nach buddhistischen Angaben 80000 bis 100000 Deutsche zum Buddhismus, weitere 300000 bis 350000 Menschen mit asiatischer Herkunft. Die deutschen Buddhisten haben sich unter dem Dachverband der Deutschen Buddhistischen Union (DBU) mit Sitz in München zusammengeschlossen (www.buddhismus.de).

Aufgaben

1. *Der 14. Dalai Lama (geb. 1935) ist der in Deutschland zurzeit bekannteste Buddhist. Informieren Sie sich über seine religiöse Botschaft und sein Wirken, besonders in Tibet. Stellen Sie Parallelen zu Mahatma Gandhi und Dietrich Bonhoeffer zusammen.*

2. *Informieren Sie sich über buddhistische Gruppierungen in Ihrer Nähe und deren Verbindung zur weltweiten hinduistischen Gemeinschaft.*

2.2.5 Die Kirchen bzw. Religionsgemeinschaften in Deutschland und ihre Organisationsform

Sowohl die **evangelische** als auch die **katholische Kirche** sind heute in Deutschland als **Körperschaften öffentlichen Rechts** organisiert. **Freikirchen** hätten dasselbe Recht, nehmen es aber nicht in Anspruch; der Islam versucht zurzeit, eine Körperschaft zu werden. Die beiden großen christlichen Kirchen und die jüdischen Kultusgemeinden sind in Deutschland als öffentlich-rechtliche Körperschaften rechtsfähige Verbände, die staatliche Aufgaben und Zwecke unter Staatsaufsicht übernehmen. Sie haben besondere Rechte im Bereich der Selbstverwaltung, d. h., sie können z. B. Gesetze für ihre Mitglieder erlassen, eigene Tarifverträge abschließen (der sogenannte „dritte Weg“; vgl. Kap. 2.7.4) und auch Steuern erheben. Besonders bezüglich des Steuerrechts gibt es oft Missverständnisse. Nicht der Staat erhebt die Kirchensteuer, sondern die Kirchen. Um eine eigene und teure Steuerbehörde einzusparen, beauftragt die Kirche die staatlichen Finanzbehörden, von ihren Mitgliedern die Kirchensteuer gegen Bezahlung einzuziehen, sodass die Kirchen Verwaltungskosten sparen und die Finanzbehörden zusätzliches Geld einnehmen.

Eine **orthodoxe deutsche Kirche** gibt es noch nicht. Die orthodoxen Gemeinden sind Migrantengemeinden und den Patriarchaten der jeweiligen Herkunftsländer unterstellt, z. B. dem Ökumenischen Patriarchat von Konstantinopel. Die orthodoxen Diözesen in Deutschland haben sich im Februar 2010 zur Orthodoxen Bischofskonferenz in Deutschland (OBKD) zusammengeschlossen.

Die Erteilung von **Religionsunterricht** als ordentliches staatliches Schulfach in Übereinstimmung mit den Grundsätzen der Religionsgemeinschaften nach Art. 7 Abs. 3 des GG ist nicht an eine Körperschaft gebunden. Entscheidend ist hier, dass die jeweilige Religionsgemeinschaft so organisiert ist, dass eine verantwortliche und für alle Mitglieder der Religionsgemeinschaft legitimierte Stelle für den Staat als Ansprechpartner fungiert. Hierum bemühen sich zurzeit die islamischen Vereinigungen in Deutschland.

Aufgabe

Erstellen Sie in Gruppen eine tabellarische Zusammenschau (Synopse) der großen Religionen: Ordnen Sie nach Stifter, Lehre, Kultort, Festen, Organisationsform usw. Ergänzen Sie die Synopse um eventuell fehlende Informationen und stellen Sie sie in der Einrichtung/Schule/Gemeinde aus.

2.2.6 Die christliche Ökumene

Der Begriff „Ökumene“ leitet sich aus dem Griechischen ab („oikoumene“ = „der bewohnte Erdkreis“). Unter dem Begriff der Ökumene werden alle Bemühungen und Projekte verstanden, bei denen alle christlichen Kirchen und Gemeinschaften der bewohnten Erde gemeinsam beteiligt sind, um mit einer Stimme in der Welt zu sprechen. Die Weltmissionskonferenz in Edinburgh hatte 1910 insofern eine bis heute bleibende Bedeutung für die ökumenische Bewegung, als damals die Vision einer weltweit tätigen Gemeinschaft für Mission, Frieden und Gerechtigkeit entworfen wurde. Nach dem und infolge des Zweiten Weltkrieges wurde 1948 der Ökumenische Rat der Kirchen (ÖRK) in Amsterdam als Zusammenschluss aller christlichen Kirchen der bewohnten Erde gegründet (Sitz heute in

Bossey bei Genf). Der ÖRK ist keine eigene Kirche, sondern ein Verbund von ca. 350 Mitgliedskirchen weltweit. Als die eine weltweite Stimme und die Repräsentation des christlichen Glaubens als einer weltweiten Gemeinschaft genießt der ÖRK internationale Anerkennung als religionsphilosophische und ethische Instanz. Neben der Einheit des Christentums ist der ÖRK auch interessiert an der konkreten Umsetzung christlicher Ideale. (In diesem Zusammenhang ist hier beispielsweise der „Konziliare Prozess für Gerechtigkeit, Frieden und Bewahrung der Schöpfung" zu erwähnen.) Die römisch-katholische Kirche ist bis heute kein vollwertiges Mitglied des ÖRK, arbeitet jedoch in einigen Ausschüssen mit (www.oikoumene.org).

Ökumenischer Gottesdienst

2.2.7 Religiöse Sondergemeinschaften – Zeugen Jehovas und Scientology

Aufgaben

1. *Informieren Sie sich in Kleingruppen, welche Sondergemeinschaften (Sekten) es in Deutschland gab und gibt.*
2. *Stellen Sie zusammen, welche grundlegenden Strukturen Sondergemeinschaften aufweisen und welche Ansprüche sie an ihre Mitglieder haben.*
3. *Erkundigen Sie sich vor Ort nach kirchlichen und kommunalen Sektenberatungsstellen und stellen Sie einen Katalog von Gründen auf, warum der Kontakt mit Sondergemeinschaften gefährlich sein kann.*

Die Wachtturmgesellschaft – Zeugen Jehovas

Die Zeugen Jehovas sehen sich als eine dem Christentum nahestehende Sondergemeinschaft. Schon der Name „Jehova" lässt eine Beziehung zum hebräischen Gottesnamen JHWH anklingen. Die Gruppierung geht auf Charles Taze Russell (1852–1916) zurück, der überzeugt war, dass das Ende der Welt bevorstand. Nachdem seine Berechnung der Wiederkunft Christi für 1872/73 ohne Folgen blieb, gründete er die Zeitschrift „Der Wachtturm", die seine Anhänger als ernste Bibelforscher neben der Bibel studieren mussten. Nach seinem Tod wurde unter der Leitung von Joseph Rutherford aus der Lese- und Studiergruppe die bis heute bekannte und straff geführte Organisation der Zeugen Jehovas. Unter der Federführung der Wachtturmgesellschaft entstand ein Netz gegenseitiger

Kontrolle, das die Mitglieder zu strenger Disziplin und Gehorsam zwang. Abweichungen von der Lehre oder gar Kritik werden reglementiert bis hin zum Entzug der Gemeinschaft, was zu sozialer Isolation innerhalb der Gemeinschaft führt. Diese Strafe ist umso schlimmer, als der Kontakt zu Nichtzeugen generell nicht erwünscht ist. Entsprechend werden andere Religionen und Kirchen als „falsch" oder als „Hure Babylon" bezeichnet. Weil auch der Staat als Teil des „satanischen Systems" angesehen wird, lehnen Zeugen Jehovas demokratische Wahlen ab und verweigern den Wehrdienst.

Zeugen Jehovas mit dem „Wachtturm"

Im Zentrum der **Lehre** steht die „Neue-Welt-Übersetzung" der Bibel, die als wörtlich von Gott inspiriert gilt. Da die geistliche Führung der Wachtturmgesellschaft für ihre Bibelauslegung eine absolute Gültigkeit beansprucht, besitzt sie eine Monopolstellung im Hinblick auf die Lehre und kann so leicht Druck auf ihre Mitglieder ausüben. Der immer noch aktuelle Endzeitgedanke führt dazu, dass die Mitglieder einen hohen Einsatz an Zeit und Geld aufbringen müssen, um das Weltende besser zu überstehen, z. B. durch die Verteilung von „Wachtturmheften". (Ein anderes Heft heißt „Erwachet!".) Der Lebensalltag der Sondergemeinschaft ist streng durch die Lehre geprägt. So lehnen die Zeugen Jehovas z. B. aufgrund ihres Bibelverständnisses Bluttransfusionen mit allen Konsequenzen ab, da die Bibel das Vergießen (fremden) Blutes verbietet. Feste wie Weihnachten und Ostern sowie auch persönliche Feiertage wie Geburtstage oder der Muttertag werden nicht gefeiert, da sie nicht in der Bibel stehen. In Einrichtungen mit Kindern führt das oft zu Problemen, da Kinder von Zeugen Jehovas auch bei Geburtstagen anderer Kinder nicht mitfeiern dürfen. Nach eigenen Angaben der Zeugen Jehovas soll es weltweit ca. 7,3 Mio. Mitglieder geben.

Einschätzung

Die Zeugen Jehovas können (meist labile) Menschen von sich überzeugen, die sich nach Sicherheit sehnen und klare Anweisungen suchen. Beim Erstkontakt wirken die Mitglieder aufgrund ihrer hohen Motivation und der vorgegebenen Glaubwürdigkeit attraktiv und kompetent im Hinblick auf die Lösung von Lebensfragen. Die straffe und geschlossene Organisation der Wachtturmgesellschaft, der geforderte blinde Gehorsam sowie die Ablehnung von Meinungsbildungsprozessen werden erst erkennbar, wenn jemand in der Gemeinschaft lebt – doch dann ist ein Ausstieg schon fast unmöglich.

Scientology

Die Gemeinschaft der Scientologen wurde 1954 von dem Science-Fiction-Autor L. Ron Hubbard (1911–1986) in den USA gegründet. Die Lehre beruht auf der Dianetik, einer Art Psychotherapie, die von Hubbard entwickelt und schon 1950 in seinem Buch „Dianetik. Die moderne Wissenschaft von der geistigen Gesundheit" veröffentlicht wurde. (Heute ist das Buch unter dem Titel „Dianetik. Der Leitfaden für den menschlichen Verstand" bekannt.) Die Scientology-Gemeinschaft – im Namen klingt das englische Wort für „Wissenschaft" an – bezeichnet sich selbst als „Kirche" und beansprucht für sich, den einzigen Weg für das Überleben des Individuums und der Menschheit zu kennen. Die Scientology-„Kirche" verheißt den Menschen die „totale Freiheit" und die Erweiterung des „geistigen Potenzials". Das Therapieangebot beginnt oft mit einem kostenlosen Persönlichkeitstest, der angebliche Stärken, tatsächlich aber vor allem Schwächen aufzeigt. Im Zentrum der folgenden Kurse steht das sogenannte „Auditing", das von Scientology als „seelsorgerliches Gespräch" bezeichnet wird, das Aussteiger jedoch als „Gehirnwäsche" bezeichnen. Die teuren Therapiekurse sollen die Klienten zu immer mehr Freiheit und Macht führen. (Betroffene Menschen haben zum Teil mehr als 50000 € investiert.) Der Kostenfaktor und die „Gehirnwäsche" sind neben den – aus Sicht der christlichen Kirchen leeren – Versprechungen die häufigsten Kritikpunkte an der Organisation.

Aufgabe

Schauen Sie sich die Internetseiten von Scientology an (www.scientology.de) und informieren sich über diese Sekte. Folgende Fragen können Sie dabei leiten:
- *Welche Versprechungen werden hier gemacht?*
- *Wie werden diese bildlich und sprachlich umgesetzt?*
- *Wie werden die Erfolgsaussichten der Dianetik-Methode erklärt und plausibel gemacht?*

Nach eigenen Angaben hat die Organisation heute in Deutschland mehr als 30000 Anhänger. (Nach Angaben des Verfassungsschutzes ist die Zahl allerdings bedeutend geringer.) 1995 hat das Bundesarbeitsgericht der Scientology-Organisation ihre Gemeinnützigkeit aberkannt. Sie wird nicht mehr als religiöse oder weltanschauliche Vereinigung bewertet, sondern als Wirtschaftsunternehmen.

Einschätzung

Wie bei allen Sondergemeinschaften kann das scientologische Kurssystem gefährlich werden: Scientologen sind bestens darin geschult, gerade Menschen in Umbruch- oder Krisensituationen mit Erfolgsversprechen zu locken und in das teure Kurssystem einzuschleusen, um freier und geistig erfolgreicher zu werden. Gefährlich ist vor allem das scientologische Menschenbild, das in jeder Seele nur eine zu optimierende Maschine sieht, die weder Rechte noch Würde besitzt. Bei Scientology gilt jedes Abweichen von der Ideologie als „Verbrechen".

2.2.8 Jugend und Religion

Der Slogan „Religion ist out!" gehört der Vergangenheit an. Trotz der Warnung vor Religion als „Opium des Volkes" (Marx, vgl. Kapitel 1.1.4) kehrt die Religion wieder stärker in die gesellschaftliche Wirklichkeit zurück. Der religiöse Markt boomt. Religiöse Ratgeber sind gefragt wie lange nicht mehr, wobei sich neben den großen Kirchen vor allem fremde Religionen (wie beispielsweise der Buddhismus) oder neue Religionen dieser aktuellen Beliebtheit erfreuen können. In einer Wuppertaler Berufsschule erhielt ein Religionslehrer folgendes Statement eines Elternteils: „Jörg ist weder katholisch noch evangelisch, muslimisch oder Buddhist. Jörg glaubt an Wotan, Thor usw. Wenn das im Religionsunterricht ebenfalls gelehrt wird, nimmt Jörg am Religionsunterricht teil." Was glauben Jugendliche heute eigentlich? Wie stehen Kinder und Jugendliche zur Kirche? Eine Reflexion dieser Fragen ist wichtig für alle, die sich mit Jugendlichen und Religion

Jugendliche und ihre Ängste

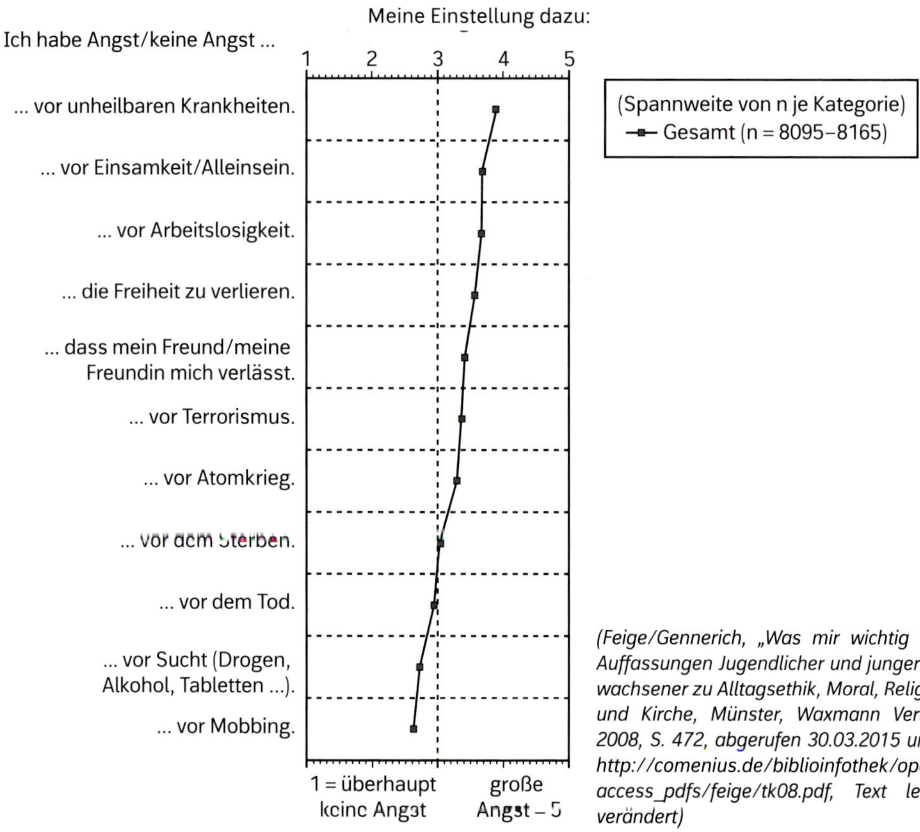

(Feige/Gennerich, „Was mir wichtig ist". Auffassungen Jugendlicher und junger Erwachsener zu Alltagsethik, Moral, Religion und Kirche, Münster, Waxmann Verlag, 2008, S. 472, abgerufen 30.03.2015 unter http://comenius.de/biblioinfothek/open_access_pdfs/feige/tk08.pdf, Text leicht verändert)

beschäftigen. Beispielhaft soll im Folgenden eine Untersuchung unter mehr als 8000 Berufsschüler/-innen herangezogen werden, die nach religiösen Strukturen und Inhalten in den normalen Lebenswerten von Jugendlichen fragt.

Die Grafik zeigt die häufigsten Auslöser für Ängste bei Jugendlichen: unheilbare Krankheiten, Einsamkeit, Arbeitslosigkeit und Freiheitsverlust. Die wenigsten Ängste bereiten Jugendlichen das Sterben und der Tod, Süchte und Mobbing. Verständlicherweise haben junge Menschen vor unheilbaren Krankheiten als massivem Verlust von Lebensqualität Angst. Weniger selbstverständlich ist, dass Jugendliche durchweg Einsamkeit und Alleinsein befürchten und sich diese Angst eingestehen. Positiv heißt das für die Befindlichkeit Jugendlicher, dass sie sich stabile Beziehungen, möglichst wenige Beziehungsrisiken und eine vertraute Umgebung für ihr Leben wünschen. Mit anderen Worten: Jugendliche suchen gegenwärtig primär ein Lebensumfeld, das treffend mit „stabiler Heimat und Geborgenheit“ bezeichnet werden kann. Was die Werbung als Idylle vor Augen stellt, trifft bei Jugendlichen den Kern ihrer Sehnsucht. Das heißt aber wohl zugleich auch: Viele Jugendliche machen heute die Erfahrung problematischer Beziehungsgeflechte – zu Hause und in ihren eigenen Milieus.

Ein Blick in die Studie zeigt weiter, dass die befragten Konfessionslosen eine analoge Sehnsucht haben bzw. gleiche Auslöser für Ängste angeben. Bei muslimischen Jugendlichen wird – als Folge ihrer noch starken familiären Sozialisation – die Angst vor dem Alleinsein und dem Verlassenwerden von Freundinnen bzw. Freunden oder der Partnerin bzw. dem Partner weniger häufig angegeben, während die Angst vor „Süchten“ höher liegt.

Aufgaben

Es gibt eine neue wegweisende Studie zum Themenfeld „Jugend und Religion“, die die zukünftige Diskussion prägen wird:

- *Friedrich Schweitzer, Golde Wissner, Annette Bohner, Rebecca Nowack, Matthias Gronover, Reinhold Boschki: Jugend – Glaube – Religion. Eine Repräsentativstudie zu Jugendlichen im Religions- und Ethikunterricht (Glaube – Wertebildung – Interreligiosität, Bd. 13), Münster, Waxmann Verlag, 2018.*
- *Schnell, Tatjana: „Für meine Freunde könnte ich sterben.“ Implizite Religiosität und die Sehnsucht nach Transzendenz. In: Jugend, Religion, Religiosität. Resultate, Probleme und Perspektiven der aktuellen Religiositätsforschung, hrsg. von Ulrich Kropač/Uto Meier/Klaus König, Regensburg, 2012, S. 87-106.*

1. *Bilden Sie Kleingruppen und untersuchen Sie je eine der genannten Literaturquellen und Studien im Hinblick auf Jugend und Religion.*
2. *Vergleichen Sie Ihre Ergebnisse mit der oben besprochenen Grafik und Ihren eigenen Erfahrungen: Welche Konsequenzen ergeben sich Ihrer Meinung nach für Kirchen und Staat? Präsentieren Sie Ihre Ergebnisse im Anschluss in der Gesamtgruppe.*

2.2.9 Die Gruppe der Konfessionslosen und Atheisten

In einem Gottesdienst zur Einschulung ins erste Schuljahr im Bereich der Evangelischen Kirche im Rheinland stellt der dortige Pfarrer fest, dass rund ein Drittel der Kinder zum ersten Mal in ihrem Leben das Wort „Gott“ hören, Gebete erleben und eine Kirche besuchen. Die Kinder sind irritiert, aber neugierig. Niemand hat sie auf diese Situation vorbereitet. Sie sind aufgewachsen in Elternhäusern, die sich entweder nicht für Religion interessieren oder sich bewusst davon distanzieren.

Aufgabe

Verschaffen Sie sich einen Überblick über die Religions- und Konfessionszugehörigkeit Ihrer Kinder- oder Jugendgruppe. Werten Sie das Ergebnis aus und vergleichen Sie es mit den Daten des lokalen Umfeldes der Einrichtung. Gibt es Unterschiede bei konfessionellen, städtischen und nicht konfessionellen Trägern?

Ein Beispiel für das gewachsene Selbstbewusstsein atheistischer Gruppen in Deutschland ist die weltweit durchgeführte Buskampagne „Gottlos glücklich“ (www.buskampagne.de). Die Kampagne will nicht nur die keineswegs neue Kritik äußern, dass viele moderne Werte (z. B. Gleichberechtigung, Meinungs- und Pressefreiheit oder die Freiheit von Wissenschaft und Kunst) gegen die Kirchen und Religionen – und andere zeitgenössische konservative Kräfte – durchgesetzt wurden. Vielmehr soll heute positiv verdeutlicht werden, dass ein glückliches und zufriedenes Leben nicht mehr zwingend Gott oder den Glauben braucht. Gottlos glücklich zu sein, ohne etwas zu vermissen – das ist die Botschaft der Kampagne, um den Unglauben in ein positiveres Licht zu rücken.

„Ein erfülltes Leben braucht keinen Glauben“ – Demonstration gegen den Besuch des Papstes 2011

Aufgaben

1. *Analysieren Sie in Gruppen das 2007 erschienene Kinderbuch „Wo bitte geht's zu Gott?, fragte das kleine Ferkel" von Michael Schmidt-Salomon und Helge Nyncke. Wird das Phänomen der Religion in dem Buch fair und neutral dargestellt? Wie werden die unterschiedlichen Religionsgemeinschaften dargestellt? Wie wirken Darstellungen und Texte zusammen?*

2. *Entwickeln Sie basierend auf Ihren Ergebnissen einen Katalog von Kriterien, wie sich Religionsgemeinschaften untereinander begegnen sollten.*

Bestimmungsfaktoren des Lebensverlaufs von Jugendlichen

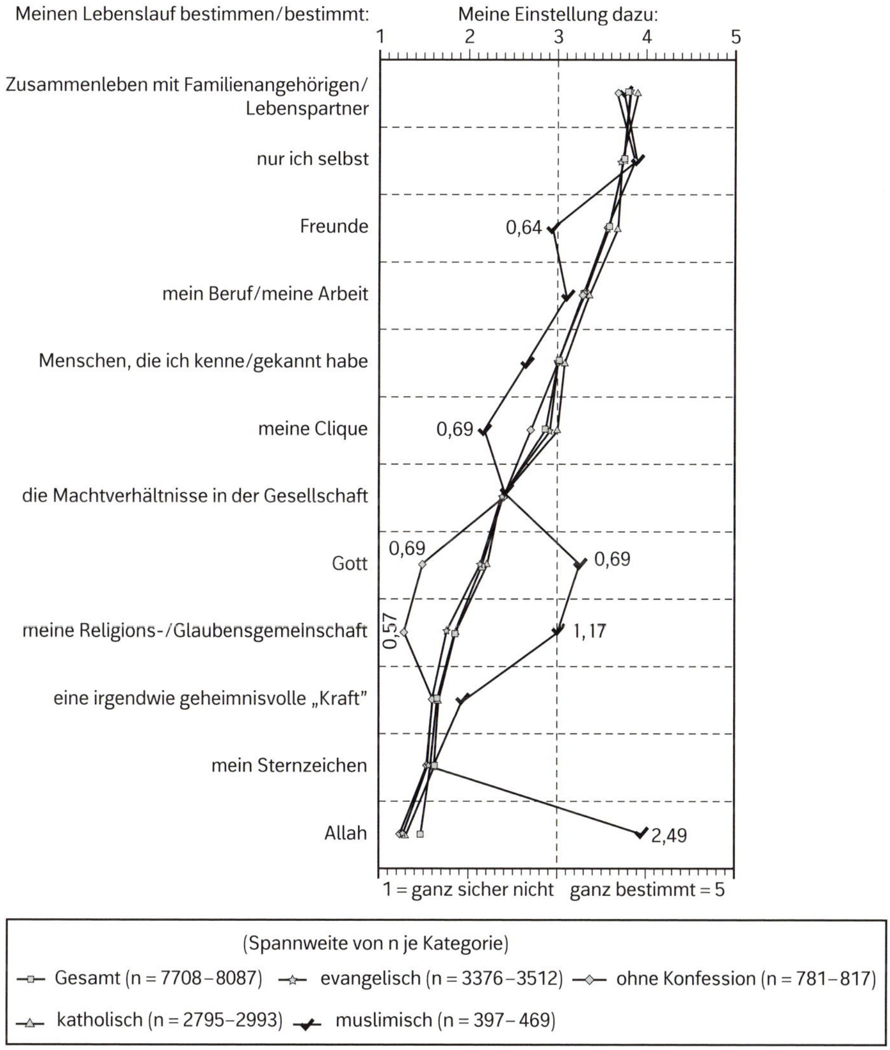

(Feige/Gennerich, „Was mir wichtig ist". Auffassungen Jugendlicher und junger Erwachsener zu Alltagsethik, Moral, Religion und Kirche, Münster, Waxmann Verlag, 2008, S. 745, abgerufen 30.03.2015 unter http://comenius.de/biblioinfothek/open_access_pdfs/feige/tk12.pdf Text leicht verändert)

Religionszugehörigkeit in Deutschland 1950

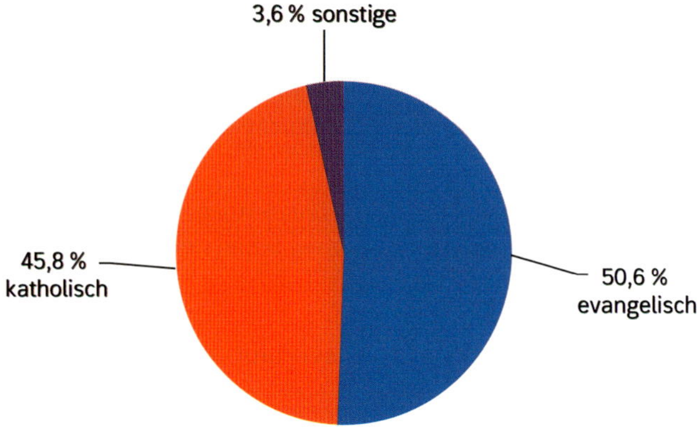

(Statistisches Bundesamt/Fachserie A/Bevölkerung und Kultur/Volks- und Berufszählung vom 6. Juni 1961, Heft 5: Bevölkerung nach der Religionszugehörigkeit (Bundesgebiet ohne Berlin und Saarland), Stuttgart, 1966, S. 21)

Religionsgemeinschaften in Deutschland

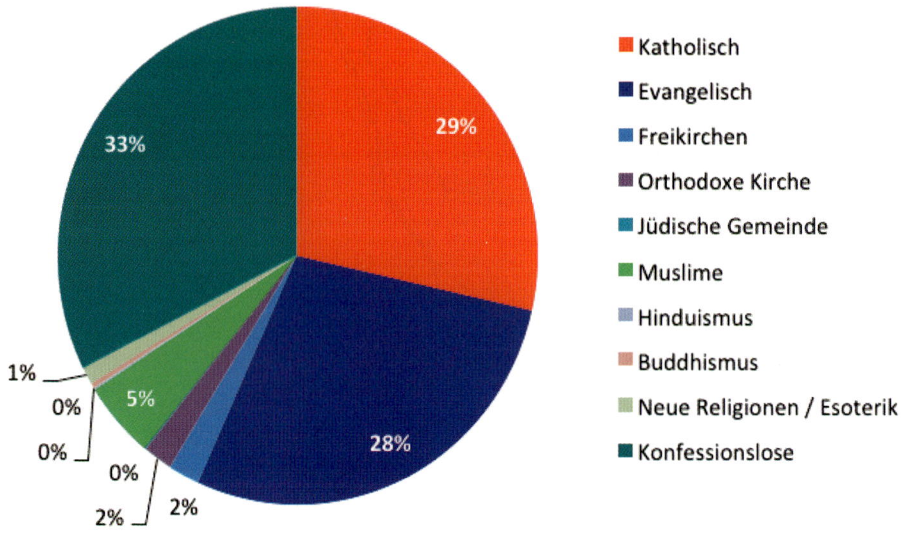

(REMID. Religionswissenschaftlicher Medien- und Informationsdienst e. V. Bezugsjahr: 2014. Teilweise (www.remid.de/))

Einer Religionsgemeinschaft anzugehören ist heute alles andere als selbstverständlich. Wir leben in einer Gesellschaft, in der die Gruppe der Konfessionslosen und Atheisten vor den beiden christlichen Kirchen die größte Gruppe der Bevölkerung bildet. Dabei ist der Anteil der Atheisten in den neuen Bundesländern deutlich höher als in denen der alten BRD. Für die Kirchen und Religionsgemeinschaften, deren Jugendeinrichtungen und auch für den Religionsunterricht gilt es, diese Gruppe verstärkt in den Blick zu nehmen. Die obige Grafik zeigt, dass Jugendliche ohne Gottesbezug in vielen Fragen des Lebens gleich empfinden und entscheiden wie religiös sozialisierte Jugendliche. Im Gegensatz zur Intention der Buskampagne wird deutlich, dass allein bei entschieden religiösen Fragen die Jugendlichen unterschiedliche Antworten geben. Allgemeine Lebenswerte und das Leben bestimmende Faktoren sind annähernd gleich. Religiöse wie areligiöse Jugendliche sind mit und ohne Gottesbezug gleich orientiert – und glücklich oder eben nicht. Zugleich zeigt die Grafik: Jugendliche ohne religiöse Sozialisation müssen mit großer Sorgfalt in religiöse Themen eingeführt werden. Es ist deshalb wichtig, die eigene Gruppe der Einrichtung genau zu kennen, um nicht einen Teil der Gruppe religiös zu überfordern.

2.2.10 Das Gespräch der Religionen – der interreligiöse Dialog

Die multireligiöse und plurale Gesellschaft in Deutschland verlangt nach Gesprächen der einzelnen gesellschaftlichen Gruppen mit dem Ziel der Integration und des besseren gegenseitigen Verstehens. Der Dialog der Konfessionen und vor allem der Religionen ist dabei ein wesentlicher Faktor. Der (inter)religiöse Dialog vollzieht sich schon im Alltag bei der gegenseitigen Anteilnahme und Anteilgabe am alltäglichen Leben – sei es in der Schule, am Arbeitsplatz, im kulturellen und wirtschaftlichen Leben, bei nachbarschaftlichen Begegnungen und Hil-fen oder z. B. auch bei Einladungen zu religiösen Festen in der jeweils anderen Religionsgemeinschaft.

Die Religionen und das Weltethos (Stiftung Weltethos, Tübingen)

Neben der Alltagsdimension hat der interreligiöse Dialog auch eine ethisch-handlungsorientierte Ebene. In einer pluralen und multireligiösen Gesellschaft gibt es eine Vielzahl von Fragen und Problemen, die für alle Bürgerinnen und Bürger, unabhängig von ihrer religiösen Sozialisation und kulturellen Prägung, eine Herausforderung darstellen. In globaler Dimension hat der katholische Theologe Hans Küng diesen Ansatz aufgegriffen und darauf basierend sein Programm „Weltethos“ initiiert und entfaltet. Der Hauptgedanke dieses Projektes ist die Erarbeitung des gemeinsamen Grundethos aller Religionen zur Förderung und Sicherung eines weltweiten Friedens. Nach

Küng gilt es, das in allen Religionen beheimatete Anliegen des Friedens und der Gerechtigkeit als gemeinsames Erbe zu betonen und in konkreten Konfliktszenarien zu bündeln. Die primäre Voraussetzung des Weltfriedens ist dabei für Küng unabdingbar der Friede unter den Religionen selbst. Für Küng charakterisieren drei Thesen die Notwendigkeit, die Aufgabe und das Ziel des Projektes „Weltethos" (Küng, 1990, S. 19):

- „Kein Überleben ohne ein Weltethos"
- „Kein Weltfriede ohne Religionsfriede"
- „Kein Religionsfriede ohne Religionsdialog".

Es ist das Verdienst Küngs, angesichts globaler Herausforderungen die einzelnen Religionsgemeinschaften aufgrund ihrer Handlungsanweisungen – ihres Ethos – in die Verantwortung und Pflicht zu nehmen.

Die dritte – zugleich schwierigste und umstrittenste – Ebene des interreligiösen Dialogs ist der theologische Austausch und die theologische Konsensbildung unter Wahrung bleibender Fundamentaldifferenzen. Die Anfänge dieses Dialogs liegen schon weit zurück und sind im angelsächsischen Raum zu suchen. Besonders das Parlament der Religionen ist hier zu nennen.

Ein theologischer Dialog der Religionen will gestaltet sein und braucht einen verbindlichen Rahmen. Dazu gehört vor allem die Aufrichtigkeit und echte Toleranz der Vertreter der teilnehmenden Religionsgemeinschaften. Wesentlich für jeden interreligiösen Dialog ist die Einsicht, dass der Dialog an sich zugleich das Mittel der Kommunikation und auch deren Ziel ist. Der Dialog schafft im Idealfall Begegnungen zwischen den Partnern. Nach dem jüdischen Religionsphilosophen Martin Buber (1878–1965) ist die Begegnung von „Ich" und „Du" die Grundfigur jeder Begegnung sowie des menschlichen Lebens und damit auch des interreligiösen Dialogs. In Deutschland wird der Dialog vornehmlich von den drei Religionsgemeinschaften mit der höchsten gesellschaftlichen Prägekraft geführt: Judentum, Christentum und Islam. Deshalb von einem „Trialog" zu reden, ist unsinnig, da der Begriff „Dialog" keinen Austausch von allein zwei Partnern, sondern eine Kommunikation ohne zahlenmäßige Beschränkung meint (zu den Kultorten der Religionsgemeinschaften vgl. Kapitel 3.6.6).

Ein kritischer Punkt im interreligiösen Gespräch ist die Frage nach den Folgen. Verlieren nicht die einzelnen Religionen ihr Profil, wenn im Dialog für das Gelingen von Integration notwendigerweise das Gemeinsame gesucht und herausgestellt wird? Steht nicht am Ende eine – mit dem Fachausdruck so benannte synkretistische (= „vermischte") – Einheitsreligion mit dem größten gemeinsamen Nenner als Basis? Diese Gefahr besteht sehr wohl bei einem verengten Dialogverständnis, wenn nämlich allein das Gemeinsame herausgearbeitet wird und die Differenzen – vermeintlich um der guten Stimmung willen – vernachlässigt werden. Von Bubers Dialogverständnis her ist diese Dialogstruktur allerdings dahingehend zu präzisieren, dass nämlich zur Begegnung von „Ich" und „Du" immer die Differenz der beiden notwendig ist. Ohne die Differenz kommt es zu keinem Dialog und erst recht zu keiner authentischen Begegnung. Erst durch die Differenz gewinnt der Dialogpartner an Statur und verhindert damit am Ende eine Einheitsreligion. Der Dialog bedingt sowohl das Wissen um die eigenen Positionen als auch die Einsicht von deren Relativität. In toleranter Achtung bedarf es des Raumes für die Überzeugungen des Dialogpartners. Nur wer gern zu seiner Position steht und zugleich die Position des anderen zu verstehen sucht, wird einen Dialog erfolgreich als Begegnung auf Augenhöhe führen und erleben können. Getragen ist ein solcher Dialog von dem gegenseitigen Vertrauen, dass jeder Partner seine Eigenheit einbringen und bewahren darf. Bei diesen Begegnungen können sich unter Beteiligung der Gläubigen bei wachsendem Vertrauen neben dem Austausch auch Erfahrungen in Meditation, Gebet und Feier ergeben. Dabei stellt sich die Frage, ob und inwiefern gemeinsame interreligiöse Feiern theologisch legitim und durchführbar sind.

Aufgabe

Im Dialog wird zwischen interreligiösen und multireligiösen Feiern unterschieden. Informieren Sie sich über den Unterschied und stellen Sie in Gruppen die unterschiedlichen Positionen heraus. Welche Form der Feier können Sie sich für sich selbst und für Ihre Gruppe vorstellen (vgl. auch Kapitel 3.2)?

Für die konkrete Arbeit in multireligiös zusammengesetzten Gruppen von Kindern und Jugendlichen in den unterschiedlichsten Einrichtungen bedeutet das (1.) eine Akzeptanz und Wertschätzung aller in der Gruppe vorhandenen religiösen Überzeugungen. Zugleich bedeutet es (2.) die Option, die eigene Überzeugung in der Gruppe repräsentieren und darstellen zu können. Schließlich ist (3.) darauf zu achten, dass jedes Kind bzw. jeder Jugendliche mit seinen jeweils eigenen lebensbiografischen Erfahrungen – und nicht als stereotyper Vertreter seiner Religion – wahrgenommen wird. So können Kinder bzw. Jugendliche in ihrer Gruppe ihre religiöse Differenz ohne Diskriminierung erleben (z. B. Speise- und Kleidungsvorschriften), sich mit ihrer religiösen Sozialisation in der Gruppe heimisch fühlen und durch die Begegnung mit anderen Formen von Religiosität in der eigenen Identität wachsen. Interreligiöse Lernprozesse lassen sich z. B. sehr gut anhand der Festkreise der Religionen arrangieren und operationalisieren – siehe dazu unter 3.2 zu den „Religiösen Festen“ (bes. unter 3.2.5).

Aufgaben

1. *Informieren Sie sich über das Parlament der Religionen unter besonderer Berücksichtigung seiner Anliegen und „Spielregeln“. Was bedeutet die Idee des Parlaments der Religionen für das interreligiöse Zusammenleben in unserer Gesellschaft heute?*
2. *Stellen Sie eigene Regeln eines interreligiösen Dialogs auf.*

2.3 Der Mensch in biblischer und inklusiver Perspektive

Wer bin ich? – Persönliche Fragen

Was ist der Mensch? Wer bin ich? Fragen, die sich viele Menschen im Laufe ihres Lebens stellen. Wer bin ich? Hochbegabt und selbstbewusst, leistungsfähig und vom Glück verfolgt, die Krone der Schöpfung? Gehe ich mit stolzgeschwellter Brust und erhobenem Haupt durch mein Leben? Oder bin ich eher tiefbegabt, verunsichert, oft überfordert und meistens auf der Verliererstraße, vergleichbar einem Ritter von trauriger Gestalt? Fühle ich mich klein und unbedeutend, nicht der Rede wert?

Wer bin ich? Liebenswert und anerkannt, gern gesehen bei Partys und stets willkommen? Oder werde ich ignoriert und meistens übersehen? Oder schlimmer noch: ausgelacht, gemobbt und verachtet? Wer bin ich für andere?

Vermutlich kennt jede und jeder beide Erfahrungen. Manchmal selbstbewusst, manchmal niedergeschlagen. Für manche Dinge besonders talentiert, für anderes ziemlich unfähig. Von vielen Menschen respektiert, von einigen geschätzt, von wenigen sogar geliebt. Andererseits wissen wir, wie es ist, ausgelacht zu werden.

Wer bin ich? Eine Frage, die auch in der Bibel immer wieder gestellt wird. Wer ist der Mensch aus Gottes Perspektive und was bedeutet das für glaubende Menschen?

In diesem Kapitel erwerben Sie folgende Kompetenzen:

- *Sie haben ein vertieftes Wissen über biblische Menschenbilder.*
- *Sie können den Zusammenhang von christlichen Aussagen zum Menschen und Inklusion erläutern.*
- *Sie haben die Fertigkeit, das berufliche Handeln aufgrund eines eigenen, reflektierten Menschenbildes zu gestalten und können darüber Auskunft geben.*

2.3.1 Der Mensch als Geschöpf Gottes

Die biblischen Schöpfungsberichte

„Und Gott sprach: Lasset uns Menschen machen, ein Bild, das uns gleich sei, die da herrschen über die Fische im Meer und über die Vögel unter dem Himmel und über das Vieh und über alle Tiere des Feldes und über alles Gewürm, das auf Erden kriecht.

Und Gott schuf den Menschen zu seinem Bilde, zum Bilde Gottes schuf er ihn; und schuf sie als Mann und Frau.

Und Gott segnete sie und sprach zu ihnen: Seid fruchtbar und mehret euch und füllet die Erde und machet sie euch untertan und herrschet über die Fische im Meer und über die Vögel unter dem Himmel und über das Vieh und über alles Getier, das auf Erden kriecht.

Und Gott sprach: Sehet da, ich habe euch gegeben alle Pflanzen, die Samen bringen, auf der ganzen Erde, und alle Bäume mit Früchten, die Samen bringen, zu eurer Speise.

Aber allen Tieren auf Erden und allen Vögeln unter dem Himmel und allem Gewürm, das auf Erden lebt, habe ich alles grüne Kraut zur Nahrung gegeben. Und es geschah so.

Und Gott sah an alles, was er gemacht hatte, und siehe, es war sehr gut. Da ward aus Abend und Morgen der sechste Tag."

(Gen 1,26–31)

Adam und Eva (Lucas Cranach d. Ä., 1526)

Der Mensch – als Mann und Frau – ist Teil einer sehr guten Schöpfung Gottes! Trotzdem stellen sich einige Fragen:

Offensichtlich sind die Geschöpfe nicht gut im Sinne von „vollkommen". Das ist bereits bei der Schöpfung der Tiere zu erkennen. Es werden Tiere geschaffen, die entweder schwimmen, fliegen, gehen oder kriechen

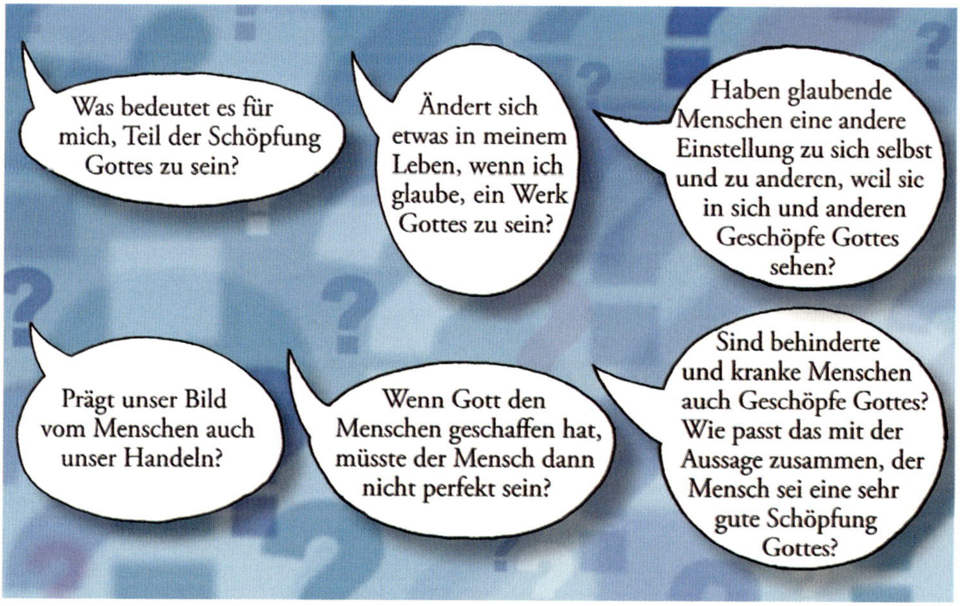

können. Kein Tier kann alles und keines kann nichts. Ein jedes wurde „nach seiner Art" geschaffen. Und die Menschen werden männlich und weiblich geschaffen, je nach ihrer Art. Die Geschöpfe sind von Anbeginn an als begrenzte Wesen beschrieben, wobei der Fokus nicht auf diesen Grenzen, sondern ganz und gar auf den Fähigkeiten liegt. Gott erschafft keine Tiere, die nicht schwimmen, nicht gehen und nicht kriechen können. Sondern Gott macht Tiere, die fliegen können. Mit Gottes Wertung, seine Schöpfung sei (sehr) gut, wird auch nicht gesagt, wie die Geschöpfe selbst sich bewerten. Dass sich aber die Flugtiere beschweren und Gottes Bewertung widersprechen könnten, weil sie weder schwimmen, gehen noch kriechen können, erscheint völlig absurd. Die erste Schöpfungserzählung beschreibt die Schöpfung bewusst als ein unfassbares und wunderbares Werk Gottes. Am Anfang gab es nichts. Schon die Existenz des Planeten Erde, der Pflanzen- und Tierwelt und schließlich des Menschen ist ein großes Wunder.

Die zweite Schöpfungserzählung (Gen 2,4b–3,24) führt beide Motive weiter. Auch hier wird von Gottes wunderbaren Werken berichtet: Menschen werden durch den Hauch Gottes lebendig, sind Gärtner eines paradiesischen Gartens und Namensgeber der Tiere. Doch freuen sich Adam und Eva bald nicht mehr über die vielen Bäume im Garten, sondern konzentrieren sich auf einen verbotenen Baum. Gott hat dem Menschen eine Grenze gesetzt: Vom Baum der Erkenntnis darf er nicht essen. Die unglaublich beschenkten Menschen bekommen eine Grenze gesetzt. Die Grenze markiert den Unterschied zwischen Gott und Menschen. Ob ich von fünfhundert Bäumen essen darf oder von nur vierhundertneunundneunzig, das scheint doch unerheblich zu sein. Aber die Menschen werden hier geschildert als Wesen, die gerne alles hätten, alles können, alles dürfen.

Die Menschen sind in Einzigartigkeit und Verschiedenheit geschaffen. Beide biblischen Texte gehen von einem Schöpfungsakt aus, der zwei unterschiedliche Geschöpfe in verschiedener Gestalt hervorbringt: Adam und Eva, Mann und Frau. Sie sind von Gott gewollt, sie sind verschieden, aber gleichberechtigt und repräsentieren zusammen, d. h. als soziale Wesen, das ganze Menschsein.

Aufgaben

1. *Arbeiten Sie Gemeinsamkeiten und Unterschiede der beiden Schöpfungserzählungen heraus und diskutieren Sie gemeinsam die Konsequenzen, die sich aus den Schöpfungsaufträgen für uns heute ergeben könnten.*
2. *Diskutieren Sie: Wie verhält sich der Auftrag, die Erde zu „beherrschen", zu der Begrenzung, die Gott den Menschen auferlegt hat?*

Hinweis: Weitere Informationen zu den biblischen Schöpfungserzählungen finden Sie in Kapitel 3.1.2.

Neben den beiden Schöpfungserzählungen in der Genesis (1. Buch Mose) bietet die Bibel weitere Antworten auf die Frage nach dem Wesen des Menschen an:

Ein Psalm Davids,
vorzusingen, auf der Gittit.
„HERR, unser Herrscher, wie herrlich ist dein Name in allen Landen, der du zeigst deine Hoheit am Himmel!
Aus dem Munde der jungen Kinder und Säuglinge hast du eine Macht zugerichtet um deiner Feinde willen, dass du vertilgest den Feind und den Rachgierigen.
Wenn ich sehe die Himmel, deiner Finger Werk, den Mond und die Sterne, die du bereitet hast:
was ist der Mensch, dass du seiner gedenkst, und des Menschen Kind, dass du dich seiner annimmst?
Du hast ihn wenig niedriger gemacht als Gott, mit Ehre und Herrlichkeit hast du ihn gekrönt.
Du hast ihn zum Herrn gemacht über deiner Hände Werk, alles hast du unter seine Füße getan:
Schafe und Rinder allzumal, dazu auch die wilden Tiere,
die Vögel unter dem Himmel und die Fische im Meer und alles, was die Meere durchzieht.
HERR, unser Herrscher, wie herrlich ist dein Name in allen Landen!“
(Psalm 8, https://www.bibleserver.com/text/LUT/Psalm8)

Von David.
„Gelobt sei der HERR, mein Fels,
der meine Hände kämpfen lehrt und meine Fäuste, Krieg zu führen,
meine Hilfe und meine Burg, mein Schutz und mein Erretter, mein Schild, auf den ich traue, der Völker unter mich zwingt.
HERR, was ist der Mensch, dass du dich seiner annimmst, und des Menschen Kind, dass du ihn so beachtest?
Ist doch der Mensch gleich wie nichts; seine Zeit fährt dahin wie ein Schatten.
HERR, neige deinen Himmel und fahre herab; rühre die Berge an, dass sie rauchen.
Sende Blitze und streue sie aus, schick deine Pfeile und jage sie dahin,
streck aus deine Hand von der Höhe. Erlöse mich und errette mich aus großen Wassern, aus der Hand der Fremden, deren Mund unnütz redet und deren rechte Hand trügt. [...]“
(Psalm 144,1–8)

Aufgabe

Die beiden Psalmentexte markieren zwei recht unterschiedliche Positionen im Blick auf das Wesen des Menschen.

Erläutern Sie, wie die Verfasser der beiden Psalmen die Geschöpflichkeit des Menschen sehen und welche Konsequenzen sie daraus ziehen.

2.3.2 Menschenbild und Menschenrechte

Die Behindertenrechtskonvention (BRK)

Im März 2009 ist die Behindertenrechtskonvention (BRK) der Vereinten Nationen in Deutschland in Kraft getreten. Auch in ihr geht es um den Menschen, insbesondere um Menschen mit Behinderungen. Die BRK ist nicht an eine religiöse Interpretation des Menschseins gebunden, hat aber bei den Kirchen eine intensive Diskussion um Denk- und Handlungsmodelle gefördert. Eine Gemeinschaft, in der die jetzt bestehenden, ausgrenzenden Unterschiede überwunden werden können, zählt auch zu den zentralen christlichen Hoffnungsbildern. Wie diese christliche Zukunftsperspektive auf den Weg gebracht werden kann, ist Gegenstand der aktuellen Diskussion. Dabei ist die Zielsetzung von BRK und christlicher Ethik ähnlich: die Ermöglichung einer gleichberechtigten, vollständigen Teilhabe aller Menschen in sozialen, wirtschaftlichen, kulturellen Kontexten.

In der Behindertenrechtskonvention geht es nicht mehr um die Integration von „Ausgegrenzten", sondern darum, von vornherein allen Menschen die uneingeschränkte Teilnahme an allen Aktivitäten möglich zu machen.

Nicht das von vornherein negative Verständnis von Behinderung soll Normalität sein, sondern ein gemeinsames Leben aller Menschen mit und ohne Behinderungen. Folglich hat sich nicht der Mensch mit Behinderung zur Wahrung seiner Rechte anzupassen, sondern das gesellschaftliche Leben muss von vornherein für alle Menschen (inklusive der Menschen mit Behinderungen) ermöglicht werden.

Behindertenrechtskonvention Artikel 1: Zweck
Zweck dieses Übereinkommens ist es, den vollen und gleichberechtigten Genuss aller Menschenrechte und Grundfreiheiten durch alle Menschen mit Behinderungen zu fördern, zu schützen und zu gewährleisten und die Achtung der ihnen innewohnenden Würde zu fördern.

Zu den Menschen mit Behinderungen zählen Menschen, die langfristige körperliche, seelische, geistige oder Sinnesbeeinträchtigungen haben, welche sie in Wechselwirkung mit verschiedenen Barrieren an der vollen, wirksamen und gleichberechtigten Teilhabe an der Gesellschaft hindern können.

In Deutschland gibt es besondere Kindergärten, Schulen, Werkstätten und Wohnheime für Menschen mit Behinderungen. Menschen mit Behinderungen leben, lernen, arbeiten nicht dort, wo alle anderen leben, lernen und arbeiten. Oft haben Sie das Gefühl, nicht zur „normalen" Gesellschaft dazuzugehören. Durch die besonderen bzw. separierten Einrichtungen sind aber auch Probleme entstanden:

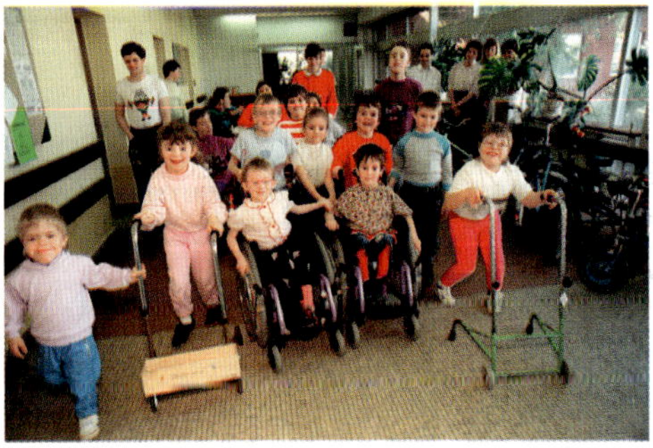

1. „Die Menschen in den besonderen Schulen und Einrichtungen begegneten kaum mehr anderen Menschen außerhalb der Einrichtungen. Man wurde einander fremd.

2. In vielen Köpfen setzte sich dadurch die Vorstellung fest, Menschen seien entweder behindert oder nicht.

3. ‚Behindert' wurde dann zu einem negativen Begriff. Die Menschen in den Sondereinrichtungen kämpften oft gegen Stigmatisierungen.

4. Selten gelang der Wechsel von der Sondereinrichtung zurück ins ‚normale Leben' (Integration)."

(Da kann ja jede(r) kommen. Inklusion und kirchliche Praxis, 2013, S. 12)

Aufgabe

Die Kinder eines Kindergartens feiern Gottesdienst. Gegen Ende der Feier stellen sich alle im Kreis um den Altar auf. Der Pfarrer bittet die Kinder, sich die Hände zu geben und gemeinsam das Vaterunser zu beten. Entsetzt ruft ein Junge aus: „Ihhh, die Hände von Anne fasse ich nicht an." Annes Finger waren seit ihrer Geburt zusammengewachsen. In den Ferien ist sie operiert worden. Ihre Finger sind aber noch voller Narben und ganz entzündet. Anne steigen die Tränen in die Augen. Eine Erzieherin tauscht ihren Platz mit dem Jungen und fasst Anne bei der Hand. Nach dem Gottesdienst geht Anne weinend zurück zum Kindergarten und fragt die Erzieherin immer wieder: „Warum hat der liebe Gott mir so schreckliche Hände gegeben?"

Wie könnte die Erzieherin reagieren? Diskutieren Sie gemeinsam Antwortmöglichkeiten.

Behindertenrechtskonvention
Artikel 24: Bildung

(1) Die Vertragsstaaten anerkennen das Recht von Menschen mit Behinderungen auf Bildung. Um dieses Recht ohne Diskriminierung und auf der Grundlage der Chancengleichheit zu verwirklichen, gewährleisten die Vertragsstaaten ein inklusives Bildungssystem (engl. Originaltext: [...] ensure an inclusive education system [...]) auf allen Ebenen und lebenslanges Lernen mit dem Ziel,
   a) die menschlichen Möglichkeiten sowie das Bewusstsein der Würde und das Selbstwertgefühl des Menschen voll zur Entfaltung zu bringen und die Achtung vor den Menschenrechten, den Grundfreiheiten und der menschlichen Vielfalt zu stärken;
   b) Menschen mit Behinderungen ihre Persönlichkeit, ihre Begabungen und ihre Kreativität sowie ihre geistigen und körperlichen Fähigkeiten voll zur Entfaltung bringen zu lassen;
   c) Menschen mit Behinderungen zur wirklichen Teilhabe an einer freien Gesellschaft zu befähigen.

Es wird ein Bildungssystem gefordert, in dem alle dazugehören. Alle Menschen, insbesondere auch die weniger leistungsstarken, sollen die Chance haben, ein positives Selbstwertgefühl zu entwickeln und sich voll zu entfalten.

Aufgabe

Der Fall Henry:
Henry ging mit seinen Freunden vier Jahre gemeinsam zur Grundschule. Er hat das Down syndrom (Trisomie 21). Nach den Sommerferien werden die besten Freunde von Henry ins Gymnasium gehen. Das Schulamt verbietet Henry den Besuch des Gymnasiums. Er muss auf eine Förderschule. Die Eltern von Henry wehren sich gegen diesen Beschluss.

Diskutieren Sie den „Fall Henry" vor dem Hintergrund der BRK und der biblischen Texte zum Menschenbild.

***Hinweis**:*
Der Fall Henry ist als TV-Sendung archiviert und online abrufbar in der ARD-Mediathek. Zum aktuellen Stand (2015) des Falles Henry liefert das Internet weitere Informationen.

2.3.3 Der imperfekte Mensch

In der Bibel finden sich viele Erzählungen von ausgegrenzten Menschen mit Behinderungen. Es sind Heilungserzählungen, die gleichzeitig Heilserzählungen sind. „Heil" meint dabei ein Beziehungsgeschehen. Jemand, der Außenseiter war, wird zum Insider. Menschen, die getrennt voneinander lebten, gehören wieder zusammen.

Mose erhält Unterstützung

„Wer macht taub oder stumm, sehend oder blind? Doch wohl ich, der Herr!"
(Ex 4,11)

Dieser Satz findet sich in einem Gespräch zwischen Gott und Mose (Ex 3 und 4). Gott beruft Mose und sendet ihn zum Pharao, um das versklavte Volk Israel aus Ägypten zu befreien. Doch Mose will den Auftrag Gottes nicht ausführen. Er gehört nicht zu den Menschen, die selbstbewusst und mit Stolz durchs Leben gehen. Die Aufgabe ist für ihn zu groß. Deswegen diskutiert er mit Gott und nennt ihm fünf Gegenargumente (vgl. Schmidt, 2010, S. 147–155).

Erst bei dem vierten Einwand offenbart Mose, warum er sich so wehrt: „Ach, mein Herr, ich bin von jeher nicht beredt gewesen, auch jetzt nicht, seitdem du mit deinem Knecht redest; denn ich hab eine schwere Sprache und eine schwere Zunge" (Ex 4,10). Viele Ausleger vermuten, Mose habe gestottert. Der große Mann des Glaubens erscheint zugleich als ein Mensch mit einer Sprachbehinderung! Doch Gott hält ihm entgegen: „Wer hat dem Menschen den Mund gegeben, und wer macht taub oder stumm, sehend oder blind? Doch wohl ich, der Herr!"

Gott hat die unglaubliche Vielfalt der Menschen gewollt. Die einen sind stumm, die anderen gehörlos, manche sehen, andere sind blind. So hat Gott die Menschen gemacht und gewollt. Gott will, dass es Menschen mit Behinderungen gibt! Gott findet die menschlichen Grenzen völlig akzeptabel. Mose ist nicht minderwertig, weil er stottert.

Der sprachbehinderte Mose ist ein Mensch der besonderen Art, wie auch die Menschen und die Tiere je nach ihrer Art besonders sind. Die biblischen Texte in Gen 1 und 2 erzählen davon, dass Menschen Geschöpfe und also prinzipiell begrenzt sind. Im Vergleich zu Gott sind alle behindert. Die Mose-Geschichten in Ex 3 und 4 erzählen von den individuellen Grenzen: taub oder stumm, sehend oder blind, Gott hat jeden gemacht. In den Texten Gen 1–3 wird von einem Perspektivwechsel erzählt: vom Staunen über den Reichtum zum Ärger über die Einschränkung. Ex 3 und 4 erzählen den umgekehrten Perspektivwechsel: vom Leiden an der Begrenzung zum befreiten Einsatz der Fähigkeiten.

Was hat Mose geholfen? Nicht Heilung, denn er behält seine Behinderung. Allerdings auch nicht der Hinweis, er sei ein sehr gutes Schöpfungswerk Gottes. Denn nach diesem Argument Gottes erfolgt sofort Mose fünfter und letzter Einwand: „Sende, wen Du willst" *(Ex 4,13)*. Mose kann vielleicht glauben, er sei Gottes gute Schöpfung, aber seine Angst, stotternd vor den Pharao zu treten, ist so nicht zu verändern. Deshalb folgt Gottes letztes Argument: „Hast du nicht noch einen Bruder, den Leviten Aaron? Ich weiß, er kann reden; außerdem bricht er gerade auf und wird dir begegnen. Wenn er dich sieht, wird er sich von Herzen freuen. Sprich mit ihm, und leg ihm die Worte in den Mund! Ich aber werde mit deinem und seinem Mund sein, [...] und er wird für dich zum Volk reden. Er wird für dich der Mund sein, und du wirst für ihn Gott sein."

Gott hilft Mose durch drei Gaben. Zuerst: Mose bekommt mit Aaron einen Bruder und Freund. Aarons Herz ist voll Freude. Stottern hin oder her. Menschen, die sich freuen, uns zu begegnen, sind eine Gabe Gottes. Zweitens: Mose bekommt mit Aaron einen Helfer, denn wer könnte besser helfen als ein Freund („[...] er wird für dich zum Volk reden"). Mose behält seine Behinderung, aber er bekommt ein Hilfe, einen Redner, der für ihn spricht, einen „Fürsprecher". So ausgestattet, ist Mose der Aufgabe gewachsen. Wenn Unfähigkeiten und Grenzen eines Menschen sichtbar werden, brauchen sie nicht jemanden, der sie auslacht und klein macht. Sie brauchen Freunde, die sie unterstützen, ihnen helfen und auf ihrer Seite sind. Und schließlich bekommt Mose eine letzte dritte Gabe – die Gegenwart Gottes: „Ich will mit deinem und seinem Munde sein."

Wer sich der Nähe Gottes gewiss ist, der kann erhobenen Hauptes leben. Bemerkenswert ist, dass Gott nicht nur mit Aarons Mund, sondern auch mit Moses Mund sein will. Aber warum? Mose muss doch gar nicht mehr reden? Vorerst macht das doch Aaron. Später aber wird Mose seine Hemmungen verlieren. Er wird anfangen, vor dem Pharao zu reden, stotternd zu reden. Worte mit Gewicht werden es sein und niemand wird lachen. Seine Angst vergeht. Mit seiner Begrenzung oder Behinderung wird er zum Boten Gottes.

Menschen, die an ihren Begrenzungen leiden – und das sind keineswegs alle und ausschließlich Menschen mit Behinderungen – brauchen einen Aaron. Einen Menschen, der sich von Herzen über sie freut und hilft, wo es nötig ist („[...] er wird Dein Mund sein"). Und sie brauchen Gott, der sowohl mit dem Mund des Stotterers als auch mit dem des Sprachkünstler ist.

Vom Außenseiter zum Insider oder: der Unterschied von Heil und Heilung

Menschen sind Geschöpfe und als solche prinzipiell und individuell begrenzt. Zugleich sind Menschen Beziehungswesen, angewiesen auf Gott und andere Menschen. Warum aber werden behinderte Menschen von Jesus geheilt? Widersprechen diese Geschichten nicht der Schöpfungstheologie, indem sie Behinderungen als etwas darstellen, was zu überwinden ist?

Grundsätzlich geht es in den neutestamentlichen Erzählungen, in denen von Heilungen berichtet wird, vor allem um Heil: Heilungsgeschichten sind Heilsgeschichten. Mit dem Begriff **Heilung** ist Gesundheit und Unversehrtheit gemeint. Ist jemand nicht krank und nicht behindert im medizinischen Sinne, so ist er gesund, lebt quasi „geheilt".

Heil im theologischen Sinn dagegen bezeichnet „das von Gott geschenkte irdische In-Ordnung-sein-mit-Gott" *(Bach, 1993, S. 390)*. Da Gottesbeziehung und Menschenbeziehungen untrennbar zusammengehören, kann allgemein formuliert werden: Heil ist da, wo Beziehungen in Ordnung sind. Menschen sind heil, wenn ihre Beziehungen zu Gott, zu anderen Menschen und zu sich selbst in Ordnung sind. (Vgl. dazu: das Doppelgebot der Liebe: „Du sollst den Herrn, deinen Gott, lieben mit ganzem Herzen, mit ganzer Seele und mit all deinen Gedanken. Das ist das wichtigste und erste Gebot. Ebenso wichtig ist das Zweite: Du sollst deinen Nächsten lieben wie dich selbst." *Mt. 22,37–40*)

Weil „Heil" ein Beziehungsgeschehen ist, können auch Menschen mit Krankheiten und Behinderungen heil sein. „Heil kann sein, wo keine Heilung ist. Heilung kann sein, wo kein Heil ist." *(Nüchtern, 1997, S. 203)*

Dass Heil und Heilung deutlich voneinander zu unterscheiden sind, lässt sich an folgenden Bibeltexten erkennen:

- Paulus leidet unter einem „Pfahl im Fleisch" *(2. Kor 12,7)*.

Was damit gemeint ist, ist umstritten. Wahrscheinlich beschreibt Paulus ein starkes körperliches Leiden, das mit stechenden Schmerzen verbunden ist. Sein Gebet um Heilung wird nicht erhört: „Und er hat zu mir gesagt: Lass dir an meiner Gnade genügen; denn meine Kraft ist in den Schwachen mächtig. Darum will ich mich am allerliebsten rühmen meiner Schwachheit, damit die Kraft Christi bei mir wohne. Darum bin ich guten Mutes in Schwachheit, in Misshandlungen, in Nöten, in Verfolgungen und Ängsten um Christi willen; denn wenn ich schwach bin, so bin ich stark." *(2. Kor 12,8–10)*

- Jesus heilt in Kapernaum (Mk 1, 21–39).

Die Heilungen in Kapernaum werden im Markusevangelium so zusammengefasst: „Und Jesus heilte viele, die an allen möglichen Krankheiten litten." Doch diese positive Bilanz wird sofort relativiert. Denn als am nächsten Morgen weitere Kranke kommen, weist Jesus seine Jünger und alle auf Heilung Wartenden zurück: „Lasst uns anderswohin gehen, in die benachbarten Dörfer, damit ich auch dort predige; denn dazu bin ich gekommen." Jesus lässt die Kranken im Regen stehen. „Was ist wichtiger, heilen oder predigen?", mögen die Leute gefragt haben. Für Jesus ist offensichtlich seine Verkündigung wichtiger: „Ich bin gekommen zu predigen." Seine zentrale Aufgabe ist die Verkündigung von Gottes Reich.

Jesus formuliert seine Aufgabe deshalb ganz deutlich: „Ich bin gekommen, um die Sünder zu rufen." Damit sind nicht Menschen gemeint, die etwas Böses getan haben, sondern Menschen, die keine Verbindung zu Gott haben. Jesus setzt nicht (allein) auf das Heilen körperlicher Gebrechen, ihm kommt es auf die Beziehung zwischen Gott und den Menschen an.

2.3.4 Bartimäus – eine Bibelauslegung

Bartimäus oder: vom Rand in die Mitte

„Und sie kamen nach Jericho. Und als er aus Jericho wegging, er und seine Jünger und eine große Menge, da saß ein blinder Bettler am Wege, Bartimäus, der Sohn des Timäus.

Und als er hörte, dass es Jesus von Nazareth war, fing er an zu schreien und zu sagen: Jesus, du Sohn Davids, erbarme dich meiner!

Und viele fuhren ihn an, er solle stillschweigen. Er aber schrie noch viel mehr: Du Sohn Davids, erbarme dich meiner!

Und Jesus blieb stehen und sprach: Ruft ihn her! Und sie riefen den Blinden und sprachen zu ihm: Sei getrost, steh auf! Er ruft dich!

Da warf er seinen Mantel von sich, sprang auf und kam zu Jesus.

Und Jesus antwortete und sprach zu ihm: Was willst du, dass ich für dich tun soll? Der Blinde sprach zu ihm: Rabbuni, dass ich sehend werde.

Jesus aber sprach zu ihm: Geh hin, dein Glaube hat dir geholfen. Und sogleich wurde er sehend und folgte ihm nach auf dem Wege."

(Mk 10,46–52)

Dieser Text steht exemplarisch für eine Heilungsgeschichte, die vor allem eine Heilsgeschichte ist. Denn die Erzählung steht an einer sehr bedeutsamen Schnittstelle des Evangeliums: Sie ist die letzte Heil(ung)sgeschichte und zugleich das Ende des Weges Jesu nach Jerusalem. Auf diesem Weg gibt es drei Ankündigungen des Leidens Jesu. Doch stets reagieren die Jünger mit Unverständnis. Sie begreifen nicht, dass Leiden zum Weg Jesu dazugehört. Nach dieser Geschichte wird Jesu Lehre und Jesu Leiden in Jerusalem dargestellt, das inhaltliche Zentrum des Evangeliums. Man hat das Markusevangelium deswegen eine Passionsgeschichte mit ausführlicher Einleitung genannt. Markus selbst bringt seine Botschaft auf den Punkt: „Wenn jemand mir nachfolgen will, verleugne er sich selbst, nehme sein Kreuz auf sich und folge mir nach" *(Mk 8,34)*. Glaubenden Menschen wird nicht Gesundheit und Unversehrtheit versprochen, sondern eine enge Verbindung zu Gott.

Eine Bibelauslegung

Jesus war in Jericho. Da hat er gepredigt, gut gepredigt. Die Menschen waren begeistert. Solche Worte hatten sie noch nicht gehört. Sie waren ganz aus dem Häuschen. Im wahrsten Sinne des Wortes. Als Jesus Jericho verließ, da liefen die Menschen mit aus der Stadt. Viele folgten Jesus und hörten ihm weiter zu.

Am Straßenrand sitzt Bartimäus. Es ist umstritten, ob Bartimäus tatsächlich ein Eigenname ist (ob Markus also erzählen möchte, dass dieser Mensch in Jericho bekannt ist) oder das genaue Gegenteil: Denn Bar Timäus heißt wörtlich „Sohn des Timäus". Dann wäre der Mann am Straßenrand ein No-Name.

Bartimäus ist blind. Er sieht die vielen Menschen nicht. Aber er kann sie hören: ihre Schritte, das Gemurmel ihrer Stimmen, das Rascheln ihre Kleider. Und irgendwie findet Bartimäus heraus, dass Jesus an ihm vorbeigeht. Von dem hatte er schon viel gehört. Gehört, dass er Bettler und Reiche, Frauen und Männer, starke und bedürftige Menschen gut behandelt. Und er hatte gehört, dass Jesus Menschen von Bchinderungen befreit.

Das hatte sich Bartimäus vermutlich schon immer gewünscht: sehen können. All die schönen Dinge. Wenn er sehen könnte, dann ... ja, dann müsste er auch nicht mehr am Straßenrand betteln. Dann könnte er einen Beruf haben, arbeiten, eigenes Geld verdienen. Dann würden die Leute ihn auf der Straße mit seinem Namen begrüßen. Bartimäus will nicht am Rand sitzen, sondern zu den anderen gehören.

Aber Bartimäus sitzt am Rande. Das findet er ungerecht. Und so schwach seine Augen sind, so stark ist doch sein Wille. Bartimäus stellt sich sein Leben anders vor. Er will es ändern.

Und so fängt er an zu rufen: „Jesus, Du Sohn Davids, erbarme Dich." Was so viel bedeutet wie „Hilf mir, hol mich raus aus meinem Elend." Die Worte von Bartimäus sind klar und deutlich. Kräftige Worte, laute Worte.

Die Worte treffen aber auf die falschen Ohren. Jesus ist zu weit weg, um Bartimäus zu hören. Die Menschen drum herum, die hören ihn. Und deswegen können sie Jesus nicht mehr verstehen. Also schimpfen sie Bartimäus aus: „Hör auf zu rufen, sei still." Vielleicht sogar „Halt's Maul!" – „Viele fuhren ihn an, er solle stillschweigen", heißt es. Nicht nur einer, viele wollen ihn zum Schweigen bringen. Und nun passieren drei wunderliche Dinge.

Erstes Wunder: Statt sich bei den Menschen für die Störung zu entschuldigen (schließlich braucht er morgen vielleicht wieder deren Spende), schreit Bartimäus noch viel lauter: „Jeeeeesus, erbarme Dich meiner!" Ja, Bartimäus brüllt. Er will sich mit der Ausgrenzung nicht abfinden. Er schreit an gegen Ungerechtigkeit. Wie wunderbar! Ein Mensch lässt sich nicht unterkriegen. Ein blinder Bettler verschafft sich Gehör, will nicht mehr übersehen werden.

Jetzt endlich hört ihn Jesus. Da braucht einer seine Hilfe. Da ist jemand in Not. Der schreit die Not hinaus. Was wird Jesus nun wohl tun? Die Antwort scheint auf der Hand zu liegen. Natürlich wird er zu dem blinden Mann gehen und ihm helfen, er ist doch schließlich Jesus. Aber – weit gefehlt. Es kommt ganz anders. Jesus heilt nicht den Blinden, sondern er spricht zu den Ausgrenzenden: „Ruft ihn her." Holt ihn her, dreht euch um, wehrt ihn nicht mit Worten ab, sondern wendet euch diesem Menschen zu. Der gehört in unsere Mitte, nicht an den Rand. Jesus schimpft die Menschen nicht aus. Er ermahnt sie nicht. Sondern er spricht freundliche Worte zu den Menschen und die verändern ihr Verhalten. Vorher haben sie Bartimäus in den Graben gestoßen, nun holen sie ihn aus dem Graben heraus. Die Menschen helfen Bartimäus: „Sei getrost, steh auf! Er ruft dich!"

Das zweite Wunder ist: Jesus verändert mit einem Wort Menschen. Aus Abweisenden werden Zugewandte.

Da steht er nun: Bartimäus, mitten unter all den anderen. Plötzlich steht er im Mittelpunkt. Und Jesus fragt ihn: „Was willst Du, dass ich für Dich tun soll?" Hä, was für eine seltsame Frage? Hör mal, Jesus, das sieht doch ein Blinder. Ist doch klar, der will sehen können. Doch Vorsicht. Vielleicht ist die Frage nicht so dumm. Ein junger Mann ohne Arme stand vor einem Büfett. Eine Dame fragte, ob sie helfen könne. „Gerne", erwiderte er. Die Dame nahm seinen Teller, drehte sich zum Büfett und fing an, den Teller zu füllen. Der Mann bremste sie mit den Worten: „Nicht so schnell, Sie wissen ja gar nicht, was ich möchte. Ich bin nur an den Armen behindert, nicht an meinen Willen. Ich möchte gerne selbst entscheiden, was ich esse."

Es sind nur die Augen des Bartimäus behindert, nicht sein Wille. Womöglich hat Jesus verstanden: Wer so schreien kann, der kann auch sagen, welche Hilfe er braucht. Kein Mensch ist nur behindert. Aber viele Menschen sind blind für die Talente anderer Menschen.

Die Geschichte begann mit dem Rufen des Bartimäus. Sie endet mit einem Wort Jesu: „Dein Glaube hat dir geholfen", heißt es. Jesus lobt den Kampfgeist des Bartimäus, der dagegen kämpft, an den Rand gedrückt zu werden. Kein Mensch hat es verdient, übersehen zu werden. Und, bei Gott darf jeder zu Wort kommen. Jeder und jede hat etwas zu sagen.

Das ist das dritte Wunder: Jesus sieht im behinderten Bartimäus einen begabten Menschen.

Aber da ist noch ein viertes Wunder: Jesus macht den Blinden sehend. Die Geschichte endet: „Jesus sprach zu ihm: ‚Was willst du, dass ich für dich tun soll?' Der Blinde sprach zu ihm: ‚Lehrer, dass ich sehend werde.' Jesus aber sprach zu ihm: ‚Geh hin, dein Glaube hat dir geholfen.' Und sogleich wurde er sehend und folgte ihm nach auf dem Wege."

Der letzte Vers stellt die Frage: Was ist wichtiger, sehen können oder nachfolgen? In der Geschichte geschieht Heilung und Heil. Dass Bartimäus seine Blindheit für das zentrale Problem seines Lebens hält und sich daher Heilung wünscht, ist verständlich. Denn seine Blindheit hat ihn zum Bettler am Rande der Straße gemacht. Zum Glück gibt es heute Menschen, die blind sind, aber einen Arbeitsplatz und Freunde haben, die mitten im Leben stehen. Was ist also wichtiger, nicht behindert zu sein oder in guten Beziehungen zu sich selbst, zu Freunden und zu Gott zu stehen?

Zusammenfassung:

- *Menschen sind ein (sehr) gutes Werk Gottes. Jede und jeder Einzelne könnte zufrieden mit sich und* seinen Talenten sein, *„weil ich wunderbar gemacht bin" (Ps 139,14). Mit Ps 8,6 können Juden und Christen beten: „Wenig geringer als Gott lässt du die Menschen sein. Mit Würde und Glanz krönst du sie."*
- *Aber auch das genaue Gegenteil wird erzählt. „Wer bin ich?" Ein elender kleiner Wurm. Unfähig, behindert, arg begrenzt und völlig unbedeutend. Mit Ps 144,4 beten Juden und Christen: „[...] der Mensch ist gleich wie nichts."*
- *Entscheidend für den Menschen ist Gottes Beziehung zu ihm. Gott nimmt sich des Menschen an, der beides ist: „Gottes Ebenbild" und „wie ein Schatten".*
- *Die theologische Frage nach dem Menschen, der immer und sehr verschieden begrenzt ist, ist zugleich eine existenzielle Frage: In welchem Licht sehe ich mich? Was bedeutet Gottes Sicht der Dinge für mich? Kann ich mich trotz mancher Einschränkung auch als gute Schöpfung ansehen?*

2.4 Die religiöse Entwicklung von Kindern und Jugendlichen

Kinder tasten sich fragend an das Leben und den Glauben heran. Sie denken konkret und machen sich Bilder, um den Begriff konkret zu machen. Das schließt Gott und religiöse Vorstellungen mit ein.

An folgender Begebenheit lassen sich die Themen dieses Kapitels anschaulich darlegen:

> ***Beispiel:*** *„Eine Mutter und ihr Kind beobachten im Gottesdienst den Pfarrer, der mit einem Talar bekleidet in der Kirche herumläuft.*
> *Kind: ‚Ist das der liebe Gott?'*
> *Mutter: ‚Nein, das ist doch Pfarrer Schmidt. Gott hat keinen Körper, damit er überall sein kann.'*
> *Kind: ‚Dann sitzen ja bei Gott die Beine direkt am Hals!'"*
> *(Harz, 2006, S. 29)*

In diesem Kapitel erwerben Sie folgende ***Kompetenzen:***

- *Sie verfügen über grundlegendes Wissen über Theorien zur religiösen Entwicklung von Kindern und Jugendlichen.*
- *Sie verfügen über methodische Fertigkeiten, mit Kindern und Jugendlichen zu theologisieren.*
- *Sie reflektieren die eigene Entwicklung im Blick auf Ihr pädagogisches Handeln.*
- *Sie haben ein grundlegendes Wissen über die Entwicklung von Gottesvorstellungen bei Kindern und Jugendlichen.*

2.4.1 Entwicklung religiöser Vorstellungen

Entwicklungsstufen nach James W. Fowler

Damit Erwachsene die Möglichkeiten des religiösen Verstehens in der jeweiligen Altersstufe richtig einschätzen können, sind Erkenntnisse aus dem Bereich der Psychologie und Pädagogik hilfreich.

Das Buch, in dem **James W. Fowler** (geb. 1940) seine klassische Theorie darlegt, trägt im Deutschen den Titel „Stufen des Glaubens. Die Psychologie der menschlichen Entwicklung und die Suche nach Sinn". Der Titel zeigt bereits an, dass es Fowler um eine bestimmt Seite des menschlichen Glaubens geht: die Suche nach Sinn. Fowler geht davon aus, dass der Mensch danach strebt, dem Leben und der Welt einen Sinn zu geben.

Dabei wird jeweils die Existenz in seinen Lebenszusammenhängen gedeutet. Dieser Sinn, in dem sich die Welt erschließt, ist nicht einfach gegeben, sondern muss vom Menschen selbst gefunden bzw. erfahren werden. Wie sich diese Erfahrung und der Deutungshorizont im Laufe des Lebens verändern, ist Fowlers Thema bzw. Untersuchungsgegenstand.

Das Suchen und Finden von Sinn deutet er als Vertrauen. Damit wird klar, dass dies nicht nur ein verstandesmäßiger Vorgang ist. Die menschliche Grundhaltung des Vertrauens darauf, dass das Leben einen Sinn hat, wird von Fowler als Glauben bezeichnet. In diesem Sinne besitzt jeder Mensch einen Glauben, weil jeder auf Sinn angewiesen ist. Zugleich versteht Fowler den Glauben nicht nur religiös. Er unterscheidet zwischen **Glauben** (faith) als einem sinnstiftenden Vertrauen auf übergeordnete Wertzentren und dem **Fürwahrhalten** (belief) von Auffassungen, wie sie in den religiösen Traditionen gelehrt werden. Religion kann demnach Glauben wecken, die religiösen Lehren und Überlieferungen müssen für den persönlichen Glauben jedoch erst erschlossen werden. Folglich ist für Fowler der Glaube bei der Sinnsuche hilfreich. Über den Glauben sagt er: „Glaube ist eine Orientierung der ganzen Person, die ihren Hoffnungen und Bestrebungen, Gedanken und Handlungen Sinn und Ziel gibt" *(Fowler, 1991, S. 36)*.

Im Rahmen seiner empirischen Studie hat Fowler den Glauben und seine Entwicklung erforscht und mithilfe von Interviews religiöse Vorstellungen von Menschen aller Altersstufen ermittelt. Dabei hat er gezeigt, auf welche Weise Menschen ihre Welt deuten und welchen Sinn sie ihr verleihen. Nach Fowler zeichnen sich die Stufen im Kindesalter durch folgende Merkmale aus:

Erster Glaube von null bis zu zwei Jahren

Das Kind erlebt sich in der Einheit mit den Bezugspersonen und erfährt Geborgenheit und Verlässlichkeit. Es entwickelt ein **Vertrauen**, mit dem es anderen Menschen und seiner Umwelt begegnet. Dieses Vertrauen ist eine wichtige Grundlage für die weitere religiöse Entwicklung. Zugleich erlebt das Kind auch Entbehrung und Verlassen-Werden.

Im rituellen Spiel und der ersten sprachlichen Kommunikation erschließt sich das Kind den Zusammenhang von Denken und Sprache. Das ist der Schritt zur nächsten Stufe des Glaubens.

Intuitiv-projektiver Glaube im Alter zwischen drei und sieben Jahren

Im Kindergarten und frühen Grundschulalter orientiert sich das Denken des Kindes vorrangig an den Erwachsenen, mit denen es am engsten verbunden ist. Die Haltungen, Stimmungen, Handlungen und Geschichten des sichtbaren Glaubens dieser Erwachsenen prägen das Kind stark und anhaltend. Doch ständig begegnet dem Kind Neues. Dieses kann es oft noch nicht in die vertrauten Denkmuster einordnen.

Sowohl die vertraute Umwelt als auch Neues deutet das Kind mithilfe der **eigenen Gefühle** und der **Fantasie**. Die unmittelbaren Gefühle und die Einbildung prägen die Wahrnehmung der Wirklichkeit. Fantasie, Tatsache und Gefühl verschmelzen miteinander.

Beim Kind herrschen intuitives Verstehen und Empfinden anstelle logischen Denkens vor. Die Stärke dieser Stufe ist die Vorstellungs- oder Einbildungskraft. Sie ermöglicht es dem Kind, Bilder und Gefühle in großem Umfang zu erfahren bzw. zu sammeln, die später geordnet, überprüft und eventuell verändert bzw. aussortiert werden. Die Gefahr besteht darin, dass diese Bilder, Fantasien und Gefühle übermächtig werden und zerstörerisch wirken, indem sie Tabus verstärken oder moralische Ansichten festschreiben.

Der Übergang zur nächsten Stufe ereignet sich durch die veränderte Wahrnehmung des Kindes. Es will die Grundlagen der dinglichen und übersinnlichen Welt erkennen und das Wirkliche vom Fiktiven unterscheiden. Eine verkleidete Person wird zunächst als neue Person wahrgenommen; im Laufe der Zeit aber erkennen die Kinder in der verkleideten Person die vertrauten Züge der bekannten Person; dies geschieht z. B. eindrücklich, wenn der Nikolaus von einer vertrauten Person gespielt wird.

Mythisch-wörtlicher Glaube im Alter von sieben bis zu zwölf Jahren

Die **Mythen**, Geschichten und Symbole, die dem Kind bzw. dem Jugendlichen begegnen, sind nun von zentraler Bedeutung für seine Orientierung in der Welt. Diese Mythen werden **wörtlich** genommen und nicht in ihrer symbolischen Bedeutung verstanden. Dieses Verständnis findet sich auch häufig bei Jugendlichen und Erwachsenen.

Die in einer Gemeinschaft üblichen Glaubensinhalte und Regeln werden wörtlich verstanden und übernommen, um die Zugehörigkeit auszudrücken. Erzählungen ermöglichen die Begegnung mit fremden Erfahrungen, die mit den eigenen verglichen werden. Dadurch erschließen sich neue Sinnzusammenhänge. Nun werden Tatsachen, Gefühle und Fantasien (vgl. intuitiv-projektiver Glaube) neu geordnet bzw. unterschieden. Die Gefahr bei dieser Stufe besteht darin, dass die in den Erzählungen vermittelten Haltungen und Werte unreflektiert akzeptiert werden, da der symbolische Gehalt noch nicht verstanden wird.

Der Übergang zur nächsten Stufe wird eingeleitet, wenn die Widersprüche innerhalb bzw. zwischen den Erzählungen wahrgenommen werden. Das bisherige Wörtlich-Nehmen kommt an seine Grenzen. Dadurch setzt man sich mit dem vorherigen Verständnis auseinander und denkt neu über den Sinn nach (z. B. biblischer Schöpfungsbericht im Vergleich zur Evolutionstheorie).

Synthethisch-konventioneller Glaube in der Pubertät

Die Überzeugungen, die unterschiedlichen Erfahrungen, Werte und Informationen sind im Glauben **gebündelt**. Doch es wird nicht kritisch geprüft, ob sie stimmig zueinander passen. Glaubensüberzeugungen werden von Menschen übernommen, die als Autoritäten angesehen werden. Die Anschauungen sind also von religiösen Vorstellungen **anderer abhängig**. Deshalb kann es sowohl zu einer Ablehnung als auch Annahme der kirchlichen Institution kommen.

Die Stärke dieser Stufe liegt darin, sich auf andere verlassen zu können. Zugleich drückt sich damit auch Abhängigkeit und mangelnde persönliche Selbstbestimmung aus. Je deutlicher sich die Persönlichkeit inmitten des Freundeskreises bzw. der Clique entwickelt, desto schneller bewegt sich der Glaubende auf die nächste Stufe zu.

Individuierend-reflektierender Glaube am Ende der Jugend oder im Erwachsenenalter

Die **persönlichen** Glaubensüberzeugungen werden nun unabhängig von der Meinung anderer vertreten. Zugleich ist man fähig, sich auf andere zu beziehen oder sich in eine Gemeinschaft zu integrieren. Die Lebensanschauungen in ihrer Vielschichtigkeit werden hinsichtlich des Glaubens **reflektiert**. Man übernimmt für die eigenen Haltungen und Lebenseinstellungen die Verantwortung.

Die beiden letzten Glaubensstufen bezeichnet Fowler als **verbindenden** bzw. als **universalisierenden Glauben** (vgl. Fowler, 1981). Diese gehen aber weit über die religiöse Entwicklung von Kindern und Jugendlichen hinaus. Deshalb werden sie hier nicht weiter ausgeführt.

Entwicklung der Gottesvorstellungen nach der Rostocker Langzeitstudie (Anna-Katharina Szagun)

Neue, auf Deutschland bezogene Einsichten zur Entwicklung von Gotteskonzepten vermittelt eine Langzeitstudie: Ab 1999 erhob Anna-Katharina Szagun in Rostock (Klasse 1–12) und ab 2009 auch in Westdeutschland Daten zum religiösen Denken und Empfinden von Heranwachsenden (ca. 200 Probanden bzw. Probandinnen). Zunächst beschränkten sich die Untersuchungen auf das Schulalter, ab 2014 wurde der Elementarbereich einbezogen.

Gottesverständnis und Gottesbeziehung

Gotteskonzepte sind mehrdimensionale Konstrukte. Dem Gottesverständnis sind die kognitiven Aspekte zuzuordnen, der Gottesbeziehung die emotionalen und motivationalen. Die in Wechselwirkung stehenden Dimensionen sind nur theoretisch zu trennen. Das Konstrukt kann als Ellipse mit zwei Brennpunkten gesehen werden. Menschliche Beziehungserfahrungen bilden die Grundlage für die Gottesbeziehung. Das Gottesverständnis ist hinsichtlich der Verbalisierbarkeit zwar an die kognitive Reife gebunden, scheint sich aber aus vielfältigen – auch intuitiven – Quellen zu speisen **(Schema 1)**.

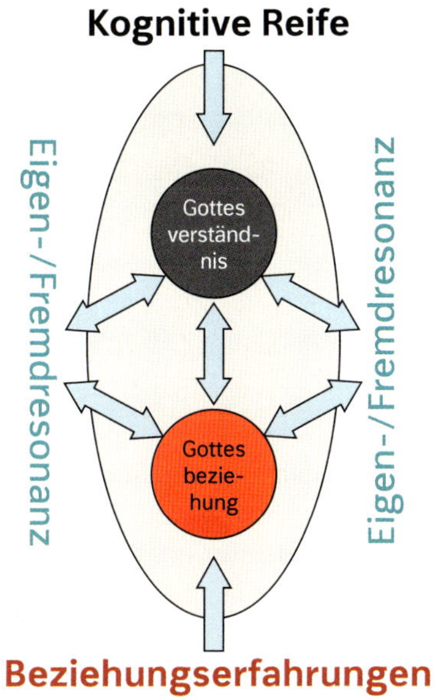

Schema 1

Emotionales wird zuerst aufgenommen, Gehörtes und Gesehenes dann assoziativ verknüpft

In Anfangsbegegnungen mit religionshaltigen Phänomenen nimmt das Kind im Babyalter fast nur emotional etwas auf. Dies geschieht auch aktiv im Zuwenden von Augen und Ohren, im Greifen, Näherkommen (Krabbeln) oder in den gegenteiligen Reaktionen Abwehr und Widerstand. Das Kind spürt die Atmosphäre, lässt sich von ihr beeinflussen und liest an den Reaktionen seiner nächsten Bezugspersonen deren positive, indifferente oder negative Haltung zum religiösen Phänomen ab: Die innere Ellipse enthält also zunächst einen großen emotionalen Teil, während die kognitive Dimension nur als winziger Kern vorhanden ist. Falls das Kind in liebevoller Atmosphäre fortlaufend religiösen Inhalten begegnet **(Schema 2)**, wandern nach und nach Töne, Wörter, Bilder zum Erlebten von außen nach innen. Ein erstes Gottesverständnis bildet sich in Form von Assoziationen. Alles, was „irgendwie" zu Gott gehört, ist darin gespeichert. All das, was an frühesten Prägungen erfolgt, ist als eine Art emotionaler „Impfung" zwar unter Umständen dauerhaft wirksam, aber dem Bewusstsein kaum zugänglich.

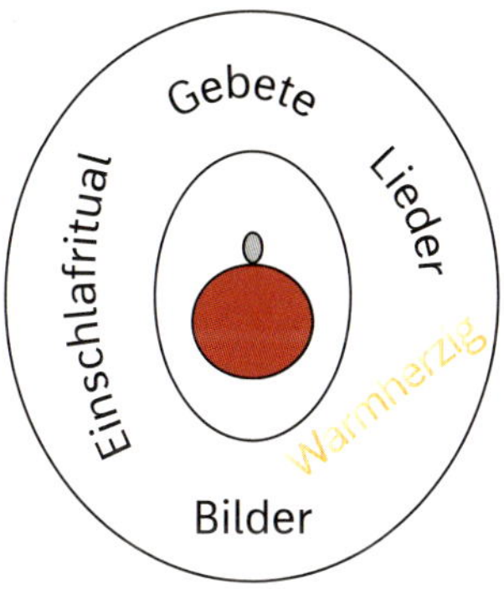

Schema 2

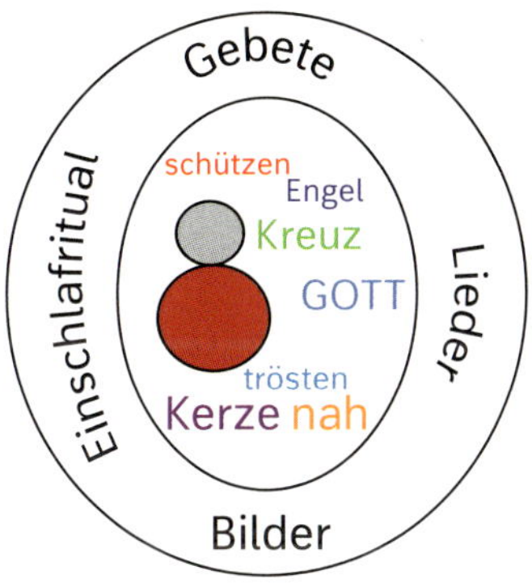

Schema 3

Gottesverständnis und Gottesbeziehung werden wesentlich sozialisationsbedingt aufgebaut

Schema 3 stellt dar, woraus ein Kind sein Gotteskonzept aufbaut anhand dessen, was ihm intentional angeboten wird oder was es nebenbei aufnimmt. Basis des Gottesverständnisses bilden rezipierte inhaltliche Brocken, aus denen es kreativ interpretierend und Lücken füllend etwas Eigenes bastelt.

Die Gottesbeziehung des Kindes kann – je nach eigenem Erleben bzw. nach gespürter Haltung des Umfeldes – negativ, indifferent oder positiv getönt sein. Primär bildet sich bei den meisten Kindern die emotionale Dimension. Die emotionale Färbung religionshaltiger Phänomene bleibt lebenslang der Hauptfilter bei der Aufnahme und Verarbeitung religiöser Inhalte. Kinder, die ohne Berührung mit Religion und mit neutraler, offener Haltung gegenüber Religion heranwuchsen, tasten sich u.U. vom Gottesverständnis her an eine Gottesbeziehung heran. Da religiöse Inhalte in Familien heute ohne Anlass kaum angesprochen werden, bilden Kinderfragen, jahreszeitliche Feste oder auch Todesfälle wesentliche Auslöser für religiös konnotierte Äußerungen von Erwachsenen. Diese werden für Kinder zu Auslösern von Assoziationsketten. Aus ihnen konstruieren Kinder ihre eigenen Vorstellungen.

Schema 3

Äußere Einflüsse und Selbststeuerung bilden ein Wechselspiel

Für das Kleinkind sind aufgrund seiner Abhängigkeit zunächst die Inhalte und Haltungen seiner Herkunftsfamilie verbindlich: An diesen „Modellen" orientiert es sich kognitiv wie emotional. **Schema 4** bildet ab, welche Veränderungen sich mit der Erweiterung seines Interaktionsraumes ergeben. Die Zahl der Einflussfaktoren wächst, das Gewicht der

Faktoren verschiebt sich. Prägte zunächst **(1)** fast nur die Herkunftsfamilie das Denken und Empfinden, so können ergänzend oder an ihrer Stelle (z. B. bei religiös indifferenten Familien) schon früh **(2)** Personen der sekundären Sozialisation (z. B. Erzieherinnen) als Impulsgeber bedeutsam werden. Außerdem sind Kinder auch selbst Motoren ihrer Entwicklung. So hinterfragen oft schon Vierjährige **(3)** Glaubenssätze, z. B. Lea: „Warum heißt Gott lieb, wenn er doch Splitter gemacht hat, die mir weh tun?“ Kinder überprüfen ihnen vermittelte Zuschreibungen Gottes aber nicht nur als Beobachter, sondern sie nehmen in Schlüsselsituationen **(4)** Gott gemäß dem in ihnen geweckten Erwartungshorizont auch selbst in Anspruch und erleben dann – je nach Ergebnis ihrer Inanspruchnahme – eventuell herbe Enttäuschungen. Spätestens mit dem Schulalter **(5)** werden auch Peers zu wesentlichen Impulsgebern in beiden Dimensionen.

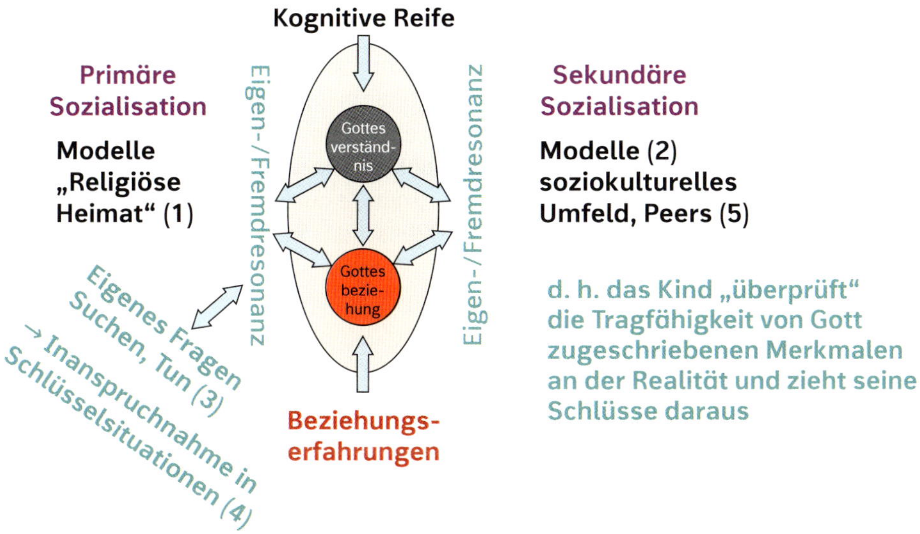

Schema 4

Beziehungserfahrungen bleiben ein zentraler Faktor

Das Gewicht von Beziehungserfahrungen ist kaum zu überschätzen. Das gilt für die primäre wie für die sekundäre Sozialisation. Für ein Gotteskonzept, das über eine positive Gottesbeziehung auch zur Ressource werden kann, scheinen vorher gemachte positive menschliche Beziehungen unverzichtbar. Dies zeigten die Ergebnisse von Dannenfeldt (KET 3, 2009), die Heimkinder untersuchte, die der Obhut ihrer Eltern entzogen wurden. Nur da, wo ein Kind mindestens eine verlässliche menschliche Beziehung erfahren hatte, wurde eine positive Gottesbeziehung aufgebaut. Dies bedeutet im Umkehrschluss aber nicht, dass ein Kind mit positiven Beziehungserfahrungen – etwa einer liebevollen Mutterbeziehung – deshalb auch eine positive Gottesbeziehung hätte. Die Erfahrung tragender menschlicher Beziehungen bildet zwar die Basis für mögliches Gottvertrauen. Aber das Kind projiziert seine positive Elternbeziehung nicht direkt auf Gott. Falls z. B. die liebevolle Mutter religiös indifferent bzw. ablehnend ist, übernimmt das Kind eher diese Haltung der Mutter, als sich einer Gottesbeziehung zuzuwenden. Damit sich Kinder für eine positive Gottesbeziehung öffnen, scheint es wichtig, dass sie ein Modell erleben, das aus seinem

Glauben Orientierung, Kraft und Zuversicht schöpft. Bricht der Kontakt zu solchen Modellen ab, so verflüchtigen sich – mindestens ist dies im Elementar- und Primarbereich zu beobachten – meistens auch die angebahnten Konzepte wieder, es sei denn, das Kind findet anderswo eine entsprechende „religiöse Heimat" (z. B. im Chor). Die Beziehungen zu religiösen Modellen sind als Resonanzbeziehungen zu denken, in denen dialogische Schwingungen erzeugt werden, die zu beiderseitigen Anverwandlungen führen.

Kinder erproben und hinterfragen religiöse Vorstellungen

Auch der Faktor eigenen Fragens, Suchens und Tuns ist zentral in der religiösen Entwicklung: Glaubenssätze, die nicht mit der Erfahrung kompatibel sind, werden schon von Vierjährigen hinterfragt: Wenn Gott doch auf alle aufpasst, wie konnte Friedemanns Papa dann ertrinken? Wenn Kinder in Schlüsselsituationen Gott gemäß dem bei ihnen geweckten Erwartungshorizont (z. B. Allmacht und Güte) in Anspruch nehmen, hat dies – je nach Ergebnis ihrer Inanspruchnahme – Auswirkungen: Petra (9 Jahre) betet, wenn sie Panik hat wegen verlorener Gegenstände. Beten schenkt ihr Gelassenheit beim Suchen, wodurch sie Verlorenes meist wiederfindet. Dies stärkt ihre Gottesbeziehung. Emma (5 Jahre) erbittet vom allmächtig gedachten Gott die Heilung ihrer krebskranken Oma. Das Sterben der Oma führt – nach Bruch – zum Umbau ihres Konzeptes: Gott wird nun als nur begrenzt mächtig konzipiert, der – wie Emma – um einen verlorenen geliebten Menschen (Jesus) trauert. Der Umbau von Konzepten nach erlebten Enttäuschungen bedarf – dies zeigen die Rostocker Ergebnisse – unterstützender Interaktion und inhaltlicher Anregungsimpulse.

Die Sozialisation spielt eine wichtigere Rolle als der Aspekt kognitive Reife

Die Ergebnisse der Rostocker Langzeitstudie widersprechen Annahmen der Stufentheorien. Altersgleiche Gruppen zeigen sehr heterogene Konzepte. Die kognitive Reife spielt zwar für die Verbalisierungsfähigkeit eine gewichtige Rolle, nicht aber für die inhaltliche Füllung von Konzepten, die zentral mit den Einflüssen der Sozialisation in Verbindung steht. **Schema 5** bildet die zentralen Faktoren ab. Der Innenbereich des Kindes mit seinen in Wechselwir-

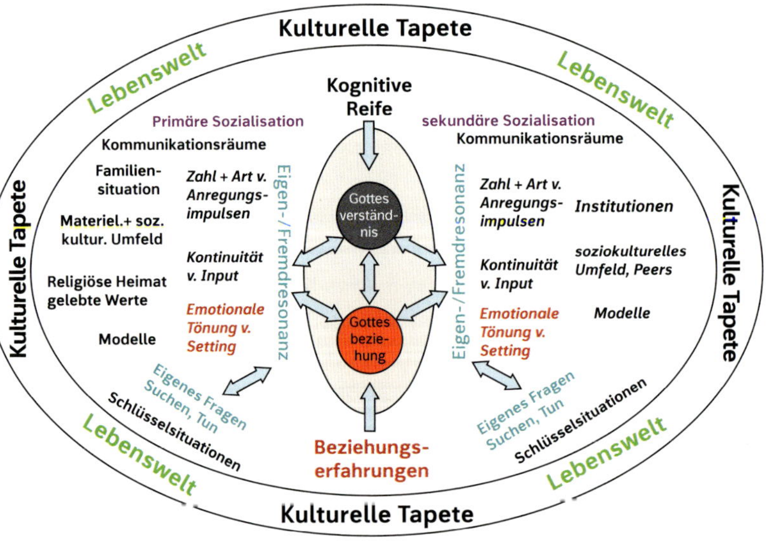

Schema 5

kung stehenden Polen und Aktionsfeldern ist mit Pfeilen platziert. Daran anschließend finden sich die für eine explizit religiöse Thematik besonders wichtigen Faktoren (Kommunikationsräume, Zahl und Art der Anregungsimpulse, Kontinuität des Inputs, emotionale Färbung), je einmal bezüglich der primären und der sekundären Sozialisation. So kann im Schema z. B. aufgezeigt werden, was in Konzepten passiert, wenn primäre und sekundäre Sozialisation konträre religiöse Impulse geben.

Rechts und links von den explizit auf eine religiöse Thematik bezogenen Faktoren finden sich solche, die sozial, kulturell oder auch materiell für das Denken und Empfinden von Heranwachsenden eine wesentliche Rolle spielen. Die diese Faktoren umfassende Ellipse bildet den übergreifenden Rahmen, der mit den Stichworten Lebenswelt und „kulturelle Tapete" bezeichnet wird. Unter dem Begriff „kulturelle Tapete" werden die Sprachspiele, Bräuche, Gebäude und Institutionen verstanden, die aus der christlichen Tradition stammen und allgegenwärtig sind. In einem weiteren Sinn gehören dazu Einflussfaktoren wie z. B. Medien, Rechtsordnungen, Grundwerte, Sozialstrukturen usw. Sie umgeben Heranwachsende auch nach dem Traditionsabbruch und prägen sie. Religiöse Symbole und Begriffe begegnen uns von klein auf in Antwortversuchen auf Kinderfragen, in Riten, Bräuchen, Literatur, Musik, Kunst, Werbung, Medien usw. Dies ist in noch volkskirchlichen Milieus stärker als in den bereits seit Jahrzehnten entkirchlichten Räumen Ostdeutschlands. Unübersehbar bildet die „kulturelle Tapete" auch in säkularen Kontexten eine Miterzieherin durch Erwachsene, die das, „was man auf Kinderfragen so sagt", unreflektiert weitergeben an die nachwachsende Generation. So gelangen Spuren der Vorstellung eines Mythenhimmels oft schon früh und massiv in Kinderköpfe: Ein dort thronender Gott (umringt von Engeln und Toten), der alles überblickt und als Wettermacher, Aufpasser und Nothelfer fungiert. Im Osten Deutschlands ist dieser Einfluss weniger stark als im Westen. Die früh eingeprägten Bilder sind oft äußerst stabil, da sie durch keine spätere Kommunikation verändert werden.

Beispiele aus der Rostocker Langzeitstudie

Für jeden Faktor des Grundschemas 5 können Beispiele aus der Rostocker Studie zeigen, wie sich dieser Faktor im Wechselspiel mit anderen auswirken kann. Exemplarisch seien Erwin und Petra benannt. Bei Erwin spielten z. B. Medieneinflüsse, speziell Science-Fiction-Filme, eine gewichtige Rolle im Gotteskonzept. Bei Petra gab es widersprüchliche Botschaften hinsichtlich der religiösen Dimension in der primären und der sekundären Sozialisation. Ihre dezidiert atheistische Familie schickte Petra wegen des wertgeschätzten Montessorikonzepts ganztags in einen katholischen Kindergarten. Die dort aufgenommenen religiösen Inhalte versuchte die Familie durch gezielte Einwirkungen wieder rückgängig zu machen. Dies führte zu einer anhaltenden inneren Spaltung bei Petra. Einerseits fühlte sie sich hingezogen zum christlichen Glauben, andererseits einer Familienloyalität verpflichtet: Sie legte entsprechend bei Befragungen stets zuerst das Bekenntnis ab, dass sie nicht an Gott glaube, ehe sie ihre Materialgestaltung (Gott ist heute für mich wie ...) kommentierte und dabei verschlüsselt bekundete, dass sie eine Gottesbeziehung hatte, was sich auch in ihrer Gebetspraxis ausdrückte. Noch in Klasse 11 leitete sie mit dem Satz „Ich bin ja nicht so religiös" den Kommentar zu einer Gestaltung ein, bei der sie ihre Aktivität in der Evangelischen Jugend Rostock festgehalten hatte.

In Gotteskonzepten spiegelt sich die Lebenswelt von Kindern wie auch ihre aktuellen Konflikte wider. Wenn z. B. im Konzept des vierjährigen Josa, der seine voll berufstätige Mutter schmerzlich vermisst und einen ständig von häuslichen Bauarbeiten absorbierten Vater erlebt, Gott permanent am Haus baut, das er mit Maria bewohnen will, so spricht dies Bände. – Bei Beziehungsproblemen kann der Konflikt ins Gottesbild projiziert werden wie beim sechsjährigen Peter, den seine Eltern ständig nötigen, Kirchgemeinde-Events zu besuchen. Peter erlebt dies als Niederwalzen seiner eigenen Interessen und baut als Vergleich für Gott einen Panzer. Der knapp fünfjährige Benno, dem wegen seines gelegentlich hoch aggressiven Ausrastens ein Rauswurf aus dem Kindergarten droht, entwirft dagegen ein Sehnsuchtsbild. In seiner Gestaltung findet sich ein Hund, der gerade auf die Blumen gekackt hat. Als Benno Vliesteile für „Gott ist wie eine Kuscheldecke" hinlegen kann, bekommt zuerst dieser Hund ein Vlies (noch vor seiner Familie) und Benno kommentiert dies so: „Der Hund hat da auf die Blumen gekackt. (Pause) Aber Gott schenkt ihm trotzdem eine Kuscheldecke." Ganz offensichtlich schreibt Benno Gott die unbedingte Akzeptanz zu, die er selber gern erführe. Lebenswelt, Konflikte, Peers, Naturerleben, alles kann Einfluss nehmen auf das Gotteskonzept im religiösen Lernen als offenem Suchprozess. Dies belegt die Rostocker Langzeitstudie vielfältig.

Aufgaben

1. *Wählen Sie aus den abgebildeten Gegenständen einen aus, der für die früheste Gottesvorstellung steht, an die Sie sich erinnern. Wählen Sie ebenso einen Gegenstand aus, der für ihre gegenwärtige Gottesvorstellung steht. Tauschen Sie sich darüber aus, was die Veränderungen in Ihrer Gottesvorstellung bewirkt hat.*

2. *Diskutieren Sie, welche Unterschiede im religionspädagogischen Handeln sich aus den Modellen von Fowler und Szagun ergeben.*

3. *Ordnen Sie die beiden Beispiele aus der Rostocker Langzeitstudie in das Schema 5 von Szagun ein.*

4. *Gestalten Sie in Kleingruppen das Schema 5 von Szagun so um, dass Sie möglichst viele der allgemeinen Formulierungen durch konkrete Erfahrungen von Mitgliedern Ihrer Kleingruppe ersetzen.*

Zusammenfassung

Vom reformatorischen Verständnis des Glaubens her gibt es kein Lebensalter, das in Sachen Glauben auf einer höheren Stufe stünde. Wir können feststellen, dass sich der Horizont der Glaubenserkenntnisse weitet. Soziale Verantwortung sowie familiäre und gesellschaftliche Aufgaben verändern unseren Glauben. Das heißt aber nicht, dass die Entwicklungsstufen des Glaubens nach höherem oder niedrigerem Wert beurteilt werden. Der Glaube entwickelt sich spiralförmig in den Raum des Lebens hinein. Dabei spielen die Menschen, die das Kind bzw. den Jugendlichen begleiten, die entscheidende Rolle für die religiöse Entwicklung.

2.4.2 Mit Kindern im Gespräch über Gott und die Welt – Kindertheologie

Entwicklungspsychologische Erkenntnisse sind hilfreich, um Menschen gut begleiten und fördern zu können, denn der aktuelle Verstehens- und Glaubenshorizont des Kindes bzw. Jugendlichen wird dabei gewürdigt und ernst genommen. Vor diesem Horizont wird nun exemplarisch eine religionspädagogische Zugangsweise dargestellt: die Kindertheologie. Sie orientiert sich an den Fragen und Beobachtungen der Kinder und ist damit sowohl subjektorientiert als auch konstruktivistisch (= methodisch konstruierendes Vorgehen zur Findung neuer Erkenntnisse).

Kindertheologie

Kinder entdecken fragend und beobachtend ihre Umwelt. Dabei geht es allgemein um folgende Fragenkreise:

- die Frage nach mir selbst: Wer bin ich und wer darf ich sein?
- die Frage nach dem Sinn des Ganzen: Warum muss ich sterben?

- die Frage nach dem Grund des Seins (Gott): Wo finde ich Schutz und Geborgenheit?
- die Frage nach dem Grund ethischen Handelns: Warum soll ich andere gerecht behandeln?
- die Frage nach der Religion der anderen: Warum glauben z. B. manche Kinder an Allah?

Diese fundamentalen Fragen schließen im christlichen Kontext auch die religiöse Dimension ein. Kinder brauchen glaubwürdige Orientierungshilfen und Begleitung bei ihren Fragen nach dem Sinn des Lebens und der Zukunft. Dieser Prozess wird von der Kindertheologie besonders in den Blick genommen. Konzeptionell wesentliche Impulse (z. B. wie das Gespräch geführt wird oder in welchem Rahmen das Gespräch stattfindet) hat die Kindertheologie von der Kinderphilosophie übernommen.

Kindertheologie heißt, mit Kindern Theologie betreiben. Dazu muss eine vertrauensvolle Atmosphäre geschaffen werden, in der ein Gespräch mit Kindern geführt werden kann. In diesem Gespräch werden die Kinder ermutigt, ihre Erfahrungen und Fragen zur Sprache zu bringen. Kinder drücken sich dabei mit ihren sprachlichen Möglichkeiten aus. Sie beschreiben ihre Anschauungen mit eigenen Worten. Dabei vergleichen sie die biblisch-theologischen Aussagen mit ihren Erfahrungen. Sie entdecken Vertrautes und Neues. Die Kinder selbst sind die Subjekte dieses Verstehensprozesses, denn die Themen des christlichen Glaubens werden von der Lebenswirklichkeit und den Fragen der Kinder her und auf diese hin erschlossen. Was Kinder denken und was sie bewegt, steht im Mittelpunkt des Theologisierens und nicht die Belehrung. Damit werden entwicklungspsychologische Erkenntnisse aufgegriffen und das Kind in seiner Autonomie ernst genommen (vgl. die Ausführungen zu Fowler und Szagun, Kapitel 2.4.1).

Dimensionen der Kindertheologie:

1. *Theologisieren mit Kindern bedeutet, dass die Kinder und Erwachsenen sich gemeinsam auf die Suche nach Antworten begeben. Das basiert auf dem Verständnis, dass Erwachsene hinsichtlich ihrer Religiosität immer Lernende bleiben. Denn durch die verschiedenen Krisen und Höhepunkte im Laufe des Lebens verändern sich die eigene Glaubensgewissheit oder die theologischen Überzeugungen.*

2. *Das Theologisieren mit Kindern fordert von den Erwachsenen eine eigene theologische Position und die Bereitschaft, sich auf ein Gespräch als einen offenen Lernprozess einzulassen.*

3. *Die Kinder suchen tragfähige und biblisch-christliche Antworten auf religiöse Fragen. Sie stellen radikale Fragen und geben häufig für Erwachsene überraschende Antworten. Charakteristisch für Kinder ist dabei, dass sie sich theologische Zusammenhänge anschaulich erschließen und weniger abstrakt denken. Die Überlegungen und Anfragen an theologisch(-biblische) Aussagen ermöglichen z. T. auch den Erwachsenen neue Perspektiven auf ihre theologischen Einsichten und Glaubensgewissheiten.*

Das folgende Beispiel eines Gesprächs zwischen dem neunjährigen Max und dem Theologen und Neutestamentler Stefan Alkier verdeutlicht auf anschauliche Weise, wie Kinder religiöse Sachverhalte auf für den Erwachsenen überraschende Weise verstehen bzw. interpretieren:

Beispiel: *Auf die Frage „Was, meinst du, sagt die Geschichte von den Arbeitern im Weinberg über das Himmelreich aus?" antwortet der Neunjährige: „Das Himmelreich ist ohne mürrische Arbeiter oder kennst du einen mürrischen Arbeiter im Himmel?" Und auf die Rückfrage des verblüfften Theologen, wie er das denn meine, sagt dieser: „Es gibt keine mürrischen Arbeiter im Himmel, weil niemand sauer ist auf einen anderen. Im Himmelreich ist keiner sauer, weil es dort Engel gibt und keiner braucht neidisch auf andere zu sein, weil es allen gut geht."*

(Karweick/Alkier, 2003, S. 58)

Zusammenfassung

Kinder sind – entsprechend ihres kognitiven Entwicklungsniveaus – kompetent, Lösungsmöglichkeiten für theologische Probleme und Glaubensinhalte zu entwickeln. Kindertheologie nimmt die Kinder als Subjekte ihrer eigenen Religiosität ernst. Das ermöglicht Erwachsenen, diese Fähigkeit der Kinder zu entdecken und sich in einen Lernprozess mit hineinnehmen zu lassen. Dogmatische Richtigkeiten bzw. theologische Lehrmeinungen sind nicht lebensrelevant, solange sie nicht mit der persönlichen Lebenswirklichkeit in einen Zusammenhang gebracht werden.

Aufgaben

1. *Stellen Sie Argumente für und gegen die These zusammen, dass Kinder bzw. Jugendliche als Theologen anzusprechen sind.*
2. *Kinder haben das Recht auf ihre eigenen theologischen Überzeugungen, zugleich aber auch das Recht auf religiöse Bildung. Erörtern Sie in Ihrer Lerngruppe, inwiefern dies durch das religionsdidaktische Prinzip der Kindertheologie ermöglicht wird.*

Praxisanregung

Praktische Hinweise für das Theologisieren mit Kindern

Theologisieren mit Kindern bedeutet, ein Gespräch mit offenem Ausgang zu führen und nicht die Kinder zu belehren. Deshalb sind folgende Haltungen und Rahmenbedingungen sinnvoll:

- *Für das Gelingen des Gesprächs ist eine wertschätzende Haltung den Kindern gegenüber unabdingbar.*
- *Die Sitzordnung sollte ermöglichen, dass alle Teilnehmer/-innen sich untereinander sehen können.*
- *Dem Gespräch muss ein Thema, eine Frage, eine gemeinsame Erfahrung usw. zugrunde liegen.*
- *Die Gesprächsleiter/-innen moderieren den Prozess und geben Impulse zur Unterstützung des Gesprächsverlaufs.*

- *Die am Gespräch beteiligten Erwachsenen dürfen ihr Fachwissen nicht als allein richtige Auffassung einbringen.*
- *Die Aussagen der Kinder dürfen nicht bewertet werden (weder mit richtig und falsch noch belobigend, weil die Kinder sonst ihre Äußerungen von der Haltung der Erwachsenen abhängig machen).*

Aufgabe

Zum Thema „Taufe" wurden Kinder einer 4. Klasse befragt. Patrizia hat zur Bedeutung des Taufnamens Folgendes gesagt: „Das Kind kommt ja von Gott und bei der Taufe bringen es die Eltern und sagen: ‚So soll es jetzt heißen.'" (Kalloch, 2005, S. 101)

Überlegen Sie, wie Sie als Interviewer dieses Gespräch weiterführen könnten.

Weitere Methoden für die Kindertheologie

Die klassische Methode für das Theologisieren mit Kindern ist das Gespräch über einen biblischen Text. Jedoch eignen sich auch viele andere Methoden, um mit Kindern bzw. Jugendlichen Theologie zu betreiben. Folgend seien nur einige Beispiele genannt:

- **Schreibgespräch**: Schreiben Sie in die Mitte eines Papiers KIRCHE und lassen Sie die Kinder bzw. Jugendlichen dazu in Stille Assoziationen aufschreiben; es ist auch möglich, dass sie bereits schriftlich aufeinander reagieren. Anschließend tauscht man sich über die Äußerungen aus und fasst das Geschriebene thematisch zusammen. So kann es zu einem weiterführenden und vertiefenden Gespräch kommen. Folgende Fragen sind hilfreich: An was hast du beim Schreiben gedacht? Was meint ihr dazu?
- **Standbild oder Rollenspiel**: Begriffe wie z. B. Weihnachten, Liebe, Gerechtigkeit oder Feiertag werden szenisch umgesetzt und anschließend im Gespräch erörtert. Die Stärke dieser Methode liegt darin, dass die Kinder bzw. Jugendlichen sich gefühlsmäßig mit der Bedeutung des Begriffes auseinandersetzen.
- **Überbegriff oder Untergruppen suchen**: Zu mehreren auf Kärtchen vorgegebenen Begriffen suchen die Kinder einen Oberbegriff. Besonders zum Thema „Schöpfung" finden sich hier viele Möglichkeiten. Die Methode funktioniert auch umgekehrt: Zu einem vorgegebenen allgemeinen Begriff suchen die Kinder Untergruppen. Sie finden Ähnlichkeiten und Unterschiede in den jeweiligen Klassifizierungen. Damit nähern sie sich dem Begriff an und versuchen, ihn mit ihren Erfahrungen und ihrem Sprachvermögen zu begreifen.
- **Gute Gründe finden**: Stellen Sie eine Aussage schriftlich oder mündlich in den Raum: „Es ist gut, den Feiertag zu heiligen, denn [...]" Es werden verschiedene Gründe gesammelt und dann im Gespräch Folgendes erörtert: Welche Gründe sind besonders überzeugend? Warum ist dieser Grund wichtig? Welcher Grund wird von allen geteilt?

Aufgabe

Probieren Sie eine der Methoden in Ihrer Lerngruppe aus. Diskutieren Sie anschließend über die Chancen und Grenzen der Methode. Beschreiben Sie, welche Vorbereitungen und Rahmenbedingungen Ihres Erachtens notwendig sind.

2.4.3 Jugend und Religion

Aus Perspektive der Erwachsenen führt Sozialisation dazu, dass junge Menschen Entwicklungsaufgaben erfüllen können. Aufgabe des Jugendlichen ist es, all sein Wissen über sich und die Welt zusammenzufügen und ein Selbstbild zu formen, das für sein Leben und seine soziale Rolle in den Gruppen, in denen er lebt förderlich ist. In Familie, Freundeskreis, Schule und Gesellschaft finden junge Menschen im besten Fall einen Rahmen, der ihnen hilft, ihre Persönlichkeit zu entfalten. Erwachsene sind bei diesem Prozess als Gegenüber wichtig.

Vor folgenden Entwicklungsaufgaben stehen Menschen im Jugendalter:

- Geschlechtsidentität
- soziale und personale Identität
- Aufgeben kindlicher Identifikationen
- soziales und emotionales Verstehen
- Strukturierung der Lebenslaufperspektive
- Fähigkeit zur moralischen Perspektive auf eigenes und fremdes Handeln
- Selbstwertgefühl und Einfühlungsvermögen
- Fähigkeit zur Intimität

Dem Entwicklungspsychologen **Erik H. Erikson** (1902–1994) zufolge entwickelt sich die Persönlichkeit eines Menschen im Spannungsfeld zwischen den Bedürfnissen und Wünschen des Kindes als Individuum und den Anforderungen der sozialen Umwelt, die sich im Laufe der Entwicklung permanent verändern. Innerhalb seiner Entwicklung durchläuft der Mensch phasenspezifische Krisen und Konflikte, welche durch die Konfrontation mit den gegensätzlichen Anforderungen und Bedürfnissen ausgelöst werden und deren Bewältigung als Entwicklungsaufgabe bezeichnet wird.

Das Jugendalter beschreibt Erikson zusammenfassend als Spannung zwischen Identität und Identitätsdiffusion (= durch Zweifel und Unsicherheiten ausgelöste zeitweilige oder andauernde Unfähigkeit des Ich, eine eigene Identität zu entwickeln).

Inhaltlich bedeutet Sozialisation, dass junge Menschen über Wissen verfügen, das ihnen eine sinnvolle Teilnahme an verschiedenen Bereichen des gesellschaftlichen Lebens ermöglicht. Für den Bereich der religiösen Sozialisation bedeutet das: Jugendliche sollen in der Lage sein, das eigene Leben und die vielfältigen Erfahrungen vor dem Hintergrund religiöser Tradition zu deuten, dabei aber auch den „Dialekt“ der eigenen Religionsgemeinschaft oder Konfession verstehen und sprechen zu können.

Lange Zeit konnte eine enge Verknüpfung von religiöser Erziehung in Familie, Schule und Gemeinde die religiöse Sozialisation tragen. Unter den veränderten Bedingungen unserer Gesellschaft nehmen diese Orte religiöser Sozialisation jedoch nicht mehr oder nur zum Teil ihre Funktion wahr.

Lebenswelt – Jugend – Religion

Der Tübinger Religionspädagoge **Friedrich Schweitzer** (geb. 1954) setzt in seinem Buch „Postmoderner Lebenszyklus und Religion“ bei den Erfahrungen heutiger Menschen an und versucht, die beobachteten Phänomene und Entwicklungen zu verstehen. Das Modell von Erikson und andere neuere entwicklungspsychologische Theorien können vieles erklären. Doch es stellt sich die Frage, inwiefern die Lebensverhältnisse zu Beginn des 21. Jahrhunderts durch Eriksons Modell der Identitätsentwicklung hinreichend wahrgenommen werden. Die Entwicklung des Lebenszyklus des aktuellen Jahrhunderts trägt nach Schweitzer andere Züge.

Postmoderne Biografien und veränderte Lebensentwürfe stellen einen hohen Anspruch an die Persönlichkeitsentwicklung und können gerade im Jugendalter zu erheblichen Diffusionen führen.

Bedingungen religiöser Sozialisation im 21. Jahrhundert

In der ersten Hälfte des 20. Jahrhunderts konnte davon ausgegangen werden, dass für große Teile der Bevölkerung ihre religiöse Sozialisation noch in großfamiliären Kontexten durch ein Generationen verbindendes Lernen stattfand. Inzwischen ist durch viele Faktoren ein Traditionsabbruch eingetreten, der es notwendig macht, religiöse Bildung neu zu beschreiben. Die Religionspädagogik hat in vielfältiger Weise darauf reagiert und Konzeptionen entwickelt, die das religiöse Fragen in veränderter Form ernst nimmt (vgl. Kapitel 2.4.2, Kindertheologie).

Kinder und Jugendliche haben einen sehr hohen Bedarf an Orientierung in religiösen Fragen. Aber nur noch wenige haben einen Zugang zu den Sprach- und Lebensformen der christlichen Religion bzw. zum Religionsunterricht. Heute ist deshalb in den unterschiedlichen Arbeitsfeldern der Religionspädagogik Übersetzungsarbeit gefragt, wenn in differenzierten Lebenswelten unter den Bedingungen pluraler Jugendkulturen und in milieuspezifischen Ausdrucksformen verständliche Antworten der christlichen Tradition weitergegeben werden sollen.

Empirische Befunde

Neuere Untersuchungen zur Jugendsoziologie, die 15. Shell Jugendstudie von 2006 und die 16. Shell Jugendstudie von 2010, kommen beim Thema „Religion“ zu folgenden Ergebnissen.

Die kirchliche, konfessionell gebundene Form der Religionsausübung wird von Jugendlichen heute kaum mehr als Ausdruck ihrer Frömmigkeit genannt.

- Nur 26 % der evangelischen Jugendlichen gestehen, dass sie in einem kirchennahen Sinne religiös sind und an einen persönlichen Gott glauben.
- Im Gegensatz dazu glauben 23 % an eine unpersönliche höhere Macht. Mit diesem Glauben pflegen sie ein Bekenntnis, das nur sehr eingeschränkt etwas mit der Tradition der Kirchen zu tun hat.
- 33 % der Jugendlichen, besonders die jüngeren, sind unsicher in ihrem Glauben.
- Ein großer Teil der Jugendlichen (69 %) findet es gut, dass es die Kirche gibt. Hingegen nur 27 % der Jugendlichen sind der Ansicht, dass die Kirche unnötig ist.
- Nach Meinung von 68 % der Jugendlichen müsse sich die Kirche ändern, wenn sie einen Platz in der zukünftigen Gesellschaft haben will.
- Die Kirche hätte keine Antworten auf die Fragen, die für die heutige Jugend von Belang sind, meinen 65 % der Jugendlichen. Zurückzuführen ist dieses Gefühl auf den Umstand, dass die Kirchen ihre religiösen Angebote nicht bis in das Leben und Wertesystem der Jugendlichen transportieren können.

Unterschiede fallen bei Jugendlichen unterschiedlicher Herkunft auf:

- Jugendliche in den neuen Ländern haben sich weitgehend von Religion und Kirche, aber auch vom Aberglauben verabschiedet.
- Die meisten westdeutschen Jugendlichen leben eine Art „Religion light“, d. h., sie sind meist konfessionell gebunden und haben grundsätzlich eine positive Einstellung zur Kirche. Die Beziehung zur Kirche ist jedoch wenig intensiv. Die westdeutschen Jugendlichen, die ein Bedürfnis nach Religiosität verspüren, stellen sich eine eigene „Collage-“ oder „Patchwork-Religion“ aus verschiedenen religiösen bzw. pseudo-religiösen Elementen zusammen.
- Im Gegensatz dazu ist in der Gruppe der Jugendlichen mit Migrationshintergrund, die oftmals in den alten Bundesländern leben, eine traditionelle Religiosität stark verbreitet. Diese Ausprägung ist bei deutschen Jugendlichen inzwischen eher rar geworden.

Postmoderne Lebensläufe und die Religiosität von Jugendlichen

Kirchen und religiöse Gemeinschaften haben ihr Monopol auf die religiöse Deutung des Lebens verloren. Pluralität religiöser Überzeugungen und Gruppen bestimmt das Leben in westlich orientierten Zivilisationen.

Mit folgenden Begriffen lässt sich die Lage kennzeichnen, die sich auch auf **Aspekte der religiösen Gegenwartssituation** übertragen lassen:

- Pluralisierung und Globalisierung
- religiöse Individualisierung
- Privatisierung der Religion

Welche **Anforderungen** stellt das postmoderne Leben im Hinblick auf den Lebenslauf und seine religiösen Dimensionen? Beobachten lässt sich, dass

- es einen Wandel des Lebenslaufes gibt, wo sich verschiedene Phasen des Lebens immer stärker durchdringen und z. T. auch wiederholen,
- religiöse Orientierungen und Werte eine vielgestaltige Form angenommen haben und
- die Suche nach einem überzeugenden Glauben als lebenslanges Projekt verstanden wird.

Die Herausforderung besteht darin, mit einem Lebenslauf zurechtzukommen, der sich als permanente Baustelle darstellt, der mit Baustellen im Überfluss konkurriert und bei dem es keine klaren Kriterien gibt, um eine Wahl zwischen den einzelnen Baustellen (Lebensorten) zu treffen.

Für das Jugendalter trifft dies in besonderer Weise zu. In diesem Alter ist keineswegs der klare Übergang ins Erwachsenenalter in Sicht. Berufliche Perspektiven werden immer unklarer. Ein festes Identitätsgefühl kann nicht entstehen. Stattdessen wird das Jugendalter zu einer langen Übergangsphase, die in einen offenen Prozess mündet. Diese Phänomene wirken natürlich auch auf den Prozess der religiösen Sozialisation. Der Begriff „Patchwork-Religion" spiegelt dies wider.

Zusammenfassung

- *Kirchliche Lehrinhalte und religiöse Lebensformen sind für die Entwicklung eines persönlichen Glaubens nicht mehr die primäre Quelle. Häufig herrscht eine skeptische Haltung gegenüber religiösen Wahrheitsansprüchen vor.*
- *Persönliche Religion und Spiritualität sowie die Kirche als Institution entwickeln sich immer stärker auseinander.*
- *Das junge Erwachsenenalter ist häufig die Zeit größter Distanz zur Kirche und der bevorzugte Zeitraum, in dem Menschen aus der Kirche austreten.*

Aufgaben

1. *Sammeln Sie Angebote der religiösen Sinnstiftung, die in Konkurrenz zum kirchlichen Leben stehen.*
2. *Nennen Sie Elemente einer jugendgemäßen Form des christlichen Glaubens.*

2.5 Rituale und Symbole

Die Kinder einer Kita kommen morgens immer im Stuhlkreis zusammen. Die meisten haben einen festen Platz im Kreis – neben ihren Freunden. Was folgt, ist auch bekannt: Nach einem Morgenlied darf jedes Kind, das möchte, etwas erzählen – Schönes und Trauriges, Spannendes und Aufregendes. Die Erzieherin bzw. der Erzieher erzählt, was heute auf dem Programm steht. Hat ein Kind Geburtstag, folgt die traditionelle Feier nach gewohntem Muster – alle diese Abläufe sind Rituale, die jedes Kind kennt! In diesem Kapitel wird das Verständnis von Ritualen und Symbolen dargelegt und im Hinblick auf eigene Erfah rungen der Studierenden reflektiert. Wichtige religiöse Rituale werden genauer beschrieben und religionspädagogisch beleuchtet. Ergänzt wird dies durch Überlegungen zur Raumerfahrung und zur Meditation. Die grundlegenden Informationen dieses Kapitels werden in Kapitel 3.6 durch Methoden und konkrete Beispiele fortgeführt.

Morgenkreis im Kindergarten

*In diesem Kapitel erwerben Sie folgende **Kompetenzen:***

- *Sie verfügen über integriertes Wissen über Ausdrucksformen christlichen Glaubens in Symbolen und Ritualen und Raumgestaltung.*
- *Sie haben die Fertigkeit, die Fülle der Ausdrucksweisen des Glaubens zu erkennen und zu verstehen.*
- *Sie unterstützen die Persönlichkeitsentwicklung der Kinder, Jugendlichen und jungen Erwachsenen durch religionspädagogisch reflektierte Gestaltung des Alltags.*

2.5.1 Kinder brauchen Rituale

Rituale existieren in allen Kulturen und begleiten jeden Menschen tagtäglich, ob bewusst praktiziert oder unbewusst automatisiert. Rituale managen den Alltag. Aber gerade die besonderen Zeiten und Tage werden erst durch Rituale wirklich zu Festen.

Die Anforderungen eines Alltages in Familie oder Kindertageseinrichtung verändern sich in unserer komplexen Gesellschaft ständig. Das gilt für Eltern, pädagogische Fachkräfte und Kinder gleichermaßen. Hier schaffen vertraute und wiederkehrende Abläufe oder Handlungen einen Überblick, geben Sicherheit sowie Halt und schaffen Vertrauen in sich und andere. Besonders in Krisen- und Konfliktsituationen entlasten feste Formen und Bräuche dadurch, dass sie das tägliche Leben vorhersehbar machen und erleichtern. Durch sie werden Verlässlichkeit und Beständigkeit erfahrbar.

Für Kinder in Kindertageseinrichtungen haben Rituale eine stabilisierende und integrierende Funktion. Durch sie entsteht Gemeinschaft und gleichzeitig wird diese Gemeinschaft durch die rituelle Praxis immer wieder neu geprägt und gefestigt.

Was sind Rituale?
Rituale sind sich wiederholende, symbolische Handlungen von Einzelnen und Gruppen, die zeitlichen Verläufen, Beziehungen, Gefühlen, Sinndeutungen sowie Veränderungen sinnlichen Ausdruck geben und diese deuten. Rituale bestehen aus

Symbolen, aus gegenständlichen Zeichen, aus symbolischen Formen, aber auch aus symbolischen Verhaltensweisen. Rituale weisen über sich hinaus auf allgemeine grundsätzlichere Zusammenhänge, eröffnen neue Räume, geben dem Leben Form (Gestalt) und verweisen auf Bedeutung und Sinn der jeweiligen Situation.

Rituale sind in ihrer Struktur auf Wiederholbarkeit angelegt. In regelmäßiger Ausführung entwickeln sie eine Selbstverständlichkeit. Die einzelnen Rollen bzw. Aufgaben sind klar gegliedert, auf die Beteiligten verteilt und von allen eingeübt. Rituale können kulturelle Traditionen haben, aber auch familiär privat oder ganz individuell geprägt sein. Es gibt Rituale mit festen und mit lockeren Formen. Explizit religiöse Rituale nehmen auf Gott Bezug und beziehen religiöse Symbole mit ein.

Wie wirken Rituale?

Die Wirkungen von Ritualen sind vielfältig: Sie können beruhigen und Ordnung schaffen, sie können Sinn stiften und Trost spenden, sie können Energien umwandeln und Gemeinschaft vermitteln, sie können Beziehungen heilen, Orientierung geben, Vertrauen stiften und das Leben feiern. Sie geben Grundbeziehungen einen sinnlichen Ausdruck und stärken diese. Sie strukturieren Zeit und gestalten Lebensübergänge. Sie begünstigen Entwicklungsschritte von Kindern. Durch die Wiederholung von Vertrautem gewinnen Kinder Kraft, Zuversicht und Vertrauen in sich und andere. Je jünger die Kinder sind, desto verlässlicher und stabiler müssen die Rituale ihren Raum in der Kindertageseinrichtung einnehmen können.

Beispiel: Lenas Schlafanzug liegt wie jeden Abend im Badezimmer bereit. Schnell zieht sie ihn an. Ihre Mutter reicht ihr den Waschlappen – heute reicht eine „Katzenwäsche" für Gesicht und Hände. Aber die Zähne müssen jeden Abend gründlich geputzt werden. Dafür hat Lena eine Sanduhr, die ihr anzeigt, wie lange sie putzen muss.

Jetzt geht es ins Bett. Lena kuschelt sich in ihr Kissen. Sie freut sich auf die Gutenachtgeschichte, die Mama ihr vorliest. Nach der Geschichte erinnern sich beide an den Tag zurück: an den Streit mit ihrem Freund Leo, an die Amsel auf dem Balkongeländer, an das leckere Mittagessen. Und sie denken an die Menschen, die ihnen gerade wichtig sind: an Leo, an Oma und den kranken Opa und natürlich auch an Lenas Meerschweinchen.

Sie schließen sie auch in ihr Nachtgebet mit ein: „In der Nacht sind wir geborgen, du, Gott, wirst bei uns sein. Und so freu'n wir uns auf morgen, schlafen ruhig ein. Amen."

Mama drückt Lena noch einmal ganz fest und gibt ihr ihren Teddybären in den Arm und einen Gutenachtkuss auf die Stirn. Dann macht sie das Licht aus und sagt: „Schlaf gut!" Sie lässt die Zimmertür beim Hinausgehen einen kleinen Spalt offen.

Lena drückt Teddy an sich. Heute kann sie gut einschlafen – und schon fallen ihr die Augen zu.

Aufgabe

Rituale unterscheiden sich von einfachen Regeln und Gesten. Im Unterschied zu diesen haben sie eine symbolische Qualität. Sie weisen über sich selbst hinaus *auf allgemeine grundsätzlichere Zusammenhänge. Beziehen Sie folgende Anregung mit in Ihre Diskussion ein:*

- *Welche Anteile in Lenas Abendritual lassen sich einer Regel, welche einem Ritual zuordnen? Begründen Sie Ihre Unterscheidung.*
- *Welche Aufgaben hat hier die Regel? Welche Funktion erfüllt das Ritual?*

Mit Ritualen durch den Alltag und das Jahr

Alltagsrituale bestimmen und strukturieren den Tag. Sie stiften Beziehungen, indem sie Zugehörigkeit, Identität und Vertrauen vermitteln.

Zu den Alltagsritualen gehören auch **Gemeinschaftsrituale**. Sie geben der Gruppe ein besonderes Gefühl der Identität und des Zusammenhaltes. Gemeinschaftsrituale vermitteln gemeinsame Werte und Leidenschaften. Sie zeigen sich aber auch bei der Gestaltung von gemeinsamen Mahlzeiten. Auch beim Sich-Begrüßen wird Gemeinschaft hergestellt. Beim Händeschütteln verbinden sich für den Moment zwei Hände und damit auch zwei Personen. Im Rückblick auf historische Notwendigkeiten zeigt sich hier auch die Friedfertigkeit der Begegnung. Im Mittelalter war es üblich, sich die leere rechte Schwerthand entgegenzustrecken, um zu zeigen, dass man in friedlicher Absicht kam.

Aufgabe

Sammeln Sie:

- *Tischrituale, die besonders den Gemeinschaftscharakter betonen und stärken*
- *Symbole, die bei Gemeinschaftsritualen im Fußball eine Rolle spielen*
- *Begrüßungsformen, die heute besonders deutlich die Friedfertigkeit ausdrücken*
- *Das PTI Drübeck (pti.ekmd-online.de) hat ein interaktives E-Learning-Modul erarbeitet: „Kinder Bildung Religion – Entdecken, was zählt“ (www.kinder-bildung-religion.de). Dieses Modul bietet reale Szenen aus der Kita und ermöglicht die Reflexion z. B. von gestalteten Strukturen in der Elementarpädagogik anhand von Filmsequenzen, die gemeinsam in der Lerngruppe angesehen, diskutiert und im Blick auf die eigene Praxis reflektiert werden können.*

Markante und heilsame Unterbrechungen des Alltages finden sich in den **Fest- und Feiertagen**. Feiertagsrituale gliedern das Jahr. Die Kirchenjahresfeste geben den Jahresrhythmus vor. Viele der Kirchenjahresfeste sind in Kindertageseinrichtungen mit Symbolen und Ritualen gefüllt.

Aufgaben

1. *Erstellen Sie in der Gesamtgruppe eine Liste aller Jahresfeste.*
2. *Markieren Sie farblich gesondert die Kirchenjahresfeste, die lokalen bzw. regionalen Feste und die später in den Kalender aufgenommenen Brauchtumsfeste (wie z. B. Halloween, Valentinstag oder Vatertag).*

3. *Diskutieren Sie, welche dieser Feste in einer kirchlichen Kindertageseinrichtung gefeiert werden sollen. Wie argumentieren Sie für eine Kindertageseinrichtung in nicht kirchlicher Trägerschaft?*

Jahrestagsrituale

Jahrestagsrituale markieren den Übergang von einem Jahr zum anderen und zeigen Veränderungen an. Die jährlichen Feiern des Geburtstages, Tauftages oder auch eines Todestages erinnern an den Ursprung, an Geburt, Taufe und Tod. Zentrale Aspekte von Jahrestagsritualen sind die Wertschätzung der entsprechenden Person(en) und die Rückbindung an Gott als den Schöpfer und Erhalter allen Lebens.

Der Namenstag ist gegenüber dem Geburtstag die ältere Form und ist bis heute in katholischen Gebieten verbreitet. Er wird an dem Tag begangen, an dem der Heilige gleichen Namens seinen Gedenktag hat. Da die Anzahl der gebräuchlichen Namen in früheren Zeiten sehr begrenzt war, hatte der Namenstag eine kollektive Prägung. Eine größere Anzahl Menschen gleichen Namens feierte am gleichen Tag ihren Namenstag und tat dies im Zusammenhang mit der katholischen Messe, in der des oder der Heiligen gedacht wurde.

Der Geburtstag wurde zunächst nur von Fürsten gefeiert, oft als Fest für das ganze Volk. Ihnen schlossen sich Adlige und die Spitzen der Bürgerschaft an. Nachdem in protestantischen Gebieten der Namenstag nicht mehr gefeiert wurde, weil er an die Heiligenverehrung geknüpft war, übernahmen dort auch viele Menschen aus dem Volk die Sitte des Geburtstages. (Die Heiligenverehrung wird seit Martin Luther in der evangelischen Kirche größtenteils abgelehnt.) Der Geburtstag war aber nie mit einer religiösen Feier verbunden. Er hat eine stark individuelle Prägung und stellt durch die Formen, in denen er gefeiert wird, die besondere Bedeutung der jeweiligen Person heraus.

Aufgaben

1. ***In Eigenarbeit:** Erinnern Sie sich an Ihre eigenen Geburtstagsfeiern als Kind: Wie sah das Jahrestagsritual bei Ihnen aus? Welche Elemente und Symbole kamen vor? Welche Personen waren beteiligt? Was war Ihnen damals wichtig? Was ist Ihnen heute wichtig geworden?*
2. ***In Partnerarbeit:** Suchen Sie sich einen Partner bzw. eine Partnerin und erzählen Sie sich gegenseitig von Ihren Entdeckungen aus der Eigenarbeit.*

3. ***In Kleingruppen:*** *Finden Sie sich zu Kleingruppen zusammen und entwerfen Sie ein Geburtstagsritual für ein vierjähriges Kind. Es muss folgenden Kriterien entsprechen:*

   - *Veränderungen anzeigen,*
   - *die Wertschätzung der Person ausdrücken,*
   - *die Rückbindung zu Gott aufzeigen und*
   - *es muss in einer Kindertageseinrichtung gefeiert werden können.*

   Sichern Sie Ihr Ergebnis in schriftlicher Form.

4. ***Im Plenum:*** *Präsentieren Sie Ihr neu entstandenes Ritual der Gesamtgruppe, bitten Sie um Rückmeldungen und erlauben Sie kritische Rückfragen.*

Segensrituale

Segensrituale lassen sich vielen der bereits genannten Ritualtypen zuordnen. In der Regel haben sie immer etwas mit Veränderungen im Leben, den Lebensschwellen oder Übergängen zu tun. „Segen" beinhaltet die Hoffnung auf ein gelingendes Leben in Verbindung mit Gott als Ursprung des Segens. Gottes Segen schützt, trägt, stärkt, begleitet und bereichert. Eine Segenshandlung besteht aus zwei Elementen: **Geste** und **Wort** (vgl. dazu auch Kapitel 3.3.4).

Aufgaben

1. *Ergänzen Sie folgende Aufzählung mit möglichst vielen Beispielen. Segensrituale können:*

   - *Alltagsrituale sein: eine Segensbitte bei Mahlzeiten oder ...*
   - *Gemeinschaft stärken: Zum Beispiel verbindet ein Segenslied als Wochenabschluss die Gruppe noch einmal miteinander, bevor sie sich für das Wochenende trennt, oder ...*
   - *zu den Feiertagsritualen gehören: ein Lichtsegen zu Sankt Martin oder ...*
   - *zu den Jahrestagsritualen gehören: Segenswünsche zum Geburtstag oder ...*

2. *Entwickeln Sie zum folgenden Lied „So wie der Duft auf deiner Hand" eine kleine Segens- oder Salbungssituation.*

So wie der Duft auf deiner Hand

(Text und Melodie: Jonathan Böttcher/Helmut Krüger, Copyright: Jonathan Böttcher)

Auch **Übergangsrituale** sind in der Regel mit einer Segenshandlung verbunden. Übergänge haben innere oder äußere Auslöser und bringen immer Veränderungen mit sich, die in das bisherige Leben integriert werden müssen. Dazu gehören Geburt, Eintritt in die bzw. Austritt aus der Kindertageseinrichtung, Schuleintritt und -austritt, Ausbildung und Berufsleben, Volljährigkeit, Hochzeit und ggf. Scheidung, Krisen, Krankheit und Tod.

Übergänge bringen verstärkte Anforderungen und intensive Entwicklungsprozesse mit sich. Das macht sie zu kritischen Lebensphasen. Gelingt es, sie positiv zu bewältigen, erwachsen daraus Selbstbewusstsein, Vertrauen in sich und andere, Gemeinschaftsfähigkeit und Resilienz.

Aufgabe

Entwickeln Sie ein Ritual in einer Kindertageseinrichtung für den Übergang vom Kindergarten zur Schule. Bauen Sie ein Segenselement mit ein.

Rituale sind auch ambivalent. Sie können zu erstarrten Routinehandlungen, langweiligen Zeremonien oder lieblosen Schemata werden. Jedes Ritual lebt davon, dass es für alle Beteiligten stimmig in Inhalt und Form ist. Das kann gelingen, wenn der Fokus dabei vorrangig auf die Bedeutung und Funktion der Rituale gelegt wird. Zentrale Fragen dabei sind: Was ist uns wichtig? Welche Funktion soll das Ritual übernehmen? Welche Form ist dafür gut? Welcher Zeitrahmen ist angemessen? Wer übernimmt welche Aufgabe innerhalb des Rituals?

2.5.2 Symbole entdecken und entschlüsseln

Symbole begegnen uns überall im Alltag. Ob als Beschilderungen im Straßenverkehr, als Icons auf dem Computer, als Grabsteine auf dem Friedhof und anderes mehr – Symbole helfen uns in ihrer elementaren Weise, uns in der Unübersichtlichkeit unserer Welt zurechtzufinden.

Das Wort „Symbol" ist aus dem griechischen „symballein" abgeleitet und bedeutet „zusammenfügen, zusammenpassen".

„Denken wir uns zwei Freunde im alten Griechenland. Sie kennen sich seit vielen Jahren schon. Sie haben gute Zeiten gemeinsam erlebt und schlechte Zeiten miteinander getragen. Eines Tages müssen sie für lange Zeit Abschied nehmen. Ein ganzes Jahr lang werden sie sich nicht sehen und auch nicht voneinander hören, denn Telefon und Internet gab es damals noch nicht.

Am Abend der Trennung sitzen sie am Feuer und essen gemeinsam aus einer Schale aus Ton. Dann zerbrechen sie die Schale als Zeichen der Trauer in zwei Stücke. Jeder nimmt eine Scherbe und ritzt seinen Namen in den Ton und gibt sie dem anderen. Diese Tonscherben werden sie immer bei sich haben und sorgsam aufbewahren. Die Scherben erinnern sie Tag für Tag an die Freundschaft der vergangenen Zeit. So bleibt die Freundschaft zwischen ihnen wirksam. So dürfen sie hoffen, dass sie sich in der Zukunft als Freunde wiedersehen werden.

Als das Jahr vergangen ist, treffen sich die Freunde wieder. Voll Freude setzen sie ihre beiden Tonscherben wieder zusammen und trinken wieder gemeinsam aus der Schale Wein. Was zerbrochen war, wird wieder aneinandergefügt. Was getrennt war, kommt wieder zusammen. Die Namen stehen wieder nebeneinander. Die Freunde waren getrennt und feiern nun das Glück des Wiedersehens."
(Oberthür, 2009, S. 96)

Ein Symbol zeigt, was zusammengehört. Es weist über sich hinaus von der sichtbaren (Tonscherbe) auf die unsichtbare Welt (Freundschaft). Mit seiner Gegenständlichkeit unterstützt es das Begreifen der sich dahinter verbergenden Bedeutung. Es bietet Bild und Sprache für Unsichtbares, Unsagbares und Unbegreifliches. Zudem verbindet es die individuelle Erfahrung mit der Erfahrung anderer Menschen innerhalb eines Kulturkreises oder einer Religion.

„Symbole bestehen aus Tatsache und Geheimnis."
(Oberthür, 2009, S. 97)

Aufgaben

1. *Welches Symbol fällt Ihnen als Erstes ins Auge, wenn Sie sich umblicken? Diskutieren Sie mit zwei weiteren Personen, was bei diesem Symbol die Tatsache ist und was das Geheimnis sein könnte.*
2. *Versetzen Sie sich in Gedanken in den Innenraum einer Kirche. Entscheiden Sie sich für eines der religiösen Symbole, die Ihnen vor Ihr inneres Auge kommen. Was ist hier Tatsache, was Geheimnis? Wie könnten Sie dem Geheimnis weiter auf die Spur kommen? Suchen Sie sich bei Bedarf Unterstützung und Hilfsmittel.*
3. *Präsentieren Sie mit einer angemessen Methode Ihr Symbol sowie dessen Tatsachen und Geheimnisse.*

2.5.3 Räume in allen Dimensionen

Raumdimensionen

Kinder bewegen sich immer in Räumen. Jeder Raum hat Begrenzungen und eine Mitte. Jeder Raum hat ein Vorn und Hinten, Rechts und Links, Oben und Unten. Jeder Raum hat seine eigenen Regeln.

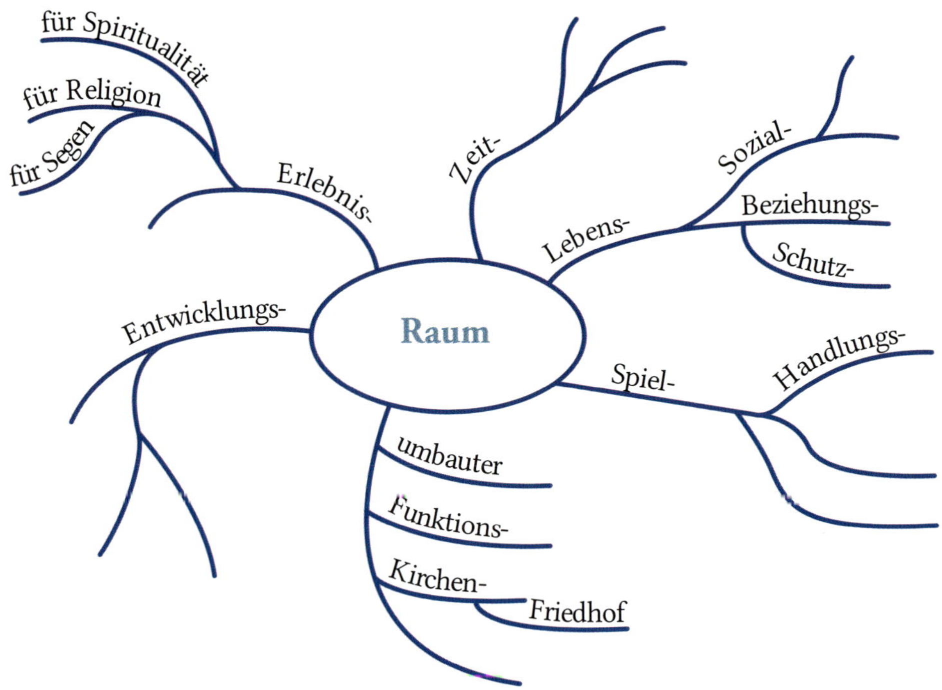

Mindmap zum Begriff „Raum"

Kindertageseinrichtungen sind eigens für Kinder gebaute und eingerichtete Räume. Sie wollen Kindern Raum geben. Kinder brauchen Räume, die ihnen Sicherheit und Geborgenheit vermitteln. Dazu helfen Kontinuität und Bekanntheit der Räume, übersichtliche Strukturen, Absicherung vor Gefahren, wo nötig Rückzugsmöglichkeiten und nicht zuletzt die vertrauten Bezugspersonen.

Kinder brauchen aber auch Freiräume, ihre Fähigkeiten zu entwickeln, ihre Möglichkeiten zu entdecken, ihre Grenzen kennenzulernen sowie Autonomie und Gemeinschaftsfähigkeit einzuüben.

Der Körper als Raum

Auch der eigene Körper ist ein Raum. In ihm befinden sich alle lebenswichtigen Organe. In ihm sind alle Sinne angesiedelt. Das größte Sinnesorgan, die Haut, begrenzt diesen Raum.

Der Körper dient uns als Klang- und Vibrationsraum. Die Schwingungen der Sprache übertragen sich auf den Körper. Das Skelett dient als Resonanzkörper. In dieser Funktion ist der Körper maßgeblich an der Sprachentwicklung beteiligt.

Aufgaben

Fingerspiele und Kniereiter unterstützen Kinder beim Entwickeln ihrer motorischen und sprachlichen Kompetenzen. Gleichzeitig unterstützen sie das Erleben des eigenen Körpers als Klang- und Vibrationsraum.

1. *Welche Fingerspiele und Kniereiter kennen Sie? Probieren Sie gemeinsam einige davon aus.*
2. *Fingerspiele und Kniereiter transportieren auch inhaltliche Botschaften. Entwickeln Sie zu zweit oder dritt ein Fingerspiel bzw. einen Kniereiter zu einer biblischen Geschichte. Probieren Sie Ihr Ergebnis mit der Gesamtgruppe aus.*

Raum und Sinne

Kinder erfassen die Welt mit allen Sinnen. Daher müssen Räume so ausgestaltet sein, dass sie die Sinne anregen, jedoch nicht überfordern.

Zeitgleich zur Motorik und zur Erweiterung des Aktionsradius entwickelt sich der Gleichgewichtssinn (vestibuläres System). Er ist zusammen mit dem Muskelsinn (kinästhetisches System) und dem Sinn für die inneren Organe (viszerales System) für die Entwicklung von ebenso großer Bedeutung wie die fünf Sinne Sehen, Hören, Tasten, Riechen und Schmecken.

Daher findet religiöses und spirituelles Erleben nicht nur in entsprechend vorbereiteten Angeboten statt. Eine Raumgestaltung, die religiöse Symbole aufgreift wie ein Kreuz, eine biblische Darstellung oder eine (gut geschützte) brennende Kerze, schafft einen Raum für religiöse Erfahrungen. Dieser Raum weist, ebenso wie ein Symbol, über sich hinaus und bietet seinerseits Raum beispielsweise für Geschichten, die von Gott und Glauben, von Ängsten und von Vertrauen erzählen.

Aufgaben

1. *Beobachtungsaufgabe: Berücksichtigen Sie beim Besuch einer Kindertageseinrichtung folgende Frage: Woran können Sie in der Raumgestaltung erkennen, was dem Team der pädagogischen Fachkräfte und dem Träger der Einrichtung wichtig ist? Notieren Sie Ihre Beobachtungen und tauschen Sie sie anschließend in der Gesamtgruppe aus.*
2. *Konzipieren Sie eine Raumgestaltung für den Eingangsbereich einer kirchlichen Einrichtung, die gleich beim Betreten über die christliche Orientierung Auskunft gibt.*

Beziehungsräume

Menschen leben in Beziehungen. Eine der ersten Entwicklungsaufgaben für Säuglinge und Eltern ist der Aufbau einer sicheren Bindung. Aus ihr erwächst die Fähigkeit des Kindes, sich der Welt und den Menschen vertrauensvoll zuzuwenden und Beziehungen einzugehen. Die elterliche Bezugsperson wird für das Kind zum Zentrum und bestimmt unwillkürlich dessen Aktionsradius. Je stabiler die Beziehung zur Mitte ist, desto eigenständiger wird das Kind agieren und desto größer wird sein Handlungsfeld.

Das Wort „Religion“ verweist übrigens von seinem lateinischen Wortstamm her auf diese Verbindung: „religio“ = „Ich binde mich zurück an …“

Mit dem Eintritt in die Kindertageseinrichtung wird neben der Verbindung zu den Eltern und den anderen Kindern die Beziehung zur pädagogischen Fachkraft wichtig. Auch sie wird für das Kind zur Mitte des Beziehungsraumes. Daher ist es wichtig, dass es zwischen Familie und Kindertageseinrichtung eine abgestimmte Kooperation und ein hilfreiches Übergaberitual gibt.

Zeiträume

Zunächst ist die Zeit für Kinder durch Schlaf-/Ruhe- und Wach-/Bewegungsphasen gegliedert. Dann gibt es die Zeit im Kindergarten und die Zeit in der Familie. Die Tagesstruktur ist in einzelne Zeiträume unterteilt. Hier ordnen Rituale den Ablauf und geben dem Tag einen unverwechselbaren Rhythmus. Als nächsten Zeitraum erleben die Kinder die Woche, mit besonderen Akzenten in der Kindertageseinrichtung und dem Wochenende.

Das Jahr ist als Zeitdimension für Kinder im Krippenalter noch nicht erfassbar. Doch seine besonderen Zeitabschnitte und Feste wie z. B. Geburtstage, Urlaub und Weihnachten helfen ihnen in der Erfassung von Zeit und setzen wichtige Markierungen. Vor allem das Kirchenjahr mit seinem reichen Schatz an Fest- und Feiertagen, aber auch die erwartungsvollen Vorbereitungszeiten können hier große Unterstützung leisten.

Heilige Räume

Neben Friedhöfen ist auch der Kirchenraum ein in explizit spiritueller Weise umbauter Raum. Kinder werden durch seine Form und Größe, seinen spezifischen Geruch, die rituelle und symbolische Ausstattung und die christliche Kunst schnell ein Gespür für die Besonderheit dieses sakralen Raumes bekommen. Hier ist in besonderer Weise Raum für die Erfahrung der Nähe Gottes, die sich in Symbolen, Geschichten, Ritualen, im Singen, Beten und im Segen zeigt.

2.5.4 Meditation als exemplarischer Raum für Spiritualität und Religiosität

Aufgaben

1. *Suchen Sie sich einen ruhigen Platz. Nehmen Sie sich drei bis fünf Minuten Zeit und ein leeres Blatt Papier. Schreiben Sie in die Mitte des Blattes den Begriff „Meditation“. Notieren Sie um diesen Begriff herum alle weiteren Begriffe, die Ihnen dazu einfallen.*
2. *Suchen Sie sich einen Partner bzw. eine Partnerin und tauschen Sie sich über Ihre Begriffssammlung aus. Definieren Sie auf dieser Basis „Meditation“ und halten Sie das Ergebnis schriftlich fest. Vergleichen Sie es mit den im Folgenden angeführten Definitionen.*

> ***„Meditation meint ein methodisches, den Menschen ganzheitlich einbeziehendes, selbst noch nicht notwendig in der Anredeform des Gebets gestaltetes Nachsinnen des Einzelnen mit dem Ziel erfahrungsmäßiger Gottesbegegnung.“***
> *(Müller, 1992 a, S. 338)*

In nahezu allen großen Weltreligionen finden sich Meditationsübungen. Sie unterbrechen und entschleunigen den Alltag und zielen auf eine Veränderung der Wahrnehmung. Oftmals stellt sich ein tiefes Gefühl innerer Ruhe dabei ein. Meditation kann sich auf ein Meditationsobjekt ausrichten mit der Intention, dieses zu erfassen oder sich von ihm ergreifen zu lassen. Oder sie kann sich wie z. B. im Zen-Buddhismus ganz darauf ausrichten, loszulassen, leer zu werden und sich zu versenken.

In der Regel geht es beim Meditieren auch um eine besondere Körperhaltung, eine tiefe Atmung und eine konzentrierte, aber zugleich ruhige Geisteshaltung.

> ***„Meditation***
> *1. Nachdenken; sinnende Betrachtung*
> *2. geistig-religiöse Übung, die zur Erfahrung des innersten Selbst führen soll“*
> *(Duden, 1982)*

„Meditation bedeutet, das Leben schöpferisch in die eigenen Hände zu nehmen, statt – wie im normalen Alltag – vom Leben in die Finger genommen zu werden. In der Meditation breitet die Seele ihre Flügel aus. Der Mensch versenkt sich in die eigene Tiefe, in seine eigenen Beweggründe und sucht nach dem unvergänglichen Kern, der in ihm verborgen liegt. Er nimmt sich Zeit und findet Ruhe. Er wendet sich sich selbst zu und findet Harmonie. In der Meditation richtet sich die volle Aufmerksamkeit mit aller Intensität auf das Jetzt des Augenblickes."

(Dettwiler Lauber, 1996, S. 12)

„In unserer hektischen Zeit dringen fast unaufhörlich knallige visuelle Informationen in unser Bewusstsein und schieben unsere eigenen inneren Bilder zur Seite. Unsere Fantasie dünnt aus (...). Kinder können sich fast noch schwerer als Erwachsene vor der Bilderflut der Medien schützen und geraten in innere Unruhe und Orientierungslosigkeit."

(Dusza, 1996, S. 9)

Aufgabe

Überlegen Sie aufgrund der beiden Zitate von Christa Dettwiler Lauber und Christiane Dusza, warum es (religions)pädagogisch sinnvoll sein kann, mit Kindern zu meditieren.

2.6 Religionspädagogische Ansätze

Aus pädagogischer Sicht kann der Glaube als die Lebenshaltung eines Menschen beschrieben werden, die aufgrund bestimmter religiöser Erfahrungen entsteht oder entstanden ist. Persönliche Beziehungen, lebensweltliche und biografische Einflüsse tragen zur Entwicklung dieser Grundhaltung bei. Im Glauben drückt sich menschliches Vertrauen gegenüber Gott und zugleich der Zuspruch seiner befreienden und aufrichtenden Liebe aus. Theologisch gesprochen ist solcher Glaube ein Geschenk des Heiligen Geistes, das nicht durch pädagogische Maßnahmen bewirkt werden kann. Nicht den Glauben kann man lernen, aber durchaus den Umgang mit den verschiedenen Formen religiösen Lebens: Menschen lernen Gebete und Lieder. Sie üben sich ein in der Auslegung biblischer Texte und begehen gemeinsam gottesdienstliche Rituale. Sie denken über Glaubenstraditionen nach und lernen, in religiösen Fragen eigene begründete Urteile zu fällen. Sie entdecken, wie Kunst, Musik und Architektur als religiöse Ausdrucksformen gedeutet werden können. Es gehört zu den kommunikativen Grundaufgaben der Religionspädagogik, diese Lernprozesse durch Unterricht und weitere Bildungsangebote zu fördern und wissenschaftlich zu reflektieren.

*Sie erwerben in diesem Kapitel die folgenden **Kompetenzen:***

- *Sie verfügen über umfassendes Wissen über religionspädagogische Ansätze.*
- *Sie verfügen über grundlegendes Wissen über religionspädagogische Handlungsfelder und Lernorte.*
- *Sie haben die Fertigkeit, religionspädagogische Ansätze zu reflektieren und auf deren Grundlage zu handeln.*

2.6.1 Religionspädagogische Handlungsfelder

Aufgabe

Kann man Glauben lernen? Was kann man hinsichtlich einer Religion lernen?

Suchen Sie nach einer eigenen Antwort und formulieren Sie dazu Ihre Meinung. Benennen Sie dabei die verschiedenen Bereiche, die Sie bei der Beschäftigung mit dieser Fragestellung bedenken müssen.

Oft wird Religionspädagogik in erster Linie mit dem Handlungsfeld der öffentlichen Schule verbunden, doch umfasst religionspädagogisches Handeln weitere kirchliche und gesellschaftliche Kontexte. Ein Kriterium zur Beschreibung religionspädagogischer Handlungsfelder bieten die **Lernorte**, an denen Menschen unterschiedlichen Alters mit Fragen des Glaubens und der Religion in Berührung kommen. (Vgl. Kap. 2.7)

Handlungsfelder und Lernorte

Religionsunterricht ist in Deutschland in allen Schularten ordentliches Lehrfach, das von staatlichen Behörden gemeinsam mit den Religionsgemeinschaften verantwortet und von Letzteren inhaltlich ausgestaltet wird (vgl. Art. 7 Abs. 3 GG). Heute ist die Trennung der Schüler/-innen nach Bekenntnissen im Fach Religion umstritten. Das Modell eines religionskundlichen Unterrichts in „Lebensgestaltung – Ethik – Religionskunde“ (LER) in Brandenburg oder eines konfessionsverbindenden, ökumenischen Religionsunterrichts (Modellversuch u. a. in Baden-Württemberg) wird diskutiert und erprobt. Erste Modellversuche für einen islamischen Religionsunterricht wurden in Bayern und NRW bereits erfolgreich abgeschlossen.

Die **Familie** ist im frühen Kindesalter der wesentliche Ort religiöser Bildung. Das gemeinsame Feiern der Feste im Kirchenjahr, Gebete und das Begehen von Ritualen gehören zu den elementaren Formen christlichen Glaubens im familiären Kontext.

Darüber hinaus nehmen Pädagoginnen und Pädagogen in **Kindergärten** und **Horten** wichtige religionspädagogische Aufgaben wahr, wenn sie Eltern bei der religiösen Erziehung unterstützen.

Die Vorbereitung auf die Konfirmation bzw. die Kommunion und Firmung finden in katholischen und evangelischen **Kirchengemeinden** statt. Seit einigen Jahrzehnten gibt es Reformbemühungen, die den religionspädagogischen Bildungsaspekt der Arbeit mit Jugendlichen betonen und die individuelle religiöse Entwicklung junger Christen fördern wollen. Die Begleitung von Kindern und Jugendlichen nimmt einen weiten Raum in der gemeindlichen Bildungsarbeit ein.

Christliche **Jugendarbeit** ist seit dem 19. Jahrhundert ein eigenständiger Bereich pädagogischen Handelns in christlichen Verbänden (u. a. CVJM – Christlicher Verein Junger Menschen) und Kirchengemeinden. Konzeptionell bewegen sich die verschiedenen Angebote zwischen einer erwecklich-biblischen Form der Jugendarbeit, die sich als missionarischer Dienst an jungen Menschen versteht, und einer subjektorientierten Form, die Jugendlichen Lebenshilfe und Begleitung anbietet. Diese Ansätze schließen sich nicht generell aus, sondern können sich gut ergänzen. In den Jugendkirchen, die seit einigen Jahren vermehrt entstehen, verbinden sich Jugendarbeit und jugendliche Spiritualität. Hier ergibt sich ein neuer Raum und es besteht die Chance, dass Kirche und Jugendliche einen gemeinsamen Weg finden.

Ein weites Feld ist die **Erwachsenenbildung**. Evangelische Erwachsenenbildung will vor allem einen Beitrag zur Menschenbildung leisten und unter sich ständig wandelnden Lebensbedingungen dazu beitragen, dass Menschen das Erwachsenenalter – orientiert an ihrer Lebenssituation – bewusst gestalten und dabei Impulse christlichen Glaubens und christlicher Weltverantwortung aufnehmen.

Weitere Lernorte religiöser Bildung sind **Akademien, Heim- und Landvolkshochschulen, Evangelische Bildungswerke und Stadtakademien.** Bildungsarbeit wird vonseiten der Kirchen auch Menschen in besonderen Lebenslagen angeboten, so bei der Begleitung Zivildienstleistender, Wehrpflichtiger und Soldaten.

Als Orte gesellschaftsbezogener Bildungsarbeit spielen ebenfalls die evangelischen und katholischen **Kirchentage** eine Rolle, die überregional wahrgenommen werden. Sie gehören vor allem in den letzten Jahren zur jugendlichen Eventkultur.

Im öffentlichen Bereich gewinnt die religiöse **Kulturpädagogik** an Bedeutung. Bildende Künstler/-innen, Filmschaffende, Buchautorinnen und -autoren sowie Komponistinnen und Komponisten sind wichtige Gesprächspartner, um die ästhetischen Aspekte religiöser Bildung zu erforschen. Die Musikarbeit in Gemeinden und kirchlichen Zentren ist ein gutes Beispiel für die praktische Umsetzung religiös motivierter Kulturpädagogik.

Aufgaben

1. *Beschreiben Sie kirchliche Handlungsfelder, die Sie selbst erlebt haben.*
2. *Benennen Sie auch die Personen und die Bedingungen, die für Ihre Entwicklung prägend waren.*

2.6.2 Was ist Religionsdidaktik?

Pädagogisches Handeln ist eine verantwortungsvolle Aufgabe. Eine Reflexion über das eigene Handeln und dessen Grundlagen ist unerlässlich; das Nachdenken darüber, wie ich Menschen in Bildungsprozessen anleite und begleite, ist eine wesentliche Voraussetzung und bleibt eine dauernde Aufgabe während des Berufslebens. Dabei hilft der wissenschaftliche Diskurs mit Fragen nach den Lehr-Lern-Prozessen. Die wissenschaftliche **Didaktik** geht den Fragen nach: Was und wie lernen Menschen? Welche Bedingungen müssen erfüllt sein, dass Menschen Bildungsziele erreichen?

Die Didaktik erarbeitet einen theoretischen Orientierungsrahmen zur Analyse von Bildungsprozessen. Zur **didaktischen Analyse** gehören viele Faktoren, die sich sehr gut mit dem Bild eines Mobiles darstellen lassen. Alle Faktoren sind aufeinander bezogen und im pädagogischen Geschehen miteinander verbunden:

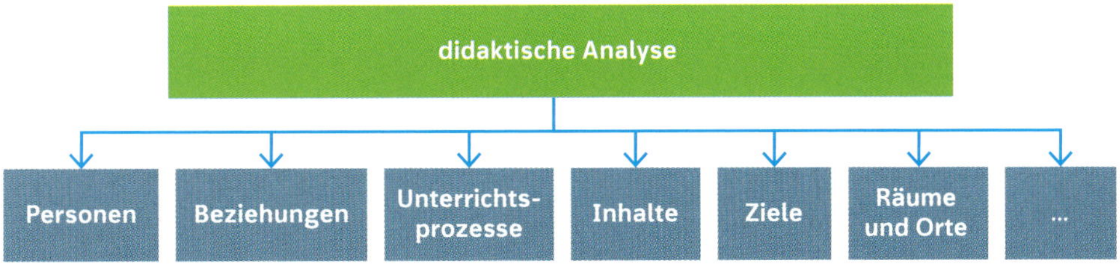

Aufgaben

1. *Zeichnen und erläutern Sie ein differenziertes didaktisches Mobile. Ergänzen Sie ggf. weitere Faktoren, die auf den Lern-Bildungsprozess im Bereich der Religionspädagogik Einfluss haben.*
2. *Überlegen Sie, welche Auswirkung das Fehlen bzw. das „Übergewicht" eines Faktors auf das didaktische Gleichgewicht haben kann.*
3. *Erinnern Sie sich an eigene Unterrichtserfahrungen oder entsprechende Situationen, in denen religiöse Bildungsprozesse gelungen sind. Benennen Sie die Faktoren, die zum Gelingen beigetragen haben.*

Eine grundlegende Frage der Religionsdidaktik betrifft das **Menschenbild**. Wie sehen wir den Menschen, seine Herkunft, seine Gegenwart und seine Zukunft? Am Anfang religionspädagogischer bzw. didaktischer Überlegungen muss deshalb die Frage nach dem Menschen beantwortet werden. Welche Stellung hat der Mensch zwischen Gott und Welt? Aus christlicher Sicht ist das biblische Menschenbild grundlegend: Der Mensch ist ein Geschöpf Gottes, das auf seinem Lebensweg aber immer wieder seine Bestimmung als Ebenbild Gottes verfehlt. Die Liebe Gottes befreit den Menschen aus zerstörerischen Bindungen, die ihn unfrei machen. Dadurch wird seine Beziehung zu Gott und seinen Mitmenschen wiederhergestellt. Aufgabe des Menschen ist es, ein Leben zu führen, das dem Willen Gottes entspricht (Doppelgebot der Liebe; Mt 22,37–40: Du sollst Gott von ganzem Herzen lieben und deinen Nächsten wie dich selbst.). Neben der biblischen Orientierung ist für die Religionspädagogik die Aufnahme humanwissenschaftlicher Kenntnisse unabdingbar: Entwicklungspsychologie, Soziologie und Pädagogik gehören im Bereich des Menschenbildes zum religionspädagogischen Fachwissen.

Im Hinblick auf die Inhalte religiöser Bildungsprozesse kann man in geschichtlicher Perspektive zwei Grundrichtungen unterscheiden, die durch ihren Umgang mit der Glaubenstradition und der Einstellung zu den Lernenden geprägt sind: die Katechetik und die liberale Religionspädagogik.

Im Mittelpunkt des pädagogischen Handelns der **frühen Kirche** stand der Katechumenat (vom griechischen „katechein" = „unterweisen, unterrichten"). Zur Vorbereitung auf die Taufe wurden die in der Regel erwachsenen Taufbewerber im Glaubensleben der Christen unterrichtet. Dieser Taufunterricht ist die Wurzel des späteren kirchlichen Unterrichts zur religiösen Erziehung von Kindern, Jugendlichen und Erwachsenen.

Mit der **Reformation** entwickelte sich in den christlichen Konfessionen eine Unterrichtstradition, in der das Glaubenswissen in elementarisierter Form weitergegeben wurde. In seinem Großen und Kleinen **Katechismus** fasste Martin Luther 1529 die wesentlichen Inhalte des christlichen Glaubens zusammen. Im reformierten Bereich wurde der Heidelberger Katechismus (1563) zur verbindlichen Grundlage des kirchlichen Unterrichts. Der Unterricht sah einen Wechsel von Frage und Antwort vor, wobei die Schüler den tradierten Text zu wiederholen hatten. Eigenständiges Fragen, persönliche Meinungen und die Lebenswirklichkeit der Schüler waren dabei von geringem Interesse.

Seit der Zeit der **Aufklärung** (ab ca. 1750) wurde diese Tradition des Katechismusunterrichts kritisch hinterfragt. Der wachsende Bedarf an und das Verständnis von Bildung führte im kirchlichen Bereich zur Entwicklung neuer Unterrichtsverfahren, die sich stärker am Kind orientierten. So lassen sich damals erste Ansätze einer Religionsdidaktik erkennen, die den Prozess individueller religiöser Bildung betonten. Im Zentrum des pädagogischen Interesses stand dabei die **Entfaltung der religiösen Anlagen** des Individuums und weniger die Vermittlung von objektivem Glaubenswissen. Die Vertreter einer stärker theologisch und kirchlich ausgerichteten Unterrichtstheorie verstanden religiöse Erziehung hingegen vornehmlich als Unterweisung der getauften Christen in der Gemeinde, als Vorbereitung auf die Konfirmation und als Unterricht an Volksschulen.

Im 20. Jahrhundert kam es zu einer konzeptionellen Ausdifferenzierung der Religionspädagogik, die prinzipiell zwei Richtungen unterscheidet:

Die **Katechetik** kann als Theorie des kirchlichen Unterrichts bezeichnet werden. Sie wurde vor allem im Bereich des gemeindlichen Unterrichts weitergeführt. In Ländern, die keinen Religionsunterricht an öffentlichen Schulen zuließen, war der kirchliche Unterricht die einzige Möglichkeit, Glaubenswissen weiterzugeben. Dies war z. B. in Gestalt der Christenlehre auch in der ehemaligen DDR der Fall.

Um 1900 tauchte erstmals der damals neu geprägte Begriff **Religionspädagogik** auf, der sich zunächst auf die theoretische Reflexion des Religionsunterrichtes an öffentlichen Schulen bezog. Im Westen Deutschlands entwickelte sich die Religionspädagogik basierend auf den historischen Wurzeln seit der Aufklärung und mit deutlicher Abgrenzung gegenüber der Katechetik als eigenständige Fachwissenschaft. Die Aufnahme erziehungs-, human- und sozialwissenschaftlicher Erkenntnisse führte zu einer Annäherung der Religionspädagogik an die allgemeine Pädagogik. Religiöse Erziehung und Bildung wurden nun verstärkt in empirischer Perspektive reflektiert.

Zusammenfassung

Ortsbestimmungen und Akzentsetzungen in der einen oder anderen Richtung führen in der Religionspädagogik zur Entwicklung von Konzeptionen, die sich durch Schwerpunktsetzungen in den oben genannten Aspekten voneinander unterscheiden. Alle Konzeptionen verbindet das Anliegen, religiöse Bildung als lebenslange Aufgabe in den verschiedenen Lernorten zu beschreiben. Unterschiedlich sind die religionspädagogischen Zugänge zu dieser Aufgabe und die Schwerpunkte, die von den Vertreterinnen und Vertretern der einzelnen Richtungen gesetzt werden. Diese unterschiedlichen Zugänge haben auch Auswirkungen auf das Verständnis der Rolle der Pädagogin bzw. des Pädagogen.

Aufgabe

Erörtern Sie folgende Auffassungen über mögliche Aufgaben und Rollen der Religionspädagoginnen und Religionspädagogen oder Erzieher/-innen in der heutigen Zeit.

- *Religionspädagoginnen und Religionspädagogen sowie Erzieher/-innen sollen der nachfolgenden Generation traditionelles Glaubenswissen vermitteln.*
- *Erzieherinnen und Erzieher selbst sind Vorbilder des Glaubens.*
- *Religiöse Bildung soll dazu dienen, Menschen in die religiöse Praxis ihrer Konfession einzuführen.*
- *Religiöse Bildung soll vor allem über andere Konfessionen und Religionen informieren.*
- *Religiöses Lernen zielt letztlich auf ethische Haltungen.*
- *Religiöse Bildung soll die Wahrnehmung des Menschen für wichtige Lebensfragen wecken.*

2.6.3 Didaktische Konzeptionen und aktuelle Tendenzen

Seit den 1970er-Jahren entwickelte der Tübinger Religionspädagoge **Karl Ernst Nipkow** (1928–2014) ein integratives Modell, das beide Traditionslinien verbindet – Religionspädagogik als Verbundwissenschaft zwischen Pädagogik und Theologie. Religionspädagogische Fragestellungen müssen gleichermaßen in pädagogischer und theologischer Hinsicht bearbeitet werden. Nipkow interpretiert religionspädagogisches Handeln als Ausdruck einer Bildungsverantwortung für den kirchlichen Bereich und als pädagogische Mitverantwortung der Kirche für den gesellschaftlichen Bereich.

Als eigenständiger Bereich religionspädagogischen Forschens etablierte sich seit den 1970er-Jahren die **Gemeindepädagogik**. Sie steht seit ihrer Entstehung in enger Verbindung mit kirchenreformerischen Projekten und Ansätzen. Gemeinde wird u. a. als Lerngemeinschaft verstanden, in der subjektive Bildungsprozesse angeregt und ermöglicht werden.

Neuere Konzeptionen im Bereich der evangelischen Religionspädagogik haben unterschiedliche Aspekte pädagogischen Handelns und religiöser Bildung hervorgehoben:

- Der **biblisch-hermeneutische Ansatz** betont die Bedeutung der Bibel und der christlichen Tradition für religiöse Lernprozesse. Im Umgang mit der biblischen Überlieferung und mit katechetischen Traditionsstücken liegt ein wichtiger Schlüssel zum Verständnis menschlicher Existenz (vgl. Ingo Baldermann und Ingrid Schoberth).
- Die **Symboldidaktik** geht demgegenüber von einem weiten Religionsbegriff aus und sieht die Aufgabe der Religionspädagogik darin, Symbole für die Erschließung menschlicher Lebensthemen fruchtbar zu machen (vgl. dazu Peter Biehl und Hubertus Halbfas).
- Mit dem Stichwort der **Sozialisationsbegleitung** verbindet sich die Hoffnung, dass religionspädagogisches Handeln den Lernenden hilft, ihr Leben im Sinnhorizont des christlichen Glaubens zu deuten und verantwortlich zu gestalten (vgl. Ulrich Schwab).
- **Die performative Religionsdidaktik** sucht einen stärker ästhetisch orientierten Zugang zur Religion. Die Wahrnehmung von Ritualen, Lebensformen, Räumen und religiöser Kunst steht im Mittelpunkt religiöser Bildungsprozesse. Ihre Vertreterinnen und Vertreter plädieren dafür, religiöse Vollzüge wie Gebete und Segenshandlungen unmittelbar in Lernprozesse zu integrieren. (vgl. Bernhard Dressler, Thomas Klie, Silke Leonhard)
- Das **interreligiöse Lernen** reagiert auf die multireligiöse Gesellschaft in Deutschland und infolgedessen auf die vielen religionsheterogenen Gruppen in Kitas und Tageseinrichtungen sowie die Lerngruppen in Schulen. Interreligiöse Lernprozesse suchen einen authentischen Austausch der in der Gruppe vertretenen Repräsentanten der Religionen, Konfessionen und Weltanschauungen. Dabei geht es neben der Darstellung und Bewusstmachung der Differenzen zwischen Religionen und Konfessionen vor allem aber darum, gemeinsame anthropologische Grundfragen (Wo komme ich her? Was passiert nach dem Tod?) und theologische Gemeinsamkeiten (Gott als Schöpfer; die Barmherzigkeit Gottes) herauszuarbeiten und festzuhalten. Interreligiöse Lernprozesse wollen einen Beitrag zum wechselseitigen Verstehen, zu gegenseitiger Achtung und so zur gesellschaftlichen Integration leisten.

Zusammenfassung
Religionspädagogische Konzeptionen dienen der theoretischen Wahrnehmung und Reflexion der pädagogischen Praxis. In der Regel durchdringen sich im religionspädagogischen Handeln mehrere dieser Perspektiven. Um die Balance zwischen einem angemessenen Umgang mit der Glaubenstradition und der individuellen religiösen Entwicklung zu erreichen, ist es wünschenswert, je nach Situation und Thema Elemente der unterschiedlichen Konzeptionen in der Praxis einzubringen.

Aufgaben

1. *Beschreiben Sie die Chancen und Grenzen der jeweiligen Konzeptionen.*
2. *Ordnen Sie den Religionsunterricht, den Sie erlebt haben, den jeweiligen Konzeptionen zu.*
3. *Gestalten Sie Karikaturen oder Rollenspiele zu jeder neueren Konzeption.*

2.6.4 Die religionspädagogische Praxis (RPP)

Ganzheitlich-sinnorientiert erziehen und bilden

Die religionspädagogische Praxis (RPP) wurde von **Franz Kett** mit **Sr. Esther Kaufmann** in den 1970er-Jahren entwickelt. Biblische Geschichten oder Themen werden mithilfe von Legematerialien und Tüchern gestaltet und veranschaulicht. In der Praxis wird die RPP häufig verkürzt als „Kett-Methode" bezeichnet. Doch die RPP versteht sich als eine ganzheitliche Pädagogik, die wesentlich mehr als eine Methode zur Veranschaulichung eines Inhaltes ist.

Die RPP entwickelte sich aus den täglichen Herausforderungen im Kindergarten. Die Erzieher/-innen, die Kinder, die Eltern sowie die gesellschaftliche Situation waren dabei im Blick. Die Kinder sollen ganzheitlich-sinnorientiert die biblischen Geschichten erleben und somit Antworten auf die Sinnfrage bekommen. Im Laufe der Zeit fand die RPP über den Elementarbereich hinaus Beachtung, denn sie gibt Anregungen für die allgemeine Pädagogik, z. B. hinsichtlich der Konzentration, Beziehungsfähigkeit und Achtsamkeit der Kinder. Die Darstellung der RPP erfolgt in den folgenden Abschnitten in enger Anlehnung an Martin Schneider und Franz Kett.

Charakteristische Aspekte der religionspädagogischen Praxis (RPP)

Die RPP versteht sich als ein Weg ganzheitlichen Erziehens und der Menschenbildung.

„Der Mensch ist ein Individuum und auf Selbstwerdung angelegt. Er ist dabei verwiesen auf andere Menschen und eingebunden in die Umwelt. Der Mensch ist eine leib-seelisch-geistige Einheit und Ganzheit. Sein Leben zentriert sich um eine personale Mitte. Ursprung und Ziel des Menschen liegen in einem absoluten schöpferischen Sinn- und Seinsgrund."
(Schneider, 1996, S. 20)

Der Mensch ist ein einzigartiges, individuelles Geschöpf. Seine Individualität entwickelt bzw. entfaltet sich auf dem Lebensweg; dieser Prozess wird von der Erziehung angeregt. Der Mensch wird damit der, der er eigentlich ist. Wenn der Mensch sich auf dieses Selbst hin entwickelt, ist er im Einklang mit sich selbst. Die Energie für diesen Prozess erhält er von Gott, in dem Ursprung und Ziel des Menschen liegen.

Die RPP formuliert den Anspruch, dass religiöse Bildung und Erziehung sich im alltäglichen Leben von Kindern und im Kontext des gesamten Bildungsgeschehens vollziehen. In ihren Lebensvollzügen sollen sich die Kinder handelnd und denkend als Menschen in ihrer Beziehung zu Gott und zur Umwelt erfahren. Dieses Menschenbild stellt die Basis der RPP dar und begründet ihre **pädagogischen Leitlinien**. Sie sind in der Zusammenschau von Theorie und Praxis entstanden und werden **Prinzipien** genannt. Diese pädagogischen Leitlinien wirken sich als flexible Größe bespielsweise auf die Auswahl des Materials, die Raumgestaltung oder auch die Elternarbeit aus.

Die pädagogische Praxis der RPP lässt sich in zwölf Prinzipien zusammenfassen:

- **Ganzheitlichkeit**: Der Mensch wird als Einheit von Leib, Seele und Geist gesehen. Er ist eingebunden in die Mit- und Umwelt sowie „in einen schöpferischen Sinn- und Seinsgrund" *(Schneider, 1996, S. 33)*.
- **Sammlung**: Sowohl die Sammlung im Gruppenprozess als auch die des Einzelnen selbst kann sich meditativ so auswirken, dass die personale Mitte dem Menschen zugänglich bzw. dass die eigene Innerlichkeit spürbar wird.
- **Zentrieren**: Der Mensch richtet sich auf eine Mitte hin aus; es gilt diese zu finden, sich auf sie hin zu bewegen, um schließlich ganz in der Mitte zu sein. Dort begegnet der Mensch sich selbst und Gott. Dies kann Veränderung bewirken. Aus der Mitte bricht der Mensch wieder in den Alltag auf.
- **Dynamische Balance**: Der Mensch lebt im Spannungsfeld von Polaritäten wie fortgehen und heimkommen, in Bewegung und in Ruhe sein usw. Zwischen diesen Polen immer wieder eine dynamische Balance zu finden, heißt ausgeglichen zu leben.
- **Verinnerung und Veräußerung**: Erlebnisse hinterlassen beim Kind Eindrücke, die es wiederum durch verschiedene kreative Angebote ausdrücken kann. Entwicklung und Lebendigkeit brauchen diesen Wechsel von Eindruck und Ausdruck. Im Rahmen der religionspädagogischen Angebote werden erlebnisintensive Situationen geschaffen.
- **Wiederholung**: Da sich aus wiederholten Handlungen Haltungen entwickeln, werden viele Vollzüge in der RPP ständig wiederholt.

- **Begegnung**: Die bisher genannten Prinzipien führen zu Begegnungen, die durch die folgenden Aktionen entfaltet werden. Indem der Mensch auf das Gegenüber, die Welt zugeht, begegnet er dem Anderen, sich selbst und Gott als dem Grund des Seins. In dieser Auseinandersetzung ereignet sich Selbstwerdung.
- **Erfahren**: Hierin wird das Prinzip der Begegnung charakterisiert. Indem der Mensch der Welt begegnet, macht er Lebenserfahrungen.
- **Beteiligung**: In der Begegnung ereignet sich ein wechselseitiger Prozess zwischen der Welt und dem Menschen. Der Einzelne reagiert auf die Welt, ebenso beeinflusst die Welt den Einzelnen. Somit ist der Mensch nicht mehr unbeteiligt. Er nimmt Anteil, identifiziert sich usw. In der pädagogischen Arbeit wird dies in der existenziellen Umsetzung vorbereitet.
- **Anschauung**: Es wird ermöglicht, die Welt mit allen Sinnen zu erfahren. Durch diese Begegnung wird ein staunender, ehrfürchtiger, behutsamer Umgang mit der Welt eingeleitet. Der Vorgang der Anschauung kann auf unterschiedlichste Objekte gerichtet sein. Er beschreibt eine besonders kindgemäße Weise der Begegnung.
- **Stellvertretung**: In Zeichen, Symbolen, Gesten, Bildern, Assoziationen usw. ist die Wirklichkeit stellvertretend anwesend. Dadurch wird Kindern eine Möglichkeit gegeben, der vergegenwärtigten Wirklichkeit zu begegnen.
- **Deuten**: Die Erfahrungen mit der Welt werden auf das Leben und Gott hin gedeutet. Die Kinder werden zur Lebensdeutung und Sinnsuche angeregt. Deuten ereignet sich im Gespräch über Gott und die Welt.

Charakteristisches Legematerial der RPP für Bodenbilder

Die **Inhalte der RPP** sind den beiden großen Lebenskreisläufen entnommen: dem Natur-Schöpfungs-Kreislauf und dem religiösen Kreislauf des Kirchenjahres. Die konkreten Inhalte werden so gestaltet, dass sie ein Lebensfundament bilden, auf dem Kinder Vertrauen, Beziehung und Liebe entwickeln können.

Die **charakteristischen Methoden** wurden in der konkreten Arbeit der RPP entwickelt. Andere wurden übernommen oder integriert (z. B. Fantasiereisen).

* Musikalischer Ausdruck heißt in der RPP wörtlich „Klänge, Lieder, Musik, Tanz".

Die Methoden in der RPP (Schneider, 1996, S. 58)

Die vielfältigen Methoden zielen darauf, die Kinder für die religiösen Inhalte zu sensibilisieren, bei ihnen Assoziationen hervorzurufen und sie zur Identifikation, zum Ausdruck ihrer Gefühle, Ansichten u. Ä. mit dem eigenen Körper sowie zur Deutung der Inhalte anzuregen. Die Methoden sollen die Inhalte ganzheitlich veranschaulichen, sie durch Musik, Klänge und Tanz in Schwingungen ausdrücken bzw. lebendig werden lassen. Besonders anschaulich ist hierbei das für die RPP charakteristische Legematerial, das für Bodenbilder zur Verfügung steht. Es umfasst Naturmaterialien (Steine, Tannenzapfen, Blumen), Tücher, Wollfäden, Perlen, Glocken, Kerzen, Figuren u. v. m. Die Kinder erleben einen sorgfältigen und behutsamen Umgang mit den Materialien, sodass eine entsprechende Haltung bei ihnen gefördert wird. Aufbewahrt und geordnet werden diese Materialien in ansprechenden Körben, Holzschalen, Glas- oder Keramikgefäßen.

Das Phasen-Modell der RPP

Die Pädagogik der RPP wird in einem Phasen-Modell konkret in der Gruppe umgesetzt. Die Phasen, ihre charakteristischen Ziele und die pädagogisch-didaktischen Entscheidungen lassen sich wie folgt darstellen:

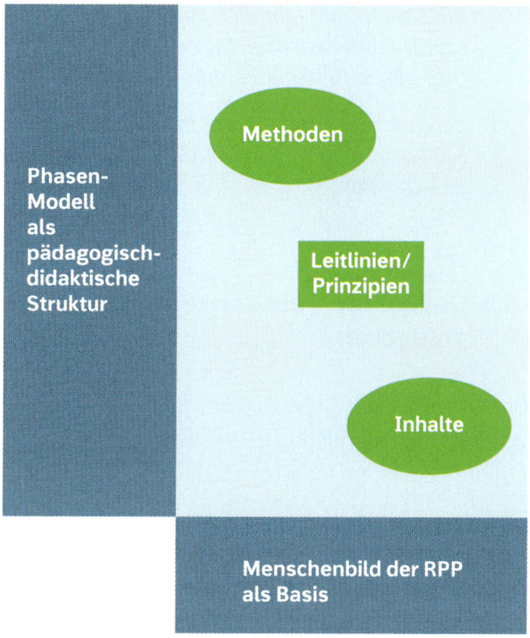

Schema des RPP-Modells für die Umsetzung in der Praxis

1. **Hinführungsphase**
   (auch Eröffnungs- oder Erschließungsphase genannt)

- Die Gruppe soll eine geeignete Form des Versammelns finden.
- Die Gruppe soll zur Ruhe, Stille und zu einer inneren Sammlung finden.
- Die Gruppe soll auf die Begegnung mit dem Thema vorbereitet werden.

2. **Begegnungsphase**
   (anfangs auch als Anschauungsphase bezeichnet)

- Die Kinder sollen dem Inhalt begegnen.
- Der Inhalt soll den Kindern begegnen (im Sinne der Wechselseitigkeit).
- Die Kinder sollen sich untereinander begegnen.

3. **Gestaltungsphase**

- Die Kinder sollen in Ausdrucks- bzw. Gestaltungs- oder Veranschaulichungsformen ihre Eindrücke gestalten und nachklingen lassen.
- Die Kinder sollen ihre Eindrücke verarbeiten und integrieren.
- Die Kinder sollen aneinander Anteil nehmen.

4. **Deutungsphase**

- Die gemachten Erfahrungen sollen für die Kinder zusammengefasst und verdichtet werden.
- Die gemachten Erfahrungen sollen individuell von den Kindern mit ihrem Leben verknüpft werden.
- Die gemachten Erfahrungen sollen auf die religiöse Dimension hin geöffnet werden.

> ***„In einem erzieherischen Milieu soll die Interaktion zwischen Erziehenden und Kindern und zwischen den Kindern untereinander so gestaltet sein, dass Kinder ihre Individualität und ihr Selbst entdecken, erleben, erkennen, bejahen und leben können.“***
> ***(Schneider, 1996, S. 108)***

Aufgaben

1. *Erörtern Sie in Ihrer Lerngruppe die Chancen und Grenzen der fünf charakteristischen Aspekte der RPP.*
2. *Vergleichen Sie das Menschenbild der RPP mit anderen biblisch-theologischen Aussagen über den Menschen. Entwerfen Sie eine religionspädagogische Aktivität für Kinder von drei bis zu sechs Jahren nach dem Ansatz der RPP zum Thema „Wir alle sind Gottes Kinder".*
3. *Vergleichen Sie die Ziele der jeweiligen Phasen der RPP mit dem Anliegen der Kindertheologie (vgl. Kapitel 2.4.2). Bedenken Sie dabei Theorie und Praxis für sich getrennt.*

2.6.5 Godly Play – ein Konzept, um spielerisch Bibel und Glauben zu entdecken

„Godly Play ist das Spielen eines Spiels, das uns neue Wege bewusst werden lassen kann, uns selbst als menschliche Wesen zu sehen. Es ist der Weg, unsere tiefe Identität als Geschöpfe Gottes, geschaffen nach dem Bilde Gottes, zu entdecken." *(Berryman, 1995, S. 7)* Der Titel lässt sich nicht ohne Verfälschung übersetzen – man könnte das Konzept sinngemäß „spirituelles Spiel" nennen.

Das Konzept Godly Play verbreitet sich vermehrt in deutschen Gemeinden und Schulen. Es wurde von Jerome W. Berryman, Theologe und Priester der Episcopal Church in den USA, entwickelt. Sein Entstehungsort ist die amerikanische Sonntagsschule. Godly Play verbindet Erfahrungen aus der Montessori-Pädagogik mit der liturgischen Dramaturgie des Gottesdienstes zu einem ganzheitlichen Lernerlebnis.

Godly Play ist ein religionspädagogischer Ansatz, der sich als eine Hilfestellung zum Erwerb religiöser Kompetenzen versteht. Im Mittelpunkt steht das Kind mit seiner natürlichen Neugier. Es soll unterstützt werden, religiös sprachfähig für die Kommunikation zu werden und existenzielle Herausforderungen wie Tod, Alleinsein, Freiheit und Sinn subjektiv zu bewältigen. Dabei stehen die nonverbale Gestaltung und der verbale Ausdruck gleichwertig nebeneinander. Es wird davon ausgegangen, dass für diesen Lernprozess biblische Geschichten und kirchliche Traditionen hilfreich sind. Deshalb hat sich Godly Play zur Aufgabe gemacht, auf eine eigene Weise biblische und andere Geschichten zu ergründen.

Charakteristische Aspekte

Menschenbild

Das Kind wird als Subjekt seines eigenen Glaubens gesehen, der durchaus den Erwachsenen ein Vorbild sein kann. Biblisch orientiert sich Berryman dabei an Jesus. Jesus hat die Kinder aufgrund ihres Glaubens und ihrer Beziehung zu Gott gewürdigt und hervorgehoben. Die Kinder werden bei Godly Play als Theologie treibende Subjekte gesehen. Dabei sind ihr Verständnis, ihre Gefühle und ihre Anschauungen entscheidend. Hinsichtlich der Erfahrbarkeit Gottes gibt es keinen Rangunterschied zwischen Menschen verschiedenen Alters.

Spiel

Spielend und hörend, feiernd und gestaltend, staunend und redend sollen die Kinder Gott begegnen. Dabei steht das Spiel bei Godly Play als wichtigste Methode der kindlichen Welterschließung im Mittelpunkt. Drei Kategorien sind entscheidend: Raum, Zeit und Beziehung. Erwachsene und Kinder begegnen sich auf Augenhöhe – dies gilt sowohl für die inhaltliche Begegnung als auch für die Sitzordnung. Die Erzählerin bzw. der Erzähler sitzt wie die Kinder auf dem Boden. Die Materialien für Geschichten und kreative Betätigung sind an festen Plätzen in offenen Regalen untergebracht, damit die Kinder in der Spiel- bzw. Kreativphase einen direkten Zugriff darauf haben. Die Kinder können sich somit jederzeit im Raum orientieren und in der Freispielphase das auswählen, was sie individuell vertiefen bzw. ausdrücken möchten. Dazu steht charakteristisches Material zur Verfügung, das liebevoll in Schachteln geordnet und ästhetisch ansprechend ist.

Godly Play praktiziert **religiöse Bildung als Prozess**. Den Kindern werden dabei unterschiedliche Zugangs- und Beteiligungsmöglichkeiten angeboten. Eine Einheit besteht idealtypisch aus **vier Phasen**. Diese Struktur leitet sich vom gottesdienstlichen Aufbau ab. Hier zeigt sich der spezifisch kirchliche Hintergrund von Godly Play.

- **Ankommen:** Die Kinder werden an der Schwelle von einer Person mit einer Standardfrage begrüßt: „Bist du bereit?“ Diese Frage ermöglicht ein kurzes Innehalten, bevor das Kind in diese Gemeinschaft tritt. Der Kreis bildet sich, indem u. a. auch über den Alltag gesprochen wird.
- **Hören:** Die biblische Geschichte oder Begebenheit wird nun langsam und konzentriert erzählt und veranschaulicht. Die Erzählerin bzw. der Erzähler sucht nicht den Augenkontakt mit den Hörern, sondern ist völlig in die Darbietung der biblischen Erzählung versunken. Dabei bedient er sich des Materials, das aus Figuren, Filzen usw. besteht. Die Art des Erzählens ermöglicht den Kindern, sich mit den Inhalten zu identifizieren und ganz in die Situation einzutauchen. Das sich anschließende Ergründungsgespräch eröffnet einen Raum für die theologische und persönliche Aneignung. Es wird durch ritualisierte Fragen strukturiert, wie z. B.:
  - „Nun frage ich mich, welchen Teil der Geschichte ihr am liebsten mögt.“
  - „Was meint ihr, welcher Teil der Geschichte ist wohl am wichtigsten?“
  - „Welcher Teil der Geschichte erzählt etwas von euch?“
  - „Ob wir einen Teil dieser Geschichte weglassen könnten?“

  Wichtig: Es gibt weder richtige noch falsche Antworten. Niemand wird gezwungen, sich zu äußern.
- **Antworten:** In ruhiger, konzentrierter Atmosphäre (nach Montessori „Polarisation der Aufmerksamkeit“ = selbstvergessene, spielerisch erforschende Tätigkeit) verarbeiten die Kinder nun die Eindrücke der Erzählung, indem sie sich mithilfe des offen zur Verfügung stehenden Materials ausdrücken. Diese Spiel- und Kreativphase eröffnet einen Raum für das nonverbale Lernen.

- **Ein Fest feiern und gesegnet gehen:** Die Spielphase wird beendet, die Materialien werden aufgeräumt und die Kinder kehren zurück in den Kreis. Es schließt sich ein kleines Mahl an, bei dem Wasser, Saft, Kekse oder Obst verzehrt werden. Eine kurze Gebetsrunde kann sich anschließen.

Zusammenfassung
Godly Play ist von einer doppelten Wertschätzung geprägt, hinsichtlich der Bibel und des Kindes. Es wird ein Raum eröffnet, der dem Kind ermöglichen soll, mithilfe biblischer Geschichten an persönlichen Lebensthemen zu arbeiten. Dies geschieht in einer festen Struktur und zugleich in großer Freiheit. Das Kind soll so wenig wie möglich beeinflusst werden, damit es sich eigenständig einen Inhalt konstruieren kann.

Aufgaben

1. *Erörtern Sie die Chancen und Grenzen von Godly Play. Wie beurteilen Sie den dortigen Umgang mit der Bibel bzw. den Bibeltexten? Analysieren Sie diesen Umgang.*
2. *Vergleichen Sie die RPP mit dem Ansatz von Godly Play.*
3. *Stellen Sie die Geschichte vom blinden Bartimäus (Mk 10,46–52) nach dem Ansatz von Godly Play dar. Diskutieren Sie im Anschluss die Stärken und Schwächen des Ansatzes.*

2.6.6 Der dimensionale Ansatz

Der dimensionale Ansatz in der Religionspädagogik entstand Ende der 1990er-Jahre als Ergebnis eines intensiven Austausches zwischen Theorie und Praxis. Er wurde von einer bundesweiten Arbeitsgruppe entwickelt und in einer eigenen Reihe des Comenius-Instituts in Münster publiziert. (vgl. vierbändige Buchreihe „Kinder brauchen Hoffnung“, 2006)

Die religiöse Bildung wird im dimensionalen Ansatz nicht als additives Sonderthema dem hinzugefügt, was der Kindergarten an pädagogischer Arbeit leistet. „Sie nimmt die Herausforderungen unserer Zeit auf, indem sie danach fragt, was Kindern hilft, Identität und Beziehungsfähigkeit zu entwickeln, Orientierung zu finden, mit Diskontinuitäten und Brüchen in ihrer Biografie umzugehen – indem sie mit Mädchen und Jungen teilt, was zum Leben hilft“ *(Siebel, 2003, S. 25).*

„Religion und religiöse Erziehung, so müssen wir uns klar machen, beginnen nicht erst dann, wenn im Kindergarten religiöse Fragen ausdrücklich aufgenommen oder wenn bestimmte Geschichten erzählt, Lieder gesungen und Gebete gesprochen werden. Religiöse Erziehung, wie wir sie verstehen, beginnt bereits etwa beim Umgang mit der Zeit und mit den Zeiten des Lebens, bei der Gestaltung der Räume und des Lebensraums Kindertagesstätte. [...] Das ist gemeint, wenn wir abgekürzt von *Dimensionen der religiösen Erziehung* im Kindergarten sprechen. Dimensionen

wie Raum und Zeit sind im Kindergarten immer schon vorhanden. Immer spielen sie eine pädagogisch und religionspädagogisch bedeutsame Rolle. Deshalb kommt es darauf an, diese Dimensionen bewusst zu gestalten. Unser Ziel ist ein dimensionaler Ansatz der religiösen Erziehung!"
(Scheilke/Schweitzer, 2006, Bd. 1, S. 9 f.)

Der dimensionale Ansatz stellt keine abgeschlossene, wohl aber eine exemplarische Liste von Dimensionen vor, die im Kindergarten ganz unvermeidlich vorkommen. Weitere Dimensionen sind selbst zu entdecken und zu gestalten.

Dimensionen der religiösen Erziehung im Kindergarten können sein (vgl. Scheilke/Schweitzer, 2006, Bd. 1):

- **Raum**: Orientierung, Vertrauen, Begrenzung, Bewegung, Geheimnis, Treffpunkt, Andacht, Gemeinschaft [...]
- **Zeit**: Langeweile, Warten, Rhythmen, Tempo, Sonntag/Sabbat, Kirchenjahr, Anfang und Ende, Arbeitszeit, Jahreszeiten [...]
- **Beziehungen**: Bezugspersonen, Distanz und Ablehnung, Freunde und Freundinnen, Beziehung zu Gott, Kontaktaufnahmen, Geben und Nehmen, Sprache [...]
- **Körper und Sinne**: die „5 Sinne", der eigene Körper, Essen und Trinken, Gleichgewicht, Beweglichkeit, Behinderungen, Sexualität, Gestik und Mimik [...]
- **Spiel**: Regeln und Normen und deren Überschreitung, Zweckfreiheit, Ausdauer und Konzentration, Sieger und Verlierer, „Als-ob-Spiele" [...]
- **Feste und Rituale**: Alltags-, Jahres- und Lebenszyklen, Traditionen, Gemeinschaft, Anfänge, Übergänge, Gäste [...]
- **Erzählen**: Fantasie, Märchen, Abenteuer, biblische Geschichten mit zentralen Lebensthemen, eigene Lebensgeschichten, Vorbilder [...]
- **Stille, Meditation, Gebet**: Entspannung, Übungen, Dankbarkeit, Verzweiflung, Klang, Konzentration [...]
- **Kunst und Kinderkultur**: Kritzeln, Malen, Zeichnen, Umgang mit Dingen und Materialien, Realität und Fantasie, Kreativität, Ordnung und Chaos [...]
- **Gemeinwesen und Gemeinde**: Lebenswelten, Kirchengemeinde und Kommune, Generationen, Nachbarschaft, die Anderen [...]
- **Musik**: [...]
- **Werte und Menschenbilder**: [...]
- [...]

„Als Dimensionen bezeichnen wir die in jedem Kindergarten vorhandenen Gestaltungsmöglichkeiten, etwa im Umgang mit Raum und Zeit, bei menschlichen Beziehungen oder beim Erzählen. Die Gestaltung dieser Dimensionen des Kindergartens hat Folgen für die religiöse Erziehung und aus der religiösen Erziehung ergeben sich Anstöße für die Gestaltung der Einrichtung."
(Scheilke/Schweitzer, 2006, Bd. 1, S. 15)

Aufgabe

Vergleichen Sie die vorgestellten Ansätze und bewerten Sie deren Beitrag für religiöse Bildungsprozesse bei Kindern und Jugendlichen.

2.6.7 Religionssensible Erziehung, Bildung und Begleitung

„Religionssensible Erziehung" stammt als Programm ursprünglich aus der Jugendhilfe. Der Blick richtet sich dabei sowohl auf die Erziehenden als auch auf die Adressaten von Erziehung. Aus der Perspektive der Erziehenden stellt das Programm eine Grundhaltung und eine Kompetenz in den Mittelpunkt.

Erzieherinnen und Erzieher entwickeln eine Haltung der Offenheit und des Respekts gegenüber der Religion von Kindern und Jugendlichen und fühlen sich in deren Erleben von Religion ein. Sie sind bereit, religiöse Spuren in ihrem eigenen Leben und im Leben der Jugendlichen zu entdecken. Dabei entwickeln sie die Kompetenz, verschiedene religiöse Orientierungen wahrzunehmen und zu verstehen. Dies befähigt sie dazu, sich in der multireligiösen Kultur erzieherisch sinnvoll zu verhalten und friedliches Zusammenleben zu fördern.

Religionssensible Erziehung als Praxis ist Teil der allgemeinen Erziehung, die von allen Pädagoginnen und Pädagogen wahrgenommen werden soll. Sie unterstützt Heranwachsende bei ihrer Persönlichkeitsentwicklung auf der Grundlage einer vertrauensvollen Beziehung. Sie hat nicht das Ziel, Menschen zu einem bestimmten Glauben oder religiösen Verhalten zu führen. Sie setzt demgegenüber bei dem subjektiven Glauben der Kinder und Jugendlichen an, den sie wahrnimmt, begleitet und dem sie Anregungen gibt. Dabei unterscheidet das Programm der „Religionssensiblen Erziehung, Bildung und Begleitung" drei Dimensionen:

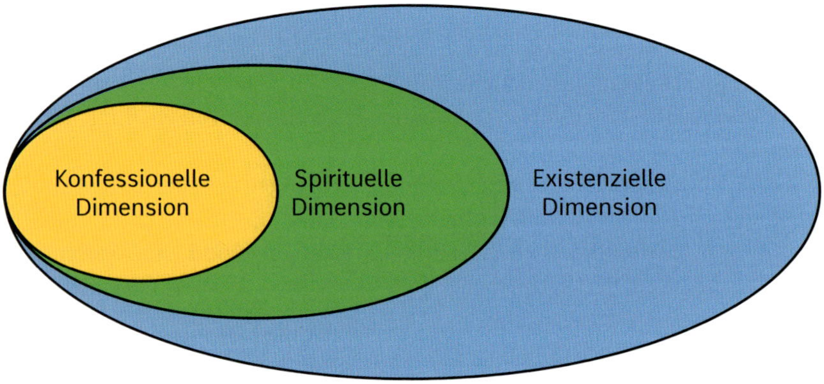

Existentielle Dimension religionssensibler Begleitung: Im weitesten Bereich religionssensibler Begleitung wird Religion als etwas angesehen, was in jedem Menschen vorhanden ist: Der Mensch fragt sich nach dem Woher und Wohin des Lebens und ist auf Beziehungen ausgerichtet. Zwischen Selbstwirksamkeit und Hilflosigkeit, Einsamkeit und Gemeinschaft, Vertrauen und Misstrauen usw. suchen auch schon Kinder immer wieder ihren Platz im Dasein. In dieser Dimension wird ausdrücklich von den Lebensgeschichten und Themen der Kinder und Jugendlichen ausgegangen. Diese werden auch nonverbal, durch Handlungen und Gefühlsäußerungen wahrgenommen. Sie sind aber nicht von vornherein als „religiös" zu erkennen, sondern erst dadurch, dass die pädagogischen Fachkräfte die **Themen, Geschichten und Ausdrucksformen der Kinder und Jugendlichen deuten**. Die religionspädagogische Aufgabe besteht in dieser weiten existenziellen

Dimension religionssensibler Bildung darin, **vertrauensvolle Beziehungen** zu ermöglichen, die Lebensgeschichten und Lebenswelten der Kinder und Jugendlichen aufmerksam wahrzunehmen, wertzuschätzen und zu begleiten und religiöse Spuren in diesen Grunderfahrungen zu erkennen und zur Sprache zu bringen.

Spirituelle Dimension religionssensibler Begleitung: Die zweite, die „spirituelle Dimension" sieht Religion als etwas an, das über das Individuum hinausgeht und Menschen verbindet. Religiöse Formen drücken den Zusammenhalt einer Gemeinschaft aus und machen ihn sichtbar. Religion in dieser Dimension unterbricht den Alltag und macht erfahrbar, dass es mehr als das vordergründig Sichtbare gibt. Eine wichtige Ausdrucksform sind hier die **täglichen Rituale im Zusammenleben in der Kita oder der Jugendhilfeeinrichtung**, das Feiern von Festen und besondere Anlässe, die aus dem Alltag herausragen. Auf dieser Ebene besteht die Aufgabe der pädagogischen Fachkraft darin, an Schlüsselerfahrungen der Kinder und Jugendlichen anzuknüpfen und sie **anzuregen, tiefere Dimensionen in diesen Erfahrungen zu entdecken** bzw. zu reflektieren. So kann die tiefere Dimension einer Geburtstagsfeier in der Einzigartigkeit, der Persönlichkeitsentwicklung und der Verbundenheit mit anderen Menschen liegen. Die tiefere Dimension eines Tischspruchs vor der Mahlzeit kann den besonderen Wert der Tischgemeinschaft beim Essen erfahrbar machen. Die gemeinsame Feier eines Jahresfestes kann die Vielfalt der Gaben und Talente der Menschen, die zur Kita oder zur Jugendhilfeeinrichtung gehören, zum Bewusstsein bringen. Religionssensible Begleitung schafft Raum für Begegnungen mit den kulturellen und religiösen Familienbezügen der Kinder und Jugendlichen und für den Austausch mit den Eltern. Kindergarten, Hort oder Jugendhilfeeinrichtung bilden Orte der Begegnung und Gemeinschaft. Kinder, Jugendliche, Eltern und Erzieherinnen haben die Möglichkeit, dort die eigene Religion und Kultur in einen lebendigen Austausch einzubringen.

Konfessionelle Dimension religionssensibler Begleitung: Die dritte, die „konfessionelle Dimension" nimmt den expliziten, gelebten Glauben in den Blick. Dies geschieht im Kontext einer religionssensiblen Bildung immer mit einer **Perspektive auf die religiöse Pluralität**. In christlichen Einrichtungen ist dabei die christlich-biblische Überlieferung die primäre Bezugsgröße. Tischgebete, Segnungen, Morgenkreise zu biblischen Erzählungen, Gottesdienste und das Theologisieren mit Kindern und Jugendlichen sind mögliche Formen. In Einrichtungen, die sich der religiösen Neutralität verpflichtet fühlen, sind die unterschiedlichen Familienreligionen der Kinder und Jugendlichen die Bezugsgrößen. Erzählungen von Eltern und Jugendlichen über familiäre Festbräuche, Besuche von Kirchen, Moscheen, Synagogen und anderen religiösen Orten sind hier mögliche Formen. Die Aufgabe der Fachkraft besteht in dieser Dimension darin, zum einen die **Aneignung von konkretem religiösen Orientierungswissen zu ermöglichen und zum anderen den Kindern und Jugendlichen Raum zu geben, sich dazu zu positionieren** und die Reflexion zu den eigenen Erfahrungen anzuregen.

(Vgl.: Religionspädagogische Qualifizierung – Modul: Basics Religion; www.pti-mitteldeutschland.de • pti-elementar.de, verändert, gekürzt und ergänzt)

In der Praxis der religionssensiblen Erziehung, Bildung und Begleitung sind die drei Dimensionen nicht voneinander zu trennen, sondern vermischen sich mit unterschiedlichen Schwerpunktsetzungen.

Praxisbeispiel

Von Ostern erzählen in weltanschaulich pluralen KiTa-Gruppen

Benötigt werden: Frühlingsblüten, Kreuz mit einer schlichten und einer bemalten Seite (indianisch oder lateinamerikanisch), schwarzes Tuch.

Der Frühling lässt grüßen. Sagt mein Mann. Er hat mir diese Blumen geschenkt. Er sagt: Jetzt geht es los. Jetzt geht alles von vorn los. Mit dem Blühen und Wachsen. Mit dem Leben. Die Vögel bauen Nester. Dann legen sie Eier. Dann brüten sie sie aus. Dann piepen wieder kleine Küken. Wer hätte das gedacht, nach dem langen Winter?
Wir sagen: Nach jedem Winter kommt ein Frühling. Aus dem Dunkel Licht. Erinnert ihr euch an die Geschichte vom Christkind? Licht im Dunkeln. Und Wärme. Was für eine Verwandlung!
Vom erwachsenen Jesus gibt es auch eine Verwandlungs-Geschichte. Aus Dunkelheit Licht. Aus Tod Leben.

Das Kreuz zeigen. Die schlichte Seite.

Hier, schaut, das ist das Kreuz. Das Zeichen der Christen. Es erinnert daran: Jesus ist gestorben. Am Kreuz ist er gestorben. Und dann wurde er begraben.

Schwarzes Tuch über das Kreuz ausbreiten.

Alle, die ihn lieb hatten, waren sehr traurig. Die anderen dachten: Den sind wir los. Aber dann ... Wisst ihr, was stärker ist als der Tod? Ja, das ist das Leben. Wir sagen: Das ist Gottes Wort. Gott hat einst ein Wort gesprochen. Da entstand aus Nichts unsere Welt.

Die Kinder erzählen.

Ja, Gott hat am Anfang ein Wort gesprochen. Das entstand aus Nichts unsere Welt. Und Gott hat auch im Frühling ein Wort gesprochen. Am dritten Tag nach Jesu Tod. Und da – kam Jesus zurück ins Leben.

Das Kreuz zeigen. Die bunte Seite

Die, die ihn lieb hatten, konnten es kaum glauben: Jesus war tot. Und siehe: Er lebt!
Das war für sie wie [...] Frühling. Wie Blüten an toten Ästen, wie Glanz im Stein, wie Küken aus dem Ei [...] wie Leben aus dem Tod [...]

Lied: Er ist erstanden – halleluja [...]

(Quelle: Dr. Martina Steinkühler, Hardegsen)

Praxisbeispiel

Mountainbike & Bergpredigt *(Frank Heße)*

Zunächst war es nur die scheinbar verrückte Idee zweier Kollegen – der eine mit erlebnispädagogischer, der andere mit religionspädagogischer Kompetenz. Dazu kam der Wille, beide Kompetenzen im Projekt „Mountainbike & Bergpredigt" so zu verbinden, dass Jugendliche in der Jugendhilfe eine lebendige Erfahrung mit der Bibel machen. So fuhren zwei Mitarbeiter und sieben Jugendliche für eine Woche zum Biken in die Berge.
Jeder Tag vor Ort hatte den gleichen Rahmen mit unterschiedlichem Inhalt. Es gab jeweils ein Tagesthema, dazu einen Impuls während der täglichen Bike-Tour und eine Abendrunde mit biblischem Impuls zur Reflexion. Die Tagesthemen lauteten: „Brücke" (Mt 5, 23–24), „Grenze" (Mt 5, 39–41), „Wegentscheidungen treffen" (Mt 7, 13–14), „Leuchtturm sein" (Mt 5, 14–16), „Auf festen Grund bauen" (Mt 7, 24–28), „Schwere Wege gehen" (Mt 7, 3–5).
Exemplarisch sei hier das Tagesthema „Grenze" vorgestellt.

Tagesthema „Grenze"
Die Gruppe macht sich morgens auf den Weg und überquert im Laufe des Tages eine Stadt- sowie eine Landes-/Staatsgrenze. Außerdem kommt die Gruppe an körperliche Grenzen beim Überwinden von Bergen.
Während der ersten Pause erhält jedes Gruppenmitglied ein Foto als Tagesbegleiter, auf dem ein Grenzzaun mit einer Ranke zu sehen ist. Es folgt ein kurzes Assoziationsgespräch zum Foto (Zaun, der trennt – Pflanze, die Zaun/ Grenze überwindet – Grenzen zu anderen überwinden – Streit überwinden usw.). Anschließend werden der Gruppe Fragen zum Thema mit auf den Weg gegeben: Was ist für mich schwer? Wo sehe ich Grenzen für mich? Wo sehe ich Grenzen bei anderen? Wo habe ich schon eine Grenze überwunden? Welche Grenze möchte ich heute bzw. in nächster Zeit überwinden?
Während der Abendrunde folgt auf den Austausch zu den Fragen des Tages die Überleitung zu einer Bibelstelle, die stattdessen für viele Menschen eine kaum zu überwindende Grenze beschreibt: „Verzichtet auf Gegenwehr, wenn euch jemand etwas Böses tut. Mehr noch: wenn dich jemand auf die rechte Wange schlägt, halte auch die linke hin. Wenn dir jemand dein Hemd nehmen will, gib ihm deinen Mantel dazu. Und wenn dich jemand zwingt, eine Meile mit ihm zu gehen, gehe zwei mit ihm." (Mt 5, 39–41);
Zum Tagesabschluss haben alle die Möglichkeit, mit ihrem Tagesbegleiter, der Bibelstelle und eigenen Notizen ihr Foto-Tagebuch zu gestalten. Alternative: Gestaltung eines Keilrahmens zum Tagesthema (dies schweigend in der Gruppe bei sphärisch-meditativer Musik zu tun, kam bei den Jugendlichen sehr gut an).
Nach einem Tag des Erlebens gelang es den Jugendlichen, eine Übersetzung dieser Bibelstelle für sich zu finden, wie zum Beispiel: „Es geht darum, etwas zu tun, das eigentlich niemand tun würde." oder „Jemanden positiv überraschen, der einem Böses tun will, und so eigene Grenzen sowie die anderer überwinden."

Innerhalb dieser Woche erzeugte die Mischung aus ungewöhnlichen Wegen, einem aktivierenden Programm und biblischen Impulsen eine positive Spannung. Die Jugendlichen machten Selbst- und Grenzerfahrungen, die sie mit viel Lust auf Neues und positivem Denken in ihren Alltag zurückkehren ließen. „Mountainbike & Bergpredigt" wurde bei gleicher Tagesstrukturierung inzwischen auch als „Rad & Rilke" und als Wandertour „Boots & Bible" durchgeführt. Der mehrtägige Rückzug an einen alltagsfernen Ort hat natürlich viele Vorteile. Die weniger kostenintensive und weniger tief gehende Variante ist eine Wochenend- oder Tagestour. Das Projekt eignet sich im Rahmen von Team- oder Einkehrtagen auch für die Mitarbeiterschaft.

(Lechner u.a., 2011, S. 53 ff.)

Aufgaben

1. *Identifizieren Sie die drei Dimensionen religiöser Bildung in den beiden Praxisbeispielen.*
2. *Vergleichen Sie die drei Dimensionen der „Religionssensiblen Erziehung, Bildung und Begleitung" mit den Aussagen zum entsprechenden Bildungsbereich im Bildungsplan Ihres Bundeslandes.*
3. *Interviewen Sie Erzieherinnen/Erzieher aus der Jugendhilfe zur Frage, welche Rolle die religiösen Orientierungen der Jugendlichen spielen, wie diese wahrgenommen und begleitet werden.*

2.6.8 Interreligiöse Bildung

Das Zusammenleben in religiöser Vielfalt braucht einen religionspädagogischen Ansatz.

Der Ansatz der interreligiösen Bildung ist eine religionspädagogische Antwort auf die religiöse Pluralität, in der Kinder und Jugendliche heute aufwachsen (vgl. vorstehende Abbildung: Religionsgemeinschaften in Deutschland, S. 14). Er zielt darauf ab, Kindern und Jugendlichen ihre eigene Religion und die der anderen wahrnehmbar, erfahrbar und verstehbar zu machen und sie zu befähigen, sich in Gesprächen über Gemeinsamkeiten und Unterschiede der Religionen auszutauschen. So wird eine religiöse Pluralitätsfähigkeit erlangt und im gemeinsamen Miteinander ein respektvoller, anerkennender und friedlicher Umgang gelernt.

„Interreligiöse Bildung ist eine Dimension von Bildung,
- ***die sich auf die Wahrnehmung eigener und anderer Religionen und ihr Verhältnis zueinander bezieht,***
- ***die auf wechselseitigem Verstehen beruhende dialogische Einstellungen anstrebt***
- ***und zu einem gesellschaftlichen Zusammenleben im Sinne von Frieden und Toleranz, Anerkennung des Anderen und Respekt voreinander befähigt."***

(Schweitzer, 2014, S. 132)

Interreligiöse Bildung in Kindertagesstätten

In vielen Kindertagesstätten werden täglich interreligiöse Bildungsprozesse angeregt. Eine Tübinger Studie hat viele wertvolle Praxisideen zur interreligiösen Bildung gesammelt und dargestellt (Edelbrock, Biesinger, Schweitzer, 2012). In sechs Punkten wird dort zusammengefasst, was für die Umsetzung interreligiöser Bildung in Kindertagesstätten besonders wichtig ist. Im Folgenden werden die sechs Empfehlungen genannt und mit praktischen Beispielen erläutert:

1. Interreligiöse Bildung muss in der alltäglichen Praxis der Kita fest verankert sein. Eine mögliche Thematik, um dies umzusetzen, sind religiöse Feste. In der Familienreligiosität der Kinder spielen je nach kulturellem und religiösem Hintergrund der Familie unterschiedliche Feste eine Rolle. In muslimischen Familien sind es oft das Ramadan- und Opferfest, in jüdischen Familien das Pessachfest und das jüdische Neujahrsfest Rosch Haschana. Neben der Erklärung und dem Feiern christlicher Feste ist es wichtig, weitere religiöse Feste, die für die Familien der Einrichtung eine Rolle spielen, in den Kitaalltag zu holen. Beispielsweise werden die Kinder gern im Morgenkreis von ihren Festen erzählen. Vonseiten der pädagogischen Fachkraft werden kindgerechte Informationen zum Fest ergänzt (z. B. aus: Religionen entdecken, https://www.religionen-entdecken.de/lexikon/f/feste-in-den-religionen) und ein Gespräch darüber angeregt.

2. Im Leitbild von Einrichtungen sowie in ihrer Konzeption sollte das Anliegen interreligiöser Bildung deutlich sichtbar gemacht werden.
   Hier ein Beispiel einer möglichen Leitbildformulierung: *Jedes Kind ist bei uns willkommen. Wir nehmen Kinder mit ihren kulturellen und religiösen Familienbezügen wahr und integrieren diese in unseren pädagogischen Alltag. So zeigen wir jedem Kind: Du wirst hier mit all dem, was zu Dir gehört, anerkannt und gewürdigt.*

3. Eine auf interreligiöse Bildung ausgerichtete materielle und räumliche Ausstattung jeder Einrichtung muss allgemeiner Standard werden.
   Es gibt sehr unterschiedliche Materialien, mit denen man in der Raumgestaltung deutlich machen kann, dass in der Kindertagesstätte alle Religionen und Kulturen ihren Platz haben. Beispielsweise kann man es mit geeigneten Kinderbüchern zum Ausdruck bringen. So gibt es die heiligen Bücher der drei monotheistischen Religionen auch in kindgerechten Ausgaben (vgl. Langenhorst, Naurath). Sehr gut eignen sich auch bebilderte Kinderbücher zum Thema Religionen, die die Kinder sich anschauen können, oder auch Bauklötze, mit denen sich eine Moschee bauen lässt. Diese und viele andere Materialien können dazu dienen, über Religionen ins Gespräch zu kommen.

4. Keine interreligiöse Bildung ohne Elternarbeit – keine Elternarbeit ohne Bezug auf interreligiöse Bildung
   Religionsbezogene Themen zu besprechen, ist ein wichtiger Teil der Bildungspartnerschaft zwischen pädagogischen Fachkräften und Eltern. Dies muss schon im Erstgespräch deutlich gemacht werden. Die Eltern erfahren, dass die Einrichtung den Anspruch hat, offen und konstruktiv mit Unterschieden der Religionen umzugehen. Die Einrichtung erfährt, welche religiösen Prägungen den Eltern wichtig sind und ob etwas für den gelebten Alltag zu berücksichtigen ist, beispielsweise das Verbot gewisser Speisen. Eine große Transparenz auch und gerade bei religiösen Themen stärkt das gegenseitige Vertrauen und kommt dem Kind zugute. Besonders wichtig ist dies bei eingewanderten und auch geflüchteten Familien.

5. Zur elementarpädagogischen Kompetenz gehören auch der Umgang mit Religion und Religionen sowie die Wahrnehmung religionspädagogischer Aufgaben in der Begleitung der Kinder.
   Erzieherinnen müssen deshalb ihr professionelles und persönliches Verhältnis zu dieser Aufgabe klären und sich um eine entsprechende Kompetenz bemühen. Eine pädagogische Fachkraft braucht eine eigene, reflektierte religiöse bzw. weltanschauliche Haltung. Hierfür ist es notwendig, sich zu fragen: Welche Rolle hat Religion in meiner Biografie? Wie stehe ich zu anderen Religionen?

6. Religion, Religionen sowie interreligiöse Bildung sollten regelmäßig im Team der Erzieherinnen auf der Tagesordnung stehen.

Ein interreligiöser Kalender (z. B. der jährlich veröffentlichte Kalender des Ministeriums für Kinder, Familie, Flüchtlinge und Integration des Landes Nordrhein-Westfalen, vgl. https://www.mkffi.nrw/interreligioeser-kalender) hilft, religionsbezogene Themen im Blick zu behalten. Es stellt sich die Frage: Welchen pädagogischen Input an Bildung brauchen *unsere* Kinder, um bei *uns* erfahren und lernen zu können, wie man friedlich, verständnisvoll, die eigene und andere Religionen wertschätzend miteinander in religiöser Pluralität lebt? Religionsgemischte Teams haben den Vorteil, im Team selbst den interreligiösen Dialog aufzunehmen und die religiöse Pluralitätsfähigkeit miteinander zu schulen und so den Kindern zu einem guten Beispiel zu werden.

Orientierungspunkte für die praktische Gestaltung

Für die religionspädagogische Umsetzung einer interreligiösen Bildung müssen ***vier Kompetenzebenen*** Berücksichtigung finden, die an dieser Stelle jeweils mit einer praktischen Anregung dargelegt werden.

1. Kinder müssen ***Wissen*** über Religionen erwerben. Schon die täglichen gemeinsamen Mahlzeiten bieten Gelegenheit zum Austausch. Im Judentum und Islam gibt es Speiseverbote (besonders das Schweinefleischverbot), das Christentum spricht kein generelles Verbot für bestimmte Nahrungsmittel aus (vgl. Mk 7, 14–23).

2. Für ein ganzheitliches Verstehen brauchen Kinder die Möglichkeit, religiöse Ausdrucks- und Praxisformen durch eigenes ***Erleben*** kennenzulernen. Hier bieten sich z. B. gemeinsame Besuche verschiedener Sakralbauten an. Kinder erleben bei den

Besuchen von Synagoge, Kirche und Moschee Gemeinsamkeiten und Unterschiede der drei Religionen (vgl. Brüll u.a., 2005).

3. Kinder müssen ***Haltungen und Einstellungen*** entwickeln können, die von Offenheit und Toleranz, Respekt und Anerkennung geprägt sind. Es gilt, in der Einrichtung eine Atmosphäre von Anerkennung und Wertschätzung eines jeden Kindes und seiner Familie zu prägen. Wenn z. B. von den Eltern Vorurteile bezüglich einzelner Religionen in die Einrichtung gelangen, hilft es, einen Ansatz der vorurteilsbewussten Bildung und Erziehung (z. B. Überlegungen und Methoden aus dem Anti-Bias-Ansatz oder dem Ansatz Kinderwelten, vgl. Wagner, 2012) aufzunehmen.

4. Um mit anderen Kindern auch in religiöser Hinsicht kommunizieren zu können, ist es notwendig, ***religiöse Sprachfähigkeit*** auch über die eigene Religionsgemeinschaft hinaus zu erwerben. Kinder, die zweisprachig aufwachsen, kennen religiöse Wörter oft nur in ihrer jeweiligen Familiensprache. Sie brauchen besondere Unterstützung, um die entsprechenden deutschen Wörter kennenzulernen. Eine gemeinsame Sprache ist Grundlage für einen Dialog.

Aufgaben

1. *Überlegen Sie, was Ihnen an Ihrer Religion wichtig ist. Tauschen Sie sich zunächst in religionshomogenen Kleingruppen über Ihre Antworten aus und suchen Sie in einer zweiten Runde in neuen, religionsgemischten Kleingruppen den interreligiösen Dialog.*
2. *Bedenken Sie bei diesem Gespräch folgende Äußerung des Religionswissenschaftlers und Theologen Peter Schreiner (2017, S. 8): „Wir müssen uns erinnern, dass jede religiöse Aussage ein Versuch einer Welterklärung ist, ein Deutungsmodell, mit dem man leben kann. Mehrere Deutungsmodelle stehen nebeneinander und keines kann für sich in Anspruch nehmen, die ganze Wirklichkeit abzubilden. […] Richtig oder falsch sind deshalb falsche Kategorien, wenn es um religiöse Aussagen geht. Vielmehr finde ich, sollte man heute wieder daran erinnern, dass nicht die eine Religion richtig und alle anderen falsch sind, sondern dass sie verschieden sind. Einen religiösen Satz kann man weder positiv beweisen noch negativ widerlegen. Es sind subjektive Aussagen, die für diejenigen, die sie formulieren, wahr sind."*

2.6.9 Religiöse Erziehung, Bildung und Begleitung (Anna-Katharina Szagun)

Der didaktische Ansatz von Anna-Katharina Szagun zieht Konsequenzen aus den empirischen Befunden der Rostocker Langzeitstudie (s. S. 74 ff.),

Die Rostocker Langzeitstudie (s. Kap. 2.4.1) zeigte sehr deutlich: Das Gotteskonzept bei Kindern entwickelt sich unterschiedlich:

je nach Ausmaß und Beschaffenheit des Kommunikationsraums für religiöse Themen

- *Kommen religionshaltige Themen vor* oder werden sie – -z.B. bei Schicksalsschlägen – ausgespart?
- Werden *Kinderfragen ernst genommen* und entsprechend ernsthaft und authentisch kommuniziert?
- Ist sowohl *Raum für positive Voten wie auch für kritische Äußerungen* gegeben?

je nach Zahl und Art der Anregungsimpulse

- Wird dem Kind der Mythenhimmel der „kulturellen Tapete" in traditioneller Sprache (HERR, Allmacht usw.) angeboten oder *„Übersetzungen" mit weitem Horizont? (GOTT als Geheimnis der Welt)*
- Kommt der „liebe" GOTT als Garant von äußerer Sicherheit und Wohlbefinden ins Spiel oder als *Quelle von innerer Kraft, Hoffnung auf Problembewältigung und Orientierung für gelingendes Miteinander?*
- *Kommt die dunkle Seite GOTTES vor?* Als Disziplinierungsinstanz im Sinne von Strafe oder *als bleibendes Rätsel? (Die Fragen nach dem Warum von Leiden bleiben ungeklärt.)*
- *Werden Stille, Staunen, Danken, Mitgefühl, Achtsamkeit, Andachtshaltungen und Gebet gepflegt* oder geht es nur oder vor allem um Wissensvermittlung?
- Wird das Kind mit allen Sinnen (Ganzheitlichkeit) und seiner Lebenswelt involviert oder nur kognitiv?

je nach Kontinuität der Anregungsimpulse und Hilfen zur Vernetzung von Inhalten

- Welche *Rituale, Lieder, Bilder, Texte* kommen *regelmäßig* vor? (z.B. Mittegestaltungen, Ausstattung von Räumen: Wandbilder, Skulpturen, Altäre, Gestaltung von Kirchenjahresfesten usw.)
- Welche *kreativen Wiederholungen* werden zur Vertiefung und Erweiterung von Inhalten eingebracht?
- *Welche (z.B. optischen) Strukturierungshilfen unterstützen die Vernetzung von Inhalten?*

je nach emotionaler Färbung der Aneignungs- bzw. Vermittlungssituationen

- Ist eine *warme, akzeptierende Atmosphäre* vorhanden oder geht es eher kühl, distanziert, gehemmt zu in religionshaltigen Settings?
- Wer vertritt die Botschaft und auf welche Weise: Nächste Bezugspersonen? Andere Autoritätspersonen? *Authentische „Modelle"?* Welche Beziehungserfahrungen sind mit diesen Personen verbunden?
- Welche emotionale Färbung erhält das Setting durch die Anwesenheit von Peers?

je nach Resultat eigenen Fragens, Suchens oder Tuns gemäß dem GOTTES-verständnis, das den Erwartungshorizont des Kindes bezüglich GOTTES Wirken aktuell prägt

- *Sind die Zuschreibungen GOTTES kompatibel zu seiner Realitätswahrnehmung?*
- *Sind sie kompatibel zu seinen Erfahrungen bei Inanspruchnahme GOTTES in Belastungssituationen?*

Den auf den genannten Befunden basierenden didaktischen Ansatz von Szagun kann man als eine Art „Resonanz- bzw. Antennendidaktik" (vgl. Rosa) bezeichnen. Grundlegend sind Aufbau und Pflege von „Antwortbeziehungen" (vgl. Rosa: „horizontale Resonanzachsen"), in denen responsiv sensibel (vgl. Rennsperger, 2011) auf verbale und nonverbale Signale reagiert wird. Das heißt, es wird immer wieder aufgenommen, was existenziell an Glaubensvorstellungen gerade aktuell im Denken und Empfinden der Kinder ist. Daran orientiert sich wesentlich das religionspädagogische Handeln. Behutsam soll anhand des Hintergrunds und der Lebenssituation der Kinder eine Balance von Gottesbeziehung und Gottesverständnis angebahnt und gepflegt werden. Ein Lebensglaube, der Orientierung, Kraft und Zuversicht schenkt, soll im Entwicklungsverlauf mitwachsen können. Dabei kommt der Gottesbeziehung als möglicher Ressource für die Bewältigung von Entwicklungsaufgaben Priorität zu. Diesen Lebensglauben, der aus einer positiven Gottesbeziehung erwächst, können Begleitpersonen und Modelle nicht bewirken, er ist unverfügbar. Aber Begleitpersonen können in dem, was sie Kindern vorleben, wie sie mit ihnen umgehen und was sie ihnen emotional und inhaltlich anbieten, durchaus dazu beitragen, dass sich Kinder für die religiöse Dimension ihres Lebens öffnen.

Die Karikatur bündelt wesentliche Elemente dieser religiösen Erziehung: Man sieht ein Modell, das aus einer verborgenen Tiefe etwas schöpft (Orientierung, Kraft, Mut, Zuversicht), was für das eigene Leben zentral bedeutsam ist. Es kann unterschiedliche Quellen geben, aus denen Menschen schöpfen, neben einer tragenden Gottesbeziehung z. B. aus Musik, Kunst, Naturerleben. Die „vertikale Resonanzachse" des Modells wird in der Zeichnung durch die Wasserleitung symbolisiert. Die in horizontaler Resonanz mit ihrem Modell verbundenen Kinder erleben dies mit. Sie spüren: Da gibt es etwas Kostbares zu schöpfen. Das spürende „Mitschwingen" regt sie an, sich selbst mit Zapfgeräten auf den Weg zu machen.

Wenn es im gemeinsamen Tun im Kindergarten Raum und Rüstzeug für „Probebohrungen" gibt (Erlebensräume der Kommunikation des Evangeliums im Mitfühlen, Spüren, Staunen, Danken, Teilen von Freude und Leid, gemeinsamen Feiern), dann ist der Boden bereitet für das Geschenk einer Gottesbeziehung, die im Sinne von Lebensglauben trägt.

Die meisten Kinder erfassen wie Seismografen die echten Haltungen ihrer Bezugspersonen. Um authentisch sein zu können, sollte sich deshalb jede(r) mit der eigenen religiösen Biografie befassen. Erziehende sollten Fragen ehrlich beantworten und eigene Unkenntnis eingestehen. Insgesamt gilt: Nichts sollte bei Kindern eingebracht werden, was man später zurücknehmen muss. Differenzierungen in Folgejahren sind legitim, aber keine Rücknahmen. Deshalb ist von Beginn an klarzustellen: Die Bibel enthält keine Tatsachenberichte, sondern erzählt Geschichten.

Weitere Grundsätzen für das religionspädagogische Handeln

Gottesverständnis

(erneuerter) Deutungsrahmen
GOTT als **doppelgesichtiges Mysterium**
Jesus als **„Sprachrohr“→ „Reich-Gottes-Programm“**
(Teilen v. Gaben, Gemeinschaft, Vergebung, Helfen z. Leben)
Bibel lebensweltbezogen

Emotion.-motivation. Setting

Positive Atmosphäre, Raum f. Stille, Spüren, Staunen, Danken, Erleben v. Versöhnung Teilen, solidarischem Handeln,

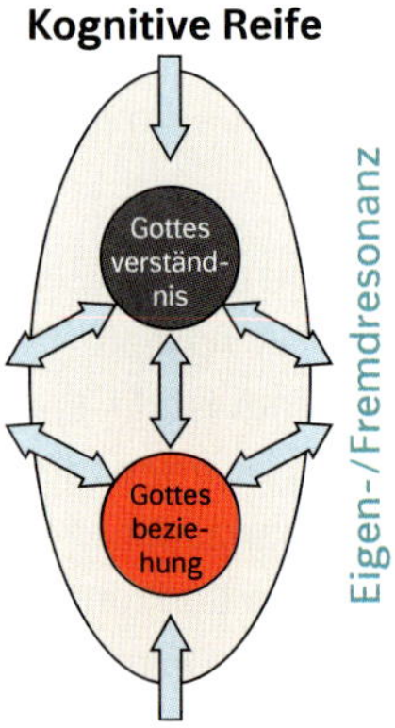

→ andere Sprachformen in Liturgie, Gebet, Liedern
→ Jesus im Mittelpunkt
→ Mitgebrachtes klären
→ Tradition „übersetzen“
→ „Haltbares“ mitgeben

→ Beziehungspflege
→ Kommunikationsräume
→ „Probebohrungen“

Beziehungserfahrungen

Gottesbeziehung

Da die Gottesbeziehung (geschenkter Lebensglauben als Ressource!) im Vordergrund stehen soll, wird das Gottesverständnis der Kinder so begleitet, dass es die Gottesbeziehung nicht stört! Da GOTT lebenslang auch für Erwachsene ein nicht entschlüsselbares Geheimnis bleibt, wird auch Kindern GOTT von Anfang an als Geheimnis nahegebracht, das hinter Welt und Leben steht. Die Menschheitsfragen nach dem Woher und Wohin von Welt und Leben bilden dabei den Ausgangspunkt und werden bereits von Dreijährigen gestellt. Das Wort GOTT steht für das Geheimnis des Seins, aus dem die Grundgegebenheiten von Welt und Leben im Ganzen, aber auch für den Einzelnen in seiner Unverwechselbarkeit herrühren. Dass wir Empfangende und nicht Schöpfer unserer Grundvoraussetzungen sind und dass diese ungleich verteilt sind, Chancen bietend bzw. Belastungen zumutend, und dass sich in den „Zufällen“ des Lebens die ungerechte Verteilung von Chancen und Belastungen weiter fortsetzt, das spüren bereits Vorschulkinder. Und sie erfahren im Miteinander ihrer Kita auch leibseelisch täglich Grundzüge von Jesu „Reich-Gottes-Programm“: Akzeptanz, unabhängig von Herkunft, Aussehen und Begabung, Unterstützung von Schwachen, Teilen von Gütern, Freude und Kummer, Versöhnung als Geschenk immer neuer Anfänge. Diese – hoffentlich – gelebte „Kommunikation des Evangeliums“ in der Kita wird im expliziten religionspädagogischen Handeln mit Elementen der christlichen Tradition verbunden.

Dabei müssen Sprachformen der biblisch-christlichen Tradition in kindgerechte Formulierungen übersetzt und liturgische Elemente entsprechend neu getextet werden. Die Logik des Begriffsaufbaus – Assimilation – führt sonst automatisch zum Missverstehen traditioneller Formulierungen wie „Vater“, „HERR“, „Himmel“, „Geist“: Im Kopf entstehen Bilder von einem Mann über den Wolken bzw. einem Gespenst. In Bibeltexten spricht und handelt Gott oft ganz konkret. Durch eine abwandelnde Erzählweise kann dem Missverstehen solcher Passagen vorgebeugt werden, z. B.: „Mose war es so, als ob er im Kopf eine Stimme hörte.“ Ein ähnlich klärendes Vorgehen empfiehlt sich bei der Rede von Gottes Handeln. Von Gottes Handeln kann nur als Deutung, also als persönliches Bekenntnis, gesprochen werden. Die Unterscheidung von Tatsache und Deutung ist allerdings im Vorschulalter kaum explizit zu klären. Aber im Erzählen von Geschichten kann „die Tat Gottes“ durchaus als Deutungsvorgang aus der Perspektive der biblischen Personen eingebracht werden, z. B. Abraham sagte: „Ich glaube, irgendwie hat uns Gott in dieses Land geführt [...]“ oder man lässt Mose auf der Flucht aus Ägypten sagen: „Schaut mal die Wolke da vorn. Ich glaube, Gott zeigt uns damit einen Weg.“

Praxisanregung

Bibeltexte werden lebendig, indem man sie von den Erfahrungen der Kinder her erschließt bzw. Kinder anregt, sich mit den Protagonisten – mitschwingend – zu identifizieren (zu den Praxisbeispielen vgl. Szagun, Wie kommt Gott in Kinderköpfe?).

1. ***Einführung der Chiffre „GOTT“ – wer oder was ist das? Was steckt hinter diesem Wort?***

(Materialien: Magnet, Tonpapier, Heftklammern; elektrischer Wecker; Teile, die Naturphänomene bzw. von Menschen gemachte Produkte repräsentieren, Kerze)

Schritt 1: Kraft, wie merken wir die? Nach ihrer Kraft gefragt, entdecken die Kinder, dass man Kraft nicht direkt sieht, nur ihre Wirkungen. Sie zeigen ihre Kraft. Weitere Beispielen von unsichtbarer Kraft werden gesucht: Wind (Flaumfeder), Magnetkraft (Heftklammern durch Magnet unter Tonpapier), Elektrizität (Uhr), Wasserkraft, Schwerkraft ... dazu erzählen.

Schritt 2: Was können Menschen machen und was können sie nicht? Die für Natur bzw. menschliche Produkte stehenden Teile liegen in der Mitte. Die Kinder überlegen, was die Menschen selbst machen können und was nicht. Sie sortieren die Teile in zwei Gruppen danach, ob Menschen das „machen“ können oder nicht. Bei Naturphänomenen (Sterne, Luft, Wasser, Pflanzen usw.) ist das einfach. Beim Nachdenken über Dinge, die Menschen produzieren, entdecken sie, dass Menschen bei dem, was sie „machen“ können, immer Teile brauchen, die sie nicht machen können, z. B. Licht und Wärme der Sonne, Wasser, Holz, Früchte usw.

Schritt 3: Das Woher von Welt und Leben war und bleibt ein Geheimnis. Wir nennen es GOTT.
In die Mitte der Naturphänomene repräsentierenden Teile wird eine Kerze gestellt und angezündet. Sie steht für GOTT als Geheimnis der Welt. Jetzt kann – eine Thematisierung von Schöpfungsgeschichten vorbereitend – elementar eingebracht werden: Vor ganz, ganz langer Zeit gab es gar nichts ... Und dann entstand – geheimnisvoll – die Welt mit den Sternen. Und dann entwickelte sich ganz, ganz langsam etwas aus den Anfängen, schließlich auch die Erde mit ihren Lebewesen. Später erzählten sich die Menschen Geschichten dazu und sagten: Das Geheimnis hinter all dem, was ist, nennen wir GOTT.

2. *Kain und Abel – von den Grunderfahrungen Erfolg bzw. Misserfolg her erschlossen*
(Materialien: Teile zum Balancieren, eventuell Spielfiguren zum Nachstellen der Erzählung)

Schritt 1: Die Erfahrung von Erfolg bzw. Misserfolg aktualisieren und kommunizieren
Die Kinder machen kleine akrobatische Übungen, z. B. auf einem Bein stehen oder Plastikteller auf dem Kopf balancieren. Immer gibt es Könner und Nichtkönner dabei: Die Gefühle und Reaktionen auf solche Erfahrungen werden miteinander kommuniziert.

Schritt 2: Die Geschichte von Kain und Abel – mit oder ohne Figuren – erzählen
Die Spielfiguren bestehen aus beklebten Joghurtfläschchen mit Kopf aus Sektkorken und Sand zur Erhöhung der Standfestigkeit, Arme aus Pfeifenputzern.

Schritt 3: Hätte die Geschichte auch anders ausgehen können?
Mit den Kindern überlegen, ob und wo etwas anders hätte laufen können, bei Kain und Abel bzw. den eigenen Erfahrungen mit Erfolg und Misserfolg, z. B. Abel teilt, Kain wird getröstet usw.

3. ***Auferstehung Jesu als Teil des nicht entschlüsselbaren Geheimnisses:***
Das Auferstehungsgeschehen wird hier ins Erleben der Kinder zu „übersetzen“ versucht
(Materialien: je Kind eine Figur, schwarzes Tuch, Römer, Jesusbild und -figur, Kreuz, Blumen, Kerze)

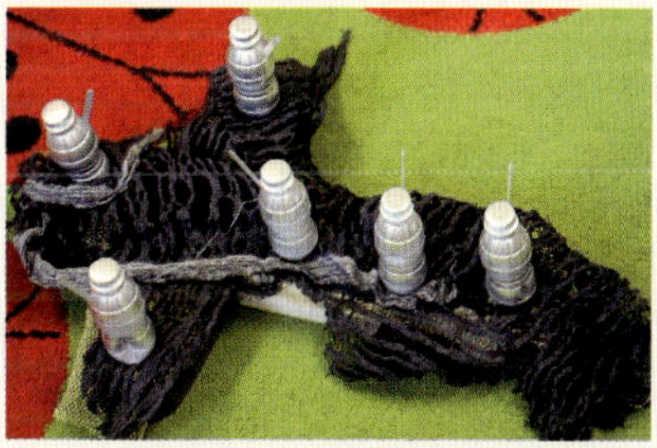

Schritt 1: Als Freund/Freundin Jesu seinen Tod wahrnehmen: Haben die Römer gesiegt?
Anhand von Bildern/Figuren wird aus der Perspektive der Anhänger von Jesu Tod/Begräbnis erzählt. Die verzweifelten Freund/-innen (= Kinder als Figuren) *sind geflohen* (in die Kinderhände*).*
Die Römer scheinen gesiegt zu haben.

Schritt 2: Den Freund/-innen begegnet Jesus im Traum: Er lebt in ihnen weiter.
Die Freund/-innen legen sich (in den Händen) schlafen, die Augen werden geschlossen. Im Traum begegnet ihnen Jesus, streicht über ihren Rücken, versichert, dass er für immer lebendig in ihrem Kopf sein wird, ermutigt sie, das weiterzumachen, was er mit ihnen begonnen hat.

Schritt 3: Die Freund/-innen teilen sich das Erlebte mit. Jesus ist nicht tot.
Die Kinder kommunizieren, wie es ihnen als Freund/-innen Jesu nach dieser Traumbegegnung geht. Die Römer haben doch nicht gesiegt! Das dunkle Tuch und die Römer werden entfernt. Stattdessen wird die Figur des ihnen im Traum begegneten Jesus mit Kerze und Blumen auf das Kreuz gestellt. Und die Freund/-innen Jesu (Holzfiguren) *platzieren sich daneben. Und dann gibt es das große Osterlachen.*

2.7 Kirche und Diakonie als Träger sozialpädagogischer Einrichtungen

Ungefähr die Hälfte aller Tageseinrichtungen für Kinder in Deutschland befindet sich in kirchlicher Trägerschaft. Im Jahr 2012 waren dies ca. 9000 evangelische und ca. 9 400 katholische Kindergärten und Kindertagesstätten. Die beiden großen christlichen Kirchen sind Träger vieler Einrichtungen der Jugendhilfe und der Offenen Kinder- und Jugendarbeit. Viele dieser Einrichtungen sind im 19. Jahrhundert aus christlichem Engagement entstanden. Heute gehört das diakonisch-karitative Engagement zum Selbstverständnis sowohl der evangelischen als auch der katholischen Kirche.

In diesem Kapitel erwerben Sie folgende Kompetenzen:

- *Sie haben ein umfassendes Wissen über kirchliche Einrichtungen der Kinder- und Jugendhilfe.*
- *Sie haben grundlegendes Wissen über die Rolle der Kirche im sozialpädagogischen Arbeitsbereich in Geschichte und Gegenwart.*
- *Sie haben grundlegendes Wissen über kirchliche Einrichtungen und Strukturen der kirchlichen Arbeit.*

2.7.1 Die Wurzeln kirchlicher Einrichtungen der Kinder- und Jugendhilfe im 19. und 20. Jahrhundert

Biblische Grundlagen

Schon in den biblischen Texten des Alten und Neuen Testaments werden die drei Motive sichtbar, die die kirchliche Arbeit mit Kindern und Jugendlichen prägen:

- Einsatz für die schwachen Mitglieder der Gesellschaft
- Weitergabe des Glaubens
- Bildung ermöglichen

„Wenn dich nun dein Sohn morgen fragen wird: Was sind das für Vermahnungen, Gebote und Rechte, die euch der HERR, unser Gott, geboten hat?, so sollst du deinem Sohn sagen: Wir waren Knechte des Pharao in Ägypten, und der HERR führte uns aus Ägypten mit mächtiger Hand; und der HERR tat große und furchtbare Zeichen und Wunder an Ägypten und am Pharao und an seinem ganzen Hause vor unsern Augen und führte uns von dort weg, um uns hineinzubringen und uns das Land zu geben, wie er unsern Vätern geschworen hatte. Und der HERR hat uns geboten, nach all diesen Rechten zu tun, dass wir den HERRN, unsern Gott, fürchten, auf dass es uns wohlgehe unser Leben lang, so wie es heute ist. Und das wird unsere Gerechtigkeit sein, dass wir alle diese Gebote tun und halten vor dem HERRN, unserm Gott, wie er uns geboten hat.“
(Deut 6,20–25)

„Und sie brachten Kinder zu ihm [d. h. zu Jesus], damit er sie anrühre. Die Jünger aber fuhren sie an. Als es aber Jesus sah, wurde er unwillig und sprach zu ihnen: Lasst die Kinder zu mir kommen und wehret ihnen nicht; denn solchen gehört das Reich Gottes. Wahrlich, ich sage euch: Wer das Reich Gottes nicht empfängt wie ein Kind, der wird nicht hineinkommen. Und er herzte sie und legte die Hände auf sie und segnete sie.“
(Mk 10,13–16)

Viele kirchlich engagierte Männer und Frauen haben sich auf dieser Grundlage schon immer für das Wohlergehen und die christliche Erziehung von Kindern und Jugendlichen eingesetzt. Dies geschah traditionell durch Stärkung der Familien und Einrichtung von Schulen. Um das Jahr 1800 entstand ein neues Bewusstsein für Kindheit und Jugend als eigenständige Lebensabschnitte. Gleichzeitig wurden die sozialen Folgen der Industrialisierung spürbar. So kam es zur Gründung von christlich motivierten Einrichtungen für Kinder und Jugendliche.

Kleinkinderbewahranstalten, Kleinkinderschulen und Kindergärten

Die „Erfindung“ des Kindergartens geht auf **Jean Frédéric Oberlin** zurück, den evangelischen Pfarrer von Ban de la Roche/Walderbach (Elsass). In den verarmten Dörfern seiner Kirchengemeinde gründete er ab 1770 Strickschulen, in denen Kinder die Produktion von Textilien als Zuverdienst für ihre Familien lernten. In diesen Strickschulen wurden gewissermaßen nebenbei auch Kleinkinder betreut, die bald auch ihre eigene „Kleinkinderschule“ besuchten.

Fürstin Pauline zur Lippe nahm diesen Gedanken auf und gründete 1802 in Detmold eine „Aufbewahrschule" für Kleinkinder. Bald kam es auch in anderen Orten Deutschlands zur Gründung solcher Einrichtungen. Dabei lassen sich zwei Motive erkennen. Einerseits wurde wahrgenommen, dass sich viele Familien nicht um ihre Kinder kümmern konnten, weil Väter und Mütter durch die beginnende Industriearbeit außer Haus arbeiteten oder durch Heimarbeit stark belastet waren. Es war deshalb gerade in armen Familien an der Tagesordnung, Kinder so fest zu wickeln, dass sie sich nicht bewegen konnten, sie an Tischbeinen festzubinden oder durch alkoholgetränkte Schnuller ruhigzustellen. Andererseits änderte sich auch der gesellschaftliche Blick auf Familie und Kindheit. An die Mutterrolle wurden höhere Ansprüche gestellt. War es im 18. Jahrhundert noch gesellschaftlich akzeptiert, dass Kinder sich längere Zeit selbst überlassen wurden, so galt dies nun als Form der Vernachlässigung. Zugleich bekam die frühe Erziehung zu Disziplin und Arbeit eine höhere Bedeutung.

Ein weiterer Pionier auf dem Gebiet der öffentlichen Kleinkinderziehung war der Düsseldorfer Pfarrer **Theodor Fliedner** (1800–1864). Er beschrieb die Situation von Kindern mit folgenden Worten:

„Zum Teil werden sie eingesperrt, wo sie gedankenlos in dumpfer Luft hinbrüten, oder durch Feuer, Messer und dergleichen sich oft beschädigen, so dass Leib und Seele, statt gepflegt und entwickelt zu werden, von früh auf welkt und verkümmert. Ein anderer Teil dieser unbeaufsichtigten Kinder bringt die meiste Zeit auf den Gassen zu, wo ihr Ohr, Mund und Herz schon jetzt mit Schlechtigkeiten aller Art vertraut wird, denen sie ewig sollten fremd bleiben, und wo der Grund zu einer Rohheit, Zügellosigkeit, Faulheit, Unreinheit und Unsittlichkeit gelegt wird, welche alle edleren Keime oft für das ganze Leben vergiftet." *(Tschirch u.a., 2014, S. 23).*

Fliedner gründete 1835 als Reaktion auf die beschriebenen Verhältnisse eine „christliche Kleinkinderschule", in der Kinder als Ergänzung zur familiären Erziehung körperlich versorgt und verpflegt und sittlich-religiös aufgebaut werden sollten. Hier spielte die Religionspädagogik von vornherein eine wichtige Rolle, um die Kinder moralisch und geistlich zu „bessern". Daher standen in den Kleinkinderschulen Gebet, Gesang und biblische Geschichten im Mittelpunkt und das freie Spiel der Kinder hatte wenig Raum.

Zu den Kritikern der auf Disziplin und Gehorsam ausgerichteten Kleinkinderschulen gehörte **Friedrich Fröbel** (1782–1852). Er rückte das kindliche Spiel in den Mittelpunkt und führte den Begriff „Kindergarten" ein. Zielgruppe war hier die (klein)bürgerliche Familie. Die Aufenthaltszeiten im Kindergarten waren oft auf zwei Vormittage in der Woche beschränkt und die Bildung des Kindes durch das Spiel stand im Mittelpunkt.

Pfarrer Theodor Fliedner (1800–1864)

Im 20. Jahrhundert verschmolzen die beiden durch Fliedner und Fröbel repräsentierten Traditionen der Kleinkindererziehung miteinander, sodass die Tageseinrichtungen für Kinder heute sowohl eine sozialfürsorgliche als auch eine bildende Aufgabe haben.

Kleinkinderschule um 1850

Im 19. Jahrhundert wurden alle Kleinkinderschulen und Kindergärten von Vereinen, Stiftungen und Orden getragen. Die Kirchengemeinden entdeckten erst langsam ihre Verantwortung für diese Einrichtungen und übernahmen die Trägerschaft vor allem von Kindergärten. Im Jahr 1922 wurde im „Reichsjugendwohlfahrtsgesetz" festgeschrieben, dass freie Träger weiterhin den Vorrang haben sollen und der Staat (bzw. die Kommune) nur dann entsprechende Einrichtungen unterhalten soll, wenn sich kein freier Träger findet. Dieses „Subsidiaritätsprinzip" gilt bis heute.

Aus den Statuten eines Kleinkinderschul-Vereins 1845

§ 1
Der Zweck des Vereins ist die Errichtung und Leitung einer Kleinkinderschule für Kinder von 2 Jahren bis zum schulpflichtigen Alter, welche wegen Armuth, Unfähigkeit oder Beschäftigung der Eltern in Gefahr sind, verwahrlost zu werden.

§ 2
In dieser Anstalt soll dafür gewirkt werden, dass die Kinder vor körperlichen Gefahren, denen sie wegen sonstiger Beschäftigung der Eltern und wegen Mangel an gehöriger Aufsicht oder sorgfältiger Erziehung überhaupt ausgesetzt sind, geschützt, vor übelen Eindrücken möglichst bewahrt, dass ihre körperlichen und geistigen Kräfte geweckt, sie für den Elementarunterricht vorbereitet und vor allem zur Gottesfurcht hingeführt werden.
(Quelle: Gemeindearchiv der Evangelischen Kirchengemeinde Lippstadt)

Reglement einer Kleinkinderschule 1872 (Auszug)

Die Aufgabe der Schule wird es sein, die ihr anvertrauten Kinder leiblich und geistig zu pflegen, ihnen den Mangel häuslicher Erziehung soviel als möglich zu ersetzen und sie schon frühzeitig an Ordnung und Pünktlichkeit, an Zucht und Gehorsam zu gewöhnen. Dem Arbeiterstande, der außerhalb des Hauses sein Brod suchen muß; vielbeschäftigten Hausfrauen, die sich nicht im Stande sehen, ihren Kindern die erforderliche Aufsicht zu widmen, dürfte die Schule als eine besondere Wohlthat zu empfehlen sein.

(Quelle: Gemeindearchiv der Evangelischen Kirchengemeinde Lippstadt)

Vom Waisenhaus zur Heimerziehung

Schon seit dem Mittelalter gab es Waisenhäuser, die oft von Klöstern und kirchlichen Stiftungen gegründet und finanziert wurden. Hier stand die leibliche Versorgung der Kinder und Jugendlichen im Vordergrund. Es gab allerdings immer schon Ansätze zur Bildung und Ausbildung.

Im frühen 19. Jahrhundert entstanden „Rettungsanstalten" für Kinder und Jugendliche. Nun ging es nicht mehr nur um die Versorgung von elternlosen Kindern, sondern auch um die familienersetzende Erziehung von Kindern und Jugendlichen, die zwar noch Eltern hatten, aber nicht in dem nun für notwendig gehaltenen Maße erzogen wurden. So entstand als bekannteste Einrichtung das „Rauhe Haus" in Hamburg unter der Leitung des Pfarrers **Johann Hinrich Wichern** (1808–1881).

Die Rettungsanstalt hat zur Absicht, verwahrlosten Kindern (beiderlei Geschlechts) bis zur Konfirmation eine Zuflucht und diejenige Erziehung zu gewähren, welche die Stelle der elterlichen Fürsorge so viel als möglich vertreten soll *(Wichern, 1833, zitiert nach Schambach).*

Das „Rauhe Haus" in Hamburg

Wichern organisierte die Erziehung der Kinder in familienähnlichen Gruppen zu jeweils zwölf Kindern mit einem Erzieher. Die Individualität der Kinder wurde zum Ausgangspunkt der beginnenden Heimerziehung. „Die christliche Erziehung achtet in jedem Kind dessen Persönlichkeit und Eigentümlichkeit, behandelt das Kind auch demgemäß." *(Wichern 1844, zitiert nach Schambach).* Trotz dieser Hochschätzung der kindlichen Persönlichkeit blieb Wichern den Erziehungszielen verhaftet, die im 19. Jahrhundert allgemein galten. Das Gesamtziel der Erziehung war die Selbststeuerung der jungen Menschen, durch die sie zu „fleißigen, ehrenhaften, treuen, geschickten, stillen, gewissenhaften Arbeitern um das tägliche Brodt" *(Wichern, Johann Hinrich, Jahresbericht)* werden sollten. Die Hochschätzung der Arbeit war ein Merkmal, das sich in den konfessionellen Einrichtungen der Jugendhilfe bis weit in das 20. Jahrhundert fand und oft an Ausbeutung grenzte.

In den 1930er-Jahren passten sich viele kirchliche Heime den pädagogischen Vorstellungen an, die im Nationalsozialismus vertreten wurden. Dies hatte Folgen bis weit über 1945 hinaus, die aus heutiger Sicht kritisch beurteilt werden müssen.

„Gehorsam gegen Eltern, Lehrer und politische Obrigkeit war Jahrhunderte lang unbestrittenes Ziel von Erziehung. Gerade der Nationalsozialismus hatte diesen Gedanken des Gehorsams extrem verstärkt, so dass er in der Nachkriegszeit unvermindert wirksam war. Auch deshalb war das Schlagen in der Schule erlaubt und gängiges Erziehungsmittel. [...]

Die ‚Schwarze Pädagogik', geprägt und verstärkt durch den Zeitgeist, beeinflusste die Pädagogik nicht nur in kirchlichen Heimen, sondern durchaus auch in christlichen Elternhäusern. Sie galt als angemessene Reaktion auf die Sünde bzw. Erbsünde des Menschen. Die theologischen Topoi von Sünde und Erbsünde dienten auch zur theologischen Legitimation einer schwarzen Pädagogik. Von der Schwarzen Pädagogik haben wir uns heute als Kirche klar und deutlich distanziert. Sie war und ist untragbar, ist zutiefst unevangelisch und hatte furchtbare Folgen auch in der Heimerziehung."
(Gäfgen-Track, 2009, S. 67)

Die Heimerziehung war nach dem Zweiten Weltkrieg zu zwei Dritteln in kirchlicher (evangelischer und katholischer) Trägerschaft organisiert. Kirchliche Heime waren wie staatliche Heime bis in die 1970er-Jahre von einem autoritären Erziehungsstil geprägt. Ein Umdenken fand in kirchlichen wie in staatlichen Einrichtungen seit Ende der 1960er-Jahre statt. Dabei konnten die Einrichtungen auf die ursprünglichen Traditionen christlicher Heimerziehung zurückgreifen: Organisation in familienähnlichen Gruppen, Hochschätzung der kindlichen Persönlichkeit und die Unverfügbarkeit der Menschenwürde.

Die Ursprünge der kirchlichen Jugendarbeit

Die christliche Jugendarbeit entstand zunächst unabhängig von den Kirchengemeinden und war vereinsmäßig organisiert. Ab 1823 sind erste „Jünglingsvereine" nachweisbar, die unverheirateten jungen Männern Halt und Orientierung im christlichen Glauben anboten. Der bekannteste Zusammenschluss solcher „Jünglingsvereine" ist der CVJM („Christlicher Verein Junger Männer", in den 1970er-Jahren umbenannt in „Christlicher Verein junger Menschen"). Später entstanden neben der Selbstorganisation jugendlicher Männer auch „Mädchenvereine" christlicher Ausrichtung.

In der Zeit des Nationalsozialismus wurden alle Jugendverbände in die „Hitlerjugend" eingegliedert. Viele christliche Jugendvereine lösten sich deshalb auf und organisierten sich als Jugend der Kirchengemeinde neu.

Nach dem Zweiten Weltkrieg setzten die christlichen Jugendverbände ihre Arbeit in enger Anbindung an die Kirchengemeinden fort, die nun selbst auch als Träger der Jugendarbeit auftraten. In der DDR organisierte die kirchliche Jugendarbeit sich als „Junge Gemeinde" innerhalb der Kirchengemeinden. Eine eigenständige verbandliche Jugendarbeit war hier aus politischen Gründen nicht möglich. Die „Junge Gemeinde" bot gerade den Jugendlichen, die sich dem herrschenden System nicht anpassen wollten, einen wichtigen Schutzraum. Der Widerstand gegen Umweltzerstörung und militärische Erziehung fand in der kirchlichen Jugendarbeit eine Heimat, die auch für viele nicht kirchlich gebundene Jugendliche wichtig wurde.

In Westdeutschland wurden in den 1970er-Jahren sowohl von Verbänden als auch von Kirchengemeinden Formen der Offenen Kinder- und Jugendarbeit eingeführt (Jugendhäuser, Teestuben, Jugendfreizeiten). Seit 1975 entwickelten sich der Deutsche Evangelische Kirchentag und die Katholikentage zu beliebten Treffen von Jugendlichen. Eine besondere Rolle spielt die ökumenische Gemeinschaft von Taizé, an deren Leben viele Jugendliche teilnehmen und die jährliche Jugendtreffen mit internationalem Charakter veranstaltet.

© Ateliers et Presses de Taizé, 71250 Taizé, Frankreich Europäisches Jugendtreffen der Taizé-Gemeinschaft in Genf 2007

Offene Jugendarbeit

Die „Offene Jugendarbeit“ entstand in Westdeutschland als Reaktion auf die Jugendproteste der späten 1960er-Jahre („Studentenrevolte“). Zunächst entstanden selbstverwaltete Jugendzentren und Jugendinitiativen. Mit der Zeit wurden für diese Initiativen Träger gesucht. Das hatte drei Gründe: Einerseits wollte man den Protest kanalisieren, der sich in diesen Jugendzentren entwickelte. Andererseits wollten die Jugendzentren finanzielle Unterstützung – deshalb ordneten sie sich bestehenden Trägern unter, die für eine geordnete Abrechnung der öffentlichen Mittel sorgten. Gleichzeitig wurden erstmals Profis für die Leitung von Häusern der Offenen Arbeit ausgebildet, die einen zuverlässigen Arbeitgeber brauchten.

Zunächst wurde die Tradition der Selbstverwaltung und Selbstorganisation von den evangelischen Trägern positiv aufgegriffen und trotz mancher Konflikte unterstützt. Dabei spielte vor allem die diakonische Motivation eine große Rolle. Benachteiligte und ausgegrenzte Jugendliche sollten in selbstverwalteten Jugendhäusern einen Freiraum zur selbstgesteuerten Entwicklung erhalten. Mit der Zeit entwickelten sich die Jugendhäuser jedoch in unterschiedliche Richtungen. Einige schlossen sich der Protestkultur der 1970er-Jahre an, andere wollten Jugendliche in die Gesellschaft integrieren, wieder andere entwickelten sich zu Zentren einer stadtteilorientierten Jugendsozialarbeit.

In Ostdeutschland entstand in den 1970er-Jahren eine Offene Jugendarbeit innerhalb der evangelischen Kirche. Sie richtete sich zunächst an sozial auffällige Jugendliche, die es nach der offiziellen Sicht des Staates im Sozialismus eigentlich nicht geben durfte. In den 1980er-Jahren wurde diese Offene Jugendarbeit zu einem wichtigen Freiraum für junge Menschen, zumal alle Jugendorganisationen vom Staat kontrolliert wurden. Manche Mitarbeiter, die diese Arbeit ermöglichten, wurden zu Gefängnisstrafen verurteilt. Im Jahr 1983 stellte sich der Bund der Evangelischen Kirchen in der DDR ausdrücklich hinter die Offene Jugendarbeit der Kirchengemeinden. In den letzten Jahren vor der Wende wurde die Offene Jugendarbeit zu einem wichtigen Freiraum, in dem Alternativen zum SED-Staat diskutiert und Widerstandsformen erprobt werden konnten.

2.7.2 Kirchliche Einrichtungen der Kinder- und Jugendhilfe heute

Die Herkunft und Geschichte kirchlicher Einrichtungen der Kinder- und Jugendhilfe prägt auch heute noch das Selbstverständnis. So finden sich die Motive, die zur Entwicklung der Arbeitsfelder in der Vergangenheit geführt haben, auch in aktuellen Konzeptionen und Zielsetzungen:

- diakonisch-karitatives Engagement: Not lindern
- Engagement für Bildung: Die Welt verstehen
- Weitergabe des Glaubens: Orientierung ermöglichen

Die Anbindung kirchlicher Tageseinrichtungen für Kinder an die Kirchengemeinde

Bis in die 1980er-Jahre waren die Kirchen bei der Trägerschaft von Kindergärten in vielen Gegenden Westdeutschlands ohne Konkurrenz. Mittlerweile ist jedoch die Hälfte der Tageseinrichtungen für Kinder in der Trägerschaft von Kommunen und nichtkirchlichen freien Trägern. Dadurch stellt sich die Frage nach dem Besonderen christlicher Einrichtungen. Die Evangelische Kirche in Deutschland hat den engen Bezug zwischen Kirchengemeinde und Tageseinrichtung für Kinder als ein besonderes Merkmal hervorgehoben. Dies gilt auch dann, wenn die kirchlichen Kindergärten in Trägerstrukturen auf übergemeindlicher Ebene organisiert sind. Diese größeren Trägerstrukturen achten weiterhin auf den Bezug zur örtlichen Kirchengemeinde.

„Die evangelische Kindertagesstätte ist ein Teil der Kirchengemeinde und zugleich ein Angebot für alle Kinder und Familien im Wohnumfeld, das zum größten Teil von öffentlichen Mitteln finanziert wird. An dem damit gegebenen Öffentlichkeitsbezug muss sich die pädagogische Arbeit in einer Weise orientieren, die zugleich der christlichen Grundausrichtung gerecht wird. Für die Kirchengemeinde ergibt sich durch diese Situation der Kindertagesstätte an der Nahtstelle von Kirche und Gesellschaft die Chance, mit Familien und Kindern in Kontakt zu kommen, die sonst vermutlich keinen engeren Bezug zur Kirche hergestellt hätten. Diese Spannung zwischen kirchlicher Trägerschaft und öffentlichem Auftrag, zwischen evangelischem Profil und offenem Angebot ist als Chance zu sehen; sie darf deshalb nicht aufgelöst werden. Sie verhindert es, dass die Kindertagesstätte ganz den Interessen der Gemeinde untergeordnet wird oder einseitig als missionarische Einrichtung zur Mitgliedergewinnung gesehen wird. Gegenwärtig werden jedoch die Chancen, die evangelische Kindertagesstätten für die Gemeindeentwicklung bieten, im allgemeinen eher unterschätzt. Als kirchliche Nachbarschaftszentren und offene Räume, in denen Menschen die Kirche als Ort erfahrbarer Lebens- und dann oft auch Glaubenshilfe erleben, können sie wesentlich zu einer zukunftsorientierten Gemeindeentwicklung beitragen.

Nicht selten wird die Kindertagesstätte in den Gemeinden zur Zeit als finanzielle Belastung angesehen. Welche Bedeutung sie dagegen für die Verantwortung der Gemeinde für ihre getauften Kinder hat, wird nicht immer erkannt. Mit der Taufe kleiner Kinder übernimmt die Gemeinde die Verantwortung, Eltern in der christlichen Erziehung zu unterstützen und Hilfen zum eigenen Glauben zu geben. Angesichts der weit verbreiteten Unsicherheit und Hilflosigkeit der Eltern in Fragen religiöser Erziehung bieten Kindertagesstätten vielen Kindern die einzige Chance, religiösen Inhalten und Symbolen, biblischen Geschichten und christlichen Bräuchen zu begegnen. Damit Kinder in ihrer Kindergartenzeit auch gelebter Religion begegnen, ist es sinnvoll, die religiöse Bildung in der Kindertagesstätte mit anderen gemeindlichen Angeboten wie dem Kindergottesdienst, den Kinderbibelwochen oder den Eltern-Kind-Gruppen zu verknüpfen.

Für die Gemeinde bietet die Kindertagesstätte eine Kontaktstelle, um Menschen in ihren religiösen Fragen zu begleiten, die meist nicht zum Gemeindekernbereich gehören. Die Zeit der Elternschaft und die Verantwortung für die eigenen Kinder markieren in der Biographie Erwachsener häufig Phasen, in denen sich verstärkt Fragen nach dem Woher und Wohin stellen. Die Kindertagesstätte ist somit auch eine wichtige Kontaktstelle für die kasuellen Angebote der Kirche. Mit Familiengottesdiensten und Elternabenden, Begrüßungsfesten und Verabschiedungsfeiern bietet die Gemeinde den Eltern während der Kindergartenzeit festliche Gestaltungen, die in einer biographisch sensiblen Phase Begleitung und Vergewisserung signalisieren."
(Rat der EKD, 2004, S. 71 f.)

Seit der Jahrtausendwende wird die Unterstützung von Familien eine zunehmend wichtige Aufgabe für Kindergärten und Kirchengemeinden.

„Ein wesentliches Ziel ist es, Familien bei der Erziehung ihrer Kinder und der Bewältigung ihres Familienalltags zu unterstützen. Dazu gehören die alltagspraktischen Fragen der Kinderbetreuung ebenso wie die Fragen der Sinnstiftung und Identität. Und gerade indem Alltagsfragen und Werteebene zugleich bearbeitet werden können, entstehen tragfähige Lebenskonzepte. In der engen Vernetzung und bedarfsorientierten Weiterentwicklung der unterschiedlichen Angebote und Aktivitäten zu einem evangelischen Familienzentrum liegt die Chance, Menschen in ihren unterschiedlichen Lebenssituationen frühzeitig zu erreichen und ihnen in einem vernetzten System Begleitung und Unterstützung in den unterschiedlichsten Lebenssituationen anbieten zu können. Durch die Vernetzung der Gemeindeeinrichtungen mit den familienrelevanten Institutionen und Diensten im Stadtteil ergeben sich für die Familien Möglichkeiten, mit Gemeindegruppen sowie mit Menschen unterschiedlicher Generationen und ihren jeweiligen Glaubens- und Lebenserfahrungen in Kontakt zu kommen."
(Diakonisches Werk der Evangelischen Kirche von Westfalen, 2008, S. 51)

Jugendhilfe in diakonischer Trägerschaft: Partizipation und Förderung von Potenzialen

Die Einrichtungen der Kinder- und Jugendhilfe in kirchlicher Trägerschaft (Wohngruppen, Intensivgruppen, Tagesgruppen) orientieren sich an einem christlichen Menschenbild, das jeden Menschen als ein Geschöpf Gottes ansieht, dessen Würde und Individualität unbedingt geachtet werden muss. Eine zeitgemäße christliche Erziehung hat zum Ziel, „dass Menschen sich bilden, ihre Identität entfalten und Verantwortung übernehmen und deren Grundlage Liebe, Versöhnung und Gerechtigkeit sind. Christliche Pädagogik ist potentialorientiert, will aber darin einüben, mit Schuld und Scheitern konstruktiv umzugehen. [...] Christliche Pädagogik braucht, um dies leisten zu können, eine hohe Selbstreflexion und muss auch extern immer wieder kritisch geprüft werden." *(Gäfgen-Track, 2009, S. 68)*

Ein Beispiel für die christliche Orientierung von Einrichtungen der Kinder- und Jugendhilfe ist das Leitbild der Graf-Recke-Stiftung in Düsseldorf.

Leitbild der Graf-Recke-Stiftung (Auszüge)

‚Das Leben meistern'
Die Graf Recke Stiftung ist eine der ältesten diakonischen Einrichtungen Deutschlands. Sie wurde 1822 von Adelberdt Graf von der Recke-Volmerstein aus christlicher Nächstenliebe als ‚Gesellschaft der Menschenfreunde zur Rettung und Erziehung verlassener Waisen und Verbrecherkinder' in Düsselthal gegründet. [...]

In unseren heutigen Aufgabenbereichen wollen wir den uns anvertrauten Menschen helfen, ihr Leben zu meistern. Wir orientieren unsere Konzepte an den Menschen und richten unsere Angebote an ihren individuellen Bedürfnissen und Wünschen aus.

Unser Ziel ist es, die Menschen in unseren Einrichtungen in ihren Bedürfnissen und Lebensumständen anzunehmen, zu unterstützen und zu begleiten. [...]

Der Mensch als Ebenbild Gottes
Gott schuf den Menschen als sein Ebenbild. Daher ist jeder Mensch ein einzigartiges, wertvolles und unverfügbares Wesen, ungeachtet seiner Kultur und Weltanschauung, seiner Religion oder seiner besonderen Eigenschaften und Fähigkeiten. Basis ist dabei die unantastbare Würde des Menschen. Unsere Angebote helfen Menschen dabei, ihr Leben zu meistern und ihre individuelle Persönlichkeit selbstbestimmt zu entfalten.

Diakonie als sozialer Dienst der evangelischen Kirche
„Wir erfüllen unseren Auftrag in den Bereichen Erziehung und Bildung, Sozialpsychiatrie und Heilpädagogik sowie Wohnen und Pflege im Geist evangelischer Nächstenliebe. Auf Basis einer lebendigen Tradition handeln wir innovativ und kreativ. Wir passen uns neuen sozialen Herausforderungen an. Unterstützt werden wir in unserer Arbeit von ehrenamtlichen Mitarbeitenden, deren Einsatz wir wertschätzen und fachlich begleiten. Wenn wir an fachliche Grenzen stoßen, nehmen wir qualifizierte Hilfe in Anspruch. [...]"
(Graf-Recke-Stiftung: Das Leitbild der Graf-Recke-Stiftung. In: www.graf-recke-stiftung.de/ueber-uns/leitbild/ [21.03.2019]).

Offene Kinder- und Jugendarbeit heute: christliches Zeugnis am Rand der Kirche

Seit Bestehen der Offenen Jugendarbeit gibt es Spannungen zwischen Jugendhäusern und Kirchengemeinden.

„Gerade weil es in der Offenen Arbeit um die Wiederherstellung von gesellschaftlicher und kirchlicher Partizipation benachteiligter oder an den Rand gedrängter (marginalisierter) Kinder, Jugendlicher (und Erwachsener) geht, wird sie es auch in Zukunft nicht leichter haben, die Spannungen zwischen einer Offenen Kirche und einer, sich noch oft als exklusiv verstehenden Gemeinde zur Sprache zu bringen."
(Amt für Jugendarbeit der Ev. Kirche von Westfalen, 1995, S. 3 f.)

Die christliche Orientierung der evangelischen Jugendarbeit wird als offenes Angebot verstanden. Sie wird von den Mitarbeiterinnen und Mitarbeitern durch ihre Grundhaltung dargestellt und zu besonderen Anlässen, z. B. bei Jahresrückblicken oder Festen auch ausdrücklich angesprochen. Angesichts der religiösen Mischung in Jugendhäusern und der großen Distanz zwischen traditionell kirchlicher Sprache und Jugendlichen erfordert dies eine offene und dialogische Haltung, die auch das interreligiöse Gespräch mit einschließt.

Im Jugendtreff „Shalom" in Lippstadt

„Indem Offene Kinder- und Jugendarbeit konkrete Unterstützungs- und Hilfsangebote bereitstellt, eröffnet sie jungen Menschen (neue) Lebensperspektiven. In ihrer Programmgestaltung, durch das Zusammenwirken des engeren Mitarbeitendenkreises und durch die transparenten Spielregeln alltäglichen Zusammenlebens zeigen die Einrichtungen ihre spezifisch christlichen Werte und bieten sie als sinnstiftende Handlungsorientierung an. Nach außen zeigt sich dies durch einen ungezwungenen Umgang mit spirituellen Fragen, die den Sinn und die Inhalte des religiösen Lebens selbstverständlich zum Thema machen. So kann der Ramadan ebenso Anlass zu einem Fest in der Freizeitstätte sein wie das Weihnachtsfest. Zeugnis vom christlichen Glauben ablegen bedeutet in der Freizeitstätte vor allem: überzeugendes Verhalten der pädagogischen Mitarbeiter/-innen. Jugendliche überprüfen vor allem bei den Mitarbeitenden die Echtheit und Realisierung der eigenen Ansprüche im Alltag. Ihre existenziellen Lebensfragen in vielfältiger Art mit den Antworten des Evangeliums von Jesus Christus in Verbindung zu bringen ist wesentlicher Bestandteil des evangelischen Profils der Offenen Arbeit."

(Langert, in: Kaiser u.a., 2013, S. 426 f.)

Beratungsstellen und Hilfsangebote

Seit den 1970er-Jahren haben sich vielfältige Beratungsangebote herausgebildet, die professionell geleitet werden. Die Finanzierung erfolgt in unterschiedlicher Weise über Mitgliedschaftsbeiträge, staatliche Zuschüsse und Kirchensteuermittel. Für die Arbeit mit Kindern und Jugendlichen sind wichtig: Erziehungsberatung, Ehe- und Lebensberatung, Schwangerschaftskonfliktberatung, Schuldnerberatung, Flüchtlingsberatung, Adoptionsberatung und -vermittlung. Viele dieser Beratungsstellen sind entweder in der Trägerschaft diakonischer Vereine, Anstalten und Werke oder in der Trägerschaft von Dekanaten (Kirchenkreisen) und Landeskirchen.

2.7.3 Organisation von evangelischer Kirche und Diakonie

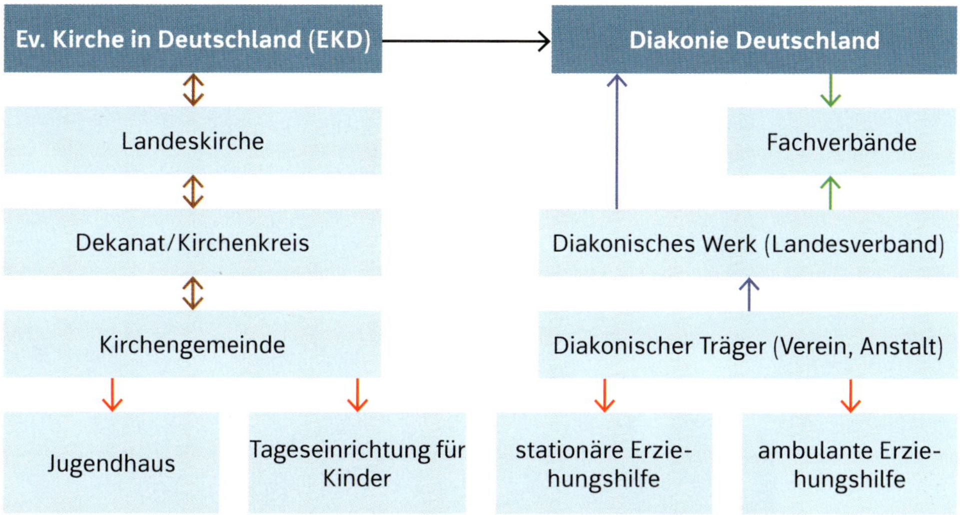

Rot: Trägerschaft
Braun: wählt und kontrolliert
Blau: Mitgliedschaft
Grün: Teilorganisation
Schwarz: schafft den gesetzlichen Rahmen

2.7.4 Kirchliches Arbeits- und Tarifrecht

Die Kirchen haben in Deutschland die Möglichkeit, ihre rechtlichen Angelegenheiten in eigener Verantwortung zu regeln und dabei vom allgemeinen staatlichen Recht abzuweichen.

Artikel 140 Grundgesetz nimmt den Artikel 137 der Weimarer Reichsverfassung auf, in dem festgelegt ist:

Jede Religionsgesellschaft ordnet und verwaltet ihre Angelegenheiten selbständig innerhalb der Schranken des für alle geltenden Gesetzes.

Aus dieser Bestimmung folgt, dass die Kirchen ihr eigenes Arbeitsrecht und Tarifrecht gestalten können, wenn dieses den allgemeinen Anforderungen des staatlichen Rechts entspricht. So gibt es in den Kirchen ein eigenes Mitarbeitervertretungsrecht. Im Tarifrecht bestehen für die evangelische Kirche und die Diakonie zwei Möglichkeiten.

Der „Dritte Weg", der von den meisten kirchlichen Trägern angewandt wird, geht von einer „Dienstgemeinschaft" zwischen „Dienstnehmern" und „Dienstgebern" aus. Beide Gruppen entsenden eine gleiche Anzahl von Vertreter/-innen in eine „arbeitsrechtliche Kommission", in der über Gehälter, Urlaubsansprüche, Eingruppierungen usw. entschieden wird.

Einige Landeskirchen und diakonische Einrichtungen haben Tarifverträge mit Gewerkschaften abgeschlossen, wie dies außerhalb des kirchlichen Bereichs normal ist. Diese Tarifverträge sollen aber „kirchengemäß" sein. Dies bedeutet, dass die Vertragspartner auf die Mittel des Arbeitskampfes (Streik und Aussperrung) verzichten.

3 Religion vermitteln – Praxisfelder religiöser Bildung

3.1 Biblische Texte verstehen und gestalten

Christus auf dem See Genezareth (Eugène Delacroix, 1853)

Auch wenn wir es oft nicht mehr wahrnehmen, so hat doch die Bibel unseren Kulturraum tief geprägt. In Film, Kunst, Literatur und Musik finden wir Anspielungen oder Übertragungen biblischer Themen in unsere Zeit. Die Bibel ist ein Buch mit Geschichten voller Erfahrungen zwischen den Menschen sowie zwischen Gott und Mensch, die Menschen je nach Alter und Lebensumständen machen. Es gibt gute und schlechte Erfahrungen, die erzählt werden, und es gibt vor allem Erzählungen, die Mut machen und Hoffnung geben. In der Bibel finden wir Geschichten von überschwänglicher Freude und von tiefer Trauer, von Freundschaft und Liebe, von Streit und Versöhnung, von festem Glauben und großem Zweifel, von Krieg und Frieden, von zerplatzten Träumen und erfüllten Hoffnungen, von großer Not und unerwarteter Rettung. All diese Geschichten wurden über Jahrhunderte hinweg gesammelt und zunächst mündlich weitererzählt, bis sie später schriftlich fixiert wurden. Wir finden in der Bibel Familiengeschichten, Gebete, Weisheitssprüche, Briefe, Gleichnisse, Lehrtexte und viele weitere Literaturgattungen.

Nach wie vor gehört die Bibel zu den meistverkauften Büchern der Welt, aber nicht zu den meistgelesenen, da sie für viele eher ein „Buch mit sieben Siegeln“ ist als ein leicht zu konsumierender Bestseller. Dieses Kapitel möchte Sie an die Bibel, ihren Aufbau, an einige wichtige Beispieltexte sowie an Möglichkeiten der Umsetzung von biblischen Texten in Ihrer Arbeit heranführen und Sie neugierig machen, die „alten“ Texte „neu“ zu entdecken und für den beruflichen Alltag zu erschließen.

In diesem Kapitel erwerben Sie folgende ***Kompetenzen:***

- *Sie haben ein vertieftes Wissen über Entstehung, Aufbau und zentrale Inhalte der Bibel.*
- *Sie verfügen über die Fertigkeit, biblische Texte sachgemäß zu erschließen und diese für Kinder, Jugendliche und junge Erwachsene ansprechend zu gestalten.*
- *Sie haben die Fertigkeit, Kinder- und Jugendbibeln kritisch zu betrachten und sinnvoll einzusetzen.*

Beispiele:

Die Erzieherinnen eines evangelischen Kindergartens in einer Kleinstadt nehmen das gute Wetter im Frühjahr zum Anlass, um mit den Kindern einen Wald- und Wiesenspaziergang zu machen. Dabei beobachten sie, dass einige Kinder ihre Umwelt genau betrachten, vorsichtig Zweige, Blätter oder auch kleine Tiere anfassen, während andere Kinder Äste von den Büschen abreißen und damit wild um sich schlagen. Bei der nächsten Teamsitzung tauschen sich die Erzieherinnen über ihre Beobachtungen aus und beschließen, in nächster Zeit das Thema „Unsere Umwelt – Gottes Schöpfung" mit den Kindern zu behandeln.

In Ihrer kirchlichen Jugendgruppe (gemischt aus zehn Jungen und Mädchen) beobachten Sie, dass sich Lilian (16 Jahre) in Daniel (18 Jahre), der allerdings eine feste Freundin hat, verliebt hat. Lilian kann nur schwer mit der Zurückweisung umgehen. Daniel fühlt sich daran erinnert, dass sein Vater die Familie wegen einer anderen Frau verlassen hat. Sie planen, anhand biblischer Geschichten zum Thema „Liebe und Freundschaft" mit den Jugendlichen zu arbeiten.

Der Kirchenvorstand der evangelischen Kirchengemeinde möchte, dass sich auch der Kindergarten am Reformationsfest beteiligt. Das Kindergartenteam kommt zu dem Entschluss, die Bibel in den Mittelpunkt ihrer Vorbereitungen und der nachfolgenden Präsentation zu stellen.

Die Bibel besteht aus vielen verschiedenen Einzelbüchern. Eine Bibelstelle wird immer folgendermaßen angegeben:
Name des Buches (oft in einer Abkürzung), Kapitel, Vers.
Beispiel: Gen 1,1–2,4a meint: Buch Genesis Kapitel 1, Vers 1 bis Kapitel 2, Vers 4 erster Teil.

Aufgaben

1. *Legen Sie sich ein Bibeltagebuch an, indem Sie pro Woche einen biblischen Text lesen und sich zu folgenden Stichpunkten Notizen machen:*
   - *Textstelle, z. B. Lk 2,1–20*
   - *Überschrift für die Textstelle*
   - *Wer sind die Hauptpersonen?*
   - *Welche Gefühle bewegen diese Personen und was tun sie?*
   - *Was gefällt Ihnen an dem Text, was nicht?*
   - *Wo benötigen Sie Hintergrundwissen (hier können Sie dann Ihre Religionslehrkraft befragen)?*
   - *Welche Lebenswelt von Kindern bzw. Jugendlichen wird angesprochen?*
2. *Sammeln Sie Ideen für die Arbeit mit dieser Erzählung.*
   Weitere Textstellen für das Bibeltagebuch könnten z. B. sein: Gen 12,1–9, 1. Kön 19,1–8, Mt 14,13–21, Lk 15,1–7 und Mk 4,35–41.

3.1.1 Was kann die Bibel heute sagen?

Aufgaben

1. *Vervollständigen Sie folgende Sätze für sich und tauschen Sie sich darüber in der Klasse oder in einer Kleingruppe aus:*
   - *Wenn ich Kindern eine biblische Geschichte erzähle, möchte ich, dass ...*
   - *Wenn ich mit Kindern oder Jugendlichen zu einer biblischen Geschichte arbeite, möchte ich, dass ...*
2. *Als heiliges Buch im Islam darf der Koran nie auf den Fußboden gelegt werden. Er soll mindestens auf Kniehöhe liegen. Was bedeutet dies für unseren Umgang mit der Bibel?*

Biblische Geschichten können unterschiedlich gedeutet werden. Man kann sie als heilige Texte lesen, die zum Glauben anleiten wollen, aber auch als Sachtexte, die Informationen über das Leben der Menschen vor langer Zeit in der Region Israel/Palästina vermitteln. In den letzten Jahrzehnten haben sich unterschiedliche Ansätze herausgebildet, nach denen man Bibeltexte interpretieren und verstehen kann. Abhängig vom gewählten Ansatz wird man unterschiedliche Ergebnisse erzielen:

Turmbau zu Babel (Pieter Brueghel d. Ä., um 1525)

historisch-kritische Auslegung	Sie fragt, wie, wann und wo die Texte entstanden sind und was sie den Menschen der damaligen Zeit in deren Lebensumständen sagen wollten. Sie versucht, Grundlinien in den Texten zu erkennen, die nicht zeitgebunden sind und auch heute noch gelten können.
tiefenpsychologische Auslegung	Sie geht davon aus, dass es neben einer Sachebene noch eine Gefühlsebene gibt, die sowohl die damaligen Menschen als auch uns heute betrifft und möglich macht, dass heutige Leser sich in den biblischen Gestalten und ihren Erfahrungen wiederfinden können.
feministische Auslegung	Sie liest die biblischen Texte aus dem Blickwinkel von Frauen, die eine lange Erfahrung damit haben, an den Rand der Gesellschaft gedrängt zu werden. Sie macht deutlich, dass die Texte ursprünglich aus einer patriarchalischen Gesellschaft kommen und fragt nach ihrer Bedeutung für Menschen, die Unterdrückung und Benachteiligung erfahren haben und heute noch erfahren.

befreiungstheologische Auslegung	Sie geht davon aus, dass Gott den Armen und Schwachen zur Seite steht und sie in die Fülle und Freiheit des Lebens führen will. Sie versteht die biblischen Texte als Aufforderung zum Handeln.
biblizistische Auslegung	Sie legt Wert darauf, dass in der Bibel Tatsachen erzählt werden, die im historischen Sinn wahr sind. Die Bibel gilt als Autorität, die nicht hinterfragt werden darf. Die biblizistische Auslegung fragt vor allem nach dem Glauben, der heutzutage in Menschen entsteht, wenn sie der Bibel vertrauen.

3.1.2 Was die Bibel Kindern heute sagen kann – zentrale und exemplarische Texte

Aufgaben

1. *Welche biblische Geschichte haben Sie als Kind besonders gern gemocht?*
2. *Was hat Ihnen daran gefallen?*
3. *Welche Geschichte war Ihnen schon immer unverständlich?*

Wenn Kinder biblische Geschichten hören, lesen, spielen usw.,,,

- *wachsen sie in die Vielfalt des menschlichen Lebens hinein.*
- *erfahren sie Vertrauen und Zuspruch.*
- *werden sie in ihrer Persönlichkeit gestärkt.*
- *entwickeln Sie eigene Gottesvorstellungen.*
- *erleben sie in verschiedenen Lebenssituationen Halt bei Gott.*
- *identifizieren sie sich mit den biblischen Gestalten und ihren Erfahrungen.*
- *erkennen sie Werte und Normen, die gelingendes gemeinschaftliches Leben ermöglichen.*
- *lernen sie, sich in andere Lebenswelten, Kulturen, Religionen und Zeiten hineinzuversetzen.*
- *lernen sie Grundlagentexte unseres Kulturraumes kennen und wachsen in diese Tradition hinein.*

Beispiele aus dem Alten Testament

Schöpfung

Kinder nehmen die Natur um sich herum, aber auch sich selbst wahr und fragen nach dem Ursprung: Woher komme ich? Gerade das durchs Wort schaffende Handeln Gottes in der ersten Schöpfungserzählung wird im magischen Denken der Kinder als Selbstverständlichkeit angenommen und verstanden. Zudem bieten die klare Struktur und die regelmäßigen Wiederholungen nach den einzelnen Schöpfungstagen den Kindern Halt und Orientierung. Sie dürfen sich selbst als gute und geliebte Geschöpfe Gottes verstehen und erfahren zudem, dass sie verbunden sind mit allen Menschen auf dieser Welt und eine Verantwortung für die Tiere und Pflanzen in Gottes Schöpfung haben.

Mit zunehmendem Alter wird der Schöpfungsgedanke anhand naturwissenschaftlicher Erkenntnisse immer wieder reflektiert werden müssen. Dennoch bleibt die Frage nach dem eigenen Platz im Leben und der Verantwortung in einer globalen Gesellschaft für Mensch, Tier und Natur bestehen.

„Am Anfang [...]“ sind im Buch Genesis, dem ersten biblischen Buch, zwei ganz verschiedene Schöpfungserzählungen niedergeschrieben. Schon die offensichtlichen Unterschiede im Aufbau, Sprachstil und Gottesbild lassen erkennen, dass es spätestens bei der Zusammenstellung der Texte nicht nur um Erklärungen zur Entstehung der Welt ging, sondern um grundsätzliche Fragen nach dem Sinn des Lebens.

Die erste Schöpfungserzählung der Bibel (Gen 1,1–2,4a) entstand im antiken Babylon, dem heutigen Irak. Das Volk Israel war dorthin verschleppt worden. Diese Zeit nennt man das „babylonische Exil“ (586–538 v. Chr.). Klar gegliedert baut der Verfasser (oder die Verfassergruppe) diese Schöpfungserzählung wie einen Hymnus, ein Loblied, auf. Gott, der Schöpfer, hat alles gut eingerichtet und wird für seine Schöpfung gelobt. So will die erste Schöpfungserzählung helfen, auf die Sinnfragen des Lebens Antwort zu bekommen.

Die erste Frage ist die nach dem Ursprung aller Dinge. Aus dem Chaos (hebräisch: Tohuwabohu) schafft Gott (hebräisch: Elohim) Ordnung in der Welt, in der alles „sehr gut“ angelegt ist. Während in altorientalischen Schöpfungsmythen die Welt aufgrund eines Götterkampfes entsteht, erschafft hier Gott alles allein durch sein Wort. Damit grenzt sich der biblische Autor von Vorstellungen anderer Völker ab, wonach mehrere Gottheiten am Schöpfungswerk beteiligt sind. Er orientiert sich gleichzeitig am altorientalischen Weltbild: Die Erde ist eine Scheibe, der Himmel ist ein festes Gewölbe über der Erde und dem Meer.

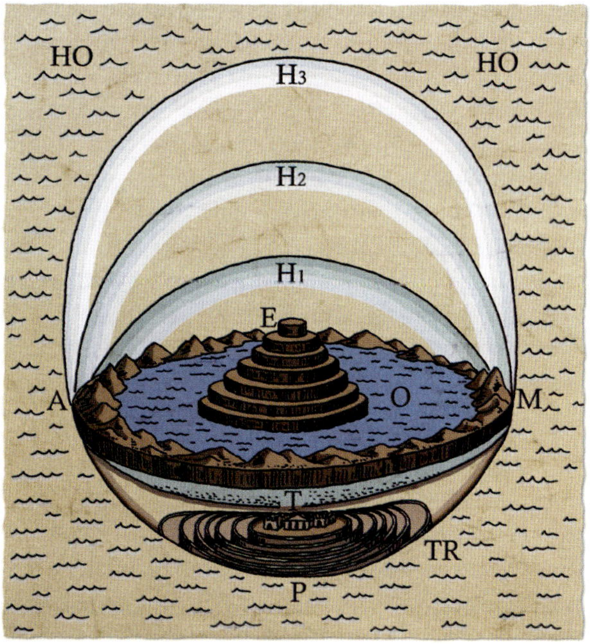

Babylonisches Weltbild: E = Erde; H1, H2, H3 = 1., 2. und 3. Himmel; HO = Himmlischer Ozean; O = Irdischer Ozean; T = Tiefe des Irdischen Ozeans; A = Abend (Westen), Berg des Sonnenuntergangs; M = Morgen (Osten), Berg des Sonnenaufgangs; TR = Die sieben Mauern und der Palast (P) des Totenreichs

Indem Gott an den ersten drei Schöpfungstagen das Chaos beseitigt und Ordnung schafft (Trennung und Struktur), wird die Balance in der Schöpfung hergestellt: Am ersten Tag erfolgt die Trennung von Licht und Finsternis, Tag und Nacht; am zweiten Tag die Trennung von Oben und Unten, Himmel und Erde, mit dem Gewölbe dazwischen; am dritten Tag die Trennung von Wasser und Trockenem, Meer und Land.

Die zweite Frage ist die nach der Vielfalt des Lebens auf der Erde und am Himmel. Die einzelnen Lebensräume haben ihre Ordnung und ihre Reihenfolge. Am dritten Tag werden die Pflanzen, Sträucher und Bäume geschaffen; am vierten Tag erschafft Gott die Zeichen Sonne, Mond und Sterne am Himmel, am fünften Tag die Tiere im Wasser und in der Luft und am sechsten Tag die Landtiere und die Menschen. Auffällig ist die Erschaffung der Himmelskörper nach den Pflanzen und nach dem Licht, das bereits am ersten Schöpfungstag da war. Der Verfasser gibt uns eine naheliegende Erklärung für diese Auffälligkeit: Auch die Himmelskörper sind Geschöpfe Gottes. Dies steht in klarem Gegensatz zu dem Glauben der Menschen in Babylon, die die Himmelskörper selbst für Gottheiten hielten.

Die dritte Frage ist die nach der Bestimmung des Menschen. Während der Mensch in den babylonischen Mythen als Sklave für die Götter erschaffen wird, wird ihm in der ersten Schöpfungserzählung durch seine Ebenbildlichkeit mit Gott eine besondere Würde verliehen. In ihm spiegelt sich etwas von Gottes Glanz wider und er hat als Partner Gottes teil an seiner Herrschaft sowie an der Verantwortung gegenüber der Schöpfung. Der Mensch darf in Gemeinschaft mit Gott leben. Als Ebenbild Gottes geschaffen, gibt es keine Unterschiede bezüglich Geschlecht, Herkunft, Hautfarbe und Sprache. Alle Menschen haben dieselbe Würde, dasselbe Ansehen. Von Gott hat der Mensch den Auftrag bekommen, über die Erde zu herrschen, mit allem, was zu ihr gehört. Die Menschen tragen damit Verantwortung für das, was ihnen anvertraut ist. Der Auftrag „Seid fruchtbar und mehret euch“ fordert die Menschen auf, selbst schöpferisch tätig zu sein, Leben weiterzugeben und damit das Werk des Schöpfers fortzusetzen.

Erzählfigur: „[...] und siehe, es war sehr gut“ (Gen 1,31) – Erzählen mit einer Handpuppe

Die vierte Frage ist die Frage nach dem, worauf ich mich im Leben verlassen kann. Am siebten Tag ruht Gott von all seinen Werken und schafft damit Raum und Zeit für die Begegnungen zwischen Gott und Mensch sowie den Menschen untereinander. Den Alltag ablegen, zur Ruhe kommen, zu sich selbst finden, zu Gott als dem Ursprung kommen: Das ist Gottes großes Angebot der Freundschaft, der Partnerschaft an den Menschen.

Praxisanregung

Eine Erzählung der Schöpfungsgeschichte kann für Kinder im Kindergartenalter und Grundschulalter mit dem Lied „Du hast uns deine Welt geschenkt" verbunden und vertieft werden.

Du hast uns deine Welt geschenkt

(Melodie: Detlev Jöcker, Text: Rolf Krenzer, © Menschenkinder Verlag Münster)

Dieses Lied kann sehr schön mit passenden Bewegungen untermalt werden (vgl. dazu Kapitel 3.2.2).
In den Strophen 2 bis 7 werden die Wörter „den Himmel, die Erde" durch folgende Begriffe ersetzt: Str. 2: „die Länder, die Meere"; Str. 3: „die Berge, die Täler"; Str. 4: „die Blumen, die Bäume"; Str. 5: „die Sonne, die Sterne"; Str. 6: „die Vögel, die Fische"; Str. 7: „die Tiere, die Menschen".

Die Geschichte von der Arche Noah: Gen 6–9

Schon Kinder nehmen die Natur sowohl als bedrohend als auch als bedroht wahr. Die Erzählung von der großen Sintflut und der Rettung in der Arche Noah, die auch im Koran überliefert ist, nimmt diese Realität auf. Fluterzählungen sind uralte Überlieferungen, die sich in vielen Kulturen auf der ganzen Welt finden. Sie berichten von einer Katastrophe, die fast alles Leben vernichtet und in deren Folge doch wieder neues Leben möglich wird.

Während sich in den außerbiblischen Fluterzählungen ein zerstörender und ein rettender Gott gegenüberstehen, findet sich in der Arche-Noah-Erzählung die Einmaligkeit, dass der wütende Gott über sein Verhalten selbst so entsetzt ist, dass er verspricht, in Zukunft die Menschheit und ihre Umwelt zu bewahren. Ein Gott, der in der Lage ist, sein Verhalten zu korrigieren, kann dies auch vom Menschen erwarten. Von daher gehören Reue und Vergebung, Buße (Einsicht über Verfehlungen und auch Wiedergutmachung) und Neuanfang zu den Grundlagen des biblischen Gott-Mensch-Verhältnisses.

Während für kleinere Kinder vor allem die wunderbare Rettung in der Arche eine Rolle spielt, stellen sich in der Diskussion mit Jugendlichen zusätzlich die Fragen: Wird alles Leben auf der Erde zu Ende gehen? Und inwieweit tragen wir durch unser Verhalten, unseren Lebensstil dazu bei?

So beschäftigte Menschen die Frage, wie es sein kann, dass es nach der Sintflut immer noch das Böse in der Welt geben kann, wenn doch alles vernichtet wurde und nur ein Gerechter samt Familie und den Tieren gerettet wurde. Ein jüdischer Gelehrter hat dafür eine wundersame Erklärung: Als die Bosheit zur Arche kam, wies Noah sie mit dem Hinweis ab, dass immer nur Paare die Arche betreten dürften. Da suchte die Bosheit sich die Lüge und zusammen konnten sie die Arche betreten.

Biblische Gebote

Schon die Kleinsten erfahren, dass sie bestimmte Dinge tun dürfen und andere nicht. Während Kinder zunächst Regeln in der Familie oder anderswo als gegeben hinnehmen, entwickelt sich mit der Unterscheidung zwischen „gut" und „böse" ein moralisches Verständnis, welches wir Gewissen nennen. In der Auseinandersetzung mit anderen erleben Kinder auch Verletzungen und das Überschreiten persönlicher Grenzen.

Die biblischen Gebote – besser Weisungen genannt – bieten in unserem Kulturraum die Grundlagen für die Entwicklung eines eigenen ethischen Verständnisses und einer allgemeinen Gesetzgebung.

Mose empfängt die Gesetzestafeln (Marc Chagall, 1966)

„Du sollst deinen Nächsten lieben wie dich selbst."
(Lev 19,18b)

Das höchste jüdische Gebot, das der Nächstenliebe, umfasst den Sinn vieler Gebote, die wir im Alten Testament finden. Dieses Gebot findet sich in Lev 19,18b und wird im Neuen Testament in Lk 10,25–37 aufgegriffen. Während die ältesten Gebotstexte vor allem Gebote zu speziellen Fragen der Lebensführung und des Gottesdienstes (Speisegesetze, Ritualgesetze) enthielten, setzte sich mit dem Gebot der Nächstenliebe und den

Zehn Geboten der Blick auf allgemein gültige Normen durch, die für ein gerechtes und für alle gleichermaßen gelungenes Leben grundlegend sind. Es geht dabei um folgende grundsätzliche Intentionen (vgl. Harz, 2006): den Schutz [...]

- der Gottesebenbildlichkeit,
- der Zeit,
- des Zusammenlebens,
- des Lebens an sich,
- des Eigentums und
- des Vertrauens.

Aufgabe

Suchen Sie sich drei bis vier weitere Personen. Jede schreibt auf ein Blatt Papier drei Lebensregeln, die sie für unverzichtbar für ein gelingendes Leben hält. Anschließend tauschen Sie sich über Ihre Ergebnisse aus und reduzieren Ihre Regeln auf drei, die für alle in der Gruppe gelten.

Psalmen

Psalmen sind Gebete oder auch Lieder, die sowohl von Einzelnen als auch von Gruppen im Gottesdienst gesprochen werden. Die meisten finden sich im Buch der Psalmen. Viele von ihnen werden König David zugesprochen, auch wenn man heute weiß, dass sie von anderen Dichtern oder Dichtergruppen stammen. Der bekannteste Psalm ist Ps 23 „Der gute Hirte". Eine Besonderheit der jüdisch-christlichen Gebetstradition ist, dass es nicht nur das Dank-, Lob- oder Fürbittengebet gibt, sondern auch das Gebet des Verzweifelten, des Zweifelnden und des Klagenden – bis hin zur Anklage Gottes. Ganz gleich, ob Gott gepriesen oder angeklagt wird, immer geht es im Gebet um die Auseinandersetzung, um das Gespräch zwischen Gott und Mensch. Der Mensch wendet sich an Gott und hofft darauf, dass Gott ihn hört und ihm wie auch immer antworten möge. Die anschauliche Bildsprache der Psalmen erleichtert es Kindern, sich in ihnen wiederzufinden und ihren eigenen Gefühlen, Wünschen und Hoffnungen Ausdruck zu verleihen.

Thorarolle

Der gute Hirte

„‚Ein Psalm Davids.' Der HERR ist mein Hirte, mir wird nichts mangeln.
Er weidet mich auf einer grünen Aue und führet mich zum frischen Wasser.
Er erquicket meine Seele. Er führet mich auf rechter Straße um seines Namens willen.
Und ob ich schon wanderte im finsteren Tal, fürchte ich kein Unglück;
denn du bist bei mir, dein Stecken und Stab trösten mich.

Du bereitest vor mir einen Tisch im Angesicht meiner Feinde.
Du salbest mein Haupt mit Öl und schenkest mir voll ein.
Gutes und Barmherzigkeit werden mir folgen mein Leben lang,
und ich werde bleiben im Hause des HERRN immerdar."
(Psalm 23)

Die Bücher des Alten Testaments

- Die Geschichtsbücher:

Genesis (Gen)
Exodus (Ex)
Levitikus (Lev)
Numeri (Num)
Deuteronomium (Deut)
Josua (Jos)
Richter (Ri)
Ruth (Ru)
1./2. Samuel (1./2. Sam)
1./2. Könige (1./2. Kö)
1./2. Chronik (1./2. Chr)
Esra (Esr)
Nehemia (Neh)
Esther (Esth)

- Die Lehrbücher:

Hiob (Hi)
Psalmen (Ps)
Sprüche (Spr)
Prediger (Pred)
Hoheslied (Hhld)

- Die prophetischen Bücher:

Jesaja (Jes)
Jeremia (Jer)
Klagelieder (Klg)
Ezechiel (Ez)
Daniel (Dan)
Hosea (Hos)
Joel (Joe)
Amos (Am)
Obadja (Ob)
Jona (Jo)
Micha (Mi)
Nahum (Nah)
Habakuk (Hab)
Zephania (Zeph)
Haggai (Hag)
Sacharja (Sach)
Maleachi (Mal)

Beispiele aus dem Neuen Testament

Das Neue Testament beginnt mit den vier Evangelien (Markus, Matthäus, Lukas, Johannes), die vom Leben und Wirken Jesu auf verschiedene Art und Weise mit unterschiedlichen Schwerpunkten erzählen. Dabei geht es ihnen nicht darum, eine historisch richtige Biografie zu verfassen, sondern Jesu Auslegung der Thora und seine Verkündigung des Gottesreiches weiterzutragen. Die Apostelgeschichte schließt sich an und berichtet über die Entstehung der ersten christlichen Gemeinden und ihre Verbreitung in der Welt bis zur Reise des Paulus nach Rom, dem Mittelpunkt der damaligen Welt. Darauf folgt eine Sammlung von Briefen, die sich mit theologischen Fragen auseinandersetzen, erzählen, loben, mahnen und zum Glauben einladen. Als letztes Buch nimmt die Offenbarung des Johannes den Erzählfaden wieder auf, um den unter Verfolgungen leidenden Christen einen ermutigenden Blick auf das Ende der Zeiten zu geben. Die neutestamentlichen Bücher sind zwischen den Jahren 60 und 120 n. Chr. niedergeschrieben worden; seit dem 4. Jahrhundert ist der jetzige Kanon festgeschrieben.

Die Geschichten von Jesu Geburt

Während das Markusevangelium und das Johannesevangelium keine Geburtsgeschichte Jesu kennen, sondern Jesu Wirken mit seiner Taufe beginnen lassen, nehmen Matthäus und Lukas die jüdische Tradition der Kindheitsgeschichten auf.

Dem Evangelisten Matthäus war bei seiner Überlieferung der Geburtsgeschichte Jesu wichtig, dass Jesus Nachfahre einer alten Familie israelitischer Könige und Propheten und somit der angekündigte Messias ist und dass Jesus nicht nur zu den Juden gekommen ist, sondern auch zu den Menschen, die einen anderen Glauben hatten. Deshalb erwähnt er die heidnischen Frauen im Stammbaum Jesu und die drei Weisen aus dem Morgenland.

Dem Evangelisten Lukas war bei seiner Geburtsgeschichte wichtig, dass Jesus nicht aus einer reichen Familie kam, sondern wusste, wie es ist, arm und obdachlos zu sein.

Beide betonen, dass Jesus der Gesandte und Sohn Gottes ist und damit der erwartete jüdische Messias. Sein Leben und Wirken wird die Welt verändern; es wird alte Ordnungen auf den Kopf stellen.

Auch im Koran wird eine Geburtsgeschichte Jesu erzählt. Dort wird Jesus in einer Oase unter einer Palme geboren.

Informationen zum Weihnachtsfest und Ideen zur Gestaltung finden Sie in Kapitel 3.2.3.

Aufgaben

1. *Welche typischen Gestalten und Gegenstände gehören für Sie zu einer Weihnachtskrippe? Schreiben Sie diese auf und lesen Sie die Geburtsgeschichten Lk 2,1–20 und Mt 1,18–2,12. Anschließend ordnen Sie Ihre Gestalten und Gegenstände den Evangelien zu. Welche finden Sie bei Matthäus, welche bei Lukas und welche eventuell gar nicht?*
2. *Vergleichen Sie die Geburtsgeschichte Jesu aus der Bibel mit der im Koran (Sure 3,42–47 und Sure 19,16–35).*

Praxisanregung

Jugendliche und junge Erwachsene verbinden die Weihnachtsgeschichte während ihrer Kindheit zwar oft noch mit gemütlichem Beisammensein in der Familie, finden jedoch keinen Bezug zu ihrem gegenwärtigen Leben. Eine Möglichkeit, die biblischen Texte in der Gegenwart sprechen zu lassen, ist der Bibliolog, der in die Identifikation mit biblischen Gestalten hineinführt und diesen durch die Teilnehmenden Sprache verleiht. So lassen sich nach dem Verlesen der Verkündigungsgeschichte (Lk 1,26–38) z. B. nacheinander folgende Fragen stellen, deren Antworten nicht kommentiert oder gewertet werden: „Ihr alle seid Maria. Jede und jeder von euch ist Maria. Maria, du bist eine junge Frau. Du bist schwanger von einem Mann, der nicht dein Freund ist. Maria, wie geht es dir? Was wirst du machen?" Nachdem alle Antworten in Ruhe abgewartet worden sind, wird in die nächste Figur eingeführt: „Ihr alle seid Josef. Josef, das Mädchen, das du liebst, ist schwanger. Du bist nicht der Vater. Der Vater des Ungeborenen hat sich aus dem Staub gemacht. Josef, wie geht es dir? Was wirst du tun?"

Krippenszene mit Erzählfiguren

Gleichnisse

Immer wieder erzählt Jesus seinen Jüngern und Jüngerinnen Gleichnisse, in denen er Bilder aus seiner – vor allem landwirtschaftlich geprägten – Umwelt aufgreift. Die alltäglichen Erfahrungen werden so verbildlicht, um anschaulich von Gottes Wirken in der Welt zu erzählen. Auch wenn die Zuhörerinnen und Zuhörer Jesu nicht alle Bilder verstehen, so verweisen die Alltagserfahrungen und gegenstände auf eine verborgene, tiefere

Wirklichkeit. Während die Gleichnisse vom Reich Gottes erzählen, wollen sie zugleich deutlich machen, dass es schon beginnt, mitten im Alltag. Die Sprache der Gleichnisse möchte den Zuhörer ermutigen, auch bei sich selbst nach einem Anknüpfungspunkt zu suchen. Der Schatz, die Perle, die im Gleichnis beschrieben werden – das sind Möglichkeiten, ungeahnte Fähigkeiten, die jeder in sich selbst entdecken kann. Beim Erzählen von Gleichnissen führt man Kinder in die Tiefendimension des Daseins; sie werden eingeladen, ihr Innerstes, ihre Fähigkeiten und Wünsche zu entdecken und zu entwickeln. Die Auseinandersetzung mit dem Sinn von Gleichnissen und ihren Inhalten spielt im Jugendalter eine stärkere Rolle.

Gleichnisse finden wir in allen Evangelien, z. B. bei Matthäus in den Kapiteln 13, 20 bis 22 und 25, bei Lukas in den Kapiteln 8, 10, 12 und 15 bis 18.

Vom Senfkorn

„[Jesus] aber sprach: Wem gleicht das Reich Gottes, und womit soll ich's vergleichen? Es gleicht einem Senfkorn, das ein Mensch nahm und in seinen Garten säte; und es wuchs und wurde ein Baum, und die Vögel des Himmels wohnten in seinen Zweigen."
(Lk 13,18–19)

Wunder

Zu den Wundergeschichten gehören alle Erzählungen, in denen etwas passiert, was den (modernen) Naturgesetzen widerspricht. Dies sind vor allem Heilungsgeschichten, Totenauferweckungen und die Beherrschung von Naturgewalten. Kinder, die noch im magischen Denken verhaftet sind, haben meist keine Probleme mit diesen Erzählungen, sondern nehmen sie begeistert auf, spielen sie nach und erzählen sie weiter. Wenn man die religiöse Entwicklung nach Fowler (siehe Kapitel 2.4.1) zugrunde legt, sollte man Kindern Wundergeschichten ohne kritische Distanz erzählen. Die Forschungen von Szagun (siehe Kapitel 2.4.1) legen hingegen nahe, dass man Kindern durchaus Alternativen zu einem wörtlichen Verständnis anbieten sollte. Jugendliche hinterfragen in aller Regel von sich aus den Wahrheitsgehalt dieser Geschichten.

Die Stillung des Sturms

„Und [Jesus] stieg in das Boot, und seine Jünger folgten ihm. Und siehe, da erhob sich ein gewaltiger Sturm auf dem See, sodass auch das Boot von Wellen zugedeckt wurde. Er aber schlief. Und sie traten zu ihm, weckten ihn auf und sprachen: Herr, hilf, wir kommen um! Da sagte er zu ihnen: Ihr Kleingläubigen, warum seid ihr so furchtsam? Und stand auf und bedrohte den Wind und das Meer. Da wurde es ganz stille."
(Mt 8,23–26)

Praxisanregung

Ein einfacher Einstieg in das Thema ist z. B. mit der Geschichte vom blinden Bartimäus (Mk 10,46–52) möglich. Ein Kind sitzt mit verbundenen oder geschlossenen Augen auf dem Boden, die anderen laufen abwechselnd langsam und schnell, hart und weich auftretend, sprechend und auch schweigend herum. Anschließend folgt eine Auswertung der Erfahrung in der Gruppe. (Siehe hierzu auch Kap. 2.3.4, Bartimäus – eine Bibelauslegung.)
Im Bibliodrama werden biblische Geschichten lebendig dargestellt und mit heutigen Erfahrungen verbunden, indem sie sowohl nachgespielt als auch neu interpretiert werden. Die Geschichten werden frei weitergespielt und mit Szenen aus dem eigenen Leben verknüpft. Dabei werden nicht nur die Menschen spielerisch dargestellt, sondern auch Tiere, Gegenstände, Orte und sogar nicht gegenständliche Begriffe, z. B. Gefühle oder Tageszeiten. All diesem wird Leben „eingehaucht" und es kann „gespielt" werden.

Die Geschichten von Leiden, Tod und Auferstehung Jesu

Die Geschichte vom Leiden und Tod Jesu wird in allen vier Evangelien erzählt. Die Forschung geht davon aus, dass das Markusevangelium das älteste Evangelium ist. Wahrscheinlich hat der Evangelist Markus auf eine schriftliche Quelle zurückgegriffen, die aber nicht mehr sicher rekonstruiert werden kann. Man vermutet, dass gerade die Passagen aus dem Markusevangelium, in denen viele Bibelstellen aus dem Alten Testament zitiert werden, zu dieser Quelle gehört haben. In diesen Textabschnitten wird Jesu Schicksal von der jüdischen Bibel her durch die „Erfüllung prophetischer Verheißungen" erklärt. Das war eine gute Grundlage für die jüdischen Menschen, die an Jesus als den Messias glaubten. Später haben die vier Evangelien der Bibel den Horizont geweitet und auch die nicht jüdischen Christen in die Zusage des Heils einbezogen.
Als historisch gesichert kann angenommen werden, dass Jesus gekreuzigt wurde und dass es sehr wahrscheinlich einen römischen Prozess gegeben hat, da nur die Römer die Kreuzigung als Todesstrafe einsetzten.

Vermutlich ist Jesus inmitten vieler Pilgerinnen und Pilger zum jüdischen Passahfest (siehe Kapitel 2.2.3) nach Jerusalem gekommen. Ob er wirklich auf einem Esel geritten ist, ist historisch nicht belegbar; wahrscheinlicher ist, dass diese Episode erzählt wird, um die Erfüllung der biblischen Prophezeiungen darzustellen. (vgl. Sach 9,9, zitiert bei Joh 12,14 f. und Mt 21,1–6)

Praxisanregung

Während der Erzählung vom „Einzug Jesu in Jerusalem" bauen Kinder eine Stadtmauer mit Tor auf und lassen Jesus dann einziehen, indem sie vor ihm Blätter und Stoffreste auf den Weg legen.

Mit Jugendlichen bietet sich eine Diskussion zum Thema „Fan-Sein" an: Bin ich irgendwo Fan? Wie weit würde ich gehen? Würde ich vor einem Konzert draußen nächtigen, um einen guten Platz zu bekommen? Würde ich versuchen, auf die Bühne zu kommen, um meinem Star nahe zu sein? Was macht jemanden zum Star und wann verliert er seine Anziehungskraft?

Das Abendmahl wird an vier Stellen im Neuen Testament erwähnt. Neben den Erzählungen der Evangelisten Markus, Matthäus und Lukas berichtet auch der Apostel Paulus von der Tradition des Abendmahles als einem christlichen Gedächtnismahl (1. Kor 11,23–25). Im Johannesevangelium fehlt die Erzählung des Abendmahles.

Das Abendmahl wird in den drei ersten Evangelien auf den Vorabend des Passahfestes datiert. Diese Datierung wird aus historischen Gründen angezweifelt. Würde sie zutreffen, wäre Jesus am Passahfest festgenommen und vom Hohen Rat („Synedrium") verhört worden. Das ist aber äußerst unwahrscheinlich, weil das Synedrium als jüdische Gerichtsbehörde kaum am höchsten jüdischen Fest tätig geworden wäre.

Das letzte Abendmahl (Andrea del Castagno, 1447)

Die Kreuzigung war rechtlich eine römische Hinrichtungsart, die in Palästina vor allem für Aufständische benutzt und vor den Toren der Stadt ausgeführt wurde; üblich war es, dass die Soldaten um die Kleider und Hinterlassenschaften der Gefangenen würfelten. Inwieweit Kreise der jüdischen Obrigkeit die Verurteilung Jesu beim römischen Statthalter gefordert haben, ist unklar, aber nicht ganz unwahrscheinlich.

Üblicherweise trug der Verurteilte den Querbalken des Kreuzes selbst zur Hinrichtungsstätte, wo er dann nackt ans Kreuz geschlagen wurde. Eine mehrstündige Todesqual setzte ein, die in den Evangelien nur am Rande erwähnt wird, da auch hier die Nachzeichnung von Jesu Leiden „gemäß der Schrift" im Vordergrund steht.

Während bislang in der Passionsgeschichte nur Männer eine Rolle spielten, tauchen jetzt zum ersten Mal wieder die Frauen als Zeuginnen der Kreuzigung auf.

Die Auferweckungsbotschaft am leeren Grab ist die einzige Ostererzählung, die von allen vier Evangelisten erzählt wird. Matthäus und Lukas sowie Johannes kennen jedoch noch weitere Geschichten von der Erscheinung des Auferstandenen. In den Ostererzählungen wird deutlich, dass nicht der Tod das letzte Wort hat, sondern Gott Leben auch dann ermöglicht, wenn es gegen alle Vorstellungskraft ist. Dies ist ein Zeugnis der Hoffnung in dunkelster Zeit.

Weitere Informationen und Praxisvorschläge zum Osterfest finden Sie in Kapitel 3.2.3.

Die Bücher des Neuen Testaments

- Die Geschichtsbücher:

Matthäusevangelium (Mt)
Markusevangelium (Mk)
Lukasevangelium (Lk)
Johannesevangelium (Joh)
Apostelgeschichte (Apg)

- Die Briefe:

Brief an die Römer (Rö)
1. und 2. Brief an die Korinther (1./2. Kor)
Galater (Gal)
Epheser (Eph)
Philipper (Phil)
Kolosser (Kol)
1. und 2. Thessalonicherbrief (1./2. Thess)
1. und 2. Timotheusbrief (1./2. Tim)
Titusbrief (Tit)
Philemonbrief (Phile)
Hebräerbrief (Hebr)
Jakobusbrief (Jak)
1. und 2. Petrusbrief (1./2. Petr)
1., 2., 3. Johannesbrief (1./2./3. Joh)
Judasbrief (Jud)

- Prophetisches Buch:

Offenbarung des Johannes (Offb)

3.1.3 Mit Freude beim Erzählen

Am schönsten ist es, wenn Geschichten – biblische oder auch andere – frei erzählt werden. Dazu sollte man sich zunächst einen Stichwortzettel machen und die Erzählung für sich selbst üben. Danach ist eine weitere Überlegung erforderlich. Die erzählende Person braucht ein **inneres Bild** und eine **Kernaussage** von dem, was sie erzählen will. Die Kernaussage kann der Gedanke sein, den die Erzählerin bzw. der Erzähler selbst am wichtigsten findet. Es kann aber auch eine Kernaussage sein, die für die Kinder bedeutungsvoll ist. Begeisterung ist beim Erzählen für das Gelingen entscheidend; nur wer selbst begeistert ist, kann auch bei Kindern Begeisterung wecken.

Zur Vorbereitung wird zunächst die Geschichte mehrfach laut und leise durchgelesen. Dann werden die sogenannten W-Fragen und die nach der Kernaussage behandelt:

- Wer ist die Hauptperson? Wer handelt, redet, geht wohin usw.? Welche weiteren Personen spielen eine Rolle?
- Was spielt sich eigentlich genau ab? Was denken, fühlen und tun die handelnden Personen?
- Wann findet das Ganze statt? (abends, morgens, vor 2000 Jahren, vor 4000 Jahren?)
- Warum hat er oder sie so gehandelt?
- Wo spielt die Handlung? (drinnen, draußen, auf dem Wasser, in der Wüste [...]?)
- Was will die Geschichte mir persönlich mitteilen?

Was unklar ist, sollte nun geklärt werden, z. B. unbekannte Begriffe, Bräuche und Sitten. Hilfreich können dabei die Erklärungen sein, die sich in vielen Bibelausgaben finden. In der Lutherbibel gibt es beispielsweise am Ende ein kleines Lexikon mit wichtigen Begriffen.

Darauf wird beim Erzählen geachtet:

- Konzentration auf die Hauptpersonen: Zu viele Personen machen die Handlung unübersichtlich.
- Die Erzählperspektive wird geklärt. Ist sie neutral oder aus der Position eines Augenzeugen oder Betroffenen, eines Tieres oder Gegenstandes?
- Die Erzählzeit soll möglichst das Präsens sein, lieber Aktiv als Passiv.
- Gefühle und Gedanken der beteiligten Personen werden erzählt.
- Adjektive und Verben sollen lebendig sein.
- Die wörtliche Rede soll einen großen Anteil haben.
- Erläuterungen und Ausschmückungen sollen nur da eingefügt werden, wo sie nötig sind, ansonsten kurz und prägnant erzählen.
- Erzählen und Handeln müssen zusammen passen, z. B. beim Legen von Bodenbildern.
- Der Höhepunkt wird spannend erzählt.

Beim Erzählen helfen verschiedene Elemente und Methoden, die Sinne anzusprechen und die biblische Geschichte für die Zuhörenden lebendig und abwechslungsreich zu gestalten. Neben den in Kapitel 2 vorgestellten Methoden (siehe RPP Kap. 3.6.4 und Godly Play Kap. 3.6.5) können die Geschichten auf unterschiedliche Weise anschaulich gemacht werden:

- Geschichten werden mit Gesten erzählt.
- Geschichten werden mit Musikinstrumenten oder Geräuschen unterlegt.
- Beim Erzählen kann gemalt werden, auch als sogenannte Rückengeschichte.
- Die Geschichte kann mit Figuren vor-, mit- oder nachgespielt werden. (Eine Handpuppe kann die Geschichte erzählen.)
- Man kann mit Schattenbildern arbeiten, z. B. über einem Overheadprojektor.
- Geschichten können in Ton gestaltet werden.
- Bibliodrama und Bibliolog bieten sich besonders an, um einen persönlichen Zugang zum Text zu ermöglichen.
- Das Theologisieren mit Kindern (siehe Kapitel 2.4.2) rückt die kritische Reflexion in den Vordergrund.

3.1.4 Kinderbibeln und Bibeln für Jugendliche

Aufgabe

Tauschen Sie sich aus:
Wer hat Ihnen als Kind Geschichten aus der Bibel erzählt? Hatten Sie eine Kinderbibel – haben Sie diese vielleicht noch? Haben Sie gern in Ihrer Kinderbibel gelesen bzw. geblättert als Jugendliche, in der Schule, im Konfirmandenunterricht oder einfach nur so?

Die Bibel ist kein Buch, das ursprünglich für Kinder geschrieben wurde. Kinder kommen recht selten in der Bibel vor. Eine Kinderbibel möchte den Kindern die Texte zugänglich machen, ihnen neue Räume und Lebensperspektiven eröffnen. So enthält sie meist nur eine Auswahl an Texten aus dem Alten und Neuen Testament, die verkürzt, ausgeschmückt, vereinfacht, um Erklärungen ergänzt oder mit Bildern versehen sind. Dennoch soll eine kindgerechte Bibel der Bibel im Ganzen gerecht werden.

Aufgaben

1. *Sie möchten auf einem Elternabend im Kindergarten den Eltern verschiedene Kinderbibeln vorstellen. Welche Kriterien sind für Sie wichtig bei der Auswahl einer Kinderbibel? Schreiben Sie diese auf.*
2. *Schauen Sie sich allein oder in einer Kleingruppe verschiedene Kinder- bzw. Jugendbibeln an. Was spricht Sie an? Was stößt Sie ab? Können Sie sich vorstellen, mit dieser Bibel zu arbeiten? Warum bzw. warum nicht?*

Kriterien bzw. Fragen zur Auswahl einer Kinderbibel

Bei der Auswahl einer Kinderbibel sollten bestimmte Kriterien zugrunde liegen.

Allgemeine Kriterien (ohne Anspruch auf Vollständigkeit):

- Wozu wird die Kinderbibel gebraucht (im Kindergarten, im Schulunterricht, als Geschenk, für mich zur Vorbereitung o. Ä.)?
- Für welches Alter soll die Bibel geeignet sein? Gibt es eine Altersangabe im Vorwort?
- Gibt es ein Vor- oder Nachwort für die Kinder, Jugendlichen oder für Erziehende?
- Gibt es ein Inhaltsverzeichnis?
- Gibt es ein Sachwortverzeichnis?
- Gibt es Landkarten?
- Sind die Bilder altersgemäß, farbig oder schwarz-weiß? Laden sie zum Mitdenken und Weitererzählen ein? Geben die Bilder einen Einblick in die damalige Lebenswelt?
- Ist der Text in sich schlüssig?
- Bieten die Texte Identifikationsmöglichkeiten für Kinder oder Jugendliche?
- Wollen die Texte belehren oder eröffnen sie den Kindern neue Lebens- und Gedankenwelten?

- Wie ist das Verhältnis von Bild und Text?
- Wie ist die Schriftgröße?
- Wie schwer bzw. handlich ist die Bibel?
- Wie ist sie gebunden?
- Wie teuer ist sie?

Religionspädagogische Kriterien

- Gibt es ein Bibelstellenregister?
- Wie ist das Verhältnis der Geschichten aus dem Alten Testament zu denen aus dem Neuen Testament?
- Wird die Vielfalt der biblischen Gottesbilder (erschaffender Gott, versöhnender Gott, zorniger Gott, verborgener Gott o. Ä.) widergespiegelt?
- Werden die verschiedenen biblischen Textgattungen (Erzählungen, Psalmen, Briefe) berücksichtigt?
- Werden Geschichten von und mit Kindern oder Jugendlichen erzählt?
- Kommen in den Geschichten Männer und Frauen gleichmäßig vor?
- Ist der Text stark am Original orientiert oder wird viel ausgeschmückt und verändert?

Auf der Seite der Deutschen Bibelgesellschaft (www.dbg.de) finden Sie eine große Auswahl an Kinder- und Jugendbibeln, die Ihnen ausführlich vorgestellt werden.

Auf der Seite www.deutsche-bibelmuseen.de finden Sie Bibelmuseen, die zum Teil didaktisches Material, vor allem aber erlebnisreiche Führungen für Kinder- und Jugendgruppen anbieten.

Wüstenspiel

3.2 Religiöse Feste feiern

Feste gliedern das Jahr und das Leben. Sie machen Zeiträume erfahrbar, indem sie den Alltag unterbrechen. Feste stiften aber auch Gemeinschaft. Wer gemeinsam feiert, fühlt sich als Teil einer Gruppe. Die christlichen Hauptfeste sind zugleich staatliche Feiertage. Einwanderer bringen ihre Feste mit nach Deutschland und feiern sie weiterhin. Zugleich entstehen neue Feste, vor allem zum Übergang in eine neue Lebensphase. In der pädagogischen Arbeit mit Kindern und Jugendlichen entwickelt sich die Gestaltung von Festen zu einer interessanten Herausforderung. Dabei sind die Vorgaben des Trägers, die Erfahrungen von Kindern und Jugendlichen in der Herkunftsfamilie, die religiösen Traditionen und Festinhalte sowie die kulturelle Ausgestaltung von Festen gleichermaßen zu bedenken.

*In diesem Kapitel erwerben Sie folgende **Kompetenzen:***

- *Sie verfügen über ein vertieftes Verständnis der religiösen Feste als Ausdruck des Glaubens.*
- *Sie haben ein breites und integriertes Wissen über Feste als Ausdrucksformen des christlichen Glaubens und anderer Glaubensrichtungen.*
- *Sie haben die Fertigkeit, Feste als Ausdrucksformen des Glaubens erfahrbar zu machen.*
- *Sie haben die Fertigkeit, Begegnungen mit Menschen anderer Religionen und Kulturen zu gestalten.*
- *Sie haben die Fertigkeit, religiöse Feste als gemeinschaftsstiftend erfahrbar zu machen.*

***Beispiel 1:** In einer Tagesstätte mit 90 Kindern im Alter von zwei bis zu sechs Jahren finden Sie folgende Religionszugehörigkeiten und kulturellen Prägungen vor:*

- *evangelische Kinder mit deutscher Nationalität, davon einige mit russlanddeutschen Eltern*
- *römisch-katholische Kinder, mit deutscher und mit spanischer Nationalität*
- *muslimische Kinder, alle mit türkischer Herkunft, davon einige alevitisch*
- *griechisch-orthodoxe Kinder mit griechischer Nationalität*
- *zwei Kinder mit deutscher Nationalität, die aus einer Familie von Zeugen Jehovas stammen*
- *Kinder ohne Konfessionszugehörigkeit mit deutscher Nationalität*

Das Team soll einen pädagogisch begründeten Ansatz zum Feiern jahreszeitlicher und lebensgeschichtlicher Feste in der Tagesstätte entwickeln. Dabei sollen auch Vorgaben des Bildungsplanes zur interkulturellen Erziehung umgesetzt werden.

***Beispiel 2:** Das evangelische Jugendhaus „Oase“ wird je zur Hälfte von deutschen und türkischen Jugendlichen besucht. Die deutschen Jugendlichen gehören großenteils einer christlichen Kirche an, die türkischen Jugendlichen stammen aus Familien mit* *muslimisch-sunnitischer oder alevitischer Prägung. In einem Jahr fallen das Weihnachtsfest und das „Zuckerfest" (Fest des Fastenbrechens) in dieselbe Woche. Ein Mitarbeiter schlägt vor, die Feste doch gemeinsam zu feiern.*

3.2.1 Festkultur im Wandel

Traditionelle Feste haben oft einen religiösen Inhalt. Daneben gibt es auch Feste, die soziale oder nationale Inhalte vergegenwärtigen. Solche Feste sind der 1. Mai, der Tag der Deutschen Einheit am 3. Oktober oder das türkische Kinderfest (23. April). Die Gestaltung von Festen ist nicht nur vom Festinhalt abhängig, sondern unterliegt auch starken kulturellen Einflüssen. So wird das Weihnachtsfest auf der Südhalbkugel im Hochsommer am Strand oder auf der Straße gefeiert, während es in Skandinavien ein Fest des Lichtes in der dunklen Winterzeit ist. Jede Familie hat zudem ihre eigenen Feiertraditionen. Dies betrifft bestimmte Speisen, die an einem Fest zubereitet werden, bestimmte Rituale wie den Kirchgang oder bestimmte Gewohnheiten, wie den Besuch von Verwandten, die oft bis ins Detail geregelt sind. Durch Zuwanderung, aber auch durch fortschreitende Individualisierung verändern sich Festbräuche und Feierformen. Manche Feste werden nur als freie Tage begangen, ohne dass ihr Inhalt noch bekannt ist. Andere Feste entstehen neu oder werden wiederbelebt.

Aufgabe

Machen Sie in Ihrer Lerngruppe eine Umfrage: Wie werden die Weihnachtsfeiertage in den jeweiligen Familien verbracht? Welche festen Gewohnheiten gibt es?

Falls Familien ohne christlich geprägten Hintergrund dabei sind: Wie werden die freien Tage genutzt? Welche Gewohnheiten haben sich herausgebildet?

3.2.2 Die Feste im christlichen Jahreskreis

Bei der Einführung des julianischen Kalenders durch Julius Caesar im Jahr 46 v. Chr. wurde der 1. Januar als Jahresbeginn festgelegt und löste den Jahresbeginn im März ab. Auf den alten Neujahrstermin im Frühjahr weist noch die aus dem alten Rom stammende Namensgebung der Monate September (siebter Monat) bis Dezember (zehnter Monat) hin. In der christlich geprägten Zeit des Mittelalters wurde dann das Weihnachtsfest als Jahresbeginn betrachtet. Da die Adventszeit als Vorbereitung auf das Weihnachtsfest gilt, wurde sie schon zum neuen Jahr gerechnet. Dies führte dazu, dass das christliche Kirchenjahr heute am 1. Advent beginnt.

Der julianische Kalender wurde in Europa im Mittelalter weiterverwendet. Er hatte eine Jahreslänge von 364 Tagen mit einem Schaltjahr von 365 Tagen, das alle vier Jahre eingefügt wurde. Daraus ergab sich eine durchschnittliche Jahreslänge von 364,25 Tagen. Mit der Zeit stellte sich jedoch heraus, dass der Umlauf der Erde um die Sonne etwas kürzer als 364,25 Tage ist. Dadurch verschob sich das kalendarische Jahr gegenüber dem natürlichen Jahr bis in das 16. Jahrhundert um zehn Tage. Auf die Dauer hätte dies dazu geführt, dass das Weihnachtsfest in den Frühling und das Osterfest in den Sommer fällt. Um dies zu verhindern, wurde im Jahr 1582 ein neuer Kalender eingeführt, der nach Papst Gregor XIII. auch „gregorianischer Kalender“ genannt wird. Im Unterschied zum julianischen Kalender kennt er die Regel, dass in Jahren, die durch 100 teilbar sind, das Schaltjahr ausfällt. In Jahren, die durch 400 teilbar sind, wird es allerdings dennoch eingehalten.

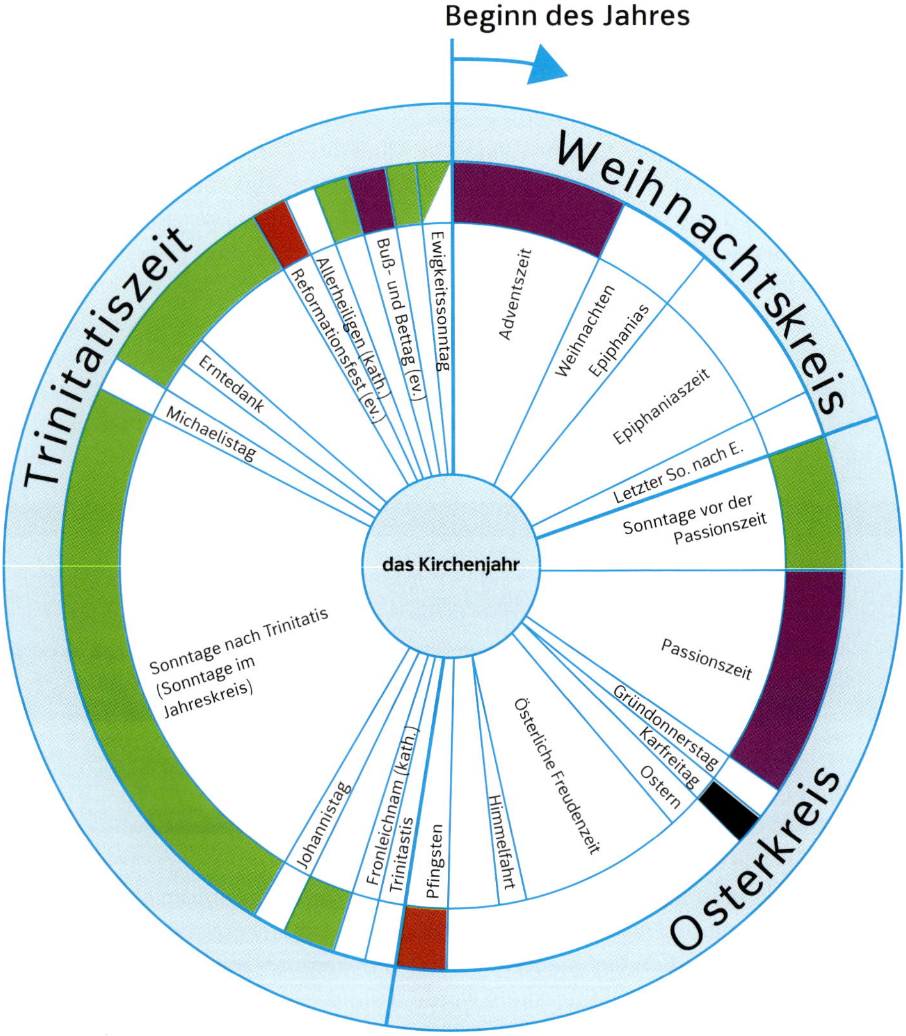

Das Kirchenjahr

Der gregorianische Kalender wurde in Westeuropa im Laufe des 17. und 18. Jahrhunderts allgemein übernommen und ist mittlerweile der weltweit wichtigste Kalender. Die orthodoxen Kirchen halten allerdings bis heute für die Berechnung des Osterfestes am julianischen Kalender fest. Das Weihnachtsfest wird in einigen orthodoxen Kirchen (z. B. in der griechisch-orthodoxen und der syrisch-orthodoxen Kirche) nach dem gregorianischen Kalender am 25. Dezember gefeiert, während die russisch-orthodoxe und die koptische (ägyptische) Kirche nach dem julianischen Kalender am 6. Januar Heiligabend und am 7. Januar Weihnachten feiern.

Advent und Weihnachten

„Advent" bedeutet „Ankunft". Die Adventszeit markiert den Beginn des Kirchenjahres. Sie ist eine Vorbereitungszeit auf das Weihnachtsfest, die als Bußzeit gilt. An die Stelle des früheren Adventsfastens sind heute Spendenaufrufe für die großen christlichen Hilfsorganisationen wie „Brot für die Welt", „Misereor" und die „Bischöfliche Aktion Adveniat" getreten. In einigen orthodoxen Kirchen wird sie weiterhin als Fastenzeit begangen. Entgegen der religiösen Bedeutung ist die Adventszeit gegenwärtig eine Zeit für Einladungen, Feiern und fast unbegrenztes Konsumieren geworden. Dies kommt auch dadurch zum Ausdruck, dass häufig nicht mehr von „Advent", sondern von der „Vorweihnachtszeit" gesprochen wird.

Bräuche und Symbole der Adventszeit

- Der Adventskranz wurde im 19. Jahrhundert in Norddeutschland „erfunden" und hatte ursprünglich für jeden Tag der Adventszeit eine Kerze. Der Kranz symbolisiert die Krone Christi, das Tannengrün steht ebenso wie der Weihnachtsbaum für die fruchtbare Natur.
- Der Adventskalender mit einem Türchen oder Geschenk für jeden Tag ist pädagogisch sehr beliebt, weil er das Zeitgefühl fördert und die Erwartung ausdrückt.
- Die Adventswurzel verweist auf die Herkunft Jesu aus dem Stamm Davids und betont die jüdischen Wurzeln des Christentums.
- Der „Adventsweg" ist meist ein in Miniaturform gestalteter Pfad mit verschiedensten Materialien, der den Weg bis zum Weihnachtsfest darstellt. Oft werden Maria und Josef auf diesem Adventsweg jeden Tag ein Stück nach vorn geschoben.

Praxisanregung

- *Die Bedeutung der Adventszeit lässt sich gut mit dem Symbol des Weges darstellen. Ein solcher Adventsweg kann aus Naturmaterialien gestaltet werden. Auf diesem Weg werden Figuren aus den biblischen Weihnachtsgeschichten jeden Tag ein wenig weiter bewegt. Dazu werden die Geschichten erzählt.*
- *Jugendliche können ihren persönlichen Weg bis zum Weihnachtsfest darstellen. Dazu werden Umrisse von Füßen auf DIN-A4-Blätter gemalt und als Weg ausgelegt, der auf Hindernisse stößt, aber auch durch hilfreiche Faktoren erleichtert wird. Für beides werden Symbole gestaltet.*
- *Für Kinder und Jugendliche können in der Adventszeit Rituale angeboten werden, die eine Alternative zur Hektik und zum Konsumzwang bieten, z. B. eine morgendliche Erzählrunde für Kinder oder meditative Andachten für Jugendliche.*

Das Fest der Geburt Christi wird am 25. und 26. Dezember gefeiert. Der 24. Dezember (Heiligabend) gehört als Vorabend zum Fest. Zum Weihnachtsfest gehören die Bibeltexte Mt 2,1–12 und Lk 2,1–20 (siehe auch Kapitel 3.1.2). Der Termin des Weihnachtsfestes wurde erst um 350 n. Chr. mit der Absicht festgelegt, die beliebten vorchristlichen Feiern der Saturnalien mit einem christlichen Inhalt zu versehen: Christus als die aufgehende Sonne, Christus als die Sonne der Gerechtigkeit, die die ganze Welt regiert. Die Saturnalien waren ein römisches Wintersonnenwendfest, das vom 17. bis zum 24. Dezember gefeiert wurde und dem Sonnengott („Deus Invictus Sol“ oder Mithras) geweiht war. Die Nacht vom 24. auf den 25. Dezember war die längste Nacht im Jahr (Wintersonnenwende). Heute ist die Wintersonnenwende durch die gregorianische Kalenderreform des 16. Jahrhunderts auf den 21. Dezember gerückt.

Seit dem 8./9. Jahrhundert verdrängte das Weihnachtsfest das ältere Erscheinungsfest (Heilige Drei Könige am 6. Januar; siehe S. 169). „Zu wihen nachten“ (= „zur geweihten, heiligen Nacht“) wurde diese Festzeit in der mittelhochdeutschen Sprache im 12. bis 14. Jahrhundert genannt. Heute noch spricht man von der „Heiligen Nacht“, die das Fest eröffnet. Seit dem Mittelalter schob sich das Weihnachtsfest als christliches Hauptfest in den westeuropäischen Kirchen immer mehr in den Vordergrund und verdrängte das früher viel wichtigere Osterfest auf den zweiten Platz. In der Gestaltung der Heiligen Nacht haben sich Elemente des Wintersonnenwendfestes mit christlichen Inhalten vermischt.

Bräuche und Symbole des Weihnachtsfestes

- Krippendarstellungen mit Figuren von Maria, Josef, Jesuskind, Ochse und Esel sowie den Heiligen Drei Königen
- ein geschmückter Weihnachtsbaum als Symbol der lebendigen Natur mitten im Winter
- Geschenke als Zeichen für den Geburtstag Jesu
- Kerzen als Ausdruck dafür, dass Jesus Christus das Licht der Welt ist, aber auch als Zeichen für die nun wieder länger werdenden Tage nach der Wintersonnenwende
- Kugeln als Symbol der Weltkugel, über die Christus als Weltenherrscher regiert
- Äpfel zur Erinnerung an den Sündenfall von Adam und Eva, der durch die Menschwerdung Gottes rückgängig gemacht worden ist

Praxisanregung

- *Das Weihnachtsfest selbst wird in Tageseinrichtungen für Kinder selten gefeiert, weil die Einrichtungen über Weihnachten geschlossen bleiben. Deshalb sind vorbereitende oder nachträgliche Aktivitäten sinnvoller: Krippenspiele, Besuche von Krippendarstellungen in Kirchen, Aufbau einer Krippendarstellung in der Einrichtung u. Ä.*
- *Für Jugendliche kann ein Weihnachtstreff im Jugendhaus angeboten werden. In vielen Familien ist das Weihnachtsfest von Konflikten begleitet, gerade weil die Erwartungen an familiäre Harmonie an diesem Tag so groß sind. Im Rahmen eines Weihnachtstreffs sollte daher die Möglichkeit geboten werden, auch Enttäuschungen und Konflikte zu thematisieren.*

Nikolaus

Das Nikolausfest wird am 6. Dezember gefeiert. Der heilige Nikolaus wurde auch als Schutzpatron der Schüler verehrt. Daraus hat sich ein Kinderfest entwickelt, bei dem Kinder beschenkt, aber auch symbolisch bestraft werden. Außerdem haben sich mit dem Nikolaustag vorchristliche Vorstellungen verbunden, die den beginnenden Winter als eine Zeit des Kontaktes zur Geisterwelt verstanden (Knecht Ruprecht, Rentierschlitten).

Das historische Vorbild für den heiligen Nikolaus ist der Bischof Nikolaus von Myra, einer Stadt in der heutigen Türkei (heute Demre). Er starb zwischen 342 und 352 n. Chr. Nikolaus bedeutet „Sieger des Volkes" oder „Sieger für das Volk". Seine Gebeine wurden im 11. Jahrhundert von italienischen Seeleuten geraubt und nach Bari in Süditalien gebracht. Erst danach entwickelte sich die Verehrung des Heiligen Nikolaus als Schutzpatron der Kaufleute, Seefahrer und Schüler. In den Klosterschulen des Mittelalters wählten die Schüler am Nikolaustag oft einen Kinderabt, der einen Tag lang die symbolische Leitung der Klosterschule hatte. Der Nikolaustag als Geschenketag für die Kinder wurde in evangelischen Gebieten nicht gern gesehen, weil man die Heiligenfeste abschaffen wollte. Schon Martin Luther hatte vorgeschlagen, den Geschenktermin auf das Weihnachtsfest zu verlegen. Die Nikolausgestalt war aber so faszinierend, dass sie sich in Form des Weihnachtsmannes erhalten hat. Heute ist die Abgrenzung zwischen Nikolaus und Weihnachtsmann sehr unklar geworden.

Zwei Nikolauslegenden

„Da war ein Nachbar, aus vornehmer Familie, aber arm, der hatte drei Töchter; die wollte er in seiner Not als Prostituierte arbeiten lassen, um von dem Geld leben zu können, das sie verdienen. Als das Sankt Nikolaus hörte, erschrak er über die Sünde. Er ging hin, band einen Klumpen Gold in ein Tuch und warf ihn des Nachts heimlich dem Armen durch ein Fenster in sein Haus. Dann ging er heimlich wieder fort. Als es Morgen wurde, fand der Mann das Gold, dankte Gott und richtete davon der ältesten Tochter die Hochzeit aus. Nicht lange danach tat Sankt Nikolaus das Gleiche zum zweiten Mal. Als der arme Mann wiederum das viele Gold fand, lobte er Gott von Herzen und nahm sich vor, in der Nacht wach zu bleiben, damit er den Diener Gottes fände, der ihm in seiner Armut so zu Hilfe kam. Kurz danach warf Nikolaus zweimal so viel Gold in das Haus wie zuvor. Da erwachte der Mann von dem Fall des Goldes, eilte dem Heiligen nach und rief: ‚Steh stille und lass mich dein Angesicht schauen.' Als er ihn einholte und erkannte, dass es Sankt Nikolaus war, fiel er vor ihm nieder und wollte ihm seine Füße küssen. Das ließ Nikolaus nicht zu und befahl ihm, dass er diese Tat nicht öffentlich machen sollte, solange er lebe.

[...]

Einmal ereilte eine große Hungersnot das Land, in dem Sankt Nikolaus Bischof war. Es gab keine Nahrung mehr weit und breit. Da wurde Sankt Nikolaus gesagt, dass Schiffe mit Weizen voll geladen in den Hafen eingelaufen wären. Da ging er hin und bat die Matrosen, nur hundert Maß Weizen aus jedem Schiff zu geben, um die Hungernden zu retten. Da antworteten die Schiffsleute: ‚Vater, das trauen wir uns nicht zu tun, denn das Korn ist in Alexandria gewogen worden und mit diesem Gewicht müssen wir es an die Diener des Kaisers abgeben.' Da sprach Sankt Nikolaus: ‚Tut, was ich euch sage, und ich schwöre euch bei der Kraft Gottes, dass nichts an dem Gewicht des Kornes fehlen wird, wenn der Kornmesser des Kaisers es wiegt.' Die Schiffsleute taten, was Sankt Nikolaus ihnen gesagt hatte; und als sie vor die Diener des Kaisers traten, hatten sie so viele Maß Korn, wie sie in Alexandria gewogen hatten. Da machten sie das Wunder öffentlich und priesen Gottes Knecht. Währenddessen teilte Sankt Nikolaus das Korn unter das Volk aus nach dem Bedürfnis eines jeden. Von diesem wenigen Korn wurde das ganze Land zwei Jahre satt und es blieb noch genug zum Aussäen übrig."

(de Voragine, Legenda Aurea, 1982, S. 38 f., verändert)

Bräuche und Symbole des Nikolausfestes

- Die Nikolausgestalt ist mit einem bunten Bischofsmantel, der Mitra (Bischofsmütze) und dem Krummstab ausgestattet. Alternativ zur Mitra kann die Nikolausgestalt auch eine phrygische Mütze tragen, die auf ihre kleinasiatische Herkunft anspielt.
- Der Weihnachtsmann wird ohne Krummstab und mit Bommelmütze dargestellt. Unter dem Einfluss der Coca-Cola®-Werbung setzte sich die rot-weiße Farbe des Mantels durch.
- Der Geschenkesack ist zweideutig: Er symbolisiert Belohnung in Form von Geschenken, aber auch Strafe („in den Sack stecken").
- Die Rute ist ursprünglich ein Strafmittel, wird aber durch Süßigkeiten „versüßt".
- Die Schuhe, die vor die Tür gestellt werden, spielen darauf an, dass der Bischof Nikolaus unerkannt geholfen hat.

Praxisanregung

- *Bei einer Nikolausfeier mit Kindern sollten im Team vorher folgende Fragen unter Berücksichtigung des Entwicklungsstandes der Kinder und ihrer Vorerfahrungen geklärt werden:*
  - *Wird der Nikolaus durch eine Person dargestellt oder werden die Nikolaussymbole ohne Person dargestellt?*
  - *Ist der Nikolaus als Bischof erkennbar? Wird eine Verwechslung mit dem Weihnachtsmann vermieden?*
  - *Wird der „Besuch" des Nikolaus' vorbereitet oder ist er eine Überraschung?*
  - *Werden die Kinder einzeln oder als Gruppe angesprochen?*
  - *Wie wird der Bezug zum Bischof Nikolaus von Myra und den entsprechenden Legenden hergestellt?*
  - *Soll der Nikolaus nur loben oder Lob und Tadel verbinden?*
- *Mit Jugendlichen kann eine Nikolausfeier als „Wichteln" organisiert werden, bei der jeder ein kleines Geschenk beisteuert, das in den Nikolaussack gelegt wird. Die Tradition des „Kinderabtes" kann aufgegriffen werden, indem am Nikolaustag ein älteres Kind oder ein Jugendlicher symbolisch die Leitung des Jugendhauses übernimmt.*

Heilige Drei Könige/Epiphaniasfest

Das Epiphaniasfest am 6. Januar nahm ursprünglich die Rolle des Weihnachtsfestes ein. „Epiphanias“ bedeutet „Erscheinung“ und bezieht sich darauf, dass Gottes Gegenwart in Jesus Christus erschienen ist. Heute bildet das Epiphaniasfest den Abschluss der Weihnachtszeit und hat sich mit der Geschichte von den Weisen aus dem Morgenland verbunden. (Mt 2,1–12) In der katholischen Kirche ist die Tradition der Sternsinger beheimatet. Verkleidete Kinder gehen durch die Straßen, singen Lieder und sammeln Süßigkeiten sowie Geld für einen guten Zweck. Diese Tradition ist in vielen Gebieten zu einer ökumenischen Aktion geworden, an der sich Kinder aller christlichen Konfessionen beteiligen.

Beim Dreikönigssingen wird ein Segensspruch – meist mit Kreide – an die Hauseingänge geschrieben. Für das Jahr 2015 hat er folgende Form: 20+C+M+B+15. Die Buchstaben C, M und B stehen für das lateinische „Christus mansionem benedicat“ (= „Christus, segne das Haus“). Die Namen der drei „Könige“ sind nicht historisch überliefert, sondern haben die Funktion eines Merksatzes für die Segensformel: Caspar, Melchior, Balthasar.

Dreikönigssingen

Passions- und Osterzeit

Das Osterfest ist das ursprüngliche Hauptfest der Christenheit. In der evangelischen und katholischen Kirche ist es in dieser Funktion vom Weihnachtsfest abgelöst worden. In den orthodoxen Kirchen ist es weiterhin das wichtigste Fest des Jahres. Beim Osterfest wird die Auferstehung Jesu von den Toten erinnert und vergegenwärtigt. (vgl. Kapitel 3.7.6) Zum Osterfest gehört die Karwoche mit Palmsonntag, Gründonnerstag und Karfreitag. An diesen drei Tagen werden die wichtigen Stationen des Leidens Jesu in Erinnerung gerufen: am Palmsonntag an seinen bejubelten Einzug in Jerusalem, am Gründonnerstag an das letzte Abendmahl mit den Jüngern und am Karfreitag an die Verurteilung und Hinrichtung am Kreuz. Die biblischen Texte zur Karwoche und zu Ostern finden sich in den Evangelien, z. B. Mk 14–16. (Vgl. auch Kapitel 3.1.2 und 3.7.6).

Während der gesamten Passionszeit vor Ostern steht das Gedenken an das Leiden Jesu im Vordergrund. Sie war ursprünglich eine Fastenzeit, die von Aschermittwoch bis Ostern 40 Tage dauert. Die Sonntage werden dabei nicht mitgezählt, weil sie als Auferstehungstage jeweils schon ein „kleines Ostern“ darstellen. Als moderne Form des Fastens verzichten viele Menschen während dieser Zeit auf etwas Bestimmtes, z. B. auf Alkohol, Tabak, Süßigkeiten oder Medienkonsum.

Die Kreuzigung und Auferstehung Jesu fand nach den biblischen Berichten während des jüdischen Passahfestes statt (vgl. Kapitel 3.2.3 und 2.2.3). Daher richtet sich der Ostertermin nach den gleichen Bezugspunkten wie das jüdische Passahfest, nämlich nach dem Frühlingsanfang und nach der Mondphase. Im Unterschied zum jüdischen Passahfest wird Ostern immer an einem Sonntag gefeiert, weil dies der Tag der Auferstehung war. Ostern fällt auf den ersten Sonntag nach dem ersten Vollmond im Frühling. Die unterschiedlichen Ostertermine zwischen den westlichen und den orthodoxen Kirchen ergeben sich daraus, dass die orthodoxen Kirchen den Frühjahrsbeginn nach dem julianischen Kalender bestimmen.

Bräuche und Symbole des Osterfestes

- Das Osterei symbolisiert die Entstehung neuen Lebens. Traditionelle Farbe für die Bemalung ist Rot als Zeichen für Leben, Geburt, Freude, Sieg und Königswürde.
- Der Osterhase ist ein Motiv für Nacht und Mond. Der Hase ist ein nachtaktives Tier und das Osterfest richtet sich nach dem Mondzyklus. Eine andere Erklärung ist die Fruchtbarkeit des Hasen.
- Das Osterlamm ist das Opfertier beim jüdischen Passahfest. In christlicher Interpretation steht es für Jesus, der die Sünde und Schuld der Menschen auf sich genommen hat.
- Osterlicht und Osterfeuer stellen das Licht in der Dunkelheit und das neue Leben, geboren aus dem Tod, dar. Das Osterfeuer kann zudem als Frühjahrssymbol verstanden werden: Es soll die Wintergeister vertreiben.

Praxisanregung

- *Ähnlich wie eine Weihnachtskrippe kann ein Ostergarten gestaltet werden, in dem das Kreuz, das Höhlengrab, die beteiligten Personen und der Engel zu sehen sind.*

Ostergarten

- *Ein Kreuz kann in der Passionszeit das Leiden Jesu symbolisieren und nach Ostern zu einem bunten Lebensbaum umgestaltet werden.*
- *Die Aktion „Sieben Wochen ohne" (bundesweite Fastenaktion der Evangelischen Kirche in Deutschland, EKD) bietet Anregungen für die Gestaltung der Passionszeit mit Jugendlichen (www.7wochenohne.evangelisch.de).*
- *Die Passionsgeschichte mit der Auferstehung Jesu kann als Bodenlegebild mit begleitender Erzählung gestaltet werden.*

Aufgabe

Vergleichen Sie die Darstellung der Auferstehung in unterschiedlichen Kinderbibeln. Achten Sie dabei besonders auf die Darstellung des Engels. Diskutieren Sie im Anschluss, was „Auferstehung" in den Kinderbibeln und in Ihrem eigenen Verständnis bedeutet.

Pfingsten

Das Pfingstfest erinnert an die Entstehung der christlichen Kirche. Nach der Kreuzigung und Auferstehung Jesu waren seine Jüngerinnen und Jünger mutlos und ängstlich. Die Pfingstgeschichte (Apg 2) erzählt, wie sie beim jüdischen Erntedankfest (Wochenfest oder Schawuot; vgl. Kapitel 2.2.3 und 3.2.3) ängstlich hinter verschlossenen Türen saßen und dann etwas ganz Überraschendes erlebten: Der Heilige Geist erfüllte sie alle. Es war, als wenn ein Sturm sie ergriffen hätte, ein wahres Feuer der Begeisterung. Die Jüngerinnen und Jünger konnten sich durch das Pfingstwunder alle verstehen, obwohl sie unterschiedliche Sprachen verwendeten. Damit wird auch ein Wesenszug der christlichen Kirche beschrieben, in der eine nationenübergreifende Solidarität herrschen soll.

Praxisanregung

- *Die Vorschläge zur Gestaltung des Symbols „Wind" (siehe Kapitel 3.6.2) sind ebenfalls gut zur Gestaltung des Pfingstfestes mit Kindern oder Jugendlichen zu verwenden.*

Erntedank

Das Erntedankfest wird am letzten Septembersonntag oder ersten Oktobersonntag gefeiert. Bis zum Ende des 18. Jahrhunderts feierte jedes Dorf dann, wenn die Ernte eingebracht war. In Preußen wurde 1773 ein einheitlicher Termin eingeführt und auf den Sonntag nach dem Michaelistag (29.9.) festgelegt. Es gibt zu diesem Fest keine spezielle biblische Geschichte, es ist ein reines Jahreszeitenfest. In früherer Zeit wurde es vom ganzen Dorf begangen, noch heute gibt es in einigen Gegenden Ernteumzüge. In den letzten Jahrzehnten ist es in den Städten eher ein Kinderfest geworden, das stark pädagogische Züge trägt. So soll vor allem die Herkunft der Nahrungsmittel ins Gedächtnis gerufen werden, was in einer industriellen Gesellschaft nicht mehr selbstverständlich ist. Das Erntedankfest wird oft mit der Schöpfungsgeschichte verbunden.

Festlich geschmückter Altar mit Früchten

Symbole des Erntedankfestes

- Strohfiguren, die den Abschluss der Ernte anzeigen und oft überlebensgroß am Ortseingang stehen
- Erntekrone aus Getreidegarben
- Korb oder Altarschmuck mit Früchten und Feldfrüchten
- Erntedanktisch mit Gemüse und Obst

Praxisanregung

- *Mit Kindern kann ein Erntedanktisch gestaltet werden. Auf dem Erntedanktisch können Früchte und Feldfrüchte, aber auch andere Nahrungsmittel angeordnet und betrachtet werden.*
- *Das Lied „Du hast uns deine Welt geschenkt" kann gut mit Bewegungen verbunden werden. Die Begriffe „Welt", „Himmel", „Erde", „Berge", „Täler", „Menschen", „Tiere" usw. werden während des Singens mit entsprechenden Gesten verbunden. Das Lied ist in Kapitel 3.1.2, S. 149, abgedruckt.*

Sankt Martin

Das Martinsfest (11. November) markierte im bäuerlichen Jahr das Ende der Erntezeit. Außerdem begann im Mittelalter am Martinstag die vierzigtägige Fastenzeit vor Weihnachten. Mit dem Martinsfest haben sich deshalb Bräuche verbunden, die mit dem Einbringen der Ernte und dem Winterbeginn zusammenhängen. So bettelten die Kinder um Nahrungsmittel, weil Anfang November die Speicherkammern voll waren, und sangen „Heischelieder" (= Bettellieder, Ursprung unserer Martinslieder). Die Gänse waren am Ende der Erntezeit dick und fett und konnten geschlachtet werden. Später ist die „Martinsgans" über eine Legende mit dem Martinsfest verbunden worden. Man erzählte sich, dass der Heilige Martin sich versteckt habe, als er Bischof werden sollte, und Gänse ihn verraten haben. Die Laternen sind ein Zeichen für den Beginn der dunklen Jahreszeit, in die man etwas vom Sommerlicht mitnehmen will. In manchen evangelischen Gegenden gibt es den Brauch des Martin-Luther-Singens; hier wird im Namen Luthers um Gaben gebeten. Martin Luther wurde am 10. November 1483 geboren und am 11. November 1483 getauft.

Bischof Martin von Tours wurde um 316 im heutigen Ungarn geboren. 371 wurde Martin gegen seinen Widerstand zum Bischof von Tours (Frankreich) geweiht. Am 8. November 397 starb er und wurde am 11. November begraben. Die Bedeutung des Namens „Martin" leitet sich von Martinus, d. h. „Kleiner Mars", her. Mars war der römische Kriegsgott und der Name ist ein Hinweis darauf, dass er aus einer Offiziersfamilie stammte.

„Martin ist in Ungarn in der Stadt Sabaria geboren, doch wurde er in Pavia in Italien erzogen. Sein Vater war ein hoher Militär, mit dem kämpfte er unter den Kaisern Julianus und Konstantinus, doch tat er das nicht freiwillig, denn er war von Jugend an voll göttlicher Gnade. Als er zwölf Jahre alt war, lief er gegen den Willen der Eltern zu der christlichen Gemeinde und ließ sich den Glauben lehren. Danach wäre er auch in die Wüste gegangen, wenn die Schwachheit seines Körpers ihn nicht gehindert hätte. Nun hatten die Kaiser bestimmt, dass die Söhne der Ritter anstelle ihrer Väter in den Krieg ziehen mussten. So geschah es und Martin musste mit fünfzehn

Jahren Ritter werden. Er ritt nur mit einem Knecht und dem diente er mehr, als dass ihm der Knecht diente, und Martin zog dem Knecht oft die Schuhe aus und putzte sie. Es geschah an einem Wintertag, dass er durch das Stadttor von Amiens in Frankreich ritt. Da begegnete ihm ein Bettler, der war nackt und hatte noch von niemandem ein Almosen empfangen. Da begriff Martin, dass die Hilfe für den Bettler von ihm kommen sollte; und er zog sein Schwert und schnitt den Mantel, der ihm allein noch übrig war, in zwei Teile, [...] gab die eine Hälfte dem Armen und tat selber das andere Teil wieder um. In der Nacht danach sah er Christus zu sich kommen, der war gekleidet mit dem Stück seines Mantels, das er dem Armen gegeben hatte. Und der Herr (Christus) sprach zu den Engeln, die um ihn standen: ‚Martin, der noch nicht getauft ist, hat mich mit diesem Kleide gekleidet.' Davon wurde der Heilige aber nicht hochmütig, sondern er erkannte Gottes Güte und [...] ließ sich taufen, als er achtzehn Jahre alt war."

(de Voragine, Legenda Aurea, 1982, S. 368 f., verändert)

Aufgabe

Unterstreichen Sie in einer Farbe alle Details in der Martinslegende, von denen Sie annehmen, dass sie wirklich geschehen sind. Unterstreichen Sie in einer anderen Farbe die Details, von denen Sie annehmen, dass sie frei hinzugefügt worden sind. Diskutieren Sie dann in der Gruppe: Nach welchen Kriterien kann man historische Informationen von legendenhafter Ausschmückung trennen?

Praxisanregung

- *Laternenumzüge und Martinsspiele sind oft Großereignisse, zu denen sich Tageseinrichtungen für Kinder mit anderen Institutionen zusammentun.*
- *Das Martinsfest kann gut mit einem Projekt zum Thema „Teilen" verbunden werden. Hier können die Anregungen aus dem Kapitel 3.4 „Mit Kindern und Jugendlichen Werte leben" aufgenommen werden.*

3.2.3 Feste im Jahreskreis in Judentum und Islam

Feste im Judentum

Im Judentum dauern die Monate vom Neumond bis zum nächsten Neumond. Durch Einfügung eines Schaltmonats wird das Mondjahr aber an das Sonnenjahr angepasst. Der Jahreswechsel liegt im Frühherbst und wird durch das Neujahrsfest (Rosch ha-Schana) markiert. Zehn Tage später wird der „große Versöhnungstag" (Jom Kippur) begangen, an dem das Totengedenken und das Bekenntnis der Sünden im Mittelpunkt stehen. An diesem Tag wird gefastet. Während des Laubhüttenfestes (Sukkoth) im September bzw. Oktober werden im Freien oder auf Balkonen provisorische Hütten erbaut, die an die vierzigjährige Wanderschaft des Volkes Israel nach dem Auszug aus Ägypten erinnern. Im Dezember gibt es das Lichterfest Chanukka, das vor dem Holocaust in Deutschland oft in Parallelität zur Lichtsymbolik des Weihnachtsfestes gestaltet wurde. Das Purimfest im späten Winter ist ein ausgelassenes Fest mit Verkleidungen, das gern von Kindern gefeiert wird. Das Passahfest im Frühjahr hat das Gedenken an den Auszug des Volkes Israel aus Ägypten zum Inhalt. Das Wochenfest oder Schawuot wird sieben Wochen nach Passah gefeiert. Inhalt des Festes ist der Dank für die Gabe der Thora (der biblischen fünf Bücher Mose).

Aufgabe

Informieren Sie sich über Termine, genaue Bedeutung und Bräuche der genannten jüdischen Feste und stellen Sie diese in der Lerngruppe vor.

Feste im Islam

Im Islam gilt ein reiner Mondkalender mit zwölf Monaten, die jeweils beim Neumond beginnen und enden. Die Monate sind – je nach Mondphase – 29 oder 30 Tage lang. Da es keinen Schaltmonat gibt, ist das islamische Jahr ungefähr elf Tage kürzer als das Sonnenjahr. Dadurch verschieben sich die islamischen Monate jedes Jahr um zehn bis elf Tage gegenüber dem gregorianischen Kalender. Die religiösen Feste wandern daher durch das Naturjahr und beginnen in jedem Jahr zehn bis elf Tage früher. Das islamische Jahr beginnt mit dem ersten Tag im Monat Muharram und endet mit dem Monat Dhu l-Hiddscha.

Am zehnten Tag des ersten Monats wird das Aschura-Fest gefeiert, das an die Sintflut und an Noah erinnert. In vielen Familien wird an diesem Fest eine Suppe aus 40 verschiedenen Zutaten gekocht, die an die Nahrungsreste erinnern soll, die in der Arche noch vorhanden waren, und die zugleich die 40 Tage der Sintflut symbolisiert. Im schiitischen Islam erinnert dieses Fest in erster Linie an den Tod des Prophetenenkels und Märtyrers Husain.

Am zwölften Tag des dritten Monats wird der Geburt Mohammeds gedacht. Dieses Fest wird nicht in allen islamischen Ländern gefeiert. Geburtstage von einzelnen Menschen werden in islamischer Tradition nicht gefeiert.

Der neunte Monat trägt den Namen Ramadan und ist ein Fastenmonat. Vom Sonnenaufgang bis zum Sonnenuntergang wird gefastet, d. h. nicht gegessen, nicht getrunken, nicht geraucht und auf Geschlechtsverkehr verzichtet. Das Fasten soll nur von erwachsenen, gesunden Menschen eingehalten werden. Kinder bis zur Pubertät fasten oft spielerisch mit, ohne die Regeln komplett einzuhalten. Frauen fasten während der Schwangerschaft und der Regelblutung nicht; ebenso kann das Fasten auf Reisen oder bei wichtigen beruflichen Tätigkeiten unterbrochen werden. Es soll dann allerdings zu einem anderen Zeitpunkt nachgeholt werden. Nach Sonnenuntergang wird im Familienkreis oder in der Moschee, in islamisch geprägten Ländern auch in der Öffentlichkeit, gegessen, getrunken und gefeiert. Zu diesem allabendlichen Fastenbrechen (Iftar) werden auch bedürftige Menschen, Nachbarn und Freunde eingeladen. Viele Moscheevereine laden zu solch einem Iftar auch christliche Gemeinden und Vertreter der Stadtöffentlichkeit ein. In der 27. Nacht des Monats Ramadan wird an die Offenbarung des Korans an Mohammed erinnert. In dieser „Nacht der Bestimmung“ soll man sich mit seinen Mitmenschen versöhnen und über den Koran meditieren. Am Ende des Monats Ramadan wird das Fastenbrechen drei Tage lang gefeiert. Dieses Fest heißt auf Arabisch „Id al-Fitr“ und auf Türkisch „Ramazan Bayramı“. Volkstümlich ist auch oft vom „Zuckerfest“ (türkisch: „Seker Bayram“) die Rede.

Im letzten Monat wird das Opferfest Id al-Adha (türkisch: „Kurban Bayramı“) gefeiert. Bei diesem Fest wird ein Tier, meist ein Schaf, geschlachtet. Dieses Schlachten nennt man „Schächten“; es muss rituell, d. h. durch Ausbluten des Tieres, geschehen, damit das Fleisch „halal“, d. h. rein, ist. Das Opferfest erinnert an die Bereitschaft Abrahams, seinen Sohn Ismael zu opfern; das wurde durch Gott verhindert, der stattdessen ein Opfertier annahm. Das Fleisch des Opfertieres wird zu einem Teil an Bedürftige gespendet, zu einem anderen Teil beim Fest gegessen, wozu meist Freunde und Verwandte eingeladen werden. In der Zeit des Opferfestes findet auch die Pilgerfahrt nach Mekka statt.

Iftar (Fastenbrechen)

Aufgaben

1. *Stellen Sie die Termine der islamischen Feste in den nächsten beiden Jahren zusammen.*
2. *Gestalten Sie einen interreligiösen Festkalender.*

3.2.4 Feste und Feiern im Wandel – das Beispiel Halloween

Seit der Jahrtausendwende hat sich das Halloweenfest einen Platz in der Kinder- und Jugendkultur erobert. Im Zentrum des Halloweenfestes steht die Legende von Jack Oldfield.

Jack Oldfield war ein Trunkenbold und Bösewicht. Diesem gelang es, den Teufel mit einer List zu fangen. Er ließ den Teufel nur unter der Bedingung frei, dass er ihn künftig in Ruhe lassen solle. Jack starb, kam aber wegen seiner bösen Taten nicht in den Himmel. Er wurde jedoch, weil er den Teufel hereingelegt hatte, auch nicht in der Hölle aufgenommen. Schließlich hatte der Teufel Erbarmen mit ihm und schenkte ihm eine ausgehöhlte Rübe, in die er eine glühende Kohle legte. Mit dieser Laterne wandert Jack seitdem durch die Finsternis.

Der Name „Halloween“ erklärt sich mit großer Wahrscheinlichkeit als „All Hallows‘ Eve“, als Vorabend vor Allerheiligen. Das Allerheiligenfest wiederum wurde als Fest des christlichen Gedenkens an die Märtyrer im 5. Jahrhundert eingeführt und im 9. Jahrhundert für die katholische (westeuropäische) Kirche als Doppelfest von Allerheiligen und Allerseelen auf den 1. und 2. November gelegt. Damit wurde zugleich ein älteres Neujahrsfest im keltischen Westeuropa abgelöst. Ob im Halloweenfest vorchristliche Bräuche anlässlich des keltischen Jahreswechsels weiterleben oder das Fest eine volkstümliche Form des christlichen Totengedenkens darstellt, ist umstritten.

Das Halloweenfest wurde zunächst nur in den katholischen Gebieten Irlands und Englands am Abend des 31. Oktober gefeiert. Mit den irischen Auswanderern kam es in die USA, wo die Rübe durch einen Kürbis ersetzt wurde, der nun „jack-o'-lantern" genannt wurde. In den USA verband sich das Fest mit Symbolen wie der gruseligen Maske zur Vertreibung des Bösen und mit Ritualen wie dem „trick or treat", bei dem die maskierten Halloweengestalten entweder Süßes bekommen oder Saures austeilen. In dieser Form trat das Halloweenfest seinen Rückweg über den Ozean an.

Am Halloweenfest kann man gut sehen, wie Festmotive durch unterschiedliche Kulturen wandern und sich verändern. Ähnliche Umformungen von älteren Festtraditionen kann man beim Junggesellen- bzw. Jungesellinnenabschied oder bei Festen wie dem „Karneval der Kulturen" beobachten.

3.2.5 Feste interreligiös feiern?

In den meisten pädagogischen Handlungsfeldern der Kinder- und Jugendarbeit leben Menschen mit unterschiedlichen religiösen Zugehörigkeiten und kulturellen Prägungen zusammen. Deshalb stellt sich die Frage, ob nicht auch die Festpraxis in diesem Arbeitsfeld die religiöse und kulturelle Vielfalt widerspiegeln muss. Zugleich gibt es Widerstände gegen eine interreligiöse Feierpraxis. In vielen religiösen Festen gibt es Inhalte, die für Angehörige anderer Religionen anstößig oder nicht nachvollziehbar sind. So ist das rituelle Schlachten beim islamischen Opferfest mit westeuropäischen Tierschutzvorstellungen nicht vereinbar. Auch die Fastenpraxis im Ramadan ist für Christen nicht nachzuvollziehen, weil sie eine Zugehörigkeit zum Islam und ein typisch islamisches Verständnis von Gehorsam gegenüber Gott ausdrückt. Umgekehrt ist das Weihnachtsfest für Muslime höchst anstößig, weil aus islamischer Sicht Jesus Christus nicht Gottes Sohn ist, als der er zu Weihnachten gefeiert wird. Auch das Osterfest ist aus islamischer Sicht nicht nachzuvollziehen, weil Jesus nach islamischer Lehre nicht am Kreuz gestorben ist.

Formen der interreligiösen Festgestaltung

- Ein Fest wird mit allen Kindern oder Jugendlichen gemeinsam gefeiert.
- Ein Fest wird so gefeiert, dass sich Kinder und Jugendliche zurückziehen können, die nicht teilnehmen möchten, oder deren Eltern dies nicht möchten.
- Eltern oder Jugendliche werden dazu motiviert, typische Festbräuche und Inhalte eines Festes in der Einrichtung darzustellen.
- Ein Fest wird nicht gefeiert, sondern beachtet und erklärt, z. B. im Stuhlkreis.
- Ein Fest wird umgeformt, sodass sein religiöser Inhalt nicht mehr erkennbar ist.

Aufgabe

Entwerfen Sie zu ausgewählten religiösen Festen unterschiedliche Festgestaltungen, die jeweils einer der genannten Formen entsprechen. Stellen Sie Ihre Entwürfe vor und analysieren Sie Chancen und Probleme der unterschiedlichen Formen einer interreligiösen Festgestaltung.

3.3 Religion für Kinder unter drei Jahren

Einleitung

Durch den Ausbau von Plätzen für unter Dreijährige in den Kindertageseinrichtungen (v. a. in den alten Bundesländern) stellt sich zunehmend auch die Frage nach der pädagogischen Konzeption dieser Arbeit. Können und sollen die Konzepte und Ansätze der Elementarpädagogik für Kinder von drei bis zu sechs Jahren „vereinfacht" für Kleinkinder übernommen werden?

Wenn man davon ausgeht, dass Pädagogik und selbstverständlich auch Religionspädagogik bei dem ansetzen, was das Kind braucht, wird zunächst danach zu fragen sein: Was brauchen kleine Kinder bis zu drei Jahren an „Religion" (vgl. Kapitel 3.3.1)? Sie brauchen sicher nicht die kognitiven und erst recht nicht die dogmatischen Seiten der Religion. Was ihnen vielmehr guttut, sind positive Erfahrungen und Beziehungen; doch zunächst und vor allem brauchen sie vorrangig eine sichere Bindung zu Erwachsenen (vgl. Kapitel 3.3.2 und 3.3.3), die im Sinne von Erziehungspartnerschaft gerade auch über ihr jeweiliges Verständnis von Religion und ihre Erwartungen aneinander gut kommunizieren (vgl. Kapitel 3.3.4).

Darüber hinaus brauchen kleine Kinder erfreuliche, wohltuende Erfahrungen von Geborgenheit und Gemeinschaft. Dazu gehören Rituale (z. B. Segensrituale), Erzählungen (z. B. aus der Bibel) und Gemeinschaftserfahrungen (z. B. bei der Taufe; vgl. Kapitel 3.3.4).

*In diesem Kapitel erwerben Sie folgende **Kompetenzen**:*

- *Sie verfügen über grundlegendes Wissen über Voraussetzungen religiöser Entwicklung von Kleinkindern.*
- *Sie haben die Fertigkeit, religiöse Entwicklungen zu unterstützen.*
- *Sie haben die Fertigkeit, verschiedene Praxisformen religionspädagogischer Arbeit bei kleinen Kindern anzuwenden.*
- *Sie unterstützen Kinder dabei, ein positives Selbstkonzept zu entwickeln.*

3.3.1 Religiöse Entwicklungsaufgaben von Kindern bis zu drei Jahren

Damit Kinder später ein für sie hilfreiches Bild von Gott entwickeln können, brauchen sie im frühen Alter unterstützende Erfahrungen und sichere Bindungen zu Erwachsenen.

„Ein Baby hat mit seiner Geburt vier wesentliche Bedürfnisse: berührt und gestreichelt werden; genährt werden (stillen); angesprochen werden; getragen und gehalten werden. Und in den meisten Fällen werden diese Bedürfnisse auch beachtet und erfüllt.

Berührt werden: Die Haut ist unser wichtigstes Sinnesorgan. Im achtsamen Berührt- und Gestreichelt-Werden erlebt ein Baby Wertschätzung. ‚Du bist wertvoll und wunderbar' ist die Botschaft von solch zugewandter Berührung.

Stillen: Dies ist Nahrung für Körper und Seele eines Kindes, hierbei kann sich innigste Spiritualität zwischen Mutter und Kind ereignen.

Angesprochen werden: Hier erlebt das Baby Beziehung im Wort. Das Kind erfährt sich als ‚Du' und beginnt Schritt für Schritt, sich als eigenständiges Wesen zu entdecken.

Getragen und gehalten werden: Babys werden gehalten und getragen. Aus dieser Grundgeborgenheit heraus machen sie Bewegungserfahrungen und erste Entdeckungen der Welt.

Zwischen diesen genannten Erfahrungen in der frühesten Kindheit und der späteren religiösen Verwurzelung eines Menschen bestehen tiefe Zusammenhänge, wie unterschiedliche biografische Zeugnisse belegen. Bei Kindern, die solche Bindungssicherheit erfahren durften, ist es wahrscheinlicher, dass sie behütende und freundliche Gottesbilder entwickeln."
(Betz u. a., 2010, S. 30)

Aufgaben

Wodurch erfährt ein Kleinkind die Realität der Segenszusagen des sogenannten „aaronitischen Segens"? Übertragen Sie die folgende Tabelle auf ein separates Blatt Papier und ergänzen Sie die rechte Spalte.

aaronitischer Segen (Num 6,24–26)	Erfahrungen des Kindes
Der Herr segne dich	
und behüte dich;	
der Herr lasse sein Angesicht leuchten über dir	
und sei dir gnädig;	
der Herr hebe sein Angesicht über dich	
und gebe dir Frieden.	

Für die religiöse Entwicklung der Kleinsten ist von Bedeutung, „dass das Beziehungsgeschehen eine zentrale, wenn nicht gar die wichtigste Grundlage für das Entstehen einer Gottesbeziehung ist" *(Szagun, 2008, S. 386)*.

Zum Verständnis dessen, wie ein Kind eine Gottesbeziehung aufbauen kann, ist die Theorie der sogenannten Übergangsobjekte (vgl. Donald Woods Winnicott und Daniel Stern) hilfreich:

- Zunächst braucht das Kind direkte und verlässliche Erfahrungen einer sicheren Bindung zu seiner/seinen Hauptbezugsperson(en).
- In einem nächsten Schritt lernt das Kind ab dem vierten bis zwölften Monat etwas Materielles (Kuscheltier, Puppe, Schmusetuch o. Ä.) als Übergangsobjekt zu gebrauchen. Dieses Objekt repräsentiert i. d. R. die Mutter oder eine andere Hauptbindungsperson und ist sozusagen Stellvertreter für die (abwesende) Mutter. Es vermittelt dem Kind Geborgenheit sowie Trost und unterstützt seine Identitätsbildung.
- In einem weiteren Schritt benutzt das Kind später auch immaterielle „Dinge", Gedanken und Vorstellungen als Übergangsobjekte. Dazu gehören die sogenannten „unsichtbaren Begleiter", Vorstellungen von Engeln und die Vorstellung eines Gottes. Wie diese Begleiter in der Fantasie des Kindes ausgestaltet werden, hängt von der sozialen und religiösen Umwelt des Kindes ab.

3.3.2 Aufgaben der Erwachsenen in der religiösen Bildung von Kindern

Religion, Glaube und ein Gottesbild können Kindern keinesfalls „vermittelt" oder auf irgendeine Weise „übertragen" werden (vgl. Kapitel 2.1.3). Bildung allgemein und auch religiöse Bildung werden von Kindern konstruiert, manchmal sogar ohne oder gegen den Einfluss von Erwachsenen.

Allerdings fällt den Erwachsenen bei diesem Prozess der Ko-Konstruktion eine verantwortungsvolle Aufgabe zu: Sie sind es, die dem Kind sozusagen das „Material" für seine Konstrukte und Vorstellungen liefern. Dabei kommt es weniger auf Methoden und Angebote an als vielmehr auf die Haltung, mit der die Erwachsenen dem Kind begegnen. Für die Entwicklung eines positiven Gottesbildes braucht das Kind die Erfahrung von positiven, verlässlichen und Geborgenheit gebenden Beziehungen.

Aufgabe

Beschreiben Sie professionelle Haltungen von pädagogischen Fachkräften im Hinblick auf Kinder von null bis zu drei Jahren, die für die Entwicklung einer resilienten Persönlichkeit und eines positiven Gottesbildes förderlich sein können.

Kinder im Alter bis zu drei Jahren brauchen pädagogische Fachkräfte, [...]

- *die ihnen mit Achtsamkeit und Wertschätzung begegnen, unabhängig von Verhalten oder Leistung.*
- *die sich ihnen als authentische Person zur Verfügung stellen.*
- *die ihnen Werte und (religiöse) Grundhaltungen vorleben.*

(Vgl. Betz u. a., 2010, S. 28 f.)

3.3.3 Das Konzept Emmi Piklers und die Religionspädagogik

Ist die Beziehung zu einem Kind geprägt von Respekt, Achtsamkeit und durch einen liebevollen wertschätzenden Umgang, in dem sich das Kind sicher und angenommen fühlen kann, ermöglichen wir dem Kind eine Grunderfahrung von Vertrauen und Verlässlichkeit, aus der es ein positives Bild von sich selbst, der Welt und Gott entwickeln kann. Aus einer sicheren Beziehung heraus kann das Kind Selbstvertrauen, Empathie und Forscherdrang entfalten.

„Die Erzieherin nähert sich Leon (1,8 Jahre), der am Boden mit Bausteinen, Körbchen und Schälchen spielt. Sie kniet sich zu ihm nieder, Leon bemerkt ihre Nähe und schaut sie an. ‚Ich sehe, du spielst mit den Bauklötzen', sagt sie. Leon lacht sie an und zeigt auf seine Baustelle. ‚Ja, ich sehe es, du hast die Klötze und die Körbe. Leon, es ist Zeit deine Windel zu wechseln, kannst du mit mir kommen?' ‚Neue Windel?', fragt Leon. Die Erzieherin antwortet: ‚Ja, ich möchte mit dir eine neue Windel anziehen.' Leon legt noch einige Klötze in ein Körbchen, dann steht er auf und sagt: ‚Neue Windel!' Gemeinsam gehen die beiden in den Wickelbereich.

Hier liegt bereits alles bereit, was die Erzieherin für Leon braucht. Er klettert auf den Ankleidetisch, Leon ist mit den Abläufen vertraut. Er beginnt den Knopf an seiner Hose zu öffnen, das klappt nicht ganz. Die Erzieherin sagt: ‚Es ist nicht leicht, den Knopf durch das Loch zu führen, ich werde dir ein bisschen helfen, ja?' ‚Knopf auf!', ruft Leon. Danach beginnt er lächelnd seine Hose herunterzuziehen. Um ganz aus dem Hosenbein zu schlüpfen, setzt er sich auf dem Ankleidetisch hin. Seine Erzieherin lässt ihm die Zeit dafür. ‚Du hast deine Hose alleine ausgezogen, fein! Kannst du dich bitte wieder hinstellen, dann können wir die Windel öffnen?' Leon steht auf, das fällt ihm leicht, da sich an einer Seite des Ankleidetisches ein Gitter befindet, an dem er sich festhalten kann.

Sogleich macht er sich daran, die Klebestreifen seiner Windel selbst zu öffnen. ‚Windel auf!', sagt er. ‚Ja, du kannst deine Windel aufmachen. Du hilfst mir, danke', begleitet seine Erzieherin ihn mit Worten. Beide sind auf Augenhöhe und können so das Geschehen auch mit Blicken und Gesten begleiten.

,So, Leon, ich lege deine Windel hier auf die Seite, dann kannst du sie nachher in den Eimer bringen, magst du?' Leon zeigt auf den Windeleimer und sagt: ,Da Eimer, Windel rein Leon!' ,Ja, da in den Eimer', bestätigt sie ihm. ,Hier habe ich deine neue Windel. Ich ziehe sie dir jetzt an.' Leon wendet sich der Erzieherin zu, die die Windel bereits in der Hand hält. Er zeigt auf die Motive, die auf der Windel aufgedruckt sind. ,Ente, Ente!', sagt er und lacht die Erzieherin an. ,Ja, auf dieser Windel sind Enten', bestätigt sie. ,Quak, quak!', sagt Leon und tippt mit dem Zeigefinger immer wieder auf die Enten. ,Enten machen quak, ja.' Sie legt Leon, der auf dem Ankleidetisch steht, die Windel um. Leon hält die Windel an seinem Bauch fest, so kann seine Erzieherin die Windel in Ruhe schließen. ,So, nun können wir dir deine Hose wieder anziehen, Leon.'

Die Erzieherin zeigt Leon seine Hose. Er dreht sich zum Gitter, hält sich fest und hebt einen Fuß, um in das Hosenbein zu steigen, dann den anderen.

Beim Hochziehen der Hose hilft er mit. Bevor seine Erzieherin seine Hose schließt, sagt Leon noch mal: ,Ente quak macht!' ,Ja, die Ente, sie macht quak.' Wieder lächeln sich die beiden an. Leon setzt sich hin, um sich seine Hausschuhe anziehen zu lassen. Als das geschehen ist, sagt er: ,Fertig!' ,Fertig', sagt seine Erzieherin auch, rückwärts lässt sich Leon vom Ankleidetisch rutschen.

,Windel?', fragt Leon. ,Hier ist deine Windel. Jetzt kannst du sie in den Eimer werfen, danke.' Die Erzieherin reicht Leon die Windel, beide waschen sich die Hände und laufen dann gemeinsam wieder in den Gruppenraum zurück. Leon schaut sich um und entdeckt seine Bauklötze wieder, für eine kurze Zeit setzt er dieses Spiel noch fort, bevor er sich etwas anderem zuwendet."

(Heilig-Friedrich, in: Betz u. a., 2010, S. 10 f.)

Aufgaben

1. *Sehen Sie sich die beschriebene Wickelsituation noch einmal unter Berücksichtigung folgender Fragen an:*
   - *Was fällt Ihnen am Handeln der Erzieherin auf?*
   - *Welche Haltungen der Erzieherin stehen Ihrer Meinung nach hinter ihrem Handeln?*
   - *Welche Erfahrungen macht Leon?*
   - *Welche Auswirkungen könnten Leons Erfahrungen in dieser Situation auf seine religiöse Bildung haben?*
2. *Beobachten Sie in einer Tageseinrichtung für Kinder, wie Kinder dort gewickelt werden, und vergleichen Sie die Erfahrungen, die Kinder dabei machen, mit dem oben Geschilderten.*

Die geschilderte Wickelsituation ist orientiert an dem Ansatz beziehungsvoller Pflege und einfühlsamer Kommunikation von **Emmi Pikler** (1902–1984). Durch solche und andere Zeiten ungeteilter Aufmerksamkeit, in denen die Bezugserzieherin sich dem Kind ganz zuwendet, kann sie ihm das Gefühl geben „Du bist wichtig – jetzt bin ich ganz für dich da" oder biblisch gesprochen: „Ich habe dich bei deinem Namen gerufen, du gehörst zu mir" *(Jes 43,1)*.

3.3.4 Formen religionspädagogischer Praxis mit Kindern bis zu drei Jahren

Vor allen religionspädagogischen Praxisformen ist – wie oben dargestellt – die Haltung der pädagogischen Fachkräfte für die religiöse Bildung und Entwicklung von Kleinkindern ausschlaggebend.

Die meisten religionspädagogischen Gestaltungsformen, die an anderer Stelle in diesem Buch vorgestellt werden, eignen sich grundsätzlich auch für Kinder unter drei Jahren. Gegebenenfalls müssen sie an die Möglichkeiten und Bedürfnisse von Kleinkindern angepasst werden.

Da bei der religionspädagogischen Praxis das Interesse und die Wünsche der Eltern besonders berücksichtigt werden müssen, ist hier eine transparente Darstellung der Angebote für die Eltern besonders wichtig, ebenso wie eine offene Kommunikation darüber zwischen Tageseinrichtung und Eltern. Das Recht der Eltern auf die religiöse Erziehung ihrer Kinder ist allen Eltern gegenüber ernst zu nehmen, besonders aber bei Eltern, die einer anderen oder keiner Religion angehören. Erziehungs- und Bildungspartnerschaft hat in dieser Hinsicht eine besonders große Bedeutung.

Segen und Segnen

In einer Tageseinrichtung für Kinder wurden die Sechsjährigen am Ende ihrer Kindergartenzeit befragt, was das Schönste gewesen sei in den Jahren hier. Ein Junge sagte: „Das Schönste war Waldtag und Beten mit Händen auf dem Kopf." Er meinte damit das allwöchentliche Wochenabschlussritual, bei dem die Erzieherinnen sich mit den Kindern im Kreis aufstellen, einen Segensspruch sagen oder ein Segenslied singen und dabei den Kindern zu ihrer Linken und Rechten die Hände auf den Kopf legen. Bei den Kindern ist diese symbolträchtige Geste sehr beliebt (siehe Kapitel 2.5.1), für diesen Jungen war sie sogar das Schönste in seiner ganzen Kindergartenzeit.

> ***Segen***
> *Das lateinische Wort für „segnen" heißt „benedicere" (= „gut oder schön oder richtig von etwas oder zu jemandem sprechen"). Unser Wort „segnen" lässt sich herleiten von dem lateinischen Wort „signare" (= „zeichnen, ein Zeichen geben"). Das Substantiv dazu ist „signum" (= „Zeichen, Merkmal"). Signum bezeichnet aber auch das Götterbild, das Zeichen der wirksamen göttlichen Gegenwart. Daher besteht eine Segenshandlung in der Regel aus zwei Elementen: Geste bzw. Zeichen (Handauflegung und/oder Bekreuzigung) und Wort (Segenszusage, -zuspruch). Damit wird Segen sowohl körperlich als auch geistig erfahrbar.*
>
> *Das Kreuz ist das „Gottesbild" der Christen. Die Verbindung von Segenswort und Kreuzzeichen macht deutlich, dass Gottes Segen in Jesus Christus wirksam wurde und wird.*

Segen will sichtbar, hörbar und spürbar zugesagt werden. Jeder (getaufte) Christ ist dazu befugt. „Segnen" ist eine Weitergabe dessen, was von Gott geschenkt und empfangen wird.

Neben der gottesdienstlichen gibt es auch eine häusliche und eine alltägliche Segenspraxis. Daran orientiert sich z. B. Luthers Morgensegen, den er selbst einleitet mit den Worten: „Des Morgens, wenn du aufstehst, kannst du dich segnen mit dem Zeichen des heiligen Kreuzes und sagen: Das walte Gott Vater, Sohn und Heiliger Geist. Amen. [...] Ich danke dir, mein himmlischer Vater, [...]." (Evangelisches Gesangbuch, 2001, S. 1030)

Die wohl verbreitetste Art des Segens im alltäglichen Familienleben ist der „Wuschelsegen": Der Vater oder die Mutter wuschelt dem Kind liebevoll durch das Haar. Hier verbindet sich die (oft unbewusste) Gestik der segnenden Handauflegung mit einem zärtlichen Streicheln über den Kopf. Gute Wünsche – ausgesprochen oder still mitgegeben – gehören dazu. Das macht gerade in Abschiedssituationen deutlich: Wo meine Kraft und meine Möglichkeiten enden, wirkt Gott weiter. Mit einem Segen spreche ich dem Kind Gottes Begleitung zu und verbinde dies mit der Hoffnung, dass er es auch in schwierigen Situationen nicht allein lässt. In manchen Familien ergänzt ein Kreuzzeichen auf die Stirn die Segenshandlung.

Auch beim Segnen ist Feinfühligkeit gefragt, erleben gerade Kleinkinder doch immer wieder, dass ihnen ungefragt und ungebeten (oft sogar fremde) Hände auf den Kopf gelegt werden. Beim (Wuschel)Segen ist es wichtig, dass das Kind damit einverstanden ist und sich wohlfühlt.

In einigen Abschiedsformeln ist der Segen auch noch in unserer Alltagssprache hörbar: „Adieu" bedeutet „Gott (an)befohlen". In manchen Gegenden ist auch noch „behüt dich" (= „Es behüte dich Gott") als Abschiedsgruß verbreitet.

Aufgaben

1. *Überlegen Sie Situationen mit Kindern, in denen sich Segnen anbieten könnte:*

   a) in alltäglichen Situationen,
   b) in besonderen Situationen des Abschieds und Übergangs.

2. *Wählen Sie daraus eine Situation und formulieren Sie in einem Satz eine Segenszusage an das Kind bzw. die Kinder: „Gott segne dich ..."*

3. *Was spricht dabei für eine berührende Geste zusätzlich zum gesprochenen Segenswort? Was müsste dabei allerdings beachtet werden?*

Biblische Erzählungen

Aus der Fülle biblischer Texte sind für Kinder dieses Alters vor allem Geschichten wichtig, die von Vertrauen oder von Ermutigung erzählen und damit Resilienz fördern, z. B.:

- Noah baut eine Arche (1. Mo 7–9)
- die Geschichte vom verlorenen Schaf (Lk 15,3–7 und Mt 18,12–14)

Aufgaben

1. *Welche weiteren biblischen Geschichten von Vertrauen und Ermutigung fallen Ihnen ein? Schlagen Sie in der Bibel und in Kinderbibeln (siehe Kapitel 3.1.4) nach.*
2. *Schreiben Sie zu einer dieser Geschichten eine Erzählung. Berücksichtigen Sie dabei die besonderen Regeln für das Erzählen bei Kleinkindern:*
   - *in kurzen, einfachen Sätzen erzählen*
   - *möglichst durchgehend in der Gegenwart erzählen*
   - *bekannte Hauptwörter verwenden*
   - *Merkmale beschreiben durch Adjektive (Eigenschaftswörter)*
   - *Gegenstände dürfen lebendig sein!*
   - *Bilder, Gegenstände, Figuren und Symbole verwenden (Handpuppen!)*

Rica erzählt: Das verlorene Schaf

„Ich bin Rica, das kleine Schaf.
Mein Hirte sorgt für mich und beschützt mich.
Mit meinen Freunden, den anderen Schafen, weide ich auf saftigen Wiesen.

Es ist Sommer.
Die Blumen blühen und die Vögel zwitschern.
Ich springe von einer Blume zur andern und freue mich.
Immer höher komme ich in die Berge hinauf.

Als ich umkehren will, sehe ich meinen Hirten nicht mehr.
Ich habe mich verirrt.
Ich bekomme Angst und laufe den Berg hinunter.

Ich bleibe an einem dornigen Busch hängen.
Ich zerre und blöke um Hilfe, aber niemand kommt.
Es wird dunkel, aber ich kann nicht schlafen.

Am nächsten Morgen höre ich eine Stimme.
‚Hilfe, hier bin ich!', blöke ich.
Es ist mein Hirte!
Er befreit mich und trägt mich nach Hause.
Alle freuen sich, dass ich wieder da bin."
(Tonner/Ignjatovic, 2005)

Aufgabe

Erzählen „plus“: Kinder mögen es besonders, wenn es beim Erzählen was zum Mitmachen gibt. Hierfür eignen sich Fingerspiele, Bewegungen oder Kniereiter.

Überlegen Sie einfache und einprägsame Bewegungen zu folgendem Text.

Üben Sie diese ein und probieren Sie sie, wenn möglich, mit Kindern aus.

„Jesus und die Jünger
steigen in ein Boot.
Das Boot fährt auf den See
und alles ist im Lot.

Jesus legt sich schlafen,
doch plötzlich kommt ein Sturm!
Die Jünger rufen: ‚Hilfe –
das Boot, das kippt gleich um!

Jesus, wo ist Jesus?
Rüttelt ihn mal wach!‘
Jesus sagt: ‚Sturm, weiche!‘
Der See wird wieder flach.“

(Text: Sabine Wiediger, © cap-music, Haiterbach-Behlingen)

Taufe

In einer Krippe kommt es öfter als in anderen Tageseinrichtungen vor, dass eines der Kinder getauft wird. Für dieses Kind, seine Familie, aber auch für alle anderen Kinder ist es ein besonderes Erlebnis, wenn die Kitagruppe an dieser Tauffeier beteiligt ist.

Für solch einen Beitrag eignen sich die Grundelemente der Tauffeier: das Kinderevangelium (Mk 10,13–16), die Symbole Wasser und Licht (Taufkerze) sowie das Kreuzzeichen.

Die Kindersegnung/Das Kinderevangelium

„Viele Menschen kommen zu Jesus.
Sie wollen hören, was er von Gott erzählt.
Sie wollen, dass er ihnen hilft.
Sie wollen, dass er ihnen Mut macht.
Männer und Frauen kommen zu Jesus.
Junge Leute und alte Menschen.

Einmal wollen auch Kinder zu Jesus
und Mütter mit ihren Babys.
Aber das geht nicht!
Die Jünger, die Freunde von Jesus, lassen sie nicht durch!

Sie sagen: ‚Kinder und Babys haben bei Jesus nichts verloren!
Gott hat ihn zu den Erwachsenen geschickt.
Ihnen soll er von Gott erzählen.
Ihnen soll er helfen.
Ihnen soll er Mut machen.‘

Die Kinder sind enttäuscht.
Die Mütter mit ihren Babys sind traurig.
‚Ist Jesus wirklich nur für die Erwachsenen da?
Will er, will Gott nichts von den Kindern wissen?’

Aber Jesus hat alles mit angehört.
Er sagt zu seinen Freunden:
‚Wie könnt ihr so reden?
Lasst die Kinder zu mir kommen.
Schickt sie doch nicht weg.
Kinder gehören doch zu Gott!
Deshalb gehören Kinder auch zu mir.‘

Er ruft die Kinder und die Mütter mit ihren Babys zu sich her.
Er schließt sie in die Arme.
Er legt ihnen die Hände auf den Kopf.
Er segnet sie:
‚Gott segne dich. Er soll dich schützen und dir helfen.
Er soll bei dir sein dein ganzes Leben lang.
Habe Mut. Gott lässt dich nicht im Stich.
Amen.‘“
(Mk 10,13–16)

Kinderbibeln für Kleinkinder

- **Die Bibel für die Allerkleinsten.** Nacherzählt von Mathias Jeschke, illustriert von Rüdiger Pfeffer, Stuttgart, Deutsche Bibelgesellschaft, 2006.
- **Meine erste Bibel.** Nacherzählt von Martin Polster, illustriert von Marie-Hélène Delval und Jean-Claude Götting, Stuttgart, Gabriel Verlag, 2003.
- **Rica erzählt die Bibel. Geschichten aus dem Neuen Testament.** Text von Sebastian Tonner, Illustrationen von Johanna Ignjatovic, Lahr, Verlag Ernst Kaufmann, 2010.

3.4 Mit Kindern und Jugendlichen Werte leben

Erzieherinnen und Erzieher sind Vorbilder für Kinder und Jugendliche. Neben den Eltern prägen sie mit ihren Haltungen und Wertvorstellungen Kinder in einer Welt, die kompliziert geworden ist. Werte können in einem globalen, nationalen und regionalen Horizont ausgelegt werden. Erfahrungen von Migration und interreligiösem Dialog spiegeln sich im Wertebewusstsein wider. Für das evangelische Profil einer Erzieherin bzw. eines Erziehers ist die Selbstvergewisserung und Sprachfindung für eigene Werte ebenso notwendig wie die Verständigungsbereitschaft und Konfliktfähigkeit in einer pluralen Gesellschaft. Den Orientierungsrahmen dafür bildet die biblische Erzählkultur im Sinne einer humanen Bildung.

Wandbehang: „Frieden ist möglich" (Arbeit von Schülerinnen des Anna-Siemsen-Berufskollegs Herford)

*In diesem Kapitel erwerben Sie folgende **Kompetenzen**:*

- *Sie haben ein vertieftes Verständnis christlicher Werte und Normen als Grundlage für das Zusammenleben von Menschen.*
- *Sie haben die Fertigkeit, ihre eigene Wertebildung zu reflektieren und Wertschätzung, Integration und Solidarität als Zielperspektiven einer humanen Bildung zu erschließen.*
- *Sie haben die Fertigkeit, Normen und Regeln als Einflussfaktoren auf das Erleben und Verhalten von Kindern, Jugendlichen und jungen Erwachsenen in die pädagogische Arbeit einzubeziehen.*
- *Sie haben die Fertigkeit, die Entwicklung ethischer Werthaltungen anzuregen und zu gestalten.*

3.4.1 Situationen und Erfahrungen

1. In der Tagesstätte „Pusteblume“ tauschen die Kinder Pokémon-Karten und Yu-Gi-Oh!-Karten. Ein Junge, der ein baptistisches Elternhaus hat, möchte diese auch haben, aber die Erzieherinnen wissen, dass die Eltern diese für „Teufelszeug“ halten und nicht möchten, dass der Junge damit in Berührung kommt.

2. Als der fünfjährige Achmed von der Erzieherin angesprochen wird, dass nicht seine dreijährige Schwester, sondern er selbst Fegedienst hat, sagt er, dass das Mädchenarbeit sei. In der Teambesprechung beklagt sich die Erzieherin Susanne: „Das ist wieder mal typisch für diese türkischen Jungen.“

3. Bei Familie Meier, deren zwei Kinder in der Grundschule Falkenhorst sind und ganztags betreut werden, ist die Vorfreude auf ein kleines Brüderchen sehr groß. Das Kind kommt mit Downsyndrom zur Welt. Die Erzieherin hört im Beisein der Kinder von Familie Meier, wie sich andere Mütter beim Abholen ihrer Kinder darüber unterhalten: Dieses Unheil hätte man doch durch die Inanspruchnahme vorgeburtlicher Diagnostik und eine Abtreibung verhindern können.

4. Drei Jugendliche fühlen sich zur Schwarzen Szene hingezogen. Sie treffen sich auf Friedhöfen und ihre Zimmer sehen entsprechend aus. Eines Tages findet sich in einem der Zimmer der Jugendlichen ein echter Totenschädel. Es findet eine Teambesprechung statt, die das weitere Vorgehen plant.

5. Feliz ist seit drei Wochen im betreuten Wohnen. Sie ist Türkin und trägt ein Kopftuch. Die anderen Jugendlichen machen sich aufgrund dessen über sie lustig. Die Erzieherinnen bekommen es mit.

6. Den Jugendtreff „Schalom“ nutzen die Jugendlichen auch dazu, im Internet zu chatten und zu surfen. Zufällig sieht eine Erzieherin eine Seite „We hate Sarah“, auf der ein Mädchen, das sie auch kennt, von einer Gruppe von Mädchen beleidigt und beschimpft wird.

Aufgabe

Diskutieren Sie in Kleingruppen die Fallbeispiele. Welche Wertekonflikte werden angesprochen? Welche Informationen brauchen Sie zur Klärung?

3.4.2 Vertrauen leben – Orientierung gewinnen

Worte bauen auf und zerstören

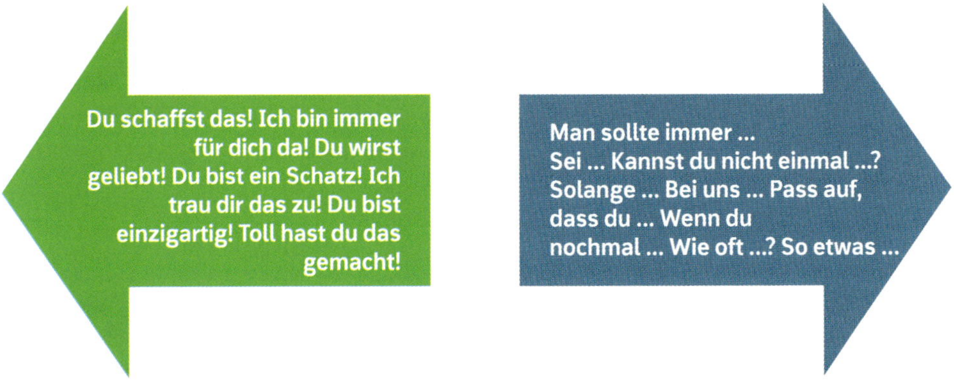

Aufgabe

Welche Sätze wurden Ihnen gesagt, als Sie ein Kind waren? Welche Erziehungsziele und Werte stehen dahinter? Wie stehen Sie heute dazu? Schreiben Sie für sich auf, welche Werte für Sie heute gelten und besprechen Sie sie mit Ihrer Nachbarin bzw. Ihrem Nachbarn. Weitere Vorschläge zur Reflexion Ihrer eigenen Werte finden Sie in Kapitel 1.1.2.

Wertvoll sein

Jeder Mensch ist wertvoll. Nach christlicher Überzeugung sind Menschen nicht durch ihre Leistung wertvoll, sondern haben ihre Würde und ihren Wert als Geschöpfe Gottes. Mit Kindern und Jugendlichen kann der Wert eines Menschen auf unterschiedliche Weise erfahrbar gemacht werden.

Der Adler als Herrscher der Lüfte steht für Stärke, Macht und Erhabenheit. In der Bibel begegnet uns mit diesem Bild eine Vorstellung von Gott, die die Erfahrung der Geborgenheit und Ermutigung durch den Glauben ausdrückt.

„Wie ein Adler ausführt seine Jungen und über ihnen schwebt, so breitete er seine Fittiche aus und nahm ihn und trug ihn auf seinen Flügeln."
(Deut 32,11)

„Die auf den Herrn harren, kriegen neue Kraft, dass sie auffahren mit Flügeln wie Adler, dass sie laufen und nicht matt werden, dass sie wandeln und nicht müde werden."
(Jes 40,31)

Aufgabe

Erarbeiten Sie für Kinder oder Jugendliche eine Fantasiereise (vgl. Kap. 3.6.7) zu dem Thema „Ein Adler lernt fliegen".

In der Bibel wird in Form eines Märchens vom Propheten Jona erzählt. Er erhält von Gott den Auftrag, die Menschen in der Stadt Ninive (im heutigen Irak) für ihr schlechtes Verhalten zu kritisieren und ihnen als Strafe die Vernichtung durch Gott anzukündigen. Diesen Auftrag will er jedoch nicht annehmen und flieht mit einem Handelsschiff vor Gott. Das Schiff gerät in einen heftigen Sturm. Als es unterzugehen droht, wird durch einen Losentscheid festgestellt, dass Jona durch seine Flucht vor Gott den Sturm verursacht hat. Jona lässt sich über Bord werfen und der Sturm hört auf. Jona wird sodann von einem großen Fisch verschluckt, der als Symbol des Todes, aber auch als Symbol der Bewahrung verstanden werden kann. Schließlich spuckt der Fisch Jona wieder an Land. Er geht in die Stadt Ninive und kritisiert das schlechte Verhalten der Menschen, woraufhin sie umkehren und von Gottes Gericht verschont werden. Jona wird wütend auf Gott, weil ihm sein ganzer Einsatz umsonst erscheint, denn Gott hat auf die Vernichtung der Stadt verzichtet. Jona will sterben. Da lässt Gott eine Rizinusstaude über ihm wachsen, die ihm Schatten gibt. Jona fasst wieder Lebensmut. Gott lässt dann einen Wurm die Staude vernichten, woraufhin Jona wiederum sterben will. Am Ende lernt Jona, wie wichtig ihm die Rizinusstaude war und um wie viel wichtiger Gott das Leben der vielen Menschen in der Stadt Ninive gewesen ist.

Jona lässt sich ins Meer werfen (Benjamin, 9 Jahre)

Jona (Yunus) wird auch im Koran als Prophet bezeichnet. Dort finden sich verschiedene Hinweise zu dieser Geschichte, die den Akzent allerdings mehr auf Jonas Entwicklung vom Ungehorsam zur richtigen Erkenntnis Gottes setzen. (Eine Zusammenstellung der Korantexte sowie eine Zusammenfassung aus islamischer Sicht finden Sie bei Kaddor/Müller: Der Koran für Kinder und Erwachsene, siehe Literaturverzeichnis.)

Aufgabe

Erzählen Sie die Geschichte von Jona mithilfe einer Kinderbibel. Arbeiten Sie dabei besonders die Aussage heraus, dass alle Menschen für Gott wertvoll sind, auch wenn sie Falsches tun.

Mit der Taufe wird der Täufling in die Gemeinschaft der Christinnen und Christen aufgenommen. Durch die Taufe wird ihm zugesagt, dass Gott ihn liebt und segnet. Das wird besonders durch die Taufe von kleinen Kindern deutlich, denen Gott seine Liebe zuspricht, unabhängig davon, wie sie sich verhalten. Eltern und Paten haben die Aufgabe, stellvertretend für die Kinder den Glauben zu bezeugen und den Kindern von ihrem christlichen Glauben, aber auch von ihren Zweifeln zu erzählen.

Taufakt mit evangelischer Pfarrerin

Bei der Taufe wird das Kind mit seinem Namen angeredet. Dieser Name wird schon nach der Geburt und unabhängig von der Taufe festgelegt. In der Taufhandlung ist der Name des Kindes aber wichtig, weil er deutlich macht, dass ein konkreter Mensch mit seinen Bedürfnissen und Möglichkeiten von Gott angenommen wird.

Praxisanregung

Gestaltungsmöglichkeiten zu den Symbolen der Taufe für Kinder und Jugendliche:

- ***Name:*** *Kleine Kinder gestalten ihre Namen als Bilder oder in schön gestalteter Schrift. Ältere Kinder und Jugendliche informieren sich über die Bedeutung ihres Namens und entwerfen dazu ein Bild oder einen Text.*
- ***Wasser:*** *Kinder malen auf ausgeschnittenen Wassertropfen, was sie am Leben erhält und was das Leben zerstört. Ältere Kinder und Jugendliche gestalten eine Collage aus Zeitschriften zur lebensbedrohlichen und lebenserhaltenden Funktion des Wassers.*
- ***Hand:*** *Ein Handpuppenspiel mit kleinen und großen Händen wird entworfen. Gipsabdrücke von Händen werden gemacht. Auf ausgeschnittenen Händen werden dem Täufling Wünsche aufgeschrieben.*
- ***Licht:*** *Eine Taufkerze wird mit passenden Daten, Schriftzügen und Symbolen aus Wachsplättchen versehen.*
- ***Kreuz:*** *Zu den Taufsprüchen wird passendes Material gesucht und Kreuze selbst hergestellt (z. B. Glasmalerei zu einem Lichtwort wie „Dein Wort ist meines Fußes Leuchte und ein Licht auf meinem Weg", Ps 119,105, oder es werden Mosaiksteine zum Kreuz gelegt zu „Mit meinem Gott kann ich über Mauern springen", Ps 18,30).*

3.4.3 Wertschätzung und Solidarität leben

„Tu deinen Mund auf für die Stummen“ (Spr 31,8) – diese Aufforderung aus der Bibel zeigt, dass nicht alle Menschen ihre Lebensinteressen vertreten können. Werte mit Kindern und Jugendlichen leben – das kann auch bedeuten, für diejenigen einzutreten, die das selbst nicht können.

Vorbilder

„Ich bin überzeugt von dem, was ich tue. Damit bin ich im Einklang mit mir selbst.“

„Ein Krieg lässt sich sehr leicht beginnen, unvergleichlich schwerer ist es, danach all der Ungeheuer Herr zu werden, die er hervorgebracht hat.“

„Wenn ich nicht mehr schreibe, haben meine Feinde ihr Ziel erreicht.“

„Auf meiner Suche nach Unterstützung ziehen sie an meinen Augen vorüber, die Hauptstädte der Welt (...) in Amsterdam, Paris, Genf, Manila, Bonn, Hamburg ... Überall die Bitte, eine Rede zu halten über die Situation in Tschetschenien und das Resultat gleich Null. Nur höflicher Beifall als Reaktion auf die Mahnung: Vergessen Sie nicht, dass in Tschetschenien weiterhin jeden Tag Menschen umkommen. Auch heute.“

(Anna Politkowskaja, zitiert von Holtz/Kinkel/Klein/Vil, 2010, o. S.)

Anna Politkowskaja

Anna Politkowskaja wurde am 30.8.1958 als Tochter einer russischen Diplomatenfamilie in New York geboren. Als Journalistin in Russland nutzte sie die Öffentlichkeit, um auf erfahrenes Unrecht und Leid im Krieg einer Teilrepublik Russlands, Tschetschenien, hinzuweisen. Sie schrieb Lebensgeschichten von Frauen und ihrer verschwundenen Angehörigen in Tschetschenien sowie der russischen Soldatenmütter auf und gab denen eine Stimme, die keine mehr hatten. Auf einer ihrer Reisen nach Tschetschenien wurde sie vom russischen Militär festgenommen und ihr die Vergewaltigung und Misshandlung ihrer erwachsenen Kinder angedroht. Sie vermittelte zwischen tschetschenischen Rebellen und Russen. Später entging sie einem Vergiftungsversuch und lebte viele Jahre mit der konstanten Bedrohung ihres Lebens. Am 7.10.2006, dem Geburtstag des damaligen Präsidenten Putin, wurde sie in ihrem Hauseingang ermordet, wenige Tage nachdem sie die für sie freudige Nachricht bekommen hatte, bald Großmutter zu werden. Ihre Ermordung löste weltweit Empörung aus und warf Fragen nach der Pressefreiheit und Wahrung der Menschenrechte im heutigen Russland auf.

In einer Erzählwerkstatt oder einem Erzählcafé können Menschen aus der Region aus ihrem Leben und ihrer Erfahrung erzählen und so zu Vorbildern werden.

Aufgabe

Erarbeiten Sie in Kleingruppen die Biografie eines Menschen, der christliche und/oder humanitäre Werte gelebt hat, und sprechen Sie über deren Bedeutung für Ihre Arbeit als Erzieherin bzw. Erzieher (z. B. Gandhi, Rosa Parks, Martin Luther King, Irene Sendler, Sophie Scholl, Bertha von Suttner, Janusz Korczak, Dietrich Bonhoeffer, Nelson Mandela, Peter Benenson, Wangari Maathai, Martin Luther, Bärbel Bohley u. a.)

Ein Beispiel geben: Kirchenasyl

Beispiel: Eine evangelische Kirchengemeinde entscheidet sich, einer 36-jährigen Frau mit ihrer vierjährigen Tochter Maida aus dem Bürgerkriegsland Syrien Kirchenasyl zu geben. Nach einer zweijährigen Irrfahrt durch Europa sollten sie aus dem Krankenhaus heraus in Abschiebehaft und dann nach Ungarn abgeschoben werden. Zuvor waren sie durch eine erste Abschiebehaft in Ungarn nach schlimmen Erfahrungen in ihrem Heimatland erneut traumatisiert worden. Die Angst vor einer erneuten Abschiebung hatte Frau I. schon monatelang krank gemacht. Mutter und Tochter sind in therapeutischer Behandlung. Der behandelnde Arzt, der Pfarrer der Gemeinde und der Flüchtlingsbeauftragte der Landeskirche werben um Unterstützung für die Frau und ihr Kind, wie z. B. Ansprechpartner vor Ort zu sein und die Einkäufe zu erledigen. Der Kindergarten der Gemeinde, den das Kind besucht, wird auch angesprochen.

Kurdische Familie im Kirchenasyl einer evangelischen Gemeinde im Saarland

Im Mittelalter und in der frühen Neuzeit galt die Kirche als ein heiliger Raum, in den weltliche Autoritäten nicht eingreifen durften. Menschen konnten in einer Kirche Asyl finden. Die religiösen Autoritäten durften dann in eigener Verantwortung klären, ob diese Menschen schuldig oder unschuldig sind. Seit der Einführung einer modernen Rechtsordnung (z. B. in Preußen mit dem Allgemeinen Preußischen Landrecht von 1794) gilt auch in Kirchen das staatliche Recht. Grundsätzlich kann die Polizei Menschen auch in der Kirche verhaften. Ein Kirchenasyl hat demnach heutzutage in Deutschland vor allem eine moralische Bedeutung. In vielen Fällen verschafft ein Kirchenasyl eine Gesprächsmöglichkeit mit den Behörden, durch die staatliches Handeln noch einmal überprüft werden kann und bisher nicht ausgeschöpfte rechtliche Möglichkeiten für alle Beteiligten deutlich werden. Wenn eine Kirchengemeinde sich zu einem Kirchenasyl entschließt, wird meist ein Unterstützerkreis gebildet, der für die Betreuung und Unterstützung der Menschen im Kirchenasyl Verantwortung übernimmt.

Aufgabe

Informieren Sie sich über ein konkretes Kirchenasyl und bilden Sie sich eine Meinung. Unter welchen Umständen wären Sie bereit, sich dem Unterstützerkreis anzuschließen?

Aufgabe der Kirche: die sozialethische Orientierung

Die Kirchen in Deutschland bringen christliche Werte in gesellschaftliche Diskussionen ein. Beispiele für die Beiträge der Evangelischen Kirche zur Familienpolitik formulierte der ehemalige Ratsvorsitzende der Evangelischen Kirche in Deutschland (EKD), Bischof Wolfgang Huber, in einem Vortrag am 4. Oktober 2005. Seine wichtigsten Aussagen sind hier zusammengefasst:

Kinder sind als Segen anzusehen und eine kinderarme Gesellschaft ist eine sozial arme Gesellschaft.

Schon allein hinsichtlich der Zukunftsfähigkeit muss die Gesellschaft Kindern und Familien höhere Priorität einräumen.

Die Politik muss dafür sorgen, dass es eine Chancengerechtigkeit gibt. Armut darf nicht vererbbar sein.

Es ist eine Pflicht für Staat und Gesellschaft, dafür zu sorgen, dass Kinder nicht zu Armut führen.

Ein familienfreundliches Klima benötigt eine familien- und kinderfördernde Infrastruktur, z. B. Rechtsanspruch auf Konfliktberatung und Erziehungsberatung.

Erwachsene, die Kinder erziehen, dürfen hinsichtlich der Altersversorgung keine Nachteile haben.

(Vgl. Huber, 2005)

Aufgaben

1. *Spielen Sie eine Talkshow mit Vertreterinnen und Vertretern aus Kirche, Politik, Recht, Beratungsstellen, Eltern und Kindern zur Frage: „Ist Deutschland kinderfreundlich oder kinderfeindlich?“*
2. *Informieren Sie sich über die Kinderrechte und schreiben Sie ein Lied bzw. Gedicht oder entwerfen Sie ein Spiel dazu (z. B. ein Memory, Quartett oder Brettspiel).*

Liebe und Nächstenliebe in nicht christlichen Religionen

Hinduismus

- In den Veden (Plural von Veda, wörtlich: „Wissen"; erst mündlich überlieferte und später schriftlich festgehaltene Sammlung religiöser Schriften im Hinduismus) wird Freigiebigkeit und Barmherzigkeit gegenüber dem Nächsten gefordert.
- Für die Vishnu- und Shiva-Gläubigen spiegelt sich die Liebe zu diesem höchsten Gott in guten Taten und Vermeidung des Leidbringenden wider.
- Der Glaube an die Wiedergeburt vor dem Hintergrund von Ursache-Wirkungs-Zusammenhängen (Karma) gebietet es, das Gute zu tun.

Buddhismus

- Gegenüber dem Mitmenschen ist Freundlichkeit und Güte geboten.
- In buddhistischen Schulen wird von vier göttlichen Verhaltensweisen gesprochen: Güte, Mitgefühl, Mitfreude und Unparteilichkeit bzw. Gleichmut.
- Wo Weisheit und Mitgefühl zusammenkommen, geschieht Erleuchtung.

Islam

- Aus Gottes Barmherzigkeit erschafft sich die Welt und spiegelt sich in Liebe zu Familienangehörigen, Freunden und Armen wider. Sie zeigt sich auch in der Vergebung gegenüber Feinden und in der Rücksichtnahme auf Pflanzen und Tiere.

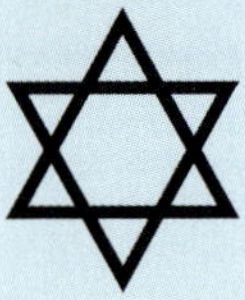

Judentum

- Gott ist ein Liebhaber des Lebens und die Liebe Gottes soll den Umgang mit dem Mitmenschen bestimmen.
- Die Liebe als Richtschnur des alltäglichen Handelns betrifft den Partner (Bindung, Verlässlichkeit), die Kinder, die Eltern und den Nächsten. Achtung, Toleranz und Gerechtigkeit sind deshalb geboten.

(Vgl. Harz, 2006, S. 76)

3.4.4 Kirche als wertbildende Erzählgemeinschaft

„Immer wenn Bal Schem Tov sah, dass das Band zwischen Himmel und Erde zerschnitten war und es unmöglich blieb, es durch Gebete wieder zu verknüpfen, pflegte er es zu erneuern, indem er eine Geschichte erzählte."

(Martin Buber, 1996, zitiert in: „Betrifft 77", 2002, S. 4)

Die Wurzeln der jüdisch-christlichen Tradition sind in der mündlichen Erzähltradition beheimatet. Jesus selbst war Jude, war in den jüdischen Erzählungen verwurzelt und ist als Erzähler aufgetreten. In der christlichen Kirche wird bis heute erzählt. So werden konkrete Frauen und Männer vor dem inneren Auge des Zuhörers geschaffen, mit denen man sich identifizieren oder von denen man sich abgrenzen kann. Die Erzählungen sind oft Gegenworte und -erfahrungen zu alltäglichen Erfahrungen. Sie stehen oft in Konflikt zueinander. So ist in der Bibel davon die Rede, dass Kleine groß werden können und es kein Naturgesetz ist, dass der Größere und Stärkere siegt: Der kleine David besiegte beispielsweise den Riesen Goliath (1. Sam 17). Die biblische Erzähltradition wurde in den religiösen Legenden des Mittelalters fortgesetzt und regt bis heute Menschen an, Geschichten zu erzählen. Durch diese Erzählungen entsteht ein innerer Raum für Fantasien, Träume und Visionen. Dadurch wird die Hoffnung auf eine gerechte und friedliche Welt greifbar. Die Erzählungen aus der Bibel halten aber auch den Anspruch wach, dass die Welt so werden soll, wie sie nach christlicher Überzeugung sein sollte: gerecht, friedlich und auf die Bewahrung der Schöpfung hin ausgerichtet. Damit fordern sie gezielt ethisches Handeln heraus.

Aufgabe

Gestalten Sie ein Elternschreiben für eine Einrichtung: Warum wir biblische und religiöse Geschichten erzählen! Vergleichen Sie dazu auch Kapitel 3.1.2. und 3.1.3. Präsentieren Sie Ihr Schreiben in der Gruppe!

Teilen

Teilen setzt der Gier, alles haben zu müssen, eine Haltung des „Weniger ist mehr" und ein bewusstes Leben entgegen. Es ist nicht selbstverständlich, aber gut! Es bedeutet, aus der Fülle des Lebens zu schöpfen, also glücklich zu sein. Die Speisungswunder der Bibel lassen diese Weisheit durchscheinen (vgl. 1. Kö 17, Joh 6, Ex 16). Die Legende des Rosenwunders der Elisabeth von Thüringen erzählt beispielsweise von Gottes Dasein in ihrer Zuwendung zu den Armen.

Elisabeth von Thüringen (1207–1231)

„Elisabeth war eine Königstochter und der Landgraf von Thüringen war ihr Gemahl. Doch das Herz der heiligen Elisabeth gehörte den Armen. Sie konnte es nicht ertragen, auf der Wartburg in Saus und Braus zu leben, während im Land ringsum sehr viele Menschen Hunger leiden mussten. Darum stieg sie täglich von der Wartburg hinab zu den Scharen der Bettler und teilte mit milder Hand aus, was sie zum Leben brauchten. Der Ruf ihrer Barmherzigkeit und Milde verbreitete sich im ganzen Land.

Landgraf Ludwig ließ seine Frau zunächst gewähren. Doch sah er es nicht gerne, dass Elisabeth in eigener Person zu armen und verkommenen Leuten ging und sogar die Berührung mit Kranken nicht scheute. Als er sie wieder einmal mit ihrem Gabenkorb auf dem Weg von der Burg traf, hielt er sein Pferd an und fragte sie: „Was tragt Ihr da in Eurem Korbe?“ Elisabeth wollte ihren Gemahl nicht betrüben und doch auch ihre Christenpflicht nicht versäumen. In ihrer Not stammelte sie verwirrt: „Es sind Rosen, Herr [...]“ Da riss der Landgraf zornig die Decke vom Korb. Sein Grimm verwandelte sich in Staunen und Bestürzung. Der Korb der Landgräfin Elisabeth war voller Rosen. Von diesem Tag an ließ Landgraf Ludwig seine Frau schalten und walten, wie ihr liebendes Herz ihr eingab.“

(Lange/Eggers, 1987, S. 159, leicht verändert)

Aufgabe

Informieren Sie sich über Elisabeth von Thüringen und ihre Zeit und spielen Sie die Szene für die Gruppe.

Helfen

Helfen ist gut, weil die Erfahrung von „hilfsbedürftig sein“ zum Menschsein dazugehört. Im Helfen gebe ich etwas von mir preis, gehe unter Umständen ein Risiko ein und mein Menschsein wird innerlich abgerufen. Es kommt durch die persönlichen Begegnungen zu überraschenden Erkenntnissen. Das vermittelt die Geschichte vom barmherzigen Samariter. Der Erfahrung, dass jemand, wenn er einmal am Boden liegt, auch liegen bleibt, wird durch das helfende Handeln des Samariters widersprochen. Hier wird eine andere Erfahrung entgegengesetzt. Zudem bricht der Samariter mit seinem Tun geltende Reinheitsvorschriften und Gesetze. Helfen hat mit aktivem Tun und Mut zu tun: mit Zivilcourage.

Im Lukasevangelium wird erzählt, dass Jesus gefragt wurde, wer denn eigentlich der „Nächste“ ist, den man nach Gottes Gebot genauso lieben soll wie man sich selbst liebt. Er antwortete auf diese Frage, indem er eine Geschichte erzählte:

Emblem der Internationalen Rotkreuz- und Rothalbmond-Bewegung mit dem „Roten Kristall“

„[...] Es war ein Mensch, der ging von Jerusalem herab nach Jericho und fiel unter die Räuber; die zogen ihn aus und schlugen ihn und machten sich davon und ließen ihn halbtot liegen. Es traf sich aber, dass ein Priester dieselbe Straße hinabzog, und als er ihn sah, ging er vorüber. Desgleichen auch ein Levit: Als er zu der Stelle kam und ihn sah, ging er vorüber. Ein Samariter aber, der auf der Reise war, kam dahin; und als er ihn sah, tat er ihm leid; und er ging zu ihm hin, goss Öl und Wein auf seine Wunden und verband sie ihm, hob ihn auf sein Tier und brachte ihn in eine Herberge und pflegte ihn. Am nächsten Tag zog er zwei Silbergroschen heraus, gab sie dem Wirt und sprach: Pflege ihn; und wenn du mehr ausgibst, will ich dir‘s bezahlen, wenn ich wiederkomme.“

(Lk 10,30–35)

Aufgabe

Informieren Sie sich über den historischen Hintergrund der Geschichte. Schreiben Sie die Geschichte um, indem Sie diese auf eine aktuelle Situation beziehen.

Kreativ Widerstand leisten und öffentlich Kritik äußern

Der Mensch ist bequem, passt sich an und läuft mit. Gleichzeitig geschieht Unrecht und es sterben Menschen, Tiere und der Lebensraum, in dem sie leben. Dieser normalen Erfahrung entgegen erzählen die Prophetenbücher von dem Einfallsreichtum, Menschen auf Ungerechtigkeit aufmerksam zu machen. Sie erzählen zugleich von der Schwere und Anstrengung, öffentlich Kritik zu äußern, und davon, dass dieses Verhalten unter Umständen in große Einsamkeit führen und lebensbedrohlich sein kann, aber eben lebensrettend ist. In der Geschichte von Schifra und Pua wird am Beispiel zweier Hebammen erzählt, was es bedeutet, kreativ Widerstand gegenüber Befehlen zu leisten. Ohne ihren Mut hätte es keinen Mose gegeben. So wie es in der Weihnachtsgeschichte ohne den Widerstand der Weisen, die sich dem Herrscher Herodes in ihrer Auskunftspflicht verweigerten, keinen Jesus gegeben hätte.

Biblische Frauengestalten – Wegweiser zum Reich Gottes (Lucy D´Souza, Ausschnitt aus dem Misereor-Hungertuch, 1990: Schifra und Pua (Ex 1,15–21))

„Da rief Pharao, der König Ägyptens, die Hebammen Schifra und Pua zu sich und befahl ihnen: ‚Wenn ihr einer Hebräerin bei der Geburt helft, dann passt genau auf, ob ein Junge oder ein Mädchen geboren wird: Die Jungen tötet. Die Mädchen lasst leben!‘ Schifra und Pua aber taten nicht, was der Pharao ihnen befohlen hatte, denn sie kannten GOTT. Als Pharao merkte, dass

sie sich seinem Befehl widersetzten, stellte er sie zur Rede. Da erzählten sie ihm: ‚Wir können gar nichts tun: Die hebräischen Frauen sind stark und bringen ihre Kinder ohne unsere Hilfe zur Welt.' So leisteten die beiden Hebammen dem mächtigen Pharao Widerstand und verwirklichten GOTTes Versprechen. Das Volk wuchs weiter. GOTT rechnete Schifra und Pua ihren Mut hoch an und verschaffte ihnen Ansehen über viele Generationen hinweg (nach Ex 1)."
(Klöpper/Schiffner, 2004, S. 74)

Aufgaben

1. *Informieren Sie sich über die Tradition der Hungertücher.*
2. *Gestalten Sie auf einer Folie einen Entwurf für ein eigenes Hungertuch, auf dem die Geschichte von Schifra und Pua im Mittelpunkt steht. Tragen Sie die Ihnen bekannten Unrechtserfahrungen (lokal/national/global) in der Lerngruppe zusammen, entscheiden Sie über die Größe der Felder und gestalten Sie individuell jeweils einen Ausschnitt.*

Vertrauen, Zutrauen, Mut zum Leben

Gegen Resignation und Depression als Folge von Negativerfahrungen sprechen die biblischen Geschichten von Ermutigung zum Aufbruch bzw. Ausbruch, vom Leben in der Fremde und der Heimkehr. Mit dem Aufbruch Abrahams und Saras aus dem Geburtsort, Land und Vaterhaus beginnt die Identitätsbildung des Volkes Israel und mit dem Auszug aus der Sklaverei Ägyptens der Weg mit dem unsichtbaren Gott Jahwe. Auch das Neue Testament erzählt von Aufbruchgeschichten, so wie die Geschichte „Vom verlorenen Schaf" (Lk 15,1–7; vgl. auch Kapitel 3.3.4) oder die Erzählung „Vom verlorenen Sohn" (Lk 15,11–32, https://www.bibleserver.com/text/LUT/Lukas15).

Vom verlorenen Sohn

„Und [Jesus] sprach: Ein Mensch hatte zwei Söhne. Und der jüngere von ihnen sprach zu dem Vater: Gib mir, Vater, das Erbteil, das mir zusteht. Und er teilte Hab und Gut unter sie. Und nicht lange danach sammelte der jüngere Sohn alles zusammen und zog in ein fernes Land; und dort brachte er sein Erbteil durch mit Prassen. Als er nun all das Seine verbraucht hatte, kam eine große Hungersnot über jenes Land, und er fing an zu darben und ging hin und hängte sich an einen Bürger jenes Landes; der schickte ihn auf seinen Acker, die Säue zu hüten. Und er begehrte seinen Bauch zu füllen mit den Schoten, die die Säue fraßen; und niemand gab sie ihm. Da ging er in sich und sprach: Wie viele Tagelöhner hat mein Vater, die Brot in Fülle haben, und ich verderbe hier im Hunger! Ich will mich aufmachen und zu meinem Vater gehen und zu ihm sagen: Vater, ich habe gesündigt gegen den Himmel und vor dir. Ich bin hinfort nicht mehr wert, dass ich dein Sohn heiße; mache mich zu einem deiner Tagelöhner! Und er machte sich auf und kam zu seinem Vater. Als er aber noch weit entfernt war, sah ihn sein Vater, und es jammerte ihn, er lief und fiel ihm um den Hals und küsste ihn. Der Sohn aber sprach zu ihm: Vater, ich habe gesündigt gegen den Himmel und vor dir; ich bin hinfort nicht mehr wert, dass ich dein Sohn heiße. Aber der Vater sprach zu den Knechten: Bringt schnell das beste Gewand her und zieht es ihm an und gebt ihm einen Ring an seine Hand und Schuhe an seine Füße und bringt das gemästete Kalb und schlachtet's; lasst uns essen und fröhlich sein! Denn dieser mein Sohn war tot und ist wieder lebendig geworden; er war verloren und ist gefunden worden. Und sie fingen an fröhlich zu sein. Aber der ältere Sohn war auf dem Feld. Und als er nahe zum Hause kam, hörte er Singen und Tanzen und rief zu sich einen der Knechte und fragte, was da wäre. Der aber sagte ihm: Dein Bruder ist gekommen und dein Vater hat das gemästete Kalb geschlachtet, weil er ihn gesund wiederhat. Da wurde er zornig und wollte nicht hineingehen. Da ging sein Vater heraus und bat ihn. Er antwortete aber und sprach zu seinem Vater: Siehe, so viele Jahre diene ich dir und habe dein Gebot noch nie übertreten, und du hast mir nie einen Bock gegeben, dass ich mit meinen Freunden fröhlich gewesen wäre. Nun aber, da dieser dein Sohn gekommen ist, der dein Hab und Gut mit Huren verprasst hat, hast du ihm das gemästete Kalb geschlachtet. Er aber sprach zu ihm: Mein Sohn, du bist allezeit bei mir, und alles, was mein ist, das ist dein. Du solltest aber fröhlich und guten Mutes sein; denn dieser dein Bruder war tot und ist wieder lebendig geworden, er war verloren und ist wiedergefunden."

(Lk 15,11–32)

Aufgaben

1. *Verteilen Sie in der Gruppe die in der Geschichte direkt vorkommenden Haupt- und evtl. nicht direkt genannten Nebenfiguren (Vater, älterer Bruder, jüngerer Bruder, Mutter, Schwester u. a.).*
2. *Lesen Sie die Geschichte und markieren Sie die Textstellen, die Sie für die Perspektive der von Ihnen gewählten Hauptfigur für wesentlich halten, und tauschen Sie sich insbesondere über die Gefühle der Figuren aus.*
3. *Entwerfen Sie ein Rollenspiel zur Geschichte, das Sie der Gesamtgruppe zeigen, oder überlegen Sie sich eine heutige Situation, in der es um Aufbruch, die Erfahrung der Fremde und die Heimkehr geht, und spielen Sie diese der Gruppe vor.*

Gerecht und in Frieden leben

Der Umgang Jesu mit der Ehebrecherin im 8. Kapitel des Johannesevangeliums erzählt vom Umgang mit Angst, Wut und Ärger als gemeinschaftszerstörende Elemente. Die Geschichte handelt davon, dass Menschen schuldig werden. Die Regeln für richtiges und falsches Verhalten werden in dieser Geschichte nicht infrage gestellt. Es wird aber ein neuer Umgang mit diesen Regeln gezeigt. Sie sollen nicht mehr so verwendet werden, dass sich ein Mensch zum Richter über einen anderen Menschen erhebt. Ihre Befolgung ist vielmehr eine Frage der Verantwortung und die Gewissensentscheidung des Einzelnen.

Die Ehebrecherin, Nr. 17 (Holzschnitt von Sigmunda May OSF, 1974, © Kloster Sießen)

„Und jeder ging heim. Jesus aber ging zum Ölberg. Und frühmorgens kam er wieder in den Tempel, und alles Volk kam zu ihm, und er setzte sich und lehrte sie. Aber die Schriftgelehrten und Pharisäer brachten eine Frau zu ihm, beim Ehebruch ergriffen, und stellten sie in die Mitte und sprachen zu ihm: Meister, diese Frau ist auf frischer Tat beim Ehebruch ergriffen worden. Mose aber hat uns im Gesetz geboten, solche Frauen zu steinigen. Was sagst du? Das sagten sie aber, ihn zu versuchen, damit sie ihn verklagen könnten. Aber Jesus bückte sich und schrieb mit dem Finger auf die Erde. Als sie nun fortfuhren, ihn zu fragen, richtete er sich auf und sprach zu ihnen: Wer unter euch ohne Sünde ist, der werfe den ersten Stein auf sie. Und er bückte sich wieder und schrieb auf die Erde. Als sie aber das hörten, gingen sie weg, einer nach dem andern, die Ältesten zuerst; und Jesus blieb allein mit der Frau, die in der Mitte stand. Jesus aber richtete sich auf und fragte sie: Wo sind sie, Frau? Hat dich niemand verdammt? Sie antwortete: Niemand, Herr. Und Jesus sprach: So verdamme ich dich auch nicht; geh hin und sundige hinfort nicht mehr."

(Joh 7,53–8,11, https://www.bibleserver.com/text/LUT/Johannes8 (verändert))

Aufgabe

Bilden Sie Kleingruppen und wählen Sie einen Bildhauer, der das oben dargestellte Bild mit ihnen als „Menschenmaterial" nachbaut. Stellen Sie die Standbilder im Plenum dar und sprechen Sie darüber: Welche Gefühle hatte man in der jeweiligen Rolle? Was hat das mit eigenen Erfahrungen zu tun?

Praxisanregung

- ***Kinder unter drei Jahren:*** *Psalm 23 (vgl. Kapitel 3.1.2, S. 79; „Der gute Hirte") oder das Gleichnis vom verlorenen Schaf (Lk 15,3–7 und Mt 18,12–14) werden mit Holzkegelfiguren und Naturmaterial nachgestellt und nacherzählt. Elemente des Rollenspiels sollten einfließen (vgl. Kapitel 3.3.4).*
- ***Drei- bis sechsjährige Kinder:*** *In einem Projekt zum Thema „Teilen in der einen Welt" werden Sinneserfahrungen, Informationen über Lebenssituationen von Kindern, biblische Geschichten und Legenden zum Teilen sowie praktische Aktivitäten der Solidarität verbunden.*
- ***Sieben- bis zwölfjährige Kinder:*** *In einem Leseprojekt werden Bücher zu den Zehn Geboten gelesen und ins Gespräch gebracht.*
- ***Jugendliche:*** *Jugendliche gestalten ein Hungertuch (mit Stoff und Stoffmalfarbe; oder mit Plakatkarton auf Pappkartons – dann ist es aber eher eine Art Klagemauer) und entscheiden dabei, ob sie sich auf ihre Stadt, ein Land oder die Welt konzentrieren wollen. Sie tragen die ihnen bekannten Unrechtserfahrungen (lokal/national/global) in der Lerngruppe zusammen, entscheiden über die Größe der Felder und gestalten in Kleingruppen jeweils einen Ausschnitt.*

3.5 Gottesdienste feiern

Der Gottesdienst ist die Feier der Nähe Gottes und für Christinnen und Christen eines der vier wesentlichen Merkmale ihres Glaubens. Sie feiern Gottesdienst im Vertrauen darauf, dass Gott die Begegnung zu den Menschen sucht. So stärkt Gott seine Gemeinde und ihre Gemeinschaft untereinander. Im Gottesdienst schöpfen sie Kraft, ihren Glauben im Alltag zu leben (Zeugnis) und in der Welt Verantwortung zu übernehmen (Diakonie).

Mit Kindern Gottesdienst zu feiern, stellt dabei eine besondere Herausforderung dar. Eine solche Feier muss, ihrem Entwicklungsstand entsprechend, ganzheitlich und sinnorientiert gestaltet werden. Der Gottesdienst mit Kindern bedarf darum der bewussten Gestaltung. Die Aufgabe der Gestaltung einer solchen lebendigen Liturgie besteht zusammengefasst darin:

- Gott will bei den Kindern ankommen und die Kinder sollen spüren, dass sie mit ihren Alltagserfahrungen und ihrer besonderen Weise des Glaubens angenommen und respektiert werden.
- Erfahrungen mit den Kindern in ihrer Spontaneität und Lebendigkeit treffen auf Assoziationen und Erlebnisse in traditionellen Gottesdiensten. Wenn Kinder im Gottesdienst sind, gilt es daher, deren Lebhaftigkeit und die überlieferten Formen in guter Weise zusammenzubringen.

*In diesem Kapitel erwerben Sie folgende **Kompetenzen**:*

- *Sie haben ein breites und integriertes Wissen über Ausdrucksformen und Rituale des christlichen Glaubens und christlicher Tradition.*
- *Sie haben ein Grundwissen über Aufbau, Struktur und Gestaltungsmöglichkeiten des Gottesdienstes mit Kindern.*
- *Sie reflektieren eigene Zugänge und Erfahrungen mit Gottesdiensten und Gottesdiensten mit Kindern.*
- *Sie haben Fertigkeiten, mit ganzheitlichen Formen religiöse Feiern zu gestalten.*
- *Sie haben die Fertigkeit, Zeiten und Räume für die Spiritualität von Kindern zu gestalten.*

3.5.1 Gottesdienst – ein erster Blick auf seine Struktur

Christliche Feiern und Gottesdienste mit Kindern orientieren sich an den überlieferten Strukturen der Feier, wie sie sich in der Geschichte des Christentums herausgebildet haben. Der Aufbau des Gottesdienstes, seine Liturgie (griechisch: „liturgeia“ = „öffentlicher Dienst“), dient dazu, der Begegnung Gottes mit den Menschen und der Begegnung der Menschen miteinander einen Zeitraum zu geben. Wer mit Kindern Gottesdienst feiert, muss verstehen, wie diese Feier gestaltet ist, weil gerade religiöse und insbesondere spirituelle Erfahrungen nicht theoretisch erarbeitet werden können, sondern auf das konkrete Erleben angewiesen sind. Gottesdienste mit Kindern und kleine Rituale im Alltag bieten Kindern diese Möglichkeit und sind unverzichtbare Bestandteile der religiösen Bildung, insbesondere in konfessionellen Tageseinrichtungen (vgl. dazu auch Kapitel 2.5.1). Sie ermöglichen Kindern in einer für sie überschaubaren und strukturierten Zeit einen Raum, in dem Gott gelobt oder Leid geklagt, gebeten und angerufen wird, und das in der Gemeinschaft der Kinder und Mitarbeitenden.

Das fordert gerade die Erzieherinnen und Erzieher heraus, sich mit ihrer eigenen Spiritualität einzubringen. Denn in der Gestaltung von Gottesdiensten, an denen Kinder aktiv beteiligt sind, zeigt sich deutlich: Es geht immer um echte Begegnung. Um die Begegnungsstruktur des Gottesdienstes zu verdeutlichen, werden im Folgenden Begegnungen im Alltag der liturgischen Struktur des Gottesdienstes mit Kindern gegenübergestellt (vgl. Laucht, 1994).

Alltag	Gottesdienst
Wir kommen uns entgegen. Wir begrüßen uns und wenden uns einander zu: „Wie geht es dir?“	Wir gehen in den Gottesdienstraum, begrüßen uns und wenden uns Gott zu (singen, beten).
„Was gibt es Neues?“ Wir sprechen miteinander und tauschen uns aus.	Wir setzen uns, hören auf das Evangelium. Wir antworten „mit Herzen, Mund und Händen“.
„Komm, wir wollen zusammen etwas trinken.“ Wir setzen uns zusammen, um feierlich zu essen und zu trinken.	Zum Essen/Feiern gehen wir nach vorn und stehen dann um den Altar (Abendmahl) oder setzen uns in einen Kreis.
Wir danken, tragen Grüße an andere auf und verabschieden uns.	Wir beten für andere, empfangen den Segen, und verabschieden uns.

Seit einigen Jahren hat sich der Gottesdienst in den evangelischen Landeskirchen – bei aller unterschiedlichen Tradition vor Ort – auf eine vierteilige Grundstruktur geeinigt. Sie beschreibt den Spannungsbogen des Gottesdienstes wie eine Brücke mit vier Gliedern:

I. Eröffnung und Anrufung
II. Verkündigung und Bekenntnis
III. Abendmahl
IV. Fürbitte und Sendung/Segen

Aufgaben

1. *Erinnern Sie sich an eigene Erfahrungen in Gottesdiensten: Woran erinnern Sie sich besonders? Wo waren Sie innerlich beteiligt? Wo fiel Ihnen die Teilnahme schwer?*
2. *Schauen Sie sich die obige Tabelle noch einmal an. Suchen Sie in Kleingruppen nach gelungenen Erfahrungen von Alltagsbegegnungen und stellen Sie diese einer möglichen Erfahrung im Gottesdienst gegenüber.*

3.5.2 Mit Kindern Gottesdienst feiern

Gerade Kinder sind zugänglich für überschaubare Rituale und drängen auf Wiederholung in vertrauter Umgebung. Rituale geben in der jeweiligen Kultur, auch in der Feierkultur der Christen, Heimat und helfen den Kindern beim Hineinwachsen in Traditionen und Lebensformen. Dies ist umso wichtiger, da manche Kinder aus ihren Familien kaum noch wiederkehrende Formen kennen. Der Weg führt vom unbefangenen Einfach-dabei-sein zum Mitmachen und Verstehen des Erlebten. Voraussetzung sind Formen, die angemessen und echt sind und Freude bereiten. Im Gottesdienst mit Kindern geht es um die Erfahrung: Wo wir uns im Namen Gottes versammeln, da ist Gott uns ganz nah und macht unser Leben schön!

In seiner vierteiligen Struktur nutzt der Gottesdienst mit Kindern alle Elemente, die diesen ein lebendiges Dabeisein ermöglichen. Es gibt feste Stücke, in ihrer Wiederholung geben sie Geborgenheit, Halt und Sicherheit. Dazu kommen wechselnde Stücke, sie bieten Abwechslung und geben neue Anstöße. Aus dem Vertrauten wächst das Vertrauen, sich auf Neues einzulassen. So gehört zu der Vorbereitung eines Gottesdienstes immer auch die Überlegung: Was ist bekannt und wird von den Kindern wiedererkannt? Das kann ein bestimmtes Lied zum Eingang sein, aber auch die immer gleiche Formel zur Begrüßung und zur Einstimmung.

Die Planung soll dabei offen sein für das Unvorhergesehene. Was ist im Moment gut für das Feiern der Kinder? Hilft es ihnen, in dieser Ordnung zu sein, in aller Ruhe noch den eigenen Gedanken nachzuhängen und eventuell ein kleines Stück auf der Gitarre dabei zu hören? Oder muss erst durch Bewegung dem Bewegungsdrang der Kinder Raum gegeben werden, damit sie wieder zurückfinden zur Ruhe?

Möglichkeiten ganzheitlicher Gestaltung

- Kinder brauchen **Raum zur Stille**, um zu sich selbst zu finden und um zu **hören**. Stille heilsam erleben, diese Erfahrung möchten Kinder nicht missen. Dennoch stellt es eine Herausforderung an die Gestaltung dar. Es bedarf der eigenen Wahrnehmung und Vorbereitung der Mitarbeiterinnen und Mitarbeiter sowie der Übung mit den Kindern. Schließlich geht es um eine Einstellung und Haltung und nicht um ein „Machen".
- Sie brauchen **Raum für Bewegung**, für das Aus-sich-Herausgehen, zum **Antworten** mit Leib und Seele, in Klage und Lob, Bitte und Dank. Die Bewegung ist der andere Pol, den Kinder in sich tragen und dem im Gottesdienst ein angemessener Raum zusteht. Im Wissen um den Ort von Stille und Bewegung lässt sich beides aushalten, für die Kinder, aber auch für die Mitarbeiterinnen und Mitarbeiter. Im Singen, Tanzen, Spielen, ja auch mal im ausgelassenen Toben werden kreative Kräfte frei, die eine lebendige Antwort auf das Gehörte sein können oder der Bearbeitung von Erfahrungen dienen, die Kinder aus ihrer unmittelbaren Umgebung mitgebracht haben.
- Welche **Sinne** werden angesprochen, welche selten oder gar nicht? Was gibt es zu sehen und zu hören, zu tasten und zu spüren, zu schmecken und zu riechen?
- Wie wird das **Sprechen** und **Singen** bewusst gestaltet? Werden die musikalischen Möglichkeiten der Liedbegleitung und der Unterstützung der Rhythmen durch Klatschen und das Singen im Wechsel genutzt?
- Welche **Gesten** kommen vor und was drücken sie aus?
- Wie sieht es mit der **Zeit** des Gottesdienstes aus? Ist der Zeitpunkt richtig, der Anfang verlässlich, die Dauer angemessen?
- Wie ist der **Raum** gestaltet, in dem der Kindergottesdienst stattfindet?
- Die **Personen**, unterschiedliche Menschen mit unterschiedlichen Erwartungen und unterschiedlicher Tagesform, feiern gemeinsam Gottesdienst. Wie sind sie beteiligt? Sagen die Kinder manchmal: „Das ist unser Gottesdienst!"?

Der Kindergottesdienst kann so zu einer lebendigen Feier werden, in der Gott wirklich ankommen kann bei den Kindern und die Kinder mit ihrer besonderen Weise zu leben und zu glauben angenommen und respektiert werden.

Aufgabe

Lesen Sie den nachfolgenden Text „Ich träume ..." und tragen Sie in Kleingruppen Beispiele zusammen, an denen Sie erkennen würden: Hier wird ein lebendiger Gottesdienst MIT den Kindern gefeiert!

„Ich träume von einem lebendigen Gottesdienst, in dem es mal still zugeht und mal gelacht wird, wo etwas zusammen getan wird und jede/r für sich selbst sein kann, wo ‚Gottes Dienst' am Menschen mit allen Sinnen gefeiert wird. Ich wünsche mir, nicht alleine zu träumen – einen schönen Traum, der vielerorts mitgeträumt und Wirklichkeit wird; nicht immer, aber immer öfter."
(Othmer-Haake, 2005, S. 240)

3.5.3 Die Stationen des Gottesdienstes mit Kindern

I. Ankommen und eröffnen
- *Zeit zum Ankommen für die Kinder – Begrüßung*
- *Eingangswort*
- *Eingangslied*
- *Eingangsgebet (eventuell mit einem Kehrvers, den alle mitsprechen können)*

II. Hören und antworten
- *Verkündigung (Lesung, Evangelium) und Entfaltung des Themas durch Erzählung, Visualisierung, Anspiel oder Puppenspiel*
- *Möglichkeiten zur kreativen Vertiefung durch die Kinder*
- *Glaubensbekenntnis*
- *Lied*

III. Feiern
- *Aktion (kleine Brotteilung, Spiel), Feier des Abendmahls mit den Kindern im Familiengottesdienst*
- *Lied mit Bewegungen*

IV. Sendung und Segen
- *Fürbitten – Vaterunser*
- *Segenslied – Segen – Verabschiedung*

Zusammenkommen und Beten – Eröffnung und Anrufung

Das Ausklingen der Glocken, ein kleines Vorspiel auf der Orgel oder der Gitarre macht allen deutlich: Jetzt beginnt unser Gottesdienst. Alle Kinder werden begrüßt, neue Kinder werden bekannt gemacht, vielleicht ist auch ein Hinweis auf fehlende Kinder wichtig. In vielen Gottesdiensten gibt es ein großes Plakat mit einem Baum. Die Kinder hängen dann ein Blatt mit ihrem Namen hinein und machen so ihre Gegenwart in dieser Gemeinschaft sichtbar.

Das wiederkehrende Eingangsvotum begründet die Gemeinschaft vor Gott:

„Im Namen Gottes, des Vaters und des Sohnes und des Heiligen Geistes. Amen. Unsere Hilfe kommt von Gott, der Himmel und Erde gemacht hat."

In einem ersten Lied und einem gemeinsamen Gebet wird deutlich: Ich und du, wir alle feiern jetzt Gottesdienst.

Ein Gebet zum Anfang

Gott, heute bin ich zu dir gekommen.
Alles, was ich erlebt habe, habe ich mitgebracht.
Es gab traurige Momente und ich habe mich gefreut.
Das alles habe ich mitgebracht, denn du bist für mich da.
<u>Kehrvers:</u> *Aus vollem Herzen singen wir ...* (siehe nachfolgend)
Du bist für uns alle da.
Für die Traurigen und für die Fröhlichen,
für die Starken und für die Schwachen,

wenn wir Angst haben und wenn wir mutig sind.
Kehrvers: *Aus vollem Herzen singen wir …*
Für alle Menschen in der Welt bist du da,
ob groß oder klein, du machst keine Unterschiede.
Dein Licht leuchtet bei uns, damit unser Leben hell wird.
Gott, wir danken dir dafür. Amen.

Aus vollem Herzen

(Melodie: Reinhard Horn, Text: Ulrich Walter, © KONTAKTE Musikverlag Ute Horn, Lippstadt)

Hören und Antworten – Verkündigung und Bekenntnis

In dieser Phase folgt nun eine Zeit des Hörens auf das, was Gott uns sagen will. Dies geschieht in der Entfaltung eines Themas oder eines biblischen Textes. Folgende Fragen sind für die Vorbereitung wichtig:

- Wie gestalten wir die Geschichte?
- In welcher Runde wird erzählt?

Dem Hören folgt die Antwort der Kinder mit Herzen, Mund und Händen. In der kreativen Gestaltung geschieht eine Begegnung der Botschaft mit der Lebenswelt der Kinder. Die Kinder bekommen nun Gelegenheit, dies ihrem Alter gemäß zu tun. Zu dieser Begegnung kann auch ein Bekenntnis des Glaubens dazukommen.

Ich glaube

Ich glaube, dass Gott die ganze Welt geschaffen hat,
dich und mich und alles, was lebt.
Ich glaube, dass Jesus Christus Gottes Sohn ist.

Jesus zeigt uns, wie wir miteinander leben können.
Er ist für uns gestorben, er ist für uns auferstanden.
Er ist bei uns an jedem Tag.
Ich glaube, dass Gottes guter Heiliger Geist
mir Mut und Kraft zum Leben schenkt.
Alle, die an Christus glauben, sind miteinander verbunden,
Gottes Kinder in einer großen Familie,
rund um den ganzen Erdball. Amen.

Feiern – Abendmahl

Mit einem Tanz oder einer kleinen gemeinsamen Aktion ist hier noch einmal der Zeitpunkt, zu dem alle miteinander in Bewegung kommen. Dabei wird besonders an zurückliegende Geburtstage der Kinder gedacht.

Traditionell versammelt sich jetzt die Gemeinde am Altar, um miteinander das Abendmahl zu feiern. Im Gottesdienst mit den Kindern kann an dieser Stelle eine Stärkung mit Brot und Weintrauben stattfinden.

Brotteilung

Wir kommen zu dir, Jesus Christus, du bist für uns das Brot des Lebens, wir sind Gäste an deinem Tisch. Du willst bei uns sein! Gib uns Kraft, einander zu helfen. Gib uns Vertrauen, einander zu verzeihen. Amen.

Gott schenkt uns das Brot – Kleines Lied zur Agape[1]

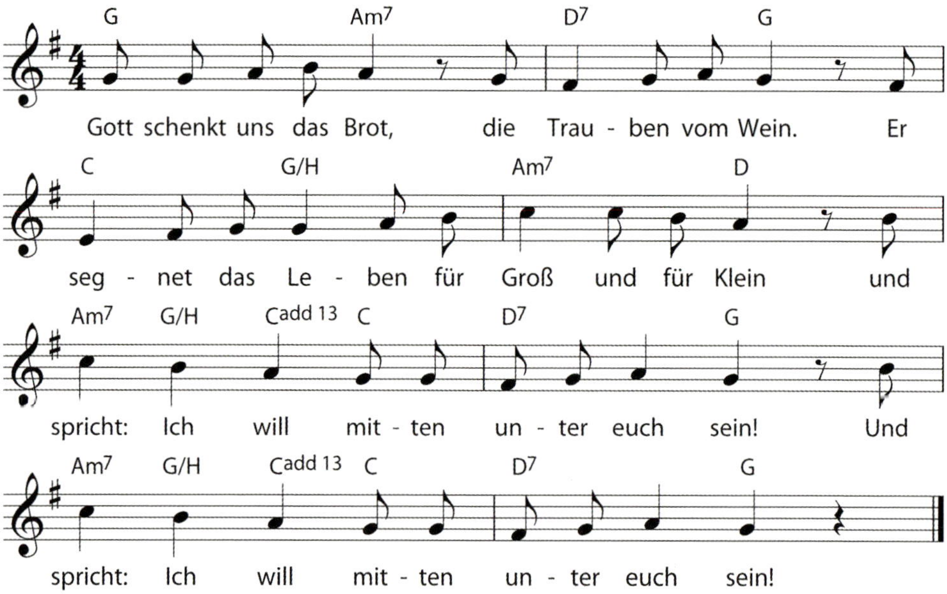

(Melodie: Reinhard Horn, Text: Ulrich Walter, © KONTAKTE Musikverlag Ute Horn, Lippstadt)

[1] *Agape: gemeinsames Mahl (in oder nach einem besonderen Gottesdienst)*

Bitte und Segen – Sendung

Am Ende des Gottesdienstes nimmt ein Fürbittengebet einen Aspekt des Themas des Gottesdienstes noch einmal auf. Daran schließt sich das Vaterunser an, im großen Kreis mit unterstützenden Gebärden, die alle Kinder mitmachen können. Ein Segenslied und ein Segenswunsch beenden den Gottesdienst.

Das Vaterunser	... mit Gebärden gesprochen
Vater unser im Himmel,	Alle halten die Hände geöffnet vor sich,
geheiligt werde dein Name.	die Hände gehen langsam nach oben,
Dein Reich komme.	bezeichnen einen großen Kreis
Dein Wille geschehe,	und werden nun nach vorn ausgestreckt.
wie im Himmel	Die rechte Hand weist nach oben,
so auf Erden.	die linke Hand weist nach unten,
Unser tägliches Brot gib uns heute.	die Hände deuten vor dem Körper eine Schale an.
Und vergib uns unsere Schuld,	Beide Hände werden überkreuzt vor die linke Brust gehalten,
wie auch wir vergeben unseren Schuldigern.	die rechte Hand wird ausgestreckt und auf die Schulter des Nachbarkindes gelegt.
Und führe uns nicht in Versuchung,	Die Arme werden nach vorn in einer abwehrenden Geste ausgestreckt,
sondern erlöse uns von dem Bösen.	die Arme werden nun gekreuzt über den Kopf geführt und mit Schwung gelöst.
Denn dein ist das Reich und die Kraft und die Herrlichkeit in Ewigkeit.	Alle führen die Hände nach oben, legen sie aneinander und bilden so eine Krone.
Amen.	Alle nehmen die Hände herunter.

Aufgaben

1. *Stellen Sie in einer Kleingruppe auf einem Plakat einen Gottesdienstablauf für eine Gruppe von Kindern zusammen. Nutzen Sie dazu die vorgeschlagenen Texte und Lieder, aber auch Liederbücher und Gebetssammlungen, z. B. aus der Kindergottesdienstarbeit der Kirchengemeinden.*
2. *Entwickeln Sie Ideen, wie Sie Kinder zur Beteiligung am Gottesdienst anregen können.*

3.5.4 Meditative Zugänge für den Alltag mit Kindern

Gebet und Segen sind zwei wesentliche Formen, mit denen Christinnen und Christen ihrer Spiritualität Ausdruck verleihen, und sie sind Bestandteil eines jeden Gottesdienstes. Die folgenden Zugänge eröffnen Kindern ganzheitliche Erfahrungen des Austausches und führen dabei auf elementare Weise in das Loben und Danken sowie Klagen und Bitten ein. Mit den einfachen Zeichen von Blüte, Stein und Kerze helfen wir ihnen, zu Worten zu finden, mit denen sie zu Gott reden können.

Gebetsmeditation

Kinder und Mitarbeiterinnen sowie Mitarbeiter sitzen im Kreis um ein großes Tuch, in dessen Mitte eine große Kerze brennt. An den Außenrändern des Tuches stehen Körbe bereit. In diesen Körben liegen für alle Kinder Gegenstände, die symbolhaft die Bedeutung des jeweiligen Gebetsteiles deutlich machen.

Zu Beginn der Meditation fassen sich alle an der Hand und beginnen mit einer gemeinsamen Gebetseinleitung oder singen einen kleinen Vers, z. B. den Kanon „Ausgang und Eingang". Dann setzen sie sich um das große Tuch. Die Kinder bekommen nun jeweils die Gegenstände bzw. Symbole für die einzelnen Gebetsteile.

Strohblumenblüten: Zeichen des Lobes und Dankes	**raue Kieselsteine:** Zeichen der Klagen, die uns schwer auf dem Herzen liegen	**Teelichte in Gläsern:** Zeichen der Bitte für die Menschen, die mir am Herzen liegen
Zunächst geht der Korb mit den „Lob- und Dankblüten" herum. Die Blüten werden zu den einzelnen stummen oder ausgesprochenen Gedanken der Kinder abgelegt. Gemeinsam bekräftigt die Gruppe: „Guter Gott, wir danken dir!"	Der zweite Teil beginnt mit der Verteilung der „Klagesteine". Alle Kinder nehmen einen Stein und legen ihn nach und nach in die Mitte um die Kerze herum. Wer möchte, sagt dazu laut seine Klage. Nach dem Ablegen einiger Steine spricht die Gruppe gemeinsam: „Gott, erhöre unsere Klage!"	Im letzten Teil der Meditation werden die Teelichte verteilt. Die Kinder entzünden sie beim Ablegen an der Kerze in der Mitte des Tuches. Die stummen oder ausgesprochenen Bitten der einzelnen Kinder bekräftigen alle mit: „Gott, wir bitten dich, erhöre uns!"

Zur Einführung dieser Art des Betens kann der folgende Text gelesen werden. Die Kinder legen dann nach jedem Teil ohne Worte die Symbole auf das Tuch. Das nach und nach entstehende Bild in der Mitte lädt zum Verweilen und Betrachten ein.

Gott möchte ich loben an jedem neuen Tag,
mit Herzen, Mund und Händen will ich ihm danken.
Mit allen, die auf Gott vertrauen, möchte ich Gottes Namen singen,
die ganze Welt soll unser Lied hören.
(Ablegen der Blüten)

Wenn wir Gott suchen, wenn wir zu ihm sprechen,
dann hört er uns und nimmt uns unsere Angst.
Wenn wir zu Gott sprechen, dann fällt uns ein Stein vom Herz,
er macht uns wieder froh und unser Herz leicht.
(Ablegen der Steine)

Gottes Augen passen auf uns auf und seine Ohren hören,
wenn uns Unrecht geschieht. Er schickt uns seinen Engel zum Schutz.
Und wenn wir traurig sind und uns ein Leid bedrückt,
dann ist Gott uns nahe und zeigt uns einen neuen Weg zum Leben.
(Entzünden und Abstellen der Kerzen)

Gerade wenn vorformulierte Gebetsteile Verwendung finden, brauchen Kinder am Ende noch einmal Zeit, eigene Gedanken auszusprechen. Der gemeinsam gesungene Kanon „Ausgang und Eingang“ beschließt die Meditation.

Segnen und gesegnet werden

Gottes Segen ist der Ausdruck seiner schützenden Kraft, die uns umgibt. Er hat uns versprochen: „Ich werde mit dir sein!“ Und Christus hat es bekräftigt: „Ich bin bei euch alle Tage!“ Kinder wollen sich das vorstellen und der sinnlich erfahrbare Zuspruch des Segens hilft ihnen dabei (vgl. auch Kapitel 2.5.1 und 3.3.4).

In der Arbeit mit Kindern gibt es viele Momente des gemeinsamen Abschiedes, die als Segen gestaltet werden können (an jedem Tag, am Wochenschluss, am Ende des Kindergartenjahres u. Ä.). Der Segen ist ein Zuspruch Gottes, er steht für seine Kraft und heilsame Wirkung. Und der Segen will gesagt sein: Jede und jeder ist befugt, den Segen zuzusprechen. Es ist ein Weitergeben dessen, was von Gott empfangen wird. „Geh unter dem Geleit Gottes!“, so können Erzieher/-innen und Eltern mit Gelassenheit Abschied nehmen von den Kindern. „Auch wenn wir uns jetzt trennen, wir bleiben durch Gottes Segen miteinander verbunden, bis wir uns wiedersehen.“

Ein Segensritual mit den Namen der Kinder

Alle stehen in Handfassung im Kreis. Zur Melodie des Spirituals „Kumbaya, my Lord, kumbaya“ singen sich die Kinder einen Segenswunsch zu:

Und Gott segne dich, Jennifer, *und Gott segne dich,* Ma-a-ax,
und Gott segne dich, Li-sa, *Gottes Segen geht mit euch!*

Das Lied wird angestimmt und jeweils die Namen der drei aufeinanderfolgenden Kinder im Kreis werden gesungen. Bei ein- und zweisilbigen Namen wird die Melodie entsprechend gedehnt.

Ein Bewegungslied zur Begrüßung

Ein Hände-Segen

(Melodie: Reinhard Horn, Text: Ulrich Walter, © KONTAKTE Musikverlag Ute Horn, Lippstadt)

Liedtext	begleitende Gesten
Linke Hand und rechte Hand machen sich bekannt.	*im Sitz- oder Steh-Kreis: linke und rechte Hand winken einander zu (Begrüßungsgeste)*
Linke Hand und rechte Hand, seht, ihr seid verwandt!	*Hände berühren sich nach und nach an den Fingern, von Daumen zu Daumen bis kleiner Finger zu kleiner Finger.*
Linke Hand und rechte Hand wandern durch das Land.	*Hände „wandern“ vor dem Körper auf und ab.*
Finden viele Hände dort für ein großes Band!	*Hände finden die Nachbarhände und fassen sie zu einem Kreis.*
Gott, dein Segen ist bei uns, geht von Hand zu Hand.	*links und rechts die Nachbarin bzw. den Nachbarn anschauen und freundlich die Hand drücken*
Darum nehmen wir ihn mit überall ins Land!	*Handfassung lösen und beide Hände gekreuzt auf die Brust legen*

Morgenfeier am Anfang der Woche

Zu Beginn singen alle ein Lied zur Begrüßung, das mit Bewegungen begleitet wird. Auf ein dunkles Tuch in der Mitte wird eine Kerze gestellt und entzündet. In der Mitte liegen auch vorbereitete Karten, mit denen die Kinder zeigen, wie es ihnen geht. Die Kinder werden eingeladen, von ihren Erlebnissen zu erzählen. Eine Regel dabei ist die Freiwilligkeit. Schon mit dem Zeigen der Stimmung ist ja eine Aussage verbunden. Die Morgenfeier wird mit einem kleinen Segenslied abgeschlossen.

Aufgaben

1. *Entwickeln Sie aus den vorgeschlagenen Impulsen ein kleines Ritual und gestalten Sie es probeweise in einer Kleingruppe.*
2. *Suchen Sie sich eines der abgedruckten Lieder und erfinden Sie dazu Ihre eigenen Bewegungen.*

3.5.5 Kinder und Erwachsene begegnen sich in generationenübergreifenden Gottesdiensten

Wenn Kinder und Erwachsene sich begegnen, gelten meist die Spielregeln der Großen. Insbesondere bei Familienfeiern wissen jüngere Eltern ein Lied davon zu singen, wie schwer es ist, auch die Kinder das Schöne eines gemeinsamen Festes spüren zu lassen. Denn selbst jungen Erwachsenen fällt es schwer, sich vorbehaltlos auf das gemeinsame Feiern mit Kindern einzulassen, weil sie in ihrem unmittelbaren Lebensumfeld häufig nicht mehr vorkommen. Auch im Gottesdienst haben wir uns an das Leben in getrennten Räumen gewöhnt. Viele Gemeinden erleben aber noch die Erfahrung gemeinsamen Feierns und Lernens der Generationen und möchten diesen Austausch nicht mehr missen.

Die Gestaltung von generationenübergreifenden Gottesdiensten lebt von dem Spannungsverhältnis, dass Kinder sowohl ernst genommen und in ihrer Weise des Lebens und Glaubens angenommen sein wollen, zugleich aber auch die Nähe von Erwachsenen im Hinblick auf Orientierung und Vorbilder suchen. Einen besonderen Stellenwert in der Arbeit mit Kindern und in Tageseinrichtungen haben dabei sicherlich Familiengottesdienste zu bedeutsamen Sonntagen des Kirchenjahres.

Möglichkeiten der Gestaltung

In den in Kapitel 3.5.3 vorgestellten Strukturelementen gilt es wahrzunehmen, wie Erwachsene und Kinder miteinander feiern können. Ein gemeinsam gesungenes Lied, unterstützt mit Bewegungen zum Text, nimmt die Unruhe und Unsicherheit der Anfangsphase im Gottesdienst auf und führt zur Stille. Das Eingangsgebet, im Wechsel gesprochen oder durch einen kurzen Kehrvers gegliedert, gibt allen die Möglichkeit der Beteiligung.

In der Gestaltung des Verkündigungsteiles geben kommunikative, darstellende und erzählende Formen dem aktiven Zuhören und Antworten Raum. Ein gemeinsam gestaltetes

Lied mit einfachen Tanzschritten sammelt die Gemeinde zur Feier. Die Feier des Abendmahles mit den Kindern gehört dazu. Mit der Taufe sind die Kinder als vollgültige Glieder der Gemeinde anerkannt. Dies wird deutlich, wenn sie dabei sind, wenn die Gemeinde zu Gast ist am Tisch ihres Herrn.

Am Schluss des Gottesdienstes kann das Fürbittengebet durch eine Kerzenaktion der Kinder unterstützt werden, bevor das Vaterunser, im großen Kreis mit Gebärden gesprochen, und der Segen, der in einer einfachen Formulierung und einem Händedruck einander weitergegeben wird, den Gottesdienst beschließen.

Gottesdienste für Kleinkinder mit ihren Eltern

Als neue Form haben sich Gottesdienste für Eltern mit Kleinkindern entwickelt, häufig „Krabbelgottesdienste“ genannt. In der Gestaltung orientieren sie sich ausdrücklich an den kleinen Kindern, ohne dass die Eltern und Großeltern dabei aus dem Blick geraten. Alles, was in anderen Zusammenhängen als Störung empfunden wird, wird hier toleriert. Es gibt also eine besondere Übereinkunft mit den Eltern, dass die Formen und Inhalte sich primär an den Erfordernissen der Kleinen ausrichten. Junge Eltern haben hier die Möglichkeit, erste Schritte zu einer gemeinsamen Spiritualität zu finden, die in der neuen Lebensphase der Familiengründung manchmal nach Jahren der Abstinenz vom kirchlichen Leben wieder gesucht wird. Die direkte und gewollte Beteiligung der Kinder baut Hemmschwellen ab. Die Gestaltung eines solchen Gottesdienstes kann ähnlich geplant werden wie die bei älteren Kindern. Bei der konkreten Umsetzung sollten jedoch die Altersgruppe der unter Dreijährigen und ihre entwicklungspsychologischen Merkmale berücksichtigt werden.

Vorschlag für den Ablauf (vgl. dazu auch Kapitel 3.5.3)

I. Ankommen und eröffnen

- Begrüßung – Vorstellung des Themas
- Lied
- Eingangsgebet (mit Kehrvers, den alle mitsprechen können)

II. Hören und antworten

- Lied
- Entfaltung des Themas durch Erzählung, Anspiel oder Puppenspiel
- (Zielgruppe sind zunächst die Kinder, aber auch die Erwachsenen)
- gemeinsame Aktion mit den Kindern (bei der die Eltern eingeladen sind, ihre Kinder zu unterstützen und zu begleiten)

III. Feiern

Mit einem Tanz oder einer kleinen gemeinsamen Aktion ist hier noch einmal der Zeitpunkt, zu dem alle miteinander in Bewegung kommen und ihre Freude ausdrücken können, dass Gott es gut mit ihnen meint. Das Gedenken an zurückliegende Geburtstage der Kinder, aber auch Elemente der Tauferinnerung haben hier ihren Ort.

IV. Sendung und Segen

- Am Ende des Gottesdienstes nimmt ein freies Gebet einen Aspekt des Themas des Gottesdienstes noch einmal auf.
- Das Vaterunser wird im großen Kreis mit unterstützenden Gebärden gesprochen, die alle Kinder mitmachen können.
- Ein Segenslied und ein Segenswunsch beenden den Gottesdienst.

Aufgaben

1. *Was ist zu beachten, wenn Kinder und Erwachsene Gottesdienst feiern? Schauen Sie mit dieser Frage noch einmal auf die Struktur des Gottesdienstes in Kapitel 3.5.3. Überlegen und begründen Sie in Kleingruppen:*
   - *An welchen Stellen möchten Sie besonders die Kinder ansprechen, an welchen Stellen besonders die Erwachsenen?*
   - *Welche Teile sollen ausdrücklich miteinander gestaltet werden?*
2. *Suchen Sie in Partnerarbeit aus einer Kinderbibel eine Ihnen bekannte biblische Geschichte aus und gestalten Sie ein Anspiel für einen Gottesdienst mit Kindern und Erwachsenen.*

3.6 Mit Bildern, Ritualen und Symbolen arbeiten

Der Glaube an Gott drückt sich in Symbolen aus. In Kirchen, Bildern, Musik, den Sakramenten, Ritualen, besonderen Orten und Personen vermitteln der Einzelne und die Gemeinschaft Vorstellungen über das, was für sie über die sichtbare Welt hinausweist und im Leben trägt. Selbst die Bibel ist eher als Liebesbekundung der Menschen an Gott zu verstehen denn als Tatsachenbericht. Jedoch wurde und wird auch heute noch viel darüber gestritten, ob und wie Glaube in Bildern darstellbar ist. Im Zentrum dieses Kapitels stehen deshalb die Bewusstmachung religiöser Symbolerfahrungen im individuellen Lebenslauf und die praktischen methodischen Konsequenzen für die christliche Symbolerziehung im westeuropäisch geprägten Kontext.

In diesem Kapitel erwerben Sie folgende ***Kompetenzen:***

- *Sie haben ein breites und integriertes Wissen über Ausdrucksformen christlichen Glaubens und christlicher Tradition.*
- *Sie haben die Fertigkeit, Symbole, Bilder und Rituale zur Anregung von Selbstbildungsprozessen von Kindern, Jugendlichen und jungen Erwachsenen zu nutzen.*
- *Sie haben die Fertigkeit, das berufliche Handeln selbstreflexiv zu gestalten.*
- *Sie haben die Fertigkeit, symbolische Ausdrucksweisen des Glaubens erfahrbar zu machen.*

3.6.1 Symbole verbinden Himmel und Erde

In religiöser Sprache werden Symbole verwendet, um Dinge auszudrücken, die über das hinausgehen, was im Alltag sichtbar ist. Es gibt aber Meinungsverschiedenheiten darüber, ob eine symbolische Interpretation religiöser Texte erlaubt ist. Ein Beispiel: Wenn in der Bibel oder dem Koran vom „Himmel" gesprochen wird, so kann man dies wörtlich oder symbolisch auffassen.

Ein Symbol ist als ein (Wort)Zeichen mit einem zweiten oder vielfachen Sinn zu bestimmen. Der zweite oder vielfache Sinn wird durch den wörtlichen Sinn hervorgebracht: Beim zweiten (vielfachen) Sinn verweist das Symbol auf etwas, was abwesend ist und allein durch das Symbolzeichen ausgedrückt und vermittelt – zur Sprache gebracht – wird (siehe auch Kapitel 2.5.2).

Bei der wörtlichen Auffassung kann „Himmel" bedeuten:

- *der Himmel im Sinne von Erdatmosphäre*
- *der Blick ins Universum*
- *ein real existierender Ort, der für auf Erden Lebende unzugänglich ist*

Bei der symbolischen Auffassung kann „Himmel" bedeuten:

- *der ideale Platz zum Leben, der auch auf der Erde existieren kann („Himmel auf Erden")*
- *das zukünftige Leben, in dem vieles besser wird*
- *die Verwirklichung von (religiösen) Idealvorstellungen im Leben*

Aufgaben

1. *Beschreiben Sie die beiden Bilder, ordnen Sie sie in ihren Kontext ein und vergleichen Sie sie. Welche Erfahrungen liegen den Bildern zugrunde? Welche wörtliche und symbolische Auffassung vom Stern wird hier sichtbar?*

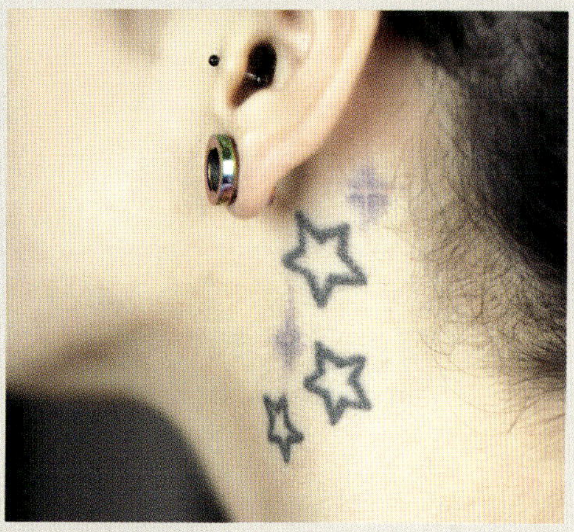

2. *Neugeborene Kinder werden auf Glückwunschkarten oft mit Sternen verglichen. Sehen Sie das auch so? Welche Auswirkungen hat dieses Bild vom Kind für Familie, Freunde und für die Gesellschaft, in die es hineingeboren wird? Diskutieren Sie die verschiedenen Aspekte des Vergleichs.*

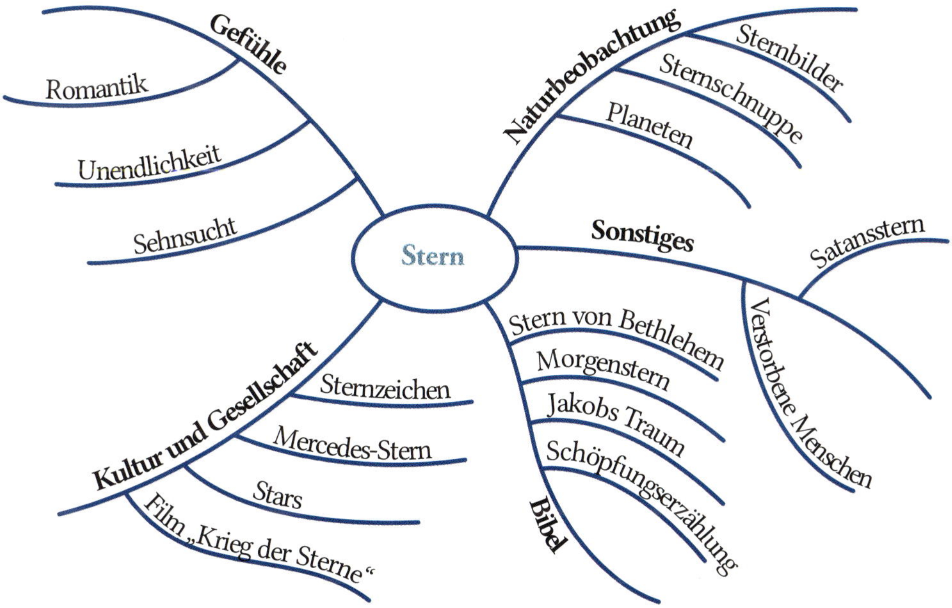

Aufgaben

1. *Diskutieren Sie die Bedeutung der aufgeführten Aspekte des Symbols Stern in Ihrem Leben und in den pädagogischen Arbeitsfeldern. Welche sprechen Sie besonders an und warum?*
2. *Entscheiden Sie sich für eines der unten genannten Symbole und fertigen Sie in Kleingruppen jeweils ein Mindmap nach vorstehendem Beispiel an.*
3. *Schlagen Sie die ausgewiesenen Bibelstellen nach.*
4. *Erstellen Sie in Kleingruppen eine PowerPoint-Präsentation unter Zuhilfenahme von eigenen Fotos und Bildern, die möglichst viele Aspekte Ihres Symbols erschließen, und präsentieren Sie diese im Anschluss in der Gesamtgruppe.*

Bibelstellen zu ausgewählten Symbolen

- **Herz:** Ps 38,11; Jer 4,19; Spr 13,12; 1. Kö 8,39; Spr 11,20; Dtn 6,6; Ps 51,12; Lk 2,51; Hes 11,19; Hhld 8,6
- **Taube:** Gen 8,8; Ps 55,7; Hhld 2,14; 5,2; 6,9; 5,12; Hes 7,16; Mt 3,16; 10,16
- **Regenbogen:** Gen 9,13–16; Hes 1,28; Offb 4,3
- **Auge:** Gen 1,31; Ps 6,8; 13,4; 17,8; 38,11; Ez 12,2; Hhld 4,9; Mt 6,22; 13,16; Joh 20,29; Eph 1,18
- **Haus:** 1. Kö 6,1–14; Ps 84; Mt 7,24–27; 1. Petr 2,1–8
- **Blut:** Gen 4,1–16; Ex 12,1–13; Mt 26,26–28
- **Baum:** Gen 3; Ps 1; Joh 15,1–8
- **Brot:** 1. Kö 19,1–8; Mk 8,1–9; Mt 26,17–30
- **Sonne:** Gen 1,14–19; Ps 19,1–7; Mt 17,1–13; Offb 6,12–17
- **Wasser:** Gen 1,1–10; 2,4b–7; Ex 14,15–31; Mk 1,9–14; Rö 6,1–5
- **Weg:** Gen 3,24; Ps 1,6; 16,11; 37,5; 119,105; 140,6;
- **Weisheit:** 14,3; Lk 1,79; 24,32
- **Kreuz:** Mk 8,34; 15,1–41; 1. Kor 1,18–24; Kol 1,20
- **Hirte:** Ps 23; Lk 2,8–10; Joh 10,12; Eph 4,11
- **Mauer:** Ex 14; Jos 6; Hebr 11,30; 2. Sam 22,30
- **Blume/Rose:** Hi 14,1–2; Ps 103,15–18; Jes 40,6–8; Jesus Sirach 24,18

3.6.2 Vom Erleben zum Verstehen des Symbols

Schon von klein auf machen Kinder Symbolerfahrungen. Die Symbolerziehung im Kindergarten und in der Schule baut auf den vor allem durch die Familie gelegten Grundsteinen auf. Im Elementarbereich muss in einem ersten Schritt die Wahrnehmung des Symbols als Tatsache ermöglicht werden. Dies kann spielerisch im Raum oder vorzugsweise in der Natur geschehen. In einem zweiten Schritt wird das Geheimnis hinter der Tatsache zur Sprache gebracht. Die Erfahrungen mit der „Tatsache" des Symbols werden dabei von der Wirklichkeitsebene auf die Symbolebene übertragen. In der Verbindung mit Geschichten, Gesten und Liedern können positive und negative Leitbilder erfahren werden. Im Umkreis von Festen, aber auch in Alltagserfahrungen und Ritualen wird die kulturelle Bedeutung von Symbolen gelernt. Symbolerziehung findet also in zwei Schritten statt (vgl. Mix/Rödding, 2001). Bei Kindern unter drei Jahren steht die sinnliche Wahrnehmung des Symbols im Mittelpunkt, bei älteren Kindern und Jugendlichen bleibt die sinnliche Wahrnehmung des Symbols eine wichtige Grundlage, die die Übertragung von Erfahrungen auf die Symbolebene ermöglicht.

Schritt 1: Wahrnehmung des Symbols ermöglichen (am Beispiel „Wind")

- Wind wird unterschiedlich gefühlt und sichtbar gemacht.
- Unterschiedliche Windstärken werden an unterschiedlichen Orten erfahren.
- Atemerfahrungen werden durch Pustespiele ermöglicht.

Schritt 2: Erfahrungen von der Wirklichkeitsebene auf die Symbolebene übertragen (am Beispiel „Wind")

- Redewendungen und Begriffe wie „aufbrausend sein", „Rückenwind bekommen", „dicke Luft" und „Windhauch" werden gesammelt und auf Papierstreifen gemalt oder geschrieben, die dann im Wind flattern.
- Zum Pfingstlied „Gott gab uns Atem" (EG 432) wird eine Fotoserie mit Fotos aus dem Alltag von Kindern oder Jugendlichen erstellt.
- Die Pfingstgeschichte (Apg 2,1–13) wird erzählt. Es schließt sich ein Gespräch über das „große Brausen" (Apg 2,2) an, das einen Bezug zu den Winderfahrungen aus Schritt 1 herstellt. Dann wird der Wind, der die Apostel erfasste, im Rollenspiel oder als Bild dargestellt.

Aufgaben

1. *Bilden Sie Kleingruppen und wählen Sie ein Symbol aus der folgenden Liste aus.*
   - ***Symbole:*** *Sonne, Wasser, Stein, Wind, Baum, Brot, Haus, Regenbogen*
   - ***Gestaltungsmethoden:*** *malen, auf Dias malen, Collagen, fühlen (mit Händen und Füßen), riechen, hören, erkennen, etwas herstellen/mit etwas arbeiten, singen, etwas nachspielen/Rollenspiel, musizieren mit (Orff'schen Instrumenten), einen Tisch/eine Raumecke/ein Bodenbild gestalten, etwas basteln/ausschneiden/prickeln u. a.*
2. *Beschreiben Sie kurz die Bedeutung des Symbols, das Sie ausgewählt haben.*
3. *Was von der Bedeutung des Symbols wollen Sie für Kinder erfahrbar machen?*
4. *Wählen Sie passende Gestaltungsmethoden zu dem aus, was Sie zu den Punkten 2 und 3 überlegt haben. Suchen Sie je eine Methode für Schritt 1 und Schritt 2.*

3.6.3 Das Symbol „Weg“ – die Erdung des Lebens

Das Symbol „Weg“ mit Kindern und Jugendlichen erfahren

Teil 1: Wahrnehmung des Symbols ermöglichen

- In einem Sinnespfad werden unterschiedliche Bodenmaterialien wahrgenommen und mit den Füßen gefühlt. Jeder nimmt anders wahr.
- Durch einen Parcours gehen: Es gibt einfache und mühsame Wege, gute und schlechte; Hindernisse können überwunden werden.
- Mit geschlossenen Augen führt man sich zu zweit durch Berührung an den Händen und geht gemeinsam einen Weg. Fällt es leicht oder schwer, sich führen zu lassen/zu führen?
- Auf einem Ausflug werden Wegabschnitte, von den Vorbereitungen angefangen über den Aufbruch bis hin zum Ziel, erkannt und beschrieben. Auf Teilen des Weges oder am Wegrand wird „Sachensucher“ gespielt. Jeder entdeckt etwas anderes und macht seine eigenen Wegerfahrungen. Weggabelungen erfordern Entscheidungen. Der bewältigte Weg stärkt das Selbstvertrauen. Ein gemeinsam erlebter Weg nimmt Angst und macht Freude.
- Auf einer Nachtwanderung erfahren die Kinder, dass man Licht braucht, um den Weg zu sehen.
- In einem Raum denkt sich jeder einen Weg durch diesen Raum aus. Er legt ihn mit Material nach (z. B. blaue Dreiecke, rote Kreise oder gelbe Punkte) und hinterlässt so eine Spur.

Teil 2: Erfahrungen von der Wirklichkeitsebene auf die Symbolebene übertragen

- Es werden Lieder aus der Popkultur zum Thema „Lebens(wege)“ ausgesucht und mit eigenen Bildern oder Fotos eine PowerPoint-Präsentation erstellt, die während des Liedes gezeigt wird (z. B. Silbermond, Grönemeyer, Xavier Naidoo).
- In einem Brainstorming werden alle Wortpaare zum Thema „Weg“ auf Zetteln gesammelt (z. B. Lebensweg, Holzweg, Irrweg). Die neutralen Begriffe werden in einer Linie hintereinander auf den Fußboden gelegt. Nach dem negativen oder positiven Eindruck werden die Zettel zu einer linken oder rechten Wegabzweigung gelegt, sodass sich ein Kreuz ergibt. Eine Kerze wird in die Mitte gestellt: Gott geht mit.
- In der Geschichte der Emmausjünger (Lk 24,13–35) wird die Zusage gegeben: Gott ist dem Menschen nahe und geht mit. Mit Kindern kann man die in der Geschichte vorkommenden Gefühle der Jünger herausarbeiten und die Geschichte mit Orff'schen

Instrumenten nachspielen: von der Trauer zur Freude. Jugendliche machen von ihren Füßen Abdrücke und legen diese, begleitet von einer eigenen erzählten Weggeschichte zur Bibelstelle Lukas 24, vor den anderen als Bodenbild.

- Jugendliche gestalten mit Material einen Adventsweg auf Tischen oder auf dem Boden mit dem Titel „Unser Weg auf Weihnachten zu". Sie markieren Hindernisse, Steigungen, Kurven, Wegabschnitte und Entdeckungen an den Rändern auf dem Weg dorthin und überlegen sich, was das Ziel des Weges bzw. des Weihnachtsfestes ist: ausschlafen, Familienfeier, Zeit für die Freundin o. Ä.
- Im Kindergartengelände wird in der Adventszeit aus Tannengrün (nach Feiern gibt es oft einen großen Restbestand) eine Spirale auf den Boden gelegt. In die Mitte wird eine Kerze gestellt, eventuell auch eine kleine Darstellung der Krippe. Alle Kinder basteln aus einem alten Glas und angeklebten Transparentpapierfetzen ihr eigenes Adventslicht und bekommen dazu ein Teelicht. Während das Lied „Tragt in die Welt nun ein Licht" (siehe Evangelisches Gesangbuch, Nr. 538) gesungen wird, geht ein Kind nach dem anderen in die Spirale hinein und zündet seine Kerze an. Dann stellt es sie an den Wegesrand, wenn es aus der Mitte wieder herausgeht. Wenn alle Kinder ihre Kerze abgestellt haben, betrachtet die Gruppe den beleuchteten Weg. Die Kinder nehmen ihre Lichter mit nach Hause oder bringen die Lichter bei einem Besuch zu Menschen in einer benachbarten sozialen Einrichtung. Die Lichter könnten auch bei einem Weihnachtsbasar zu einem guten Zweck verkauft werden.

3.6.4 Engel – die (Nicht)Käuflichkeit des Himmels

„Mache Dich mit Engeln vertraut und betrachte sie oft im Geiste, denn auch wenn man sie nicht sieht, sind sie doch bei dir."

(Franz von Sales, 1567–1622, zitiert in Mirow-Strack, 2006)

Mein Schutzengel

Beispiel: Gespräch im Kindergarten

Anja: „Ich möchte nicht in den Himmel kommen! Denn im Himmel sind wir alle Engel!"

Erzieherin: „Das ist doch eine schöne Vorstellung, im Himmel ein Engel zu sein!"

Anja: „Nein, Engel haben immer ein weißes Kleid an oder so was wie weiße Nachthemden – und damit kann ich mich nicht schmutzig machen."

Fabienne: „Meine Mama hat gesagt, mein Schutzengel passt auf mich auf. Aber wie er aussieht, hat sie nicht gesagt."

Jana: „Ich habe mal ein Bild von einem Engel gesehen. Die haben so goldene Flügel und damit können sie fliegen – überallhin." (guckt fragend zur Erzieherin)

Fabienne (empört): „Die kann man nicht sehen! Die sind doch unsichtbar!“

Marcel: „Das stimmt nicht! Die sind doch überall zu sehen, beim Krippenspiel in der Kirche, im Fernsehen, (überlegt) am Weihnachtsbaum, im Kaufhaus auf Dosen, und es gibt auch welche in Schokolade.“ (leckt sich den Mund)

Fabienne: „Das sind doch nicht die richtigen Engel.“

Marcel (guckt die Erzieherin fragend an): „Was sind denn die richtigen Engel? Gibt es die überhaupt?“

Aufgabe

Wie würden Sie als Erzieherin reagieren? Schreiben Sie Ihre Reaktion möglichst wörtlich auf und diskutieren Sie die unterschiedlichen Möglichkeiten.

Engelerleben in der Bibel

In der Bibel stehen Engel immer in Bezug zu Gott und seinem bewahrenden, rettenden, schützenden und erneuerndem Wirken. Entscheidender als ihre Gestalt ist ihre in Wort und Tat verwirklichte Botschaft, die sie dem Menschen überbringen. Dieses Beziehungsgeschehen entzieht sich menschlichen Maßen und Begriffen, lässt sich nicht einordnen oder gar manipulieren. Oft werden Engel erst im Weggehen erkannt. Wenn auch manchmal angekündigt und mit Namen wie Gabriel, Michael und Raphael versehen, lassen sie unvermutet ihre Nähe spüren. Als himmlische Heerscharen sind sie eine Art Hofstaat Gottes, deren Amt der Lobpreis und die Anbetung ist. Engel sind in Grenzbereichen beheimatet, zwischen Schlafen und Wachen, Leben und Tod. Engel bewachen das Paradies (Gen 3,24), öffnen Augen, helfen, schützen und stiften Hoffnung in der Not (Gen 16; 1. Kön 19,1–16; Ps 91). Die Engel im Neuen Testament erscheinen vor allem im Geschehen um die Geburt Jesu (Lk 1–2; Mt 1–2), seine Passion (Lk 22,39), Auferstehung (Lk 24,5) und Himmelfahrt (Apg 1,10 ff.) – hier deuten Engel jeweils das Geschehen, das sonst in seiner Bedeutung unerkannt bliebe.

Engel im Islam

Im Islam gehört der Glaube an die Engel zu den wichtigsten Glaubenssätzen. Der Engel Gabriel übermittelt Mohammed den Koran. In der Glaubenswelt der Muslime begleiten die sogenannten Schreiberengel jeden Menschen und schreiben die guten sowie die schlechten Taten auf, während die Grabesengel die Menschen nach dem Tod zu ihrem Glaubenszeugnis und zu ihrer Religion befragen.

Engelerleben von Kindern

Engel erfüllen im Lebensweg eines Kindes ähnliche Aufgaben wie ein **Übergangsobjekt** (vgl. Kapitel 3.3.1). Engel helfen dem Kind, selbst zu werden – man könnte auch sagen, ganz zu werden. Engel garantieren, dass das Kind in der Welt, im Kosmos der Welt, nicht allein ist. Sie stehen für ein Vertrauen, eingebunden zu sein in ein übergreifendes, Schutz bietendes Ganzes, das ermöglicht, sich dem Nächsten und der Welt vertrauensvoll zuzuwenden (vgl. Stubbe, 1997).

Aberglaube oder Glaube: Engel sichtbar machen?

Beispiel: *Manuela ist in der Schule im Mittelfeld und seit sich ihr Leben im Heim stabilisiert und einen Rhythmus bekommen hat, ist sie auch in der Schule besser geworden. Zu einer Erzieherin, Jutta, hat sie eine besondere, vertrauensvolle Beziehung. Französisch fällt Manuela sehr schwer und sie entwickelt große Angst vor den Arbeiten. Die Erzieherin Jutta schenkt ihr deshalb vor einer Französischarbeit einen Schutzengel. Die Einrichtungsleitung bekommt dies mit und ruft die Erzieherin zu sich. Sie erklärt ihr, dass solche Dinge des Aberglaubens in der Einrichtung nichts verloren hätten, und bittet sie, sich an diese Regel zu halten.*

Aufgabe

Diskutieren Sie das Fallbeispiel in Kleingruppen und nehmen Sie eine begründete Position ein.

Jeder Mensch braucht einen Engel

Es gibt verschiedene Zugänge, sich das Engelsymbol zu erschließen: durch die eigene Biografie und die Erfahrung, durch Stille bzw. Meditation sowie durch Kreativität und Praxis.

Erfahrungs- und Biografiebezug herstellen	meditativer Zugang	kreativer/praktischer Zugang
• SMS-Engelbotschaften schreiben • Bewahrungerfahrungen von Großeltern ... • geliebte Engelabbildungen aus Kinderbibeln, Kunst ... • Hoffnungsgeschichten	• Gebete und Lieder • altirische Segensworte • Elfchen	• Engeldarstellungen im Sozialraum wie Friedhof, Kirche, Läden usw. aufsuchen, darstellen, bewerten • Rezepte, z. B. „Süßer Engel" • Anleitungen zu Bastelideen (z. B. Fensterbild, Engelkette, Linoldruck) • Collagen • kreatives Schreiben

Aufgabe

Gestalten Sie eine Engelkarte oder ein Engelbuch.

Mit Engeln leben – Praxisanregungen

Praxisanregung

- *Die Geschichte von Jakobs Traum von der Himmelsleiter (Gen 28) kann in Übergangsfeiern und Umbruchsituationen (vgl. Kapitel 2.5.1) thematisiert werden. Mit Geheimtinte (z. B. Zitronensaft oder Milch) wird der Umriss eines Schutzengels gemalt. Der unsichtbare Schutzengel wird zu Hause durch eine Wärmequelle (z. B. Bügeleisen) sichtbar gemacht.*
- *Aus dem Sachwissen zu Engeln in der Bibel wird ein Memory® oder Kreuzworträtsel gestaltet. Das Lösungswort im Kreuzworträtsel ergibt ein typisches Merkmal der Engelerfahrung, z. B. Vertrauen, Geborgenheit oder Gastfreundschaft.*
- *Die Kinder können Redewendungen zu Engeln aus dem Alltag finden und Bilder dazu malen. Diese werden als Rätsel, Memory® oder Pantomime gestaltet, z. B. „Du bist ein Engel" oder „Engel der Landstraße".*
- *Gemeinsam mit den Kindern kann eine Advents- oder Weihnachtsfeier zum Thema „Engel" geplant werden. Lieder aus dem Gesangbuch, Engelgeschichten, Bildbetrachtungen, Basteleien, Backwaren und Rätsel können Elemente der Feier sein.*
- *Die Jugendlichen können eine symbolische Brücke mit Kabelstücken auslegen, durch die ein realer mit einem erhofften Zustand verbunden wird. Im Gespräch können Transzendenzerfahrungen (= Überschreitung des sinnlich Erfahrbaren) thematisiert werden.*
- *Jugendliche bringen Erinnerungsgegenstände von Verstorbenen mit. Anhand derer wird über unsichtbare Begleiter im Leben nachgedacht.*

3.6.5 Der Körper als Symbol

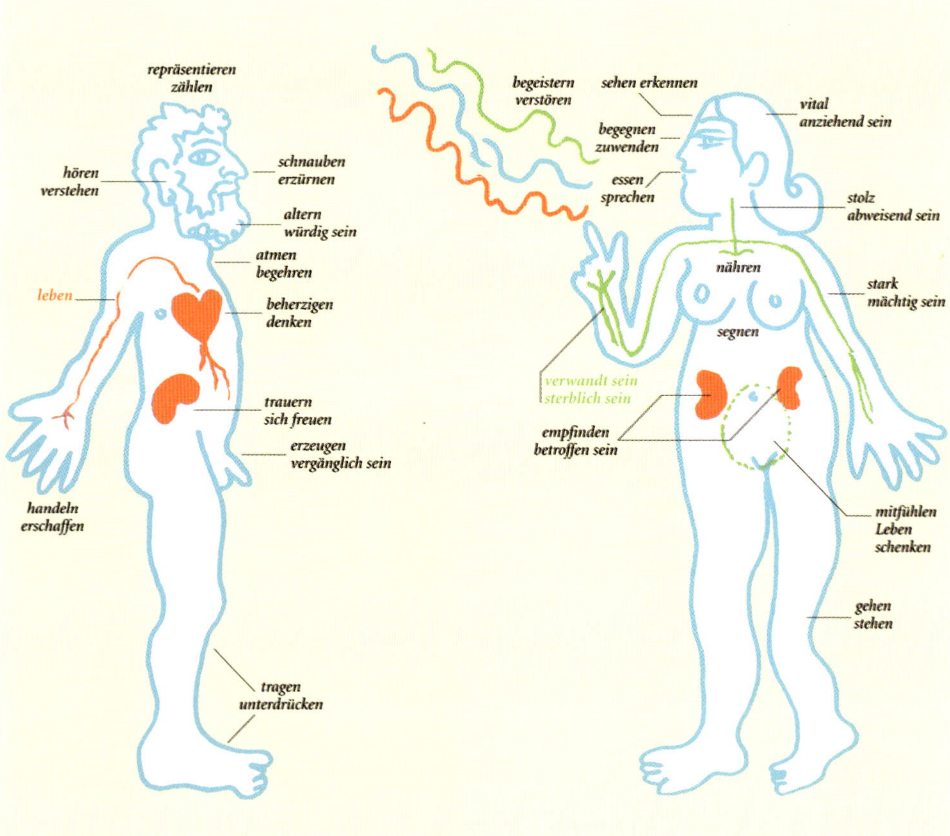

Körpersymbolik der Bibel (Schroer/Staubli, 2005 S. IV f)

Aufgaben

1. *Setzen Sie sich mit der Körpersymbolik der Bibel auseinander. Klären Sie für sich, was Sie am meisten interessiert und warum. Stellen Sie die von Ihnen ausgewählten Tätigkeiten in Kleingruppen szenisch dar (Rollenspiel, Standbild, Pantomime). Wählen Sie eine Tätigkeit und stellen Sie diese anhand von Situationen aus Ihren pädagogischen Arbeitsfeldern im Plenum dar (Kinder unter drei Jahren, Kindergartenkinder, Schulkinder, Jugendliche). Die Ergebnisse werden ausgewertet.*
2. *Diskutieren Sie, ob die der Frau und dem Mann zugewiesenen Eigenschaften auch heute noch wirksam sind. Typisch Mann – typisch Frau!? Gestalten Sie in Kleingruppen Collagen zu diesem Thema.*
3. *Vergleichen Sie die Anregungen zum Körper als Raum in Kapitel 2.5.3 und diskutieren Sie, welche Bedeutung der Körper für religionspädagogisches Handeln hat.*

3.6.6 Kirchenpädagogik

Vielen Menschen sind Kirchenräume fremd und unbekannt geworden. Kirchenpädagogik macht Kirchenräume erfahrbar und bringt Menschen aller Altersstufen mit dem Kirchenraum in Beziehung. Längst Vergessenes kann wachgerufen und Neues entdeckt werden. Das kann Spaß machen und Zugänge zu spirituellen Dimensionen eröffnen. Kirchen können so in ihrer Besonderheit erfahren und wieder verstanden werden.

Wege, eine Kirche zu erkunden

- Spontanes und informelles Interesse ist leitend.
- Emotionale Interessen sind leitend, z. B. besonders ansprechende Orte oder Besonderheiten der Kirche.
- Wissensaneignung zu Namensgeber oder Geschichte der Kirche ist leitend.
- Kognitive, emotionale und spontane Interessen werden gleichgewichtig miteinander verbunden.

Bewährt hat sich der Aufbau einer Raumbegehung in vier Schritten (vgl. Klie, 1998):

1. Annähern
2. Entdecken
3. Vertiefen
4. Ablösen

Erlöserkirche Bad Homburg: Blick auf die Prinzipalstücke der Kirche (Kanzel, Taufbecken und Altar)

Evangelische Emmauskirche, Heisterbacherrott

Blick in die Hauptkirche St. Michaelis, Hamburg

Kirchenpädagogik mit Jugendlichen

Praxisanregung

- ***Tauferinnerung und Beziehung als Lebenstrost:*** *Jeder Jugendliche bringt, wenn möglich, seinen Taufspruch mit und dieser wird bei der Begehung der Kirche zu den Worten aus Psalm 23 (siehe Kapitel 3.1.2) an der ersten Station „frisches Wasser" (Taufbecken) als Beginn christlichen Lebens aufgesagt. Man geht weiter durch die Gänge als „rechte Straße" bzw. „guten Weg" mit dem „finsteren Tal" (Westseite, an der oft Symbole des Unheils dargestellt sind, der Turm Schutz bietet oder aber Kreuzesdarstellungen zu sehen sind: Gott lässt den Menschen auch hier nicht allein) bis hin zum „Tisch", dem Altar als Ort der Gemeinschaft und des ersehnten Friedens. Hier kann man sich auch die Hände oder Stirn mit Salböl einreiben (Allergiegefährdung vorher klären). Als „Gutes und Barmherzigkeit" kann jeder Jugendliche am Ende einen guten Wunsch oder eine Bitte formulieren bzw. eine Kerze anzünden.*
- ***Standort suchen:*** *Jeder Jugendliche bekommt am Eingang ein Teelicht und sucht sich in Ruhe einen Lieblingsplatz in der Kirche. Dann wird auf einem mit Wollfäden gelegten Grundriss der Kirche als Bodenbild das Teelicht an die entsprechende Stelle gelegt, wo sich der Lieblingsplatz des jeweiligen Jugendlichen befindet. Im Anschluss werden die Lieblingsplätze besprochen.*

- ***Orientierung geben:*** *Mit Fragezeichenkarten oder Symbolkarten werden die den Besuchern fremden Stellen der Kirche markiert und danach in einer Raumbegehung die Karten erklärend abgeschritten.*
- ***Kirchenraum in Beziehung mit einem Bibeltext stellen:*** *Aktuelle Katastrophen und schreckliche Widerfahrnisse können Anlass sein, der Klage Raum zu geben. Die Jugendlichen finden sich in Kleingruppen zusammen und bekommen jeweils einen Vers von Psalm 22. Auf dem Weg zur Kirche überlegen sie in ihrer Gruppe, welche Erfahrung im Hintergrund der Worte steht. Eventuell nach einer kurzen Einführung über die Bedeutung der Himmelsrichtungen beim Bau einer Kirche bis zur Barockzeit (Osten = Heil; Westen = Unheil; Verheißung = Norden; Süden = Erfüllung) oder den historischen Hintergrund des Psalms in Verbindung mit den letzten Worten Jesu (Kreuzesdarstellungen) werden passende Orte gesucht, die sich zur Darstellung des Psalmverses als Standbild eignen. Der Psalm wird von Anfang bis Ende angehört und dargestellt. Am Ende werden gute Wünsche und Bitten (in Verbindung mit dem Entzünden von Kerzen) für die von der Katastrophe betroffenen Menschen gesprochen.*

Standbild zu Psalm 22: „Du hast mich aus meiner Mutter Leib gezogen; du ließest mich geborgen sein an der Brust meiner Mutter."

Kirchenpädagogik mit Kindern

Praxisanregung

- *Den Raum handwerklich erleben, z. B. das Gebäude umschreiten, die Höhe des Turms, die Fenster und Türen sowie den Innenraum „mit Köpfen oder Füßen“ zählen, begehen, schätzen, messen, Säulen mit Händen oder Seilen abmessen, den Turm besteigen.*
- *Mit allen Sinnen den Raum erleben, z. B. den Klang eines Glöckchens, die eigene Stimme bzw. den eigenen Namen, Musik, Gebete hören, Dialoge mit Skulpturen führen oder die Legende der Namensgeber der Kirchenachspielen, Tasterfahrung bzw. Blindenführung zu zweit, Labyrinthe oder vorgezeichnete Wege gehen, Inschriften suchen, Fenster malen, mit Goldfolie Lieblingsreliefs abpausen bzw. -drücken, Raumzeichen suchen und erkennen, mit einem Fernrohr Details erkennen, etwas Kleines gemeinsam essen.*
- *Gebäude als Raum der Stille erleben, z. B. Gebetshaltungen kennenlernen, die Stille wahrnehmen, musizieren, den Segen erfahren.*
- *Den Kirchenraum zu Hause oder im Kindergarten erleben, z. B. einen Raum einrichten, ein Kirchenbuch mit eigenen Eindrücken und Bildern anfertigen, Bastelbögen zum Thema „Kirche“ gestalten.*

Aufgabe

Bilden Sie Kleingruppen, wählen Sie eine Kirche aus und planen Sie eine kleine kirchenpädagogische Begehung mit Kindern oder Jugendlichen, die Sie der Gruppe präsentieren. Orientieren Sie sich dabei an der oben aufgeführten Struktur einer Kirchenraumbegehung.

Wir sind ein Schatz: Erkundung einer Kirche mit Kindergartenkindern

Schatzkiste zur Kirchenerkundung

Praxisanregung

Eine Jakobikirche wird von Kindern erlebt. Jakobikirchen sind Pilgerkirchen auf dem Weg nach Santiago de Compostela in Spanien. Das Zeichen der Pilger ist traditionell die Jakobsmuschel.

- ***Annähern:*** *Anhand eines selbst gemachten Puzzles wird erkannt, wohin die Reise geht. Danach folgt eine kurze Erzählung zum Namensgeber der Kirche, Jakobus (gest. etwa 44 n. Chr.), dem Jakobsweg und dem Pilgern. Jedes Kind bekommt einen Stock als Pilgerstab und eine Muschelkette.*
- ***Entdecken:*** *An der Kirche angekommen werden die Stöcke stehen gelassen. Am und im Kirchengebäude werden die dort abgebildeten Muscheln gesucht. Schließlich finden die Kinder eine Schatzkarte, die den Weg zu einer Kiste mit Perlen zeigt.*
- ***Vertiefen:*** *Die Kinder setzen sich und kleben die Perlen aus der Kiste in ihre Muschelketten. Sie erzählen bzw. erfahren, wie Perlen tief aus dem Meer aus den Muscheln geholt werden: „Darin sind wir so geborgen wie bei Gott. Wir sind wie Perlen, so einzigartig und wertvoll wie jedes Kind bei Gott."*
- ***Ablösen:*** *Alle Kinder fassen sich im Kreis an den Händen und hören den unten stehenden Vers oder einen Reisesegen. Mit den Perlen in der Muschelkette und ihren Pilgerstäben gehen die Kinder den Weg zurück und es wird zu Hause erzählt, was erlebt wurde.*

„Denn der HERR [...] hat dein Wandern [...] auf sein Herz genommen. [...]"
(Deut 2,7, https://www.bibleserver.com/text/LUT/5.Mose2 (verändert))

Religiöse Räume außerhalb des Christentums

DiTiB-Merkez-Moschee in Duisburg-Marxloh

Die Moschee ist das Gotteshaus der Muslime und dient zugleich als Versammlungshaus. Wer eine Moschee betritt, muss seine Schuhe ausziehen. Fromme Muslime waschen sich vor Betreten des Gebäudes zum Gebet. In der Moschee sitzen Frauen getrennt von den Männern. Ein Imam (türkisch auch: Hodscha) leitet das Gebet und hält im besonders herausgehobenen Freitagsgebet am Freitagnachmittag eine Predigt.

Die Synagoge ist das Gotteshaus der jüdischen Gläubigen. Viele der Synagogen, die in der nationalsozialistischen Zeit (1933–1945) zerstört worden sind, wurden wiederaufgebaut – oft mit starken Sicherheitsmaßnahmen versehen. Bei Betreten der Synagoge wird von den Männern die Kippa, eine kleine schwarze Kappe, getragen. Mittelpunkt des

Gottesdienstes ist das Lesen und Singen aus der Thora, den fünf Büchern Mose, und ihre Auslegung durch den Rabbiner (= jüdischer Gesetzes- und Religionslehrer, Prediger, Seelsorger).

Das Cem-Haus ist das Versammlungshaus der Aleviten. Hier werden Rituale und Zeremonien der Aleviten gefeiert, insbesondere Feste mit Tanz, Gesang und Instrumentalmusik auf der Saz (eine Art Laute). Frauen und Männer sitzen nebeneinander. Alevitische Frauen tragen kein Kopftuch.

Neue Synagoge in Berlin

Der Tempel stellt im Hinduismus die Verbindung von Himmel und Erde dar. Im Tempel berühren sich die Welt der Götter und die Welt der Menschen, was durch eine Vielzahl von unterschiedlichen Ritualen ausgedrückt wird, die auch nebeneinander und gleichzeitig stattfinden können. Der Besuch eines Tempels ist im Gegensatz zu den häuslichen Riten keine Pflicht.

Brihadishvara-Tempel in Thanjavur, Indien (Weltkulturerbe der UNESCO)

In Deutschland gibt es auch buddhistische Zentren, die der Weiterverbreitung des Glaubens dienen und in ihren Andachtsräumen zur Meditation einladen.

3.6.7 Beten und Stille erfahren

Beten mit Kindern und Jugendlichen – in Gebeten Heimat finden

In vielen Kindertageseinrichtungen, Schulen und Institutionen der Jugendhilfe wird gebetet. In anderen Einrichtungen, in denen nicht gebetet wird, bleibt die kindliche Entwicklung im Bereich des Betens ohne Anregung. Zum Gebet gehören gestaltete Zeiten sowie Räume, Symbole und Gesten. Außerdem ist das Beten mit Kindern angewiesen auf das Erzählen von Geschichten, in denen Kinder Gott kennenlernen können. Das Hören der Geschichten verweist wiederum auf das Beten, weil Gott sonst nicht zu einem lebendigen Gegenüber werden kann. Gefährlich oder sinnlos wird das Gebet, wenn es aufgezwungen wird, Gott zum Wunscherfüllungsautomaten wird, ohne die Verantwortung des Menschen mit zu berücksichtigen, oder wenn das Gebet zu einem leeren Ritual „verkommt" ohne Einbindung in die Alltagswelt des Kindes bzw. Jugendlichen (vgl. Kapitel 2.5.1).

Wenn eine Erzieherin bzw. ein Erzieher mit Kindern betet, spiegelt das ihre bzw. seine eigenen Erfahrungen mit dem Gebet in Kindheit und Jugend bis heute wider. Deshalb ist es wichtig, das eigene Verhältnis zum Gebet zu reflektieren und auch als Erwachsener immer wieder neu zu bestimmen.

Fünf gute Gründe für das Beten

- Es pflegt eine Kultur des Stillwerdens.
- Als Ritual schützt es vor Angst und Verlassenheitsgefühlen.
- Es schenkt die Erfahrung von Vertrauen und Geborgenheit.
- Es vermittelt eine besondere Beziehung durch die Gemeinschaft der Betenden.
- Es lehrt Hoffen und Mitgefühl.

(Vgl. Schweitzer, 2010)

Gute Gebete – schlechte Gebete?

Das Gebet lebt zuallererst von einer guten Beziehung zum Erwachsenen. Es gibt aber auch inhaltliche Gesichtspunkte, nach denen ein Gebet von Kindern als schlecht oder gut erlebt wird. Diese sind im Folgenden aufgeführt:

- mit den Bezugspersonen beten und nicht nur für sie oder an ihrer Stelle
- keine Banalisierungen oder Verniedlichungen im Sprachgebrauch verwenden, aber verständliche Sprache
- Erfahrungen und Ausdrucksmöglichkeiten der Bezugspersonen mit einbeziehen
- Vielfalt der Gebete ausschöpfen
- Echtheit bzw. Authentizität im Gebet: Nur das sollte gebetet werden, was man auch selbst beten kann.
- eine ansprechende Atmosphäre schaffen
- Verlässlich wiederkehrende, erkennbare Zeiten, Orte, Symbole und Gesten begleiten das Gebet.

> ***Beispiele:*** *Eltern sprechen mit ihren Kindern zum Mittag dieses Tischgebet als Rap: „Für Dich und für mich ist der Tisch gedeckt, habe Dank lieber Gott, dass es uns gut schmeckt! Amen. Amen." Zu dem Text klatschen sie zweimal mit beiden Händen flach auf den Tisch und einmal in die Hände.*
>
> *Zu Mittag wird in einer Einrichtung gebetet: „Jedes Tierlein hat sein Essen, jedes Blümlein trinkt von dir, hast auch uns, Gott, nicht vergessen, lieber Gott, wir danken dir. Amen."*
>
> *Kinder werfen zu den Mahlzeiten in der Familie den Gebetswürfel. Dort findet sich folgendes Gebet: „Wo ich gehe, wo ich stehe, bist du, lieber Gott, bei mir. Wenn ich dich auch niemals sehe, weiß ich dennoch, du bist hier. Amen."*

In einem Team werden Kindergebetsbücher daraufhin angeschaut, welche man selbst vertreten kann.

In einer Kindertageseinrichtung fassen sich am Ende des Tages die Kinder und Erwachsenen an den Händen und beten, was schön war und was besser werden muss.

In einer Einrichtung müssen zu Mittag alle Jugendlichen, die getauft sind, mitbeten.

Eine Mutter singt jeden Abend mit ihrem Kind das Lied „Der Mond ist aufgegangen".

Auf Anregung des Erziehers im Jugendtreff entzünden Jugendliche nach einer Katastrophe Lichter und bitten für die Betroffenen.

Aufgabe

Analysieren Sie die oben genannten Beispiele anhand der aufgeführten Kriterien. Welche Beispiele lassen sich nicht eindeutig zuordnen und werfen Fragen auf?

Verbundenheit im Gebet erfahren – ökumenische Aspekte

Das Vaterunser (Mt 6,9–13) ist das bekannteste Gebet christlichen Glaubens. Es verbindet die weltweite Christenheit.

Praxisanregung

- *Die unten stehenden englischen Vaterunser-Bitten werden als Wortkarten in Umschläge getan und jedes Kind bzw. jeder Jugendliche erhält einen dieser Umschläge. Nachdem aus der Erinnerung oder durch Übersetzen bzw. eventuelles Nachschlagen das deutsche Vaterunser in einzelnen Sätzen aufgeschrieben wurde, werden die englischen Wortkarten dem deutschen Vaterunser zugeordnet. Nach Interesse kann das englische Vaterunser zusammenhängend kreativ geschrieben werden oder zu aktuellen Anlässen eine Collage dazu gestaltet werden.*

Our father who is in heaven	*But deliver us from evil*
For yours is the kingdom	*And forgive us our sins*
Give us this day our daily bread	*Hallowed be your name*
And the power	*Your will be done, on earth as it is in heaven*
Now and for ever	*Your kingdom come*
As we forgive those who sin against us	*And lead us not into temptation*
And the glory	*Amen*

- ***Mitgefühl lernen:*** *Naturkatastrophen, aber auch Todeserfahrungen von Kindern und Jugendlichen können Anlass sein, in der Gruppe ein Gebetbuch zu gestalten. Bei Naturkatastrophen können über einen festgesetzten Zeitraum Schlagzeilen und Berichte zur Region bzw. zum Land gesammelt, eingeklebt und eigene Gedanken bzw. Gebete dazu formuliert werden. Diese können in ihrer Entwicklung ausgestellt werden. Bei Todeserfahrungen kann eine Art Kondolenzbuch aus ausgewählten, schön gestalteten Gebeten (jeweils auf einer DIN-A4-Seite) entstehen. Sowohl Gesangbücher, moderne Liedtexte als auch altirische Segenssprüche werden dazu von Jugendlichen gern genutzt. Für Kinder gibt es sehr viele Gebetbücher auf dem Markt. Die Internetseiten der Landeskirchen zu Kindergottesdiensten bieten hier viele aktuelle Buchhinweise.*
- ***Das Vaterunser verstehen:*** *Mit Grundschulkindern wird das Buch „Felicitas, Herr Riese und das Vaterunser" von Erwin Grosche gelesen und zu den einzelnen Bitten Plakate oder Dias bemalt oder in Rollenspielen bzw. einem Puppenspiel dargestellt.*
- ***Sinn des Gebets erfahren:*** *Mit Kindergartenkindern werden Blüten aus Papier gebastelt und die zusammengefalteten Blüten auf eine Wasseroberfläche gelegt. Dort öffnen sie sich. Der Vorgang steht für das Beten: So wie sich die Blüte beim Kontakt mit dem Wasser öffnet, tut dies der Mensch im Gebet vor Gott. Mit Kindern, die schreiben können, können Impulsworte (z. B. Gott sei Dank ..., warum ..., hoffentlich ...) in die Blüten hineingeschrieben werden und von den Kindern ergänzt werden.*

Stilleübungen

Unter dem Begriff „Stilleübungen" werden unterschiedliche Methoden zusammengefasst, die

- *eine Konzentration auf die eigene Person erleichtern,*
- *offen für persönliche Erfahrungen sind und*
- *eine über den Alltag hinausreichende Erfahrung ermöglichen.*

Dazu gehören insbesondere:

- *Sinneswahrnehmung (auch Kimspiele)*
- *Körpererfahrung*
- *Bildmeditation*
- *Malen und Legen von Mandalas*
- *meditatives Tanzen*
- *Fantasiereisen*
- *Imaginationsübungen*
- *meditatives Musikhören*

Eine Stilleübung besteht aus mehreren methodischen Schritten:

- Die **Einladung** fängt mit der Raumgestaltung an. Ein Raum, der um ein Zentrum gestaltet ist, z. B. einen Strauß Blumen oder eine Kerze, lädt mehr zur Entspannung und zur Stille ein. Die Einladung sollte Kindern, Jugendlichen oder Erwachsenen gleichermaßen verständlich machen, auf was sie sich einlassen. Dabei muss die Möglichkeit bestehen, „nein" zu sagen. Wer sich nicht auf eine Stilleübung einlassen will, sollte niemals dazu gezwungen werden.
- Die **Entspannung** kann über Körper- und Atemübungen erreicht werden. Bei Kindern besteht auch die Möglichkeit, Entspannung über ein Rollenspiel zu erreichen (z. B. ein Tier, das herumläuft, sich hinlegt, räkelt und einschläft).
- Die **Stillephase** kann angeleitet werden, sie kann aber auch Momente enthalten, in denen keine Anleitung gegeben wird. Es ist möglich, die Stillephase mit Musik zu unterstützen.
- Die **Rückkehr in die Realität** muss auf jeden Fall gestaltet werden. Sie kann folgende Elemente beinhalten: Geräusche hören, die in den Raum dringen, die Augen öffnen, Arme und Beine bewegen, zum Sitzen und schließlich zum Stehen kommen.
- Der **Austausch von Erfahrungen** sollte wiederum den Charakter eines Angebotes haben. Es ist denkbar, zu erzählen, zu malen oder etwas aufzuschreiben. Dies kann in der Gesamtgruppe, in Kleingruppen oder als Einzelarbeit geschehen, die von anderen betrachtet wird. Wenn erzählt wird, sollte der Einstieg konkret sein, z. B. „Was hast du gesehen, als du durch den Wald gingst?" und nicht „Was hast du erlebt?" Auch negative und beängstigende Erfahrungen müssen erlaubt sein und einfühlsam aufgegriffen werden.

Aufgaben

1. *Suchen Sie unterschiedliche Fantasiereisen. Analysieren Sie die Fantasiereisen unter folgenden Aspekten: Welches Menschenbild (siehe Kapitel 2.3) wird in der Fantasiereise vorausgesetzt? Lässt die Fantasiereise dem Gefühl des Kindes oder Jugendlichen freien Raum oder werden Gefühle manipuliert?*
2. *Vor allem in freikirchlichen Gemeinden gibt es Vorbehalte gegenüber Fantasiereisen, die als Manipulation gesehen werden. Finden Sie über eine Internetrecherche oder über eine persönliche Befragung etwas über diese Vorbehalte hinaus und diskutieren Sie in der Lerngruppe, wie Sie Fantasiereisen einschätzen.*

3.7 Kinder und Jugendliche in Krisen begleiten

Krisen gehören zum Leben. Sie sind Herausforderungen, an denen ein Mensch wachsen oder scheitern kann. Diejenige Krisensituation, die für professionelle Erzieher/-innen die größte Herausforderung darstellt, ist der Tod, vor allem, wenn er unvorbereitet in das Leben eingreift. Die Begleitung von trauernden Kindern und Jugendlichen steht daher im Zentrum dieses Kapitels. Vieles lässt sich davon auf andere Krisen übertragen: Auch bei schweren Krankheiten, Trennungen und lange andauernder Arbeitslosigkeit laufen ähnliche Prozesse des Trauerns ab.

*In diesem Kapitel erwerben Sie folgende **Kompetenzen**:*

- *Sie haben ein breites und integriertes Wissen über christliche Ausdrucksformen in Trauer- und Krisensituationen.*
- *Sie haben ein vertieftes Wissen über biblische Vorstellungen vom Tod.*
- *Sie haben die Fertigkeit, Krisen- und Trauersituationen fachlich begründet und authentisch zu gestalten.*
- *Sie zeigen Empathie für Kinder, Jugendliche und ihre Familien und deren unterschiedliche Lebenslagen.*

3.7.1 Situationen und Erfahrungen

1. Die Eltern von Lucas (5 Jahre) haben sich vor vier Monaten getrennt. Sein Vater ist in eine andere Stadt gezogen und er hat ihn seitdem nur dreimal gesehen. Gegenüber den Erzieher/-innen verhält sich Lucas widersprüchlich. In einem Moment sucht er körperliche Nähe und möchte wie ein Kleinkind auf dem Schoß der Erzieherin sitzen, im nächsten Moment reagiert er abweisend und verhält sich anderen Kindern gegenüber aggressiv.
2. Miriam (4 Jahre) hat sich sehr verändert. In einem Tür-und-Angel-Gespräch erfährt die Erzieherin, dass ihr Großvater, an dem sie sehr hängt, seit zwei Wochen im Krankenhaus ist. Die Mutter erzählt ihr, dass Miriam nichts davon weiß. Man wolle sie schonen, da es ihm sehr schlecht gehe und er in absehbarer Zeit sterben werde.

3. Anna (16 Jahre) lebt in einer Jugendwohngruppe. Sie ist seit einiger Zeit dauernd müde und kraftlos und hat sich deshalb gründlich untersuchen lassen. Sie begleiten sie zu einem Arztbesuch, bei dem Anna erfährt, dass der Verdacht auf Lymphdrüsenkrebs besteht und sie umgehend in stationäre Behandlung muss.

4. Eine Mutter ruft morgens um 8:00 Uhr im Kindergarten an und entschuldigt ihre Tochter Leonie (5 Jahre), weil der Ehemann und Vater sich in der Nacht das Leben genommen hat. Eine Kollegin berichtet, dass er sich in der Schule, an der er als Lehrer gearbeitet hat, erhängt hat.

5. Am Wochenende ist Sven (17 Jahre) bei einem Autounfall ums Leben gekommen. Auf dem Rückweg von einer Feier verlor Svens Freund Daniel (18 Jahre) die Kontrolle über sein Auto, weil er zu schnell fuhr. Daniel liegt schwer verletzt im Krankenhaus. Sie haben von dem Unfall am Montag aus der Zeitung erfahren. Sven war regelmäßiger Teilnehmer des Offenen Treffs am Montagnachmittag.

6. Merle (2,5 Jahre) war seit drei Tagen nicht mehr in der Tagesstätte, weil ihre Mutter im Sterben lag. Jetzt ist die Mutter nach langer Krebserkrankung gestorben. Merles Vater ruft Sie an und unterrichtet Sie vom Tod der Mutter. Er kündigt an, dass Merle nach der Beerdigung in der nächsten Woche wieder in die Tagesstätte kommen wird.

7. Sie beginnen am späten Vormittag Ihren Dienst in der Offenen Ganztagsgrundschule. Der Schulleiter bittet Sie in sein Büro und teilt ihnen mit, dass Ihre Kollegin Ute (45 Jahre) in der Nacht plötzlich verstorben ist. Er bittet Sie, die Kinder in geeigneter Form darüber zu informieren, und verspricht Ihnen, eine Lehrerin zu Ihrer Unterstützung in der Betreuung einzusetzen.

Aufgaben

1. *Diskutieren Sie in Kleingruppen die Fallbeispiele. Welches Beispiel berührt Sie am meisten? Warum?*

2. *Fertigen Sie in Kleingruppen jeweils zu einem Fallbeispiel eine Mindmap an. Orientieren Sie sich dabei an dem folgenden Beispiel.*

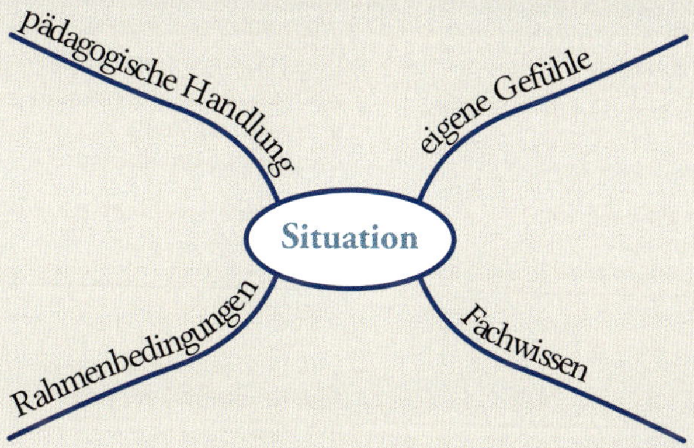

3. *Gehen Sie in Ruhe einzeln über den Friedhof. Beachten Sie dabei folgende Aufträge und machen Sie sich Notizen:*

- *Suchen Sie ein Grab, das Sie besonders berührt. Notieren Sie, was Sie an diesem Grab berührt.*
- *Notieren Sie eine Grabinschrift, die Ihnen gut gefällt.*
- *Gibt es ein Grab, zu dem Sie Fragen haben? Schreiben Sie die Fragen auf!*
- *Gibt es auf dem Friedhof etwas, das Sie stört oder ärgert? Was?*
- *Suchen Sie sich einen Platz auf dem Friedhof, der Ihnen angenehm erscheint. Bleiben Sie eine Weile dort und nehmen Sie sich Zeit, Ihren Gedanken nachzuhängen.*
- *Kommen Sie nach dieser Erkundung in der Lerngruppe zusammen und tauschen Sie Ihre Eindrücke aus. Diskutieren Sie: Soll man mit Kindern einen Friedhof besuchen?*

3.7.2 Wie kann Gott das zulassen? – Die „Theodizee-Problematik"

Erfahrungen von Leid und Tod sind immer auch Anfragen an den Glauben eines Menschen. Kann Gott so etwas zulassen? Ist Gott für das Leid am Ende selbst verantwortlich? Kann man angesichts des Leides überhaupt noch an Gott glauben? Die Antwortversuche auf diese Fragen nennt man „Theodizee" (= „Rechtfertigung Gottes"). Jeder dieser Antwortversuche lässt Fragen offen, kann aber eine Hilfe sein, sich über die eigenen Antwortversuche klarer zu werden und Jugendliche besser zu verstehen.

Denkmodell	Wie das Leiden erklärt wird
atheistisches Denkmodell	Es gibt keinen Gott, der für das Leid verantwortlich gemacht werden kann. Es stellt sich die Frage, ob Menschen oder die Natur für das Leid verantwortlich sind.
Denkmodell: Gott als Erzieher	Gott schickt das Leid, damit der Mensch dadurch stärker wird in dem Sinne, dass er Mitgefühl entwickelt und Verantwortung übernimmt.
dualistisches Denkmodell	Gott und Gegengott sind gleich stark. Nicht Gott ist für das Leid verantwortlich, sondern der Teufel.

theistisches Denkmodell (mit eingeschränkter Allmacht Gottes)	Die Menschen haben sich durch den Sündenfall von Gott abgewandt. Gott ist beleidigt über diese Entfernung des Menschen von ihm und bestraft den Menschen für seine Sünden. Leid wird als Strafe Gottes verstanden und als Gottes Wille hingenommen.
theistisches Denkmodell (mit Umdeutung der Allmacht Gottes)	Gott will das Leid nicht. Aber Gott kann das Leid auch nicht ändern, denn dann müsste Gott die Freiheit des Menschen und seine Liebe zum Menschen preisgeben. Gott leidet mit dem Menschen. Das wird im Tod von Jesus Christus am Kreuz deutlich.
mystisches Denkmodell	Gott zieht sich in sich selbst zurück und gibt dadurch Raum, sodass menschliche Freiheit entstehen kann, die auch Leid mit sich bringt. Gott verwandelt dieses Leid, sodass aus ihm neue Kraft entstehen kann. Wenn Menschen das Leiden annehmen, so entstehen für sie neue Lebensmöglichkeiten.

Aufgaben

1. *Ordnen Sie folgende Aussagen den Denkmodellen zur Theodizee zu:*
   - *Wenn ein Kind unglücklich ist, gilt: Gott hat nur unsere Augen, Ohren und Hände, um zu trösten.*
   - *Aids ist eine Strafe Gottes.*
   - *Der Klimawandel ist ein Beispiel dafür, dass Menschen in der Vergangenheit und Gegenwart unachtsam mit der Natur umgingen und umgehen. Das rächt sich jetzt.*
   - *Die Mutter eines seit Jahren im Koma liegenden Kindes sagt: „Mein Glaube hilft mir."*
   - *Gott war mit in den Gaskammern und Gott ist auch heute auf jeder Intensivstation.*
   - *Lisa musste sterben, weil der Autofahrer unverantwortlich war und viel zu schnell gefahren ist.*
   - *Die Krebserkrankung ist eine Versuchung des Bösen. Der Teufel will damit den Glauben auf die Probe stellen.*
2. *Diskutieren Sie, ob Sie auch mehrere Denkmodelle miteinander vereinbaren können. Welchem stimmen Sie am ehesten zu?*

3.7.3 Kinder, Jugendliche und Eltern begleiten – aber wie?

Kinder in den ersten Lebensjahren brauchen in Krisensituationen vor allem Nähe und Sicherheit. Eltern oder andere nahestehende Erwachsene können Kindern diese Nähe und Sicherheit manchmal nicht oder nur eingeschränkt geben, weil sie mit sich selbst beschäftigt sind. Dann haben Erzieherinnen und Erzieher eine besondere Aufgabe, weil sie stabile Bezugspersonen der Kinder sind. Bei Kindern unter drei Jahren ist die körperliche Nähe besonders wichtig. Sehr hilfreich ist auch ein Tagesablauf, der sich an Gewohnheiten orientiert und einen sicheren Rahmen bietet.

Kinder haben oft ganz konkrete Ängste und Befürchtungen, die sie als Frage formulieren. „Wer macht mir das Essen, wenn Papa jetzt auch stirbt?“ – „Wer bringt mich zum Kindergarten, wenn Mama im Krankenhaus ist?“ – „Können wir noch etwas zu essen kaufen, wenn Papa arbeitslos ist?“ Wichtig ist es, diese Fragen ernst zu nehmen und dem Kind ganz konkrete Antworten zu geben. Zugleich sind diese Fragen auch Ausdruck einer tieferen Verunsicherung, für die das Kind noch keine Worte findet.

Kinder reagieren auf Krisen oft mit körperlichen Symptomen. Dabei empfinden jüngere Kinder eher Bauchschmerzen, ältere Kinder hingegen eher Kopfschmerzen. Oft lassen diese Beschwerden nach, wenn Kinder über ihre Gefühle sprechen können und Zuwendung von Erwachsenen bekommen.

Kinder im Grundschulalter fallen in Trauersituationen manchmal in ein Kleinkindverhalten zurück. Es kann vorkommen, dass ein Kind in die Hose macht oder im Dunkeln nicht mehr schlafen kann. Viele Kinder träumen auch lebhaft und mit beängstigenden Trauminhalten. Erzieherinnen und Erzieher sollten solche kindlichen Äußerungen von Trauer akzeptieren und einfühlsam darauf eingehen. Wenn Regressionen über längere Zeit bestehen bleiben, sollte fachlicher Rat eingeholt werden.

Jugendliche reagieren in Krisensituationen oft mit Rückzug. Viele hören ihre Lieblingsmusik oder Musikstücke, die das aktuelle Gefühl ausdrücken. Manchmal ist es notwendig, trauernde Jugendliche direkt anzusprechen, um sie aus ihrer Isolation herauszuholen. Jugendliche sind in ihrem Trauerverhalten oft unsicher, weil es nur wenige Vorbilder und Konventionen für jugendliche Trauer gibt. Nicht alle Jugendlichen finden gleichaltrige Gesprächspartner, mit denen sie über ihre Gefühle sprechen können. Den Eltern gegenüber fühlen viele Jugendliche eine Distanz oder sie möchten sie nicht mit noch mehr Problemen belasten. In solchen Situationen sind Erzieherinnen und Erzieher besonders als Gesprächspartner gefragt.

Auch Eltern von Kindern und Jugendlichen suchen in Krisensituationen den Kontakt zu Erzieherinnen und Erziehern. Weil Krisen und Trauer im privaten Umfeld oft tabuisiert werden, kommt auch hier den pädagogischen Fachkräften eine wichtige Aufgabe zu. Das Wissen über Trauerprozesse kann hier eine große Hilfe sein.

Wie Kinder und Jugendliche den Tod erleben (nach Martina Plieth, 2009)

indirekte Todeserlebnisse	• der beiläufig erwähnte Tod (Äußerungen wie „Das bringt mich um", „Das ist zum Sterben schön") • Feiertage wie Totensonntag und Ostern • Erzählungen von Beerdigungen usw.
direkte Todeserlebnisse	• Sterbefälle im engeren oder weiteren Umfeld des Kindes • Tod und Sterben als Inhalte in Spielen oder in den Fantasien des Kindes. Hier reflektieren Kinder auf altersgemäße Weise die Wirklichkeit des Todes und erproben spielerisch den Umgang damit.
mediale Todeserlebnisse	• Tod in Nachrichten- und Fernsehsendungen, Bilderbüchern, Comics, Zeitungen, Computerspielen usw.

(Vgl. Plieth, 2009, S. 39 f.)

3.7.4 Die kognitive Entwicklung des Todesverständnisses

Das Todeskonzept (nach Stefan Anderssohn)

Im Laufe der kognitiven Entwicklung entsteht ein Konzept von der Realität des Todes, das vier Dimensionen umfasst. Das vollständige Todeskonzept bildet sich in unterschiedlicher Geschwindigkeit aus. Konkrete Erfahrungen, aber auch die allgemeine kognitive Entwicklung eines Kindes haben auf die Ausbildung des Todeskonzeptes entscheidenden Einfluss.

Todeskonzept	Was erkannt wird
Kausalität	Es wird erkannt, dass der Tod unterschiedliche Ursachen haben kann. Die Todesursachen werden als Erklärung für die unheimliche Realität des Todes herangezogen.
Nonfunktionalität	Es wird erkannt, dass körperliche Funktionen mit dem Tod aufhören.
Irreversibilität	Es wird erkannt, dass das Sterben unumkehrbar und der Tod endgültig ist.
Universalität	Es wird erkannt, dass der Tod alle Menschen und alle Tiere im Sinne einer biologischen Gesetzmäßigkeit betrifft.

Aufgaben

Ordnen Sie die folgenden Äußerungen den oben vorgestellten Konzepten zu:

1. *„Alle Menschen werden mal tot. Dann gehen sie in den Himmel, böse Menschen in die Hölle."*
2. *„Autounfall. Viele Tote."*
3. *„Wenn man tot ist, lebt man nicht mehr, d. h., dass man mit seinen Freunden nicht mehr spielen kann."*
4. *„Tod ist das Ende."*
5. *„Einer hat den andern geschlagen. Fällt in die Grube, wird in der Erde begraben."*
6. *„Aus dem Himmel kann man nicht zurückkommen."*

Die Entwicklung des Todesverständnisses bei Kindern und Jugendlichen

Kinder unter drei Jahren erleben den Tod als Angst einflößende Abwesenheit einer geliebten Person. Mit zunehmender Sprachfähigkeit entwickeln Kinder ihre eigene Vorstellung von dem, was es heißt, tot zu sein.

Für das Alter von drei bis zu fünf Jahren sind dabei folgende Verständnis- und Ausdrucksmöglichkeiten typisch:

- Der Tod wird nicht als unvermeidlich empfunden. Es ist für das Kind denkbar, sich vor ihm zu verstecken. Er betrifft nicht alle Menschen. Manch ein Kind sagt abwehrend: „Mein Vater und meine Mutter werden nicht sterben."
- Der Tod wird als ein vorübergehender Zustand beschrieben. Der Tote schläft oder ist auf einer langen Reise.
- Der Tod wird oft mit einer bestimmten Ursache in Zusammenhang gebracht. Beispielsweise sagt ein Kind: „Der Mann ist vom Dach gefallen und jetzt ist er tot."
- Der Tod wird nicht als vollständig angesehen. Der tote Vogel spürt noch etwas, darum muss sein Grab weich gepolstert werden. Die Oma sieht vom Himmel auf das Kind herab.

Im Alter von sechs bis zu zehn Jahren entwickelt sich ein vollständiges Verständnis vom Tod. Jetzt wird erkannt, dass der Tod jeden Menschen trifft, dass er unumkehrbar ist und dass ein totes Lebewesen keine Empfindungen mehr hat. Auf dem Weg zu dieser Erkenntnis gibt es oft ein Zurückschrecken und auch viele Vorstellungen, die den Übergang zu einem realistischen Todesverständnis erleichtern.

- Kinder stellen einen Zusammenhang zwischen Lebensalter und dem Tod her und erkennen, dass alte Menschen natürlicherweise einmal sterben.
- Je nach religiöser Erziehung interessieren sich Kinder für die Möglichkeit, einen Toten wieder zum Leben zu erwecken, für den Gedanken der Seelenwanderung oder für ein Weiterleben des toten Menschen als Geist.

Im Alter von neun bis zu zehn Jahren ist das Todesverständnis des Kindes voll entwickelt und unterscheidet sich kaum noch von dem eines Erwachsenen. Das volle Verständnis des Todes kann aber auch zu starker Abwehr führen. So findet man bei Jugendlichen folgende Reaktionen auf Tod und Sterben:

- Manche Jugendliche identifizieren sich mit Lebensformen aus dem Umfeld des Todes. Sie tragen entsprechenden Schmuck (z. B. Totenköpfe) und bevorzugen Schwarz als Farbe.
- Andere Jugendliche machen sich über den Tod lustig und provozieren Erwachsene mit betont lockeren Sprüchen oder gehen betont lässig und scheinbar sachlich mit dem Tod um.
- Wieder andere Jugendliche verweigern sämtlichen Kontakt mit Tod und Sterben.

Aufgaben

Ordnen Sie die folgenden Reaktionen von Kindern und Jugendlichen dem entsprechenden Entwicklungsstand zu und sprechen Sie darüber.

1. *Das Grab für einen Vogel wird mit Moos ausgepolstert: „Er soll schön weich liegen!“*
2. *Jemand weigert sich, mit auf die Beerdigung des Großvaters zu gehen.*
3. *Nach dem Tod der Großmutter gibt es Wutanfälle: „Die Oma soll sofort zurückkommen!“*
4. *Die Familienmitglieder werden nach dem Alter sortiert: „Tante Mia ist die Älteste, sie stirbt zuerst.“*
5. *Eine tote Maus wird gefunden. Ein Sarg wird aus einem Schuhkarton gebastelt, ein Grab geschaufelt, die Maus beerdigt und ein Kreuz auf das Grab gestellt.*
6. *Nachts trifft sich eine Gruppe auf dem Friedhof.*
7. *Das Grab der Großmutter ist klein, ein Urnengrab. Daraufhin folgt die erleichterte Feststellung: „Jetzt weiß ich, dass die Oma direkt in den Himmel gekommen ist. Das Grab ist nämlich viel zu klein, da passt sie gar nicht hinein.“*
8. *„Warum muss man so viel für den Sarg ausgeben? Kann man nicht auch einen Leihsarg bekommen, wenn der Verstorbene doch verbrannt wird?“*

3.7.5 Trauernde Kinder und Jugendliche begleiten

Trauerphasen (nach Verena Kast, 2006)

Erste Phase: Nichtwahrhaben wollen	• Diese Phase dauert einige Stunden bis etwa eine Woche nach der Todesnachricht. Der trauernde Mensch erlebt sich empfindungslos und fühlt sich erstarrt. Er ist von einem starken Gefühl überwältigt und realisiert oft gar nicht, was geschehen ist. Begleitende Menschen sollen Nähe zum Trauernden suchen, aber zugleich akzeptieren, dass Gefühle in dieser Phase nicht geäußert werden können.
Zweite Phase: aufbrechende Emotionen	• Diese Phase dauert einige Wochen bis Monate. Jetzt brechen ganz unterschiedliche Gefühle auf, die oft gegensätzlich erscheinen: Angst, Wut, Schuldgefühle, Ohnmacht, Zorn, Freude, Niedergeschlagenheit, Reizbarkeit, Verletzlichkeit sowie Ruhe- und Schlaflosigkeit. Der trauernde Mensch empfindet selbst die wechselnden Emotionen als Chaos, bei dem sich gerade Wut und Niedergeschlagenheit oft abwechseln. • Wut und Zorn können sich auf Personen richten, die vermeintlich Schuld am Sterben des geliebten Menschen sind: z. B. Ärzte oder Gott. Sie können sich aber auch auf die verstorbene Person oder auf sich selbst richten. Begleitende Menschen müssen unter Umständen alle diese Gefühle aushalten, damit sich der trauernde Mensch damit auseinandersetzen kann.
Dritte Phase: Suchen und Sich-Trennen	• Diese Phase dauert Wochen bis Jahre nach dem Todesfall. Der trauernde Mensch sucht den verstorbenen Menschen (Orte, Gegenstände, Gespräche, Träume). Diese scheinbar äußere Suche lässt den trauernden Menschen die Möglichkeiten erkennen, die der Verstorbene in die Beziehung eingebracht hat. Im Laufe dieser Suche lernt der trauernde Mensch diese Möglichkeiten auch als seine eigenen zu entdecken und sie nicht mehr beim Verstorbenen zu suchen. • Begleitende Menschen sollen die Trauernden nicht drängen, die scheinbar unsinnige Suche aufzugeben und schnell zu vergessen. Die Suchbewegung trägt nämlich den Keim des Findens schon in sich, wenn die verstorbene Person durch das Suchen zu einer lebendigen Erinnerung wird. Kinder erzählen in dieser Phase oft und gern von ihren Erlebnissen mit dem Verstorbenen. Jugendliche nutzen eher Rückzugsräume mit Musik oder Bildern, die helfen, sich zu erinnern.
Vierte Phase: neuer Welt- und Selbstbezug	• Die Phase ist der Abschluss des Trauerprozesses und ist zeitlich nicht zu bestimmen. Der verstorbene Mensch ist nun zu einer „inneren Figur" geworden. Diese „innere Figur" darf sich wandeln und wird in die Persönlichkeit des trauernden Menschen integriert. Der Verlust wird akzeptiert und das durch den Trauerprozess gewandelte Selbst öffnet sich wieder für neue Beziehungen und Erfahrungen. Rückfälle sind möglich und kommen immer wieder vor, vor allem bei neuen Verlusterfahrungen. • Die begleitenden Menschen werden nun überflüssig, ja sie können sogar hinderlich werden, wenn sie zu sehr mit den früheren Trauerphasen verbunden werden.

(Vgl. Kast, 2006)

Gegen das Phasenmodell der Trauer wird kritisch eingewendet, dass Trauernde selbst ihre Gefühle nicht als Phasen erleben. Von „Phasen“ kann man nur aus der Außensicht sprechen. Zudem können Trauerphasen mit Zeitangaben die Trauernden unter Druck setzen. Jeder Trauerprozess verläuft individuell anders und kann mehr oder weniger Zeit beanspruchen.

Ein alternatives Modell von Ruthmarijke Smeding spricht deshalb von „Gezeiten“: Die unterschiedlichen „Zeiten“ der Trauer kommen wie Ebbe und Flut, ohne dass der trauernde Mensch dies beeinflussen kann. Smeding gruppiert ihre „Zeiten“ um ein Loch, das die Mitte ihres Modells bildet. Dieses Loch steht für das Empfinden der Trauernden, kann aber zugleich Kraftquelle sein.

Die „Schleusenzeit®“ wird nur einmal erlebt und ist dadurch gekennzeichnet, dass der verstorbene Mensch „objektiv“ abwesend, aber in Gefühlen der Trauernden noch anwesend ist. Die Trauernden müssen wie in einer Schleuse auf eine andere Ebene gehoben werden, um den Verlust zu realisieren.

Die „Januszeit®“ ist durch die Erfahrung eines „Entweder-oder“ gekennzeichnet. Der trauernde Mensch ist hin- und hergerissen zwischen der Vergangenheit und der Gegenwart. In dieser Zeit ist es schwierig, den Rhythmus des Alltages wiederherzustellen, weil er sich leer und sinnlos anfühlt. Wichtig sind die Sinnes- und Körperwahrnehmungen sowie erste Erlebnisse, die unabhängig von der Erinnerung an den Verstorbenen wahrgenommen werden.

Das „Loch“, in das ein trauernder Mensch fällt: Empfindungen der Trauernden und Kraftquelle zugleich

In der „Regenbogenzeit®“ gibt es immer wieder Elemente der Januszeit® und der Labyrinthzeit®, aber die Trauernden können jetzt schon wahrnehmen, dass ihre inneren Kräfte gewachsen sind. Dieses Wissen hilft nicht nur, die unerwarteten Trauerausbrüche auszuhalten, sondern diese auch in einem positiven Sinn für das Leben zu nutzen.

In der „Labyrinthzeit®“ geht es darum, neue Wege auszuprobieren und zu gehen. Indem Trauernde diese Wege beschreiten, können sie neuen Lebenssinn entdecken und die Erfahrung der Sinnlosigkeit langsam hinter sich lassen. Zur Labyrinthzeit® gehören aber auch wiederkehrende Einbrüche von Sinnlosigkeit. Im Rahmen des Trauerweges nimmt die Labyrinthzeit® den größten Raum ein.

(Vgl. Smeding/Heidkönig-Wilp, 2005)

Der Trauerweg kommt schließlich zu einem Ende. Das bedeutet aber nicht, dass die Trauer damit beendet ist. Manche Menschen praktizieren für lange Zeit Rituale, die die Beziehung zum Verstorbenen am Leben erhalten.

Kinder trauern auf ihre eigene Weise

Eltern trauernder Kinder berichten von sehr sprunghaften Trauerreaktionen. Ein Kind kann im einen Moment im Hier und Jetzt ins Spiel vertieft sein und im nächsten Moment ein heftiges Trauerverhalten zeigen. Dies ist für Erwachsene, die oft länger bei einem

Trauergefühl bleiben, oft schwierig nachzuvollziehen. Trauer von Kindern äußert sich manchmal als aggressives Verhalten, das die Wut auf den Menschen ausdrückt, der „weggegangen" ist. Viele Kinder entwickeln ein besonderes Bedürfnis nach körperlicher Nähe und drücken ihre Angst aus, verlassen zu werden. Möglich ist auch eine Regression im Verhalten, z. B. nicht allein schlafen zu wollen oder wieder einzunässen.

Bisweilen entwickeln Kinder ambivalente Gefühle, z. B. beim Tod eines Geschwisterkindes nach längerer Krankheit. Einerseits vermissen sie das Geschwisterkind, andererseits sind sie möglicherweise erleichtert, dass sie jetzt wieder mehr Aufmerksamkeit erhalten, was zuvor wegen der Krankheit des Geschwisterkindes nicht möglich war.

Kinder trauern auch oft heftig beim Tod eines Haustieres, zu dem sie eine besonders enge Beziehung hatten.

Der Trauer Ausdruck verleihen

Gruppen und Einzelne brauchen Formen, in der sie ihre Gefühle der Trauer ausdrücken können. Dabei spielen nicht nur Worte, sondern auch der Körperkontakt, Gegenstände, Bilder und Symbole eine wichtige Rolle.

Praxisanregung

- ***Nähe zulassen:*** *Kinder und manche Jugendliche brauchen zunächst oft körperliche Nähe, um Trauer ausdrücken zu können. Oft ist es gut, zusammen mit einem Kind zu weinen. Für Kinder und Jugendliche gilt, dass sie Menschen brauchen, denen sie von ihren wechselnden Gefühlen erzählen können und die diese Nähe zulassen und ermöglichen.*
- ***Trauertisch:*** *Ein Tisch wird mit einem schwarzen Tuch bedeckt. Auf diesem Tisch werden Gegenstände, Bilder und Symbole angeordnet, die an den verstorbenen Menschen erinnern. Der Tisch kann im Laufe einiger Tage verändert werden. Vielleicht wird er mit der Zeit bunter, vielleicht werden selbst gemalte Bilder oder selbst geschriebene Botschaften auf dem Tisch abgelegt. Man kann auch täglich frische Blumen auf dem Tisch stellen. Irgendwann kommt dann die Zeit, den Tisch wieder abzuräumen.*
- ***Erinnerungsbuch:*** *Bilder der Erinnerung oder kurze Texte werden zu einem Buch gebunden, das einen schönen Einband erhält. So wird der Wert der Erinnerung betont. Das Buch kann auch den Angehörigen geschenkt werden.*
- ***Erinnerungskerze:*** *Kinder und Jugendliche gestalten eine oder mehrere Kerzen mit Wachsplättchen zur Erinnerung an den verstorbenen Menschen. Dabei werden wahrscheinlich Symbole verwendet, die Nähe und Liebe ausdrücken. Wenn die ganze Gruppe eine Kerze gestaltet hat, kann sie zu einem täglichen oder wöchentlichen Ritual der Erinnerung verwendet werden.*
- ***Trauersteine oder Teelichte:*** *Jeder aus der Gruppe legt einen Stein an einem gestalteten Platz ab oder stellt ein Teelicht an einen besonderen Ort. Dabei können gute Wünsche für den verstorbenen Menschen, die trauernde Gruppe oder die Angehörigen formuliert werden. Man kann alternativ auch Luftballons mit Erinnerungen und Wünschen steigen lassen.*

- ***Brief an die verstorbene Person:*** *Jugendliche schreiben einen Brief an den Verstorbenen bzw. die Verstorbene, in dem sie das ausdrücken, was sie dem Verstorbenen bzw. der Verstorbenen noch sagen wollten, dies aber nun nicht mehr können. Der Brief bleibt bei dem Jugendlichen; eventuell kann man nach einer längeren Zeit (z. B. nach einem Jahr) danach fragen, ob er bzw. sie den Brief noch einmal lesen will.*

Kinder- und Jugendbücher als Hilfe in Trauerprozessen

Inhalt	Einsatz	Beispiele
Informationen über Tod, Sterben und Bestattung	wenn Kinder und Jugendliche Informationsbedarf haben, Elternarbeit	Stalfelt: Und was kommt dann? (ab 5 Jahren), Reckers/Kachler: Wie ist das ... mit der Trauer? (ab 8 Jahren)
Ausdruck von Gefühlen des Abschieds und der Trauer	als Anregung für Gespräche, als Prävention	Olbrich/Leson: Abschied von Tante Sofia (ab 5/6 Jahren), Donnelly: Servus, Opa, sagte ich leise (ab 9/10 Jahren)
kindgemäße Darstellung der Trauerphasen	Begleitung trauernder Kinder	Fried/Gleich: Hat Opa einen Anzug an? (ab 5/6 Jahren), Van der Sluis: Mein Vater ist ein Wolkenmann (ab 5/6 Jahren)
Informationen zum Suizid und Gefühle nach dem Suizid	Missverständnisse und Tabus bei Suizid überwinden	Zentrum für trauernde Kinder und Jugendliche e. V. (Hrsg.): Wenn sich jemand selbst getötet hat (ab 8 Jahren)
Hoffnung ausdrücken	Ermutigung, auch als Prävention	Weitze/Battut: Wie der kleine rosa Elefant einmal sehr traurig war und wie es ihm wieder gut ging (ab 3 Jahren), Schindler/Heyduck-Huth: Pele und das neue Leben (ab 4 Jahren)

Neben den allgemeinen Kriterien für die Beurteilung von Bilderbüchern und Jugendbüchern kann man Bücher und Bilderbücher zum Thema „Tod und Trauer“ nach folgenden Kriterien untersuchen (vgl. Martina Plieth, 2009):

- Sind die Darstellungen von Tod und Sterben echt und authentisch?
- Werden Stimmungen anschaulich wiedergegeben?
- Sind die vorgestellten Strategien zur Trauerbewältigung einleuchtend?

- Sind tröstende Elemente vorhanden und tragfähig?
- Eröffnet das Buch die Möglichkeit zu einer realen Kommunikation mit dem Kind bzw. Jugendlichen?
- Besteht eine Offenheit bezüglich religiöser bzw. christlicher Wertmaßstäbe?

Zu vielen weiteren Kinderbüchern zum Thema „Tod“ gibt es Kurzbeschreibungen des Evangelischen Literaturportals, www.eliport.de.

3.7.6 Der Glaube an die Auferstehung der Toten

Der christliche Auferstehungsglaube

Die Ostergeschichten sind Zeugnisse für den Glauben an die Auferstehung Jesu. Jesus war nach Aussage der biblischen Texte wirklich tot und wurde von Gott am dritten Tag auferweckt. Der Glaube an die Auferstehung Jesu wird im Christentum ausgeweitet zum Glauben an die Auferstehung der Toten. Jeder Mensch stirbt und vergeht leiblich, seelisch und geistig, aber am Ende der Zeiten wird er von Gott auferweckt. Die Auferweckung ist als eine Neuschöpfung zu verstehen. Das „ewige Leben“ nach dieser Neuschöpfung wird nicht wie das bisherige sein, sondern einen völlig anderen Charakter haben. Für den Zeitraum bis zur Auferstehung wird der Tod mit dem Bild des Schlafes beschrieben. (Vgl. 1. Kor 15,35–49)

In nachbiblischer Zeit wurde der Auferstehungsglaube mit der Idee vom Weiterleben der Seele verbunden, die aus der griechischen Philosophie stammt. Nach dieser Vorstellung werden im Moment des Todes Körper und Seele getrennt. Der Körper zerfällt, aber die Seele lebt weiter und erwartet die Auferstehung, bei der sie mit einem neuen Körper versehen wird.

In der Gegenwart tritt neben diese Auffassung eine weitere. Geist und Seele werden in ihrer Abhängigkeit vom Funktionieren des Gehirns gesehen. Der Tod betrifft demnach den ganzen Menschen. Dies führt zu einer neuen Aktualität des biblischen Glaubens von der Auferstehung der Toten, die ein unabhängiges Weiterleben der Seele nicht voraussetzt. Das biblische Zeugnis betont aber umso stärker die Treue Gottes, der den verstorbenen Menschen auch jenseits des Todes in seiner Gemeinschaft hält. Die individuelle Persönlichkeit vergeht dabei nicht, sondern wird von den Grenzen der menschlichen Endlichkeit befreit.

Die Hoffnung auf ein ewiges Leben lässt sich nur in Bildern ausdrücken. Zu diesen Bildern gehört der Morgen als Symbol der Auferstehung. Dies können Menschen schon im Leben erfahren, wenn sie nach einer Krankheit oder Lebenskrise einen „neuen Morgen“ erleben und die Kraft haben, wieder „aufzustehen“, also Lebenskraft gewinnen. So ergibt sich ein Zusammenhang zwischen dem Leben vor dem Tod und der Hoffnung auf ein Leben nach dem Tod.

Die Auferstehung Jesu

„Als aber der Sabbat vorüber war und der erste Tag der Woche anbrach, kamen Maria von Magdala und die andere Maria, um nach dem Grab zu sehen. Und siehe, es geschah ein großes Erdbeben. Denn der Engel des Herrn kam vom Himmel herab, trat hinzu und wälzte den Stein weg und setzte sich darauf. Seine Gestalt war wie der Blitz und sein Gewand weiß wie der Schnee. Die Wachen aber erschraken aus Furcht vor ihm und wurden, als wären sie tot. Aber der Engel sprach zu den Frauen: Fürchtet euch nicht! Ich weiß, dass ihr Jesus, den Gekreuzigten, sucht. Er ist nicht hier; er ist auferstanden, wie er gesagt hat. Kommt her und seht die Stätte, wo er gelegen hat; und geht eilends hin und sagt seinen Jüngern, dass er auferstanden ist von den Toten. Und siehe, er wird vor euch hingehen nach Galiläa; dort werdet ihr ihn sehen. Siehe, ich habe es euch gesagt. Und sie gingen eilends weg vom Grab mit Furcht und großer Freude und liefen, um es seinen Jüngern zu verkündigen."

(Mt 28,1–8, https://www.bibleserver.com/text/LUT/Matthäus28)

Auferstehung Christi (Isenheimer Altar, Matthias Grünewald, um 1513)

Das Weiterleben der Seele aus islamischer Sicht

Im Islam herrscht die Überzeugung, dass Jesus nicht am Kreuz gestorben ist, sondern statt seiner ein anderer Mensch gekreuzigt wurde. Die Seelen der Menschen werden nach dem Tod vom Körper getrennt und bis zum Tag des Gerichts sicher aufbewahrt. Dann werden die Seelen mit den Körpern wieder zusammengeführt. Die Hoffnung gläubiger Muslime richtet sich auf Gottes Barmherzigkeit, die ihnen ein ewiges Leben im Paradies ermöglichen wird.

Biblische Bilder für die Hoffnung über den Tod hinaus

Wenn das Weizenkorn nicht in die Erde fällt und erstirbt, bleibt es allein. Wenn es aber erstirbt, bringt es viel Frucht.
(Joh 12,24, https://www.bibleserver.com/text/LUT/Johannes12)

Wer siegt, dem werde ich zu essen geben vom Baum des Lebens, der im Paradies Gottes ist.
(Offb 2,7, https://www.bibleserver.com/text/LUT/Offenbarung2 (verändert))

Der Mensch [...] blüht wie eine Blume auf dem Felde; wenn der Wind darüber geht, ist sie nimmer da. [...] Die Gnade aber des Herrn währt von Ewigkeit zu Ewigkeit.
(Ps 103, 16–17, https://www.bibleserver.com/text/LUT/Psalm103)

Wie lieblich sind deine Wohnungen, Herr Zebaoth.
(Ps 84,2, https://www.bibleserver.com/text/LUT/Psalm84)

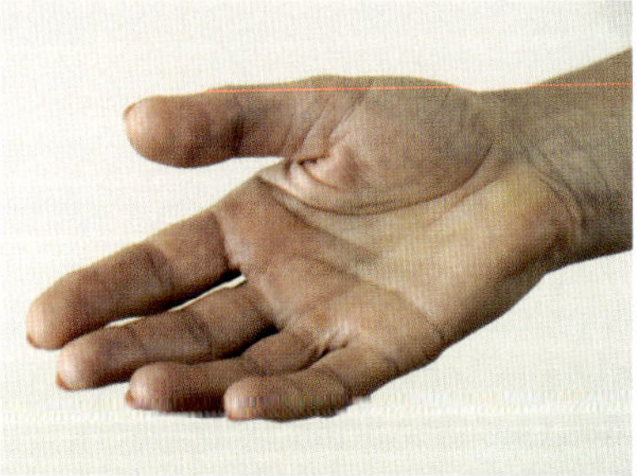

Die Seelen der Gerechten sind in Gottes Hand.
(Weish 3,1, https://www.bibleserver.com/text/LUT/Weisheit3)

Ich will euch trösten, wie einen seine Mutter tröstet.
(Jes 66, 13, https://www.bibleserver.com/text/LUT/Jesaja66)

[Der Regenbogen] sei das Zeichen des Bundes, den ich aufgerichtet habe zwischen mir und allem Fleisch auf Erden.
(Gen 9,17, https://www.bibleserver.com/text/LUT/1.Mose9)

Aber der Engel sprach zu den Frauen: Fürchtet euch nicht! Ich weiß, dass ihr Jesus, den Gekreuzigten sucht; er ist nicht hier, er ist auferstanden, wie er gesagt hat.
(Mt 28,5-6, https://www.bibleserver.com/text/LUT/Matthäus28)

Aufgaben

1. Ordnen Sie sich dem Bild zu, das sie am stärksten anspricht, und bilden Sie eine Gruppe mit den Mitstudierenden, die sich demselben Bild zugeordnet haben.
2. Tauschen Sie sich darüber aus, was Sie an diesem Bild und Text anspricht. Vielleicht erinnert es Sie an ein Erlebnis? Berichten Sie anschließend der Klasse, was für Ihre Gruppe an dem gewählten Bild/Text wichtig ist.
3. Formulieren Sie mithilfe des gewählten Bildes oder Textes kindgerecht, welche Hoffnung Sie angesichts des Todes haben.

4 Religion erleben – Mut zum Leben

Nun liegen drei Abschnitte des Lehrbuches hinter und eine Schlussreflexion vor Ihnen. Im ersten Schritt ging es um Sie als Person und die Frage, wie Religion heute erfahrbar ist und in welchen Bezügen die Religion zu Ihrem zukünftigen Beruf und Ihnen als Erzieher/-in steht. Um mit Kindern über Religion zu reden und religiöse Inhalte zu vermitteln, bedarf es eines Grundwissens, was den christlichen Glauben inhaltlich ausmacht. Diese Frage des „Was" wurde im zweiten Kapitel entfaltet. Wie soll nun Religion für Kinder und Jugendliche dargestellt und vermittelt werden? Wie ist der christliche Glaube für Kinder und Jugendliche zu verstehen? Hierauf suchte das dritte Kapitel Antworten zu geben. Der letzte Abschnitt kehrt nun zurück zum Beginn. Stand dort die Frage der Erfahrbarkeit von Religion im Raum, werden Ihnen nun exemplarisch existenzielle Dimensionen vor Augen geführt, in denen Religion für Sie persönlich erfahrbar und erlebbar sein oder werden kann: im Hinblick auf die eigene Identität, die persönlichen Orientierungen, die Ressourcen zum Leben und die Kommunikationsfähigkeit in unserer pluralen Gesellschaft.

Wer bin ich? Hilfen zur Identitätsfindung

Die Frage nach der eigenen Identität ist heute offener denn je. Früher waren Biografien – ohne dem billigen Motto des „besseren Früher" zu erliegen – durch geografische, ökonomische und familiäre Bedingungen deutlich stärker eingeschränkt als in Zeiten heutiger Individualisierung. Bei allen gebliebenen Undurchlässigkeiten unseres Schulsystems eröffnen sich Kindern und Jugendlichen heute viele Optionen der je eigenen Lebensgestaltung. Diese Offenheit der Wahl wird bisweilen selbst zum Problem (zur Qual) und überfordert nicht nur viele Kinder und Jugendliche, sondern auch junge Erwachsene. Sich selbst z. B. auf dem Weg ins Berufsleben zu finden – d.h. die eigene Identität zu bilden – ist schwieriger als zuvor, weil jeder für sich durch seine Entscheidungen seinen Weg suchen und konstruieren muss. Diese Wahl ist aufgrund der Vielzahl der Möglichkeiten nicht nur schwer, sondern macht den Einzelnen auch allein verantwortlich für seine Lebensentscheidungen. Die getroffenen Entscheidungen prägen das Leben und bilden letztlich die Persönlichkeit eines Menschen aus – damit auch sein Selbstbild und das Bild, das andere von ihm haben. Die Wege, die ich gehe, die prägen mich. Die Gedanken, die mich umtreiben, die bestimmen mein Handeln und Fühlen und damit letztlich mich selbst als Person vor mir selbst, meinen Mitmenschen und aus christlicher Perspektive natürlich auch vor Gott. Als Ebenbild Gottes gewinnt jeder Mensch eine Würde, die ihm unabhängig von seinen Leistungen und Verdiensten zukommt. Der Mensch als Gottes geliebtes Geschöpf – dieser biblische Zuspruch verleiht jedem Menschen eine Würde, die er sich selbst nicht geben kann.

Der christliche Glaube eröffnet so die Möglichkeit der Identitätsbildung und bietet einen Raum der Geborgenheit, in dem der Einzelne eine Stärkung seines „Ich" erfährt und die Gewissheit, wer er ist und wohin er sich entwickeln möchte.

Für eine Religionspädagogin bzw. einen Religionspädagogen ist die religiöse Identität besonders wichtig, da der Religionsunterricht die Lehrenden nicht nur als Wissensvermittler fordert, sondern auch als Zeugen der Religion:

> ***Beispiele:***
> *„Glauben Sie das auch, was sie sagen?"*
> *Oder:*
> *„Wie kann man heute noch an Gott glauben, an Auferstehung oder so?"*

So lauten immer wieder die Fragen von Schülern/-innen, auf die die Religionslehrerin bzw. der Religionslehrer dann eine authentische Antwort geben muss. Hierfür braucht sie bzw. er einen religiösen Standpunkt, eine religiöse Identität, aus der heraus sie bzw. er den Schüler/-innen eine ehrliche – authentische – Antwort geben kann. Neben allen didaktischen und methodischen Fragen ist gerade im Religionsunterricht die Lehrerin oder der Lehrer, die Erzieherin oder der Erzieher das stärkste, präsenteste und nachhaltigste Medium. Dieser Rolle und der Erwartung der Kinder und Jugendlichen muss sich der Auszubildende der Fachschule für Sozialpädagogik bewusst sein, denn um Religion vermitteln zu können, bedarf es eines eigenen religiösen Standpunktes.

Wo will ich hin? Orientierungshilfen

Es ist heute oft nicht einfach, jung zu sein und verantwortlich jene Entscheidungen für sein Leben zu treffen, die wegweisend für die eigene Lebensbiografie sein werden. Um Entscheidungen dieser Art treffen zu können, bedarf es einer Orientierungsfähigkeit im Markt der pluralen Gesellschaft, eines Entscheidungsmutes und nicht zuletzt auch eines gesunden Selbstvertrauens. Die christliche Religion kann hier eine Hilfe zur Orientierung sein, denn das Christentum schenkt den Menschen durch seine Ideale und ethischen Vorstellungen Markierungen für den eigenen Lebensweg (und den Lebensweg der einem anvertrauten Menschen, z. B. Kindern und Jugendlichen), die Kriterien für eine Wegentscheidung sein können. Das sind – gewissermaßen – die äußeren Orientierungshilfen, die die Frage beantworten, wo ich hin will. Das Christentum stellt durch seine Vorstellungen vom Leben dem Menschen jene Ziele vor Augen, die Lebensentscheidungen beeinflussen.

Für eine Antwort auf die Frage nach eigenen Zielen – „Wo will ich hin?“ – sind allerdings nicht nur „äußere“ Orientierungshilfen hilfreich, sondern auch das Selbstvertrauen und die Identität eines Menschen. Erst von einem festen Standpunkt aus gewinnt ein Mensch die Freiheit, überhaupt Entscheidungen treffen zu können: Aus christlicher Sicht erwächst eine solche Freiheit aus der Gewissheit, ein von Gott geliebtes Geschöpf zu sein, dessen Würde unabhängig von Lebensentscheidungen und vom Urteil anderer Menschen gilt. Dieses Vertrauen macht frei und stark, seine (christlichen) Ideale als lebensbestimmend zu erfahren und nach dem Maß des Reiches Gottes hier und heute zu leben. Dieses Gottvertrauen stärkt und befreit – den Lehrenden sowie alle Kinder und Jugendliche, denen er im Beruf begegnet.

Die Vielfalt religiösen Lebens erleben – interkonfessionelle und interreligiöse Gesprächsfähigkeit

Es gibt in unserer multireligiösen Gesellschaft heute kaum noch eine Einrichtung, deren Gruppen religiös homogen zusammengesetzt sind: Neben evangelischen werden auch katholische und seit den letzten Jahrzehnten vermehrt auch muslimische Kinder und Jugendliche in den Gruppen sein. Der christliche Glaube ist nicht mehr allein (der evangelische Glaube war es nie, denn er stand seit den Anfängen im Dialog mit der katholischen Kirche) und kann nicht so tun, als gäbe es keine nicht christlichen Religionen unter uns. Nach den beiden großen christlichen Kirchen ist der Islam mit ca. 4,5 Mio. Muslimen die zweitgrößte Religionsgemeinschaft in Deutschland (d. h. etwa 5 % der Gesamtbevölkerung). Die religionspädagogische Arbeit ist hier herausgefordert, will sie gesellschaftlich relevant bleiben, offen und gesprächsfähig zu sein für den Dialog mit der katholischen Kirche und speziell mit dem Islam als gesellschaftlich relevante Größe. (Der Dialog mit dem Judentum ist von der biblischen Tradition her und besonders seit der Aufarbeitung der NS-Verbrechen an jüdischen Mitbürgern/-innen schon länger ein Hauptthema evangelischer Theologie und Religionspädagogik.) Für die Religionspädagogik ist die heterogene Zusammensetzung von Kindergruppen und Jugendlichen von Nutzen, da sich hier der Dialog der Kinder und Jugendlichen mit unterschiedlicher Religion gewissermaßen aufdrängt. Denn erst wenn Gesprächspartner unterschiedliche Standpunkte vertreten, kann ein wahrer Dialog entstehen.

Martin Buber weist den Beziehungen zwischen Menschen eine nicht hoch genug zu schätzende Bedeutung zu. Nach Buber ist das Wesen des Menschen zutiefst bestimmt durch die wahrhaften Beziehungen, in denen er anderen Menschen begegnet: Ein Mensch kann erst durch die Begegnung mit einem fremden „Du" sein eigenes „Ich", sein Selbst entwickeln (vgl. Buber, 1983, S. 22 oder 31). Aus dieser Begegnung und der Wahrnehmung der eigenen Differenz zum anderen Menschen entwickelt sich eine eigenständige Persönlichkeit, bildet sich Identität (wie schon das Kleinkind erst ein Bewusstsein für sich selbst entwickelt, wenn es – schmerzlich – die Differenz zu seiner Mutter erlebt, diese als „Du" erfährt und sich in dieser Differenz erst als eigenständiges „Ich" erleben kann).

Vor diesem Hintergrund bieten nun religiös heterogene (Lern)Gruppen die Chance eines (inter)religiösen Lernens: Wo sich Persönlichkeiten unterschiedlicher Religionszugehörigkeit begegnen und einen Austausch auf Augenhöhe beginnen, kommt es zum authentischen Dialog, bei dem gerade die Unterschiede und Differenzen eine wesentliche Rolle spielen. Erst durch die wahrgenommene und thematisierte Differenz der religiösen Positionen und Identitäten kommt es zur Begegnung von „Ich" und „Du" – und darin liegt die Würze eines jeden Dialogs und die Motivation für religiöses Lernen! So sehr nun ein Dialog ohne vorherige Identität kaum möglich ist, schärft und bildet sich Identität umgekehrt gerade auch im Dialog. Für Kinder und Jugendliche beginnt ein solcher Lernprozess schon da, wo sie in heterogenen Lerngruppen beobachten, wie Lehrende mit (anderen) Schüler/-innen offen und differenziert über unterschiedliche religiöse Positionen sprechen. Dieser Religionsunterricht kann die eigene religiöse Position infrage stellen, schärfen, relativieren und auch bestärken – jedenfalls ist ein solcher Religionsunterricht eine Hilfe zur eigenen Identitätsfindung. In interreligiösen Lernprozessen lernen Schüler/-innen Toleranz gegenüber dem Fremden und entwickeln Perspektiven der Integration des Fremden in das eigene Denken und Fühlen. Gesellschaftlich entwickeln sie die Kompetenz der Integration von Minderheiten in die bundesdeutsche Mehrheitsgesellschaft. Die Kompetenz einer interkonfessionellen und interreligiösen Gesprächsfähigkeit ist also nicht nur eine Aufgabe und Chance für den Religionsunterricht, sondern auch für die Gesellschaft insgesamt.

Was macht mich stark?

Der zukünftige Beruf und die dort zu erwartenden Aufgaben können – gerade in der Ausbildung – schnell das Gefühl der Überforderung hervorrufen. Bin ich den Anforderungen gewachsen, die da auf mich zukommen? Bin ich stark genug zu leisten, was von mir erwartet wird? Konkrete Fragen können an dieser Stelle aufkommen: Wie kann ich Kindern etwas vermitteln, was sie für ihr Leben brauchen – nämlich Religion? Wie kann ich den mir wichtigen Glauben und mir existenziell bedeutsame religiöse Lebenseinstellungen an Kinder und Jugendliche weitergeben, ohne der Gefahr zu erliegen, übergriffig zu werden? Und: Wie kann man überhaupt Religion unterrichten? Kann es überhaupt eine Methode geben, Religion zu unterrichten und Glauben zu vermitteln, analog zu den Rechenregeln im Mathematikunterricht?

Die gefragte Stärke kann am Ende des Lehrbuches sicherlich derjenige spüren, der sich die Inhalte des Lehrbuches und die praxisorientierten Methoden angeeignet oder gar selbst schon in der Praxis erprobt hat. Zugleich kommen das Wissen und die erlebte eigene Stärke dort an ihre Grenze, wo es in der Arbeit mit Kindern und Jugendlichen um ihren Glauben als existenzielle Erfahrung, persönliches Erleben, inniges Gefühl und ethische Grundeinstellung geht. Hier helfen Argumente des Wissens und auch geschickte Methoden nicht weiter!

Sich diese Grenze bewusst zu machen, geht auf den großen frühen Religionspädagogen Friedrich Daniel Ernst Schleiermacher (1768–1834) zurück, der in seiner Rede „Über die Religion“ 1799 die These aufstellte, dass man Religion generell nicht lehren könne: Religion ist mehr als Wissensvermittlung – und ob die Rede über Gott zum Glauben und zum religiösen Erleben führt, das liegt nicht am Vermögen und der Stärke des Lehrenden. Diese Erkenntnis ist entlastend und befreiend, da es bei allen religionspädagogischen Mühen letztlich nicht in des Menschen Hand liegt, ob und wie die bei der Arbeit vermittelten religiösen Inhalte bei den Kindern und Jugendlichen wirken.

Die Unverfügbarkeit des Glaubens und der religiösen Einstellung entlastet bei der Frage der beruflichen Überforderung. Nach christlichem Verständnis sind der Glaube und die religiöse Einstellung als Folge religiösen Erlebens allein das Wirken des Heiligen Geistes. Diese Erkenntnis macht Mut, fachlich gut vorbereitet, aber ohne Erfolgsdruck hinsichtlich des Glaubens die Arbeit zu verrichten – mit dem nötigen Gottvertrauen, dass Gott allein Glauben bewirken kann.

So paradox es auch klingen mag: Religionspädagogisch ist dieses pädagogische Unvermögen die Stärke, die mich getrost an die Arbeit mit Kindern und Jugendlichen gehen lässt. Gott wirkungsvoll ins Gespräch zu bringen, liegt allein in Gottes Macht. Das befreit nicht von guter Vorbereitung, entlastet aber vor falschen Erwartungen. Stark macht mich als Religionspädagogin und Religionspädagogen die Schar derer, die vor mir engagiert die biblische Botschaft unterrichtet und weitergegeben haben.

Der holländische Theologe Nico ter Linden hat in seinem Erzählwerk zur Bibel ein ebenso kurzes wie einprägsames Bild zur Aufgabe der Religionspädagogik entworfen. Er greift dabei auf den ersten Buchstaben der hebräischen Bibel zurück und elementarisiert damit den Prozess der Vermittlung und Aneignung von Religion:

ב

„Im Anfang ... Bereschit auf Hebräisch. Was aber war noch vor dem Anfang? Das fragten sich auch Israels Rabbiner. Das Fragen über den Anfang kennt nun mal kein Ende. Aber, so sagten die Rabbiner, die Bibel fängt nicht umsonst mit dem Buchstaben Beth an. [...] Die Schrift, sagten die Rabbiner, beginnt mit diesem Beth, damit wir uns nicht fragen, was darüber, darunter oder dahinter sei, sondern damit wir dem lauschen, was kommt. Israel kennt keine Geburts- oder Entstehungsgeschichte Gottes. Er ist der ganz andere. Anders als Himmel und Erde, die er schuf, steht er über dem Erschaffenen. Daher also das geheimnisvolle Beth am Anfang.

Jenes Beth gleicht einem kleinen Haus, und das bedeutet es auch auf Hebräisch: Haus. Das wissen die Rabbiner ganz genau: ‚Mein Kind, wenn wir auch in der Fremde sind, so haben wir doch einen festen Grund unter den Füßen und ein Dach über dem Kopf; unser Rücken ist gedeckt und wir haben eine Zukunft vor uns. Manche meinen, wir würden von geheimnisvollen Mächten regiert. Andere meinen, es gebe überhaupt nichts, nur Leere. Glaube ihnen nicht, mein Kind. Denke immer an den ersten Buchstaben unseres großen Buches. Das ist unser ganzer Glaube.'
(ter Linden, 1998, S. 12)

Literaturverzeichnis

Aldebert, Heiner: Spielend Gott kennenlernen – Bibliodrama in religionspädagogischer Perspektive, Berlin, EB-Verlag, 2001.

Amt für Jugendarbeit der Ev. Kirche von Westfalen: Essentials Offener Arbeit - Die Menschen Stärken. September 1995. In: https://www.ev-jugend-westfalen.de/fileadmin/inhalte/handlungsfelder/Offene_Arbeit/Essentials_Offene_Arbeit.pdf [Zugriff: 29.04.2019].

Anderssohn, Stefan: Wie stellen sich Menschen mit geistiger Behinderung den Tod vor?, Zugriff am 12.11.2014 unter: www.anderssohn.info.

Antidiskriminierungsstelle des Bundes: AGG-Wegweiser. Erläuterungen und Beispiele zum Allgemeinen Gleichbehandlungsgesetz, August 2018, http://www.antidiskriminierungsstelle.de/SharedDocs/Downloads/DE/publikationen/Wegweiser/agg_wegweiser_erlaeuterungen_beispiele.pdf?__blob=publicationFile&v=16 (19.01.2019]

Bach, Ulrich: Wie lange wollen wir noch fliehen. Einspruch gegen die unheilvolle These vom „Heilungs-Auftrag". In: Diakonie, 6/1993, S. 390.

Baumann, Christa: Spuren des Glaubens legen: Rituale im Familienalltag, Neukirchen-Vluyn, Aussaat Verlag, 2010.

Beauftragter des Senats von Berlin für Integration und Migration (Hrsg.): Interkultureller Kalender 2018 (download), Zugriff am 28.04.2018 unter: https://www.berlin.de/lb/intmig/_assets/service/kalender/interkult_kal_2018_web_druck.pdf

Beek, Angelika von der: Bildungsräume für Kinder von Null bis Drei, Kiliansroda/Berlin, verlag das netz, 2006.

Berg, Horst Klaus/Weber, Ulrike: Freiarbeit Religion: Symbole erleben – Symbole verstehen, München/Stuttgart, Kösel-Verlag/Calwer Verlag, 2000.

Berryman, Jerome: Godly Play: An Imaginative Approach to Religious Education. Minneapolis, Augsburg Fortress, 1995.

Betz, Hans Dieter/Browning, Don S./Janowski, Bernd/Jüngel, Eberhard (Hrsg.): Religion in Geschichte und Gegenwart: Handwörterbuch für Theologie und Religionswissenschaft, Tübingen, Mohr Siebeck, 2002.

Betz, Susanne/Hilt, Hans/Schwarze, Dorothee: Religion von Anfang an – Religionspädagogik mit Kindern bis drei Jahren in Kindertageseinrichtungen, hrsg. v. Evangelischen Landesverband Tageseinrichtungen für Kinder in Württemberg e. V./Diakonischen Werk Baden/Pädagogisch-Theologischen Zentrum der Evangelischen Landeskirche in Württemberg/Religionspädagogischen Institut Karlsruhe, Karlsruhe und Stuttgart, 2010.

Betz, Susanne/Dietermann, Joachim/Hilt, Hans/Schwarze, Dorothee: Resilienz – Wie Religion Kinder stark macht, hrsg. v. Diakonisches Werk Baden Karlsruhe/Evang. Landesverband TEK in Württemberg Stuttgart/Fachbereich Kindertagesstätten im

Zentrum Bildung der EKHN Darmstadt/Pädagogisch-Theologisches Zentrum Stuttgart-Birkach/Religionspädagogisches Institut Baden Karlsruhe, 2014.

Biehl, Peter/Hinze, Ute/Tammeus, Rudolf: Symbole geben zu lernen – Einführung in die Symboldidaktik anhand der Symbole Hand, Haus und Weg, Neukirchen-Vluyn, Neukirchener Verlagsgesellschaft, 2001.

Biesinger, Albert/Schweitzer, Friedrich: Religionspädagogische Kompetenzen. Zehn Zugänge für pädagogische Fachkräfte in Kitas, Freiburg, Verlag Herder, 2013.

Bonhoeffer, Dietrich: Widerstand und Ergebung, 21. Aufl., Gütersloh Gütersloher Verlagshaus, Chr. Kaiser, 2005.

Braner, Andrea: Kinder erfahren Tod und Trauer. ... und begegnen Geschichten, Ritualen, Liedern und Gebeten, Leinfelden-Echterdingen, Verlag Junge Gemeinde, 2013.

Brem, Charis (Hrsg.): Kinder brauchen Werte. Leitfaden, Stuttgart, Gabriel Verlag, 2009.

Brüll, Christina/Ittmann, Norbert/Maschwitz, Rüdiger/Stoppig, Christine: Synagoge – Kirche – Moschee. Kulträume erfahren und Religionen entdecken, München, Kösel Verlag, 2005.

Brummer, Arnd: Religion ist etwas Intimes, in: chrismon, 5/2005, S. 51–58.

Buber, Martin, zitiert nach: Betrifft 77: Die Erzählungen der Chassidim, München, Manesse Verlag, 1996, 2002, S. 4.

Buber, Martin: Ich und Du, Darmstadt, Lambert Schneider Verlag, 1983.

Bucher, Anton: Symbol – Symbolbildung – Symbolerziehung. Philosophische und entwicklungspsychologische Grundlagen, St. Ottilien, EOS-Verlag, 1990.

Bucher, Anton/Büttner, Gerhard/Freudenberger-Lötz, Petra/Schreiner, Martin (Hrsg.): Jahrbuch für Kindertheologie, Stuttgart, Calwer Verlag, 2002 ff.

Butt, Christian: Kindertheologische Untersuchungen zu Auferstehungsvorstellungen von Grundschülerinnen und Grundschülern, Göttingen, V&R unipress, 2009.

Ceram, C. W. (Kurt W. Marek): Götter, Gräber und Gelehrte. Roman der Archäologie, 3. Auflage, Reinbek, Rowohlt, 2000.

Dannenfeldt, Astra: Gotteskonzepte bei Kindern in schwierigen Lebenslagen. Rostocker Langzeitstudie zu Gottesverständnis und Gottesbeziehung von Kindern, die in mehrheitlich konfessionslosem Kontext aufwachsen, (KET Bd. 3), Jena, Garamond, Edition paideia, 2009

Dettwiler Lauber, Christa: Wenn die Seele ihre Flügel ausbreitet. Meditative Fantasiereisen mit Kindern, Zürich und Düsseldorf, Walter Verlag, 1996.

Diakonisches Werk der Evangelischen Kirche von Westfalen: Das Profil Evangelischer Familienzentren. Münster, 2008, S. 51, Zugriff am 20.11.2014 unter: www.diakonie-rwl.de/cms/media/pdf/publikationen/Familienzentren.pdf.

Dieterich, Eberhard: Erzählen aus Leidenschaft – Wie lerne ich biblische Geschichten packend und frei erzählen? Leinfeldern-Echterdingen und Stuttgart, Verlag Junge Gemeinde, 2008.

Dietermann, Joachim: „Wo Glauben wächst und Leben sich entfaltet". Zur EKD-Erklärung 2004 „Der Auftrag evangelischer Kindertageseinrichtungen", in: Schönberger Hefte, 35/2005, S. 15–16.

Donald W. Winnicott: Übergangsobjekte und Übergangsphänomene. Eine Studie über den ersten, nicht zum Selbst gehörenden Besitz. Vortrag 1951. Deutsch in: Psyche. Zeitschrift für Psychoanalyse und ihre Anwendungen, 23/1969, S. 666–682.

Donnelly, Elfie: Servus Opa, sagte ich leise, München, dtv junior, 1977.

Duden, Das Fremdwörterbuch, Mannheim, 1982.

Dusza, Christiane: So bunt ist die Stille. Phantasiereisen und Stille-Übungen für Kinder, Wuppertal, SCM R. Brockhaus, 1996.

Edelbrock, Anke/Biesinger, Albert/Schweitzer, Friedrich (Hrsg.): Religiöse Vielfalt in der Kita. So gelingt interreligiöse und interkulturelle Bildung in der Praxis, Berlin, Cornelsen Verlag, 2012.

Erikson, Erik: Ich-Entwicklung und geschichtlicher Wandel, in: Identität und Lebenszyklus, Erik Erikson, Frankfurt a. M., Suhrkamp Taschenbuch, 1988, S. 11–54.

Erikson, Erik: Identität und Lebenszyklus, Frankfurt a. M., Suhrkamp Taschenbuch, 1988.

Evangelisches Gesangbuch. Ausgabe für die Evangelische Kirche im Rheinland, die Evangelische Kirche von Westfalen und die Lippische Landeskirche, Gütersloh, Gütersloher Verlagshaus, 1996.

Evangelische Kirche im Rheinland: Da kann ja jede(r) kommen. Inklusion und kirchliche Praxis. Eine Orientierungshilfe der Evangelischen Kirche im Rheinland, Düsseldorf 2013

Feige, Andreas/Gennerich, Carsten: Lebensorientierungen Jugendlicher: Alltagsethik, Moral und Religion in der Wahrnehmung von Berufsschülerinnen und -schülern in Deutschland, Münster, Waxmann Verlag, 2008.

Fleck, Carola: Ganzheitliche religiöse Erziehung. Eine kritische Auseinandersetzung mit der „Religionspädagogischen Praxis", Münster, LIT Verlag, 2004.

Fowler, James W.: Stufen des Glaubens. Die Psychologie der menschlichen Entwicklung und die Suche nach Sinn, übersetzt von Annette Roellenbleck, Gütersloh, Gütersloher Verlagshaus, 1991.

Fried, Amelie/Gleich, Jacky: Hat Opa einen Anzug an?, München, Carl Hanser Verlag, 1997.

Fthenakis, Wassilios E.: Ko-Konstruktion: Lernen durch Zusammenarbeit, in: Kinderzeit, 3/2009, S. 8–13.

Gäfgen-Track, Kerstin: Heimerziehung in der Nachkriegszeit – ein schwieriges Kapitel kirchlicher Zeitgeschichte, in: Loccumer Pelikan 2/2009, S. 66 ff.

Gide, André: Magische Fragen – zauberhafte Sprüche, Verlag BoD-Books on Demand, 2007, S. 107, online abrufbar unter: http://zitate.net/zitat_1535.html.

Goecke-Seischab, Margarete Luise/Harz, Frieder: Komm, wir entdecken eine Kirche: Räume erspüren, Bilder verstehen, Symbole erleben. Tipps für Kindergarten, Grundschule, Familie, München, Kösel-Verlag, 2001.

Graf-Recke-Stiftung: Das Leitbild der Graf-Recke-Stiftung, Zugriff am 20.11.2014 unter: www.graf-recke-stiftung.de/struktur/leitbild.html.

Grosche, Erwin: Felicitas, Herr Riese und das Vaterunser, Stuttgart, Gabriel Verlag, 2005.

Halbfas, Hubertus: Die Bibel erschlossen und kommentiert, Düsseldorf, Patmos-Verlag, 2001.

Harz, Frieder: Kinder & Religion: Was Erwachsene wissen sollten, Seelze, Kallmeyer Verlag, 2006.

Harz, Frieder/Brahms, Renke/Kunze-Beiküfner, Angela: Religiöse und ethische Bildung und Erziehung im evangelischen Kindergarten. Aktivitäten und Projekte, Troisdorf, Bildungsverlag EINS, 2008.

Harz, Frieder: Interreligiöse Erziehung und Bildung in Kitas, Göttingen, Vandenhoeck & Ruprecht, 2014.

Heilig-Friedrich, Christina: Einfühlsame Kommunikation: Beim Wickeln; in: Religion von Anfang an, hrsg. v. Susanne Betz/Hans Hilt/Dorothee Schwarze, Karlsruhe und Stuttgart, 2010.

Heine, Helme: Samstag im Paradies, München, Middelhauve Verlag, 1985.

Hemminger, Hansjörg: Was ist eine Sekte? Erkennen – Verstehen – Kritik, Ostfildern, Mathias-Grünewald-Verlag, 1995.

Hilt, Hans: Mit oder ohne Gott – aber gemeinsam für die Welt, in: Benjamin – Evangelische Zeitschrift für Mädchen und Jungen, 01/2010, S. III.

Hilt, Hans/Vollertsen-Ünsal, Stephanie: Bibel im Kindergarten, hrsg. v. Evangelischen Landesverband Tageseinrichtungen für Kinder e. V./Pädagogisch-Theologischen Zentrum Stuttgart u. a., Stuttgart, Evangelisches Medienhaus, 2010.

Hoffsümmer, Willi: Lexikon alter und neuer Symbole, Ostfildern, Matthias-Grünewald-Verlag, 1999.

Holtei, Christa/Michalski, Tilmann: Das große Familienbuch der Feste und Bräuche, Düsseldorf, Patmos Verlag, 2005.

Holtz, Marc Alexander/Kinkel, Tim-Holger/Klein, Nina/VIL: Anna Politkovskaja – eine couragierte Journalistin, hrsg. v. Johannes Ludwig, DokZentrum, Hochschule für Angewandte Wissenschaften (HAW), Hamburg, Zugriff am 04.11.2010 unter: www.anstageslicht. de/index.php?UP_ID=1&NAVZU_ID=16&STORY_ID=33&M_STORY_ID=270.

Horn, Reinhard/Nagel, Matthias/Othmer-Haake, Kerstin/Peters, Lilo/Walter, Ulrich (Hrsg.): Kinder – Kirchen – Hits: Das Lieder-CD-Paket für den Kinder- und Familiengottesdienst, Lippstadt, KONTAKTE Musikverlag, 2008.

Horn, Reinhard/Nagel, Matthias/Othmer-Haake, Kerstin/Peters, Lilo/Walter, Ulrich (Hrsg.): Kinder – Kirchen – Hits: Das Liederbuch für den Kinder- und Familiengottesdienst, Lippstadt, KONTAKTE Musikverlag, 2008.

Horn, Reinhard/Walter, Ulrich: Groß werden mit Dir, lieber Gott. Lieder, Geschichten, Rituale, Gebete und kreative Ideen zur Gestaltung in Kindergarten, Grundschule, Familie und Kirchengemeinde, Lippstadt/Leinfelden-Echterdingen, KONTAKTE Musikverlag/Verlag Junge Gemeinde, 2011.

Horn, Reinhard/Walter, Ulrich: Jesusgeschichten mit dem Friedenskreuz (Materialpaket Buch und CD), Lippstadt/Leinfelden-Echterdingen, Kontakte-Musikverlag/Verlag Junge Gemeinde, 2014.

Huber, Wolfgang: Familien in sozialer Schieflage? Sozialethische Orientierungen, Vortrag beim sozialpolitischen Aschermittwoch der Kirchen, Essen, 9. Februar 2005, Zugriff am 04.10.2005 unter: www.ekd.de/vortraege/huber/050209_huber_sozialethische_orientierungen.html.

Hugoth, Matthias/Benedix, Monika (Hrsg.): Religion im Kindergarten: Begleitung und Unterstützung für Erzieherinnen, München, Kösel-Verlag, 2008.

Hugoth, Matthias/Güntner, Diana/Schmitt-Tonner, Cornelia (Hrsg.): Religiöse und ethische Bildung und Erziehung im katholischen Kindergarten, Troisdorf, Bildungsverlag EINS, 2010.

Hugoth, Matthias/Fritz, Alexandra (Hrsg.): Bildungsjournal Frühe Kindheit: Ethik, Religion und Philosophie, Berlin, Cornelsen Scriptor, 2009.

Hundt, Marion: Religionsrecht in Kita und Schule. Kopftuch, Tischgebet, Schwimmunterricht, Neuwied/Köln, Carl Link Verlag, 2010.

Ippen, Dirk (Hrsg.): Von guten Mächten wunderbar geborgen. Die 100 schönsten geistlichen Lieder und Gedichte, 2. Aufl., München, Verlag C. H. Beck, 2006.

Jeschke, Mathias/Pfeffer, Rüdiger: Komm, lass uns feiern. Die Bibel für Kinder mit Fragen zum Leben, Stuttgart, Deutsche Bibelgesellschaft, 2006.

Julius, Christiane/Kameke, Tessen von/Schürmann-Menzel, Anita/Klie, Thomas (Hrsg.): Der Religion Raum geben. Eine kirchenpädagogische Praxishilfe, Rehburg-Loccum, Loccum, 1999.

Kachler, Roland/Reckers, Sandra: Wie ist das mit ... der Trauer?, Stuttgart, Gabriel Verlag, 2007.

Kaddor, Lamya/Müller, Rabeya: Der Koran für Kinder und Erwachsene, München, Verlag C. H. Beck, 2008.

Kaiser, Stefan: Feste feiern im Kirchen- und Familienjahr, Kassel/Leinfelden-Echterdingen, BORN-Verlag/Verlag Junge Gemeinde, 2010.

Kalloch, Christina: „Bei der Taufe wird der Name gesagt, weil Gott wissen will, wer man ist" – Kinder finden Zugänge zum Sakrament der Taufe, in: Jahrbuch für Kindertheologie: „Kirchen sind ziemlich christlich" – Erlebnisse und Deutungen von Kindern, Bd. 4, hrsg. v. Anton A. Bucher/Gerhard Büttner/Petra Freudenberger-Lötz/Martin Schreiner, Stuttgart, Calwer Verlag, 2005, S. 95–104.

Karweick, Felix Maxmilian/Alkier, Stefan: Die Arbeiter im Weinberg. Ein Bibelgespräch zwischen einem Grundschüler und einem Neutestamentler, in: Jahrbuch für Kindertheologie: „Im Himmelreich ist keiner sauer" – Kinder als Exegeten, Bd. 2, hrsg. v. Anton A. Bucher/Gerhard Büttner/Petra Freudenberger-Lötz/Martin Schreiner, Stuttgart, Calwer Verlag, 2003, S. 54–59.

Kast, Verena: Zeit der Trauer. Phasen und Chancen des psychischen Prozesses, Stuttgart, Kreuz Verlag, 2006.

Kett, Franz/Koczy, Robert: Die Religionspädagogische Praxis. Ein Weg der Menschenbildung, Landshut, RPA-Verlag, 2009.

Kett, Franz: Jahrbuch 2010. Ganzheitlich-sinnorientiert erziehen und bilden, Gröbenzell, Franz Kett-Verlag GSEB, 2010.

Kirste, Reinhard/Schultze, Herbert/Tworuschka, Udo: Die Feste der Religionen. Ein interreligiöser Kalender mit einer synoptischen Übersicht, Gütersloh, Gütersloher Verlagshaus, 1995.

Klie, Thomas (Hrsg.): Der Religion Raum geben. Kirchenpädagogik und religiöses Lernen, Münster, LIT Verlag, 1998.

Klöpper, Diana/Schiffner, Kerstin: Gütersloher Erzählbibel, Gütersloh, Gütersloher Verlagshaus, 2004.

Koenig, Christina: Sonne, Fisch und Regenbogen. Die Welt der Symbole und Geschichten, Stuttgart, Gabriel Verlag, 2004.

Küng, Hans: Projekt Weltethos, München, Piper Verlag, 1990.

Kuschel, Karl-Josef/Küng, Hans (Hrsg.): Erklärung zum Weltethos. Die Deklaration des Parlamentes der Religionen, München, Piper Verlag, 1993.

Lämmermann, Godwin/Morgenthaler, Christoph/Schori, Kurt (Hrsg.): Bibeldidaktik in der Postmoderne, Stuttgart, Verlag W. Kohlhammer, 1999.

Lange, Günter/Eggers, Theodor: EXODUS 4. Religionsunterricht 4. Schuljahr. Lehrerkommentar. Neuausgabe, Düsseldorf/München, Patmos Verlag, 1987.

Langenhorst, Georg/Naurath, Elisabeth (Hrsg.): Kindertora, Kinderbibel, Kinderkoran. Neue Chancen für (inter-)religiöses Lernen, Freiburg, Herder-Verlag, 2017.

Langert, Björn: Offene Jugendarbeit, in: Handbuch Jugend, Evangelische Perspektiven, Hrsg. Yvonne Kaiser, Matthias Spenn, Mike Corsa, Michael Freitag, Thomas Rauschenbach, Gütersloh, Verlag Barbara Budrich, 2013, S. 425–428.

Laucht, Lydia: Heute will ich zu dir kommen. Gottesdienste, die Kinder trösten und ermutigen, Leinfelden-Echterdingen, Verlag Junge Gemeinde, 1994.

Lauther-Pohl: Mit den Kleinsten Gott entdecken. Religionspädagogik mit Kindern von 0–3 Jahren, Gütersloh, Gütersloher Verlagshaus, 2014.

Lechner, Martin und Gabriel, Angelika (Hrsg.): Brenn-Punkte, Religionssensible Erziehung in der Praxis, München, Don Bosco, 2011, S. 53 ff.

Leimgruber, Stephan: Interreligiöses Lernen, München, Kösel-Verlag, 2007.

ter Linden, Nico: Es wird erzählt..., Bd. 1, Von der Schöpfung bis zum gelobten Land, übersetzer: Stefan Häring, Gütersloh, Gütersloher Verlagshaus, 1998, S. 12.

Luther, Martin: Die Bibel. Nach Martin Luthers Übersetzung, revidierte Fassung von 1984, Stuttgart, Deutsche Bibelgesellschaft, 1987.

Luther, Martin: Von der Freiheit eines Christenmenschen, Ditzingen, Reclam, 2008.

MDG Medien-Dienstleistung GmbH (Hrsg.): Milieuhandbuch „Religiöse und kirchliche Orientierungen in den Sinus-Milieus® 2005", München, MDG Medien-Dienstleistung GmbH, 2005.

Ministerium für Bildung, Frauen und Jugend, Rheinland-Pfalz (Hrsg.): Bildungs- und Erziehungsempfehlungen für Kindertagesstätten in Rheinland-Pfalz, Zugriff am 19.11.2014 unter: www.mbwjk.rlp.de/fileadmin/Dateien/Downloads/Jugend/bildungs-underziehungsempfehlungen.pdf.

Mirow-Strack, Annelene: Verführt von Gottes Schönheit. Ein Exerzitienbuch für Frauen, München, Kösel-Verlag, 2006.

Mix, Margarete/Rödding, Gerhard: Symbole im Kindergarten verstehen und gestalten. Ein Praxisbuch für die religiöse Früherziehung der 3- bis 7-Jährigen, Gütersloh, Gütersloher Verlagshaus, 2001.

Mix, Marianne/Staeck, Burkhard: Die Feste im Jahreskreis verstehen und gestalten. Ein Praxisbuch für die religiöse Erziehung der 3- bis 8-Jährigen, Gütersloh, Gütersloher Verlagshaus, 2001.

Möller, Rainer/Tschirch, Reinmar: Arbeitsbuch Religionspädagogik für Erzieherinnen. 6. Auflage, Stuttgart, Kohlhammer Verlag, 2014.

Moos, Beatrix: Die Bibel für Kinder entdeckt, Stuttgart, Verlag Katholisches Bibelwerk GmbH, 2008.

Müller, Gerhard: Theologische Realenzyklopädie, Berlin, Walter de Gruyter Verlag, 1992a.

Müller, Monika: Nach innen wachsen. Der Sterbeprozess eines 42-jährigen Mannes, dargestellt an acht von ihm gemalten Bildern, Bonn, ALPHA-Rheinland, 1992b.

Nüchtern, Michael: Therapie als Heilsweg, in: EZW, 60. Jahrgang, Heft 7/1997, Quell Verlag Stuttgart, S. 203.

Nußbaum, Margret: Die schönsten Familien-Rituale. 111 Rituale durchs ganze Jahr, Freiburg, Christophorus Verlag, 2005.

Oberthür, Rainer: Das Buch der Symbole. Auf Entdeckungsreise durch die Welt der Religion, München, Kösel-Verlag, 2009.

Olbrich, Hiltraud/Leson, Astrid: Abschied von Tante Sofia, Lahr, Verlag Ernst Kaufmann, 1998.

Othmer-Haake, Kerstin: Lebendige Liturgie, in: Handbuch Kirche mit Kindern, hrsg. v. Birgit Brügge-Lauterjung/Rüdiger Maschwitz/Martin Schoch, Leinfelden-Echterdingen, Verlag Junge Gemeinde, 2005.

Painadath, Sebastian: Ein Gebet aus Indien, in: Materialbrief RU, 4/2000, S. 10.

Pikler, Emmi/Tardos, Anna/Valentin, Laura/Valentin, Lienhard (Hrsg.): Miteinander vertraut werden. Erfahrungen und Gedanken zur Pflege von Säuglingen und Kleinkindern, Freiamt, Arbor Verlag, 2005.

Plieth, Martina: Kind und Tod. Zum Umgang mit kindlichen Schreckensvorstellungen und Hoffnungsbildern, Neukirchen-Vluyn, Neukirchener Verlagsgesellschaft, 2009.

Pohler, Gerald: Grundwissen Meditation. Ursprünge. Formen. Praktische Übungen, Gütersloh, Gütersloher Verlagshaus, 2001.

Pohl-Patalong, Uta: Bibliolog. Gemeinsam die Bibel entdecken im Gottesdienst, in der Gemeinde, in der Schule, Stuttgart, Verlag W. Kohlhammer, 2005.

Rat der Evangelischen Kirche in Deutschland: Wo Glaube wächst und Leben sich entfaltet. Der Auftrag evangelischer Kindertageseinrichtungen, Eine Erklärung des Rates der EKD. Im Auftrag des Rates der Evangelischen Kirche in Deutschland (EKD), herausgegeben vom Kirchenamt der EKD, Gütersloh, Gütersloher Verlagshaus, 2004.

REMID 2014. Religionswissenschaftlicher Medien- und Informationsdienst e.V. Bezugsjahr: 2012. Teilweise Schätzungen, Version 28.09.2014.

Remsperger, Regina: Sensitive Responsivität – Zur Qualität pädagogischen Handelns im Kindergarten, Wiesbaden, VS Verlag, 2011.

Rendle, Ludwig/Heinemann, Ursula/Kuld, Lothar/Moos, Beatrix/Müller, Alois (Hrsg.): Ganzheitliche Methoden im Religionsunterricht. Ein Praxisbuch, München, Kösel-Verlag, 1996.

Rogge, Ralf/Fey-Dorn, Ulrike/Müller-Langsdorf, Sabine/Dietermann, Joachim: Gott in der Krippe. Religiöse Bildung von Anfang an. Arbeitshilfe für die religionspädagogische Arbeit in der Krippe, hrsg. v. Diakonischen Werk der Ev.-luth. Landeskirche Hannover e. V./Pädagogische Akademie Elisabethenstift/Evangelische Kirche in Hessen und Nassau – Zentrum Bildung, Hannover, 2008.

Rosa, Hartmut: Resonanz. Eine Soziologie der Weltbeziehung, Berlin, Suhrkamp Verlag, 2016.

Rosa, Hartmut/Endres, Wolfgang: Resonanzpädagogik. Wenn es im Klassenzimmer knistert, Weinheim, Beltz Verlag, 2016.

Ruhr-Universität Bochum: Heim und Kirche – Ergebnisse des Forschungsprojektes über konfessionelle Heimerziehung in der frühen Bundesrepublik Deutschland (1949–1972), Zugriff am 20.11.2014 unter: http://aktuell.ruhr-uni-bochum.de/mam/content/konfessionelle-heimerziehung_langfassung.pdf.

Rupp, Hartmut: Handbuch der Kirchenpädagogik. Kirchenräume wahrnehmen, deuten und erschließen, Stuttgart, Calwer Verlag, 2005.

Schambach, Sigrid: Johann Hinrich Wichern – Gründer der Diakonie – eine Ausstellung der Diakonie Hamburg, Zugriff am 20.11.2014 unter: www.sigrid-schambach.de/downloads/wichern_ausstellung.pdf.

Scheilke, Christoph Th./Schweitzer, Friedrich (Hrsg.): Kinder brauchen Hoffnung. Religion im Alltag des Kindergartens, 4 Bände, 2. Aufl., Münster, Comenius-Institut, 2006.

Schindler, Regine: Gott, ich kann mit dir reden. Gebete, die uns begleiten, Lahr, Verlag Ernst Kaufmann, 1996.

Schindler, Regine/Heyduck-Huth, Hilde: Pele und das neue Leben, Lahr, Verlag Ernst Kaufmann, 2002.

Schmidt, Rainer: Lieber Arm ab als arm dran. Gütersloh, Gütersloher Verlagshaus, 2010, S. 14–155.

Schneider, Martin: Religionspädagogische Praxis als Weg ganzheitlicher Erziehung. Ein Darstellungs- und Interpretationsversuch, Landshut, RPA-Verlag, 1996.

Schottmüller, Heike/Siener, Günter: Stationen zum Thema „Gebet“, Station 9, in: Materialbrief RU, 4/2000.

Schreiner, Peter im Interview mit Helga Kaiser: Man kann fragen, ob die drei Religionen so geworden wären, wenn es die beiden jeweils anderen nicht gäbe, in: welt und umwelt der bibel, 4/2017, S. 8–15.

Schroer, Silvia/Staubli, Thomas: Die Körpersymbolik der Bibel, Gütersloh, Gütersloher Verlagshaus, 2005.

Schweitzer, Friedrich: Lebensgeschichte und Religion. Religiöse Entwicklung und Erziehung im Kindes- und Jugendalter, München, Chr. Kaiser Verlag, 1991.

Schweitzer, Friedrich: Mit Kindern beten – Herausforderung und Chance zeitgemäßer Kindergartengestaltung, hrsg. v. Religionspädagogischen Institut Loccum, Zugriff am 03.09.2010 unter: www.rpi-loccum.de/schwzer.html.

Schweitzer, Friedrich: Postmoderner Lebenszyklus und Religion. Eine Herausforderung für Kirche und Theologie, Gütersloh, Gütersloher Verlagshaus, 2003.

Schweitzer, Friedrich: Interreligiöse Bildung, Religiöse Vielfalt als religionspädagogische Herausforderung und Chance, Gütersloh, Gütersloher Verlagshaus, 2014

Schweitzer, Friedrich/Wissner, Golde/Bohner, Annette/Nowack, Rebecca/Gronover, Matthias/Boschki, Reinhold: Jugend – Glaube – Religion. Eine Repräsentativstudie zu Jugendlichen im Religions- und Ethikunterricht (Glaube – Wertebildung – Interreligiosität Bd. 13), Münster, Waxmann Verlag GmbH, 2018.

Sendak, Maurice: Higgelti Piggelti Pop! oder Es muss im Leben mehr als alles geben, aus dem Amerikanischen von Hildegard Krahé, Copyright der deutschsprachigen Ausgabe © 1969 Diogenes Verlag AG Zürich.

Shell Deutschland Holding (Hrsg.): Jugend 2006. 15. Shell Jugendstudie. Eine pragmatische Generation unter Druck, Frankfurt a. M., Fischer Taschenbuch, 2006.

Shell Deutschland Holding (Hrsg.): Jugend 2010. 16. Shell Jugendstudie. Selbstbehauptung trotz Verunsicherung?, Frankfurt a. M., Fischer Taschenbuch, 2010.

Siebel, Peter: Die Zukunft lernt im Kindergarten, in: Kirchliche Bildungsarbeit: Verantworten, Wahrnehmen, Gestalten. Festgabe für Harald Bewersdorff zum 60. Geburtstag, hrsg. v. Wolfgang Klein/Eckhard Langner, Düsseldorf, Evangelische Kirche im Rheinland, 2003.

Sluis, Claudia van der: Mein Vater ist ein Wolkenmann, Gütersloh, Elefanten Press bei Bertelsmann, 1999.

Smeding, Ruthmarijke/Heidkönig-Wilp, Margarethe: Trauer erschließen. Eine Tafel der Gezeiten, Ludwigsburg, der hospiz verlag, 2005.

Stalfelt, Pernilla: Und was kommt dann? Das Kinderbuch vom Tod, Frankfurt a. M., Moritz Verlag, 2009.

Statistisches Bundesamt: Fachserie A/Bevölkerung und Kultur/Volks- und Berufszählung vom 6. Juni 1961, Heft 5: Bevölkerung nach der Religionszugehörigkeit (Bundesgebiet ohne Berlin und Saarland), Stuttgart, 1966.

Steiger, Ivan: Ivan Steiger sieht die Bibel, Stuttgart, Deutsche Bibelgesellschaft, 1989.

Steinhäuser, Martin (Hrsg.)/Jerome W. Berryman: Godly Play. Das Konzept vom spielerischen Entdecken von Bibel und Glauben. Band 1: Einführung in Theorie und Praxis, Leipzig, Evangelische Verlagsanstalt, 2006.

Stern, Daniel: Die Lebenserfahrung des Säuglings. Stuttgart, Klett-Cotta, 2007.

Streib, Heinz: Gottesbilder fallen nicht vom Himmel. Kindliche Malprozesse als Gestaltung von Religion, in: Religiöse Vorstellungen bilden. Erkundungen zur Religion von Kindern über Bilder, hrsg. v. Dietlind Fischer/Albrecht Schöll, Münster, Comenius-Institut, 2000, S. 129–141.

Stubbe, Ellen: Die Wirklichkeit der Engel in Literatur, Kunst und Religion, Münster, LIT Verlag, 1997.

Szagun, Anna-Katharina/Fiedler, Michael: Religiöse Heimaten. Rostocker Langzeitstudie zu Gottesverständnis und Gottesbeziehung von Kindern, die in mehrheitlich konfessionslosem Kontext aufwachsen, Jena, edition Paideia, 2008.

Szagun, Anna-Katharina: Ist Gott ein Dreieck oder doch eher ein Elefant? Gera, Garamond Verlag, 2011.

Szagun, Anna-Katharina: Glaubenswege begleiten – Neue Praxis religiösen Lernens, Leipzig, Evangelische Verlagsanstalt, 2013.

Szagun, Anna-Katharina/Pfister, Stefanie: Wie kommt Gott in Kinderköpfe?, Gera, Garamond Verlag, 2017.

Szagun, Anna-Katharina: Nur Gott selbst kann wissen, ob es ihn gibt! Langzeitstudie zur frühkindlichen Entwicklung von Gotteskonzepten in zunehmend säkularen Kontexten, Gera, Garamond Verlag, 2018.

Tonner, Sebastian/Ignjatovic, Johanna: Rica erzählt: Das verlorene Schaf, Lahr, Verlag Ernst Kaufmann, 2005.

Tschirch, Rainer: Mit Kindern reden. Mit Kindern beten, Gütersloh, Gütersloher Verlagshaus, 1988.

Tworuschka, Monika/Tworuschka Udo: Die Weltreligionen Kindern erklärt, Gütersloh, Gütersloher Verlagshaus, 2001.

UNICEF/GEOlino (Hrsg.): GEOlino-Kinderwerte-Monitor 2010: Repräsentative Untersuchung des Kindermagazins GEOlino in Zusammenarbeit mit UNICEF, 8.12.2010, Zugriff am 20.11.2014 unter: www.unicef.de/presse/2010/kinderwerte-monitor/29156.

Union Evangelischer Kirchen in der Evangelischen Kirche in Deutschland (Hrsg.): Unsere Hoffnung auf das ewige Leben. Ein Votum des Theologischen Ausschusses der Union Evangelischer Kirchen in der EKD, Neukirchen-Vluyn, Neukirchener Verlagsgesellschaft, 2006.

Vereinte Nationen: Behindertenrechtskonvention, Zugriff am 20.11.2014 unter: www.behindertenrechtskonvention.info.

Voragine, Jacobus de: Legenda Aurea – Heiligenlegenden, ausgewählt und übers. aus dem Lateinischen v. Jacques Laager, München, Manesse Verlag, 1982.

Wagner, Petra: Diversität respektieren, Diskriminierung widerstehen – Vorurteilsbewusste Bildung und Erziehung im Rahmen von KINDERWELTEN, 2012, Zugriff am 14.05.2018 unter: http://heimatkunde.boell.de/2012/08/01/diversitaet-respektieren-diskriminierung-widerstehen-vorurteilsbewusste-bildung-und

Walter, Ulrich: Kinder erleben Kirche. Werkbuch Kindergottesdienst, Gütersloh, Gütersloher Verlagshaus, 1999.

Walter, Ulrich: Religion im Kindergartenalltag. Impulse und Ideen für die Praxis, Neukirchen-Vluyn, Neukirchener Verlagsgesellschaft, 2007.

Waßner, Rainer: Jugend und Religion, in: EZW Materialdienst. Zeitschrift für Religions- und Weltanschauungsfragen, 2/2009, S. 43–51.

Weitze, Monica/Battut, Eric: Wie der kleine rosa Elefant einmal sehr traurig war und wie es ihm wieder gut ging, Zürich, Bohem press, 2009.

Westhof, Jochem: Biblische Geschichten lebendig erzählen: Anregungen – Beispiele – Übungen, Gütersloh, Gütersloher Verlagshaus, 2011.

Wichern, Johann Hinrich: 14.–17. Jahresbericht, S. 58, zitiert nach Wikipedia, die freie Enzyklopädie, Art. Johann Hinrich Wichern, Zugriff am 10.11.2014 unter: http://de.wikipedia.org/wiki/Johann_Hinrich_Wichern.

Wichern, Johann Hinrich: Sämtliche Werke, Band 4/1, Berlin, Lutherisches Verlagshaus, 1958, S. 140.

Wiediger, Sabine: Jesus für Minis. Lieder, Reime, Fingerspiele für 0- bis 6-Jährige, Zugriff am 11.11.2010 unter: www.jesus-fuer-minis.de.

Wolff, Uwe: Welche Farbe hat die Himmelstür? Symbole der Weltreligionen für unsere Zeit gedeutet, Stuttgart, Kreuz Verlag, 2003.

Zentrum für trauernde Kinder und Jugendliche e. V. (Hrsg.): Wenn sich jemand selbst getötet hat. Arbeitsheft für Kinder, Salzburg, Edition Tandem, 2009.

Zimmermann, Mirjam: Kindertheologie als theologische Kompetenz von Kindern. Grundlagen, Methodik und Ziel kindertheologischer Forschung am Beispiel der Deutung des Todes Jesu, Neukirchen-Vluyn, Neukirchener Verlagsgesellschaft, 2010.

Bildquellenverzeichnis

akg-images GmbH, Berlin: akg-images / Bildarchiv Monheim 228; Chagall, Marc - 2019 150 1; DEL CASTAGNO, ANDREA 157 1; Delacroix, Eugène 143 1; Flammarion, Camille 25 1; Fliedner, Theodor 132; Grünewald, Matthias 251 1; Lessing, Erich 197; Lucas Cranach d. Ä 59 1; Magritte, René 15 1; Meyer, Claus 133; NIMROD 145 1; Wichern, Johann Hinrich 134.

Ateliers et Presses de Taizé, TAIZE: Ateliers et Presses de Taizé 136.

Böttcher, Jonathan, Wedel: 94 1.

Buggisch, Antje, Erlangen: 107 1, 109 1.

Cost, Petra, Bielefeld: 188 1, 191 1, 217 1, 219 1, 222 1, 223 1, 230 1, 231 1, 244 1.

Deutsche Bibelgesellschaft, Stuttgart: Steiger, Ivan 227 1.

DRK, Berlin: 198 1.

Ev. Kirchengemeinde Lippstadt, Lippstadt: 140 1.

Evangelische Kirchengemeinde Stieldorf-Heisterbacherrott, Königswinter-Stieldorf: 228 2.

Evangelischer Kirchenkreis Aachen, Aachen: Braun, Caren 47.

fotolia.com, New York: Alexey Stiop 185 1; ayazad 43 1; Carina Hansen 254 1; DXFoto.com 38 4; fabiomax 40 1; georgemuresan 160 1; Heike Böschemeyer 155 1; James Thew 256 1; Kevin Kratka 240 1; kexchen 172 1; KorayErsin 232 1; Marcel Schauer 190 2; PagetRFphoto 238 1; Reinhold Einsiedler 165 1; Sasha 41 1; Serg Zastavkin 45 1; Sigtrix 233 1; sonjanovak 253 2; T.See 229 1; Vladislav Lebedinski 233 2.

Henn, K.-Peter, Königswinter: 128, 129, 129, 129, 129, 129.

integra Software Services PVT Ltd, Pondicherry: 31 1, 31 2, 39 2, 50 1, 53 1, 54 1, 100 1, 103 1, 104 1, 110 1, 111 1, 164 1, 190 1, 195 1, 196 1, 225 1, 234 1, 239 1, 243 1, 246 1, 247 1, 259 1. iStockphoto.com, Calgary: 176 1, 180 1; bowdenimages 22 1; Gina Sanders 23 1; Johannes Bräutigam 38 3; Jörn Neumann 38, 151 1; LightFieldStudios 18; Norbert Neetz 7 1; Phooey 81 1.

Jouve Germany GmbH & Co. KG, München: 75, 75, 75, 76, 77, 78, 126.

Kauk, Katrin, Lößnitz: 171 1.

Klopfer, Andrea, Burgkirchen: 38 2, 148 1, 154 1, 161 1.

Kontakte Musikverlag, Lippstadt: 209, 210, 214.

Kunstverlag Heinz Klein GmbH, Saarlouis: 67.

La Gro, Johann, Lippstadt: 121, 121, 127, 128, 128, 130.

Menschenkinder Verlag, Münster: 149 1.

MVG Medienproduktion und Vertriebsgesellschaft mbH, Aachen: D'Souza-Krone, Lucy 199 1. Obermann, Andreas, Wuppertal: 42 1, 80, 125, 130.

Picture-Alliance GmbH, Frankfurt/M.: (picture-alliance/akg-images/Erich Lessing 62 1; Bildagentur-online/Schöning 49 1; DB Engel 194 1; dpa-infografik 37 1; Endig, Peter 193 1; Hörhager, Felix 142; NurPhoto/Ciccia, Giuseppe 93; picture-alliance/epd 206 1; Rothermel, Winfried 48; Stark, Friedrich 21; Tittel, Harald 173; Tittel, Harald /dpa 169; Wolf, Jens 192; ZB 35 1, 52; Zinken, Paul 203. Shutterstock.com, New York: Everett Historical 41; Lisa S. 60 1; mark reinstein 27.

STIFTUNG WELTETHOS, Tübingen: 55 1.

stock.adobe.com, Dublin: Alexey Rumyantsev 252; Beboy 252; britta60 252; Goldengel 253; hadkhanong 252; Monique Pouzet 44; oigro 219; Photographee.eu 92; S.Kobold 252; Sergey Novikov 89; shaiith Titel; shootingankauf 178; siimsepp 252; Thomas Seethaler 99. |UNICEF Deutschland, Köln: 12.

VG BILD-KUNST, Bonn: Sigmunda May OSF - 2019 202 1.

Wetterauer, Oliver, Stuttgart: 13 1, 16 1, 59 2, 96 1, 147 1, 219 3.

Wir arbeiten sehr sorgfältig daran, für alle verwendeten Abbildungen die Rechteinhaberinnen und Rechteinhaber zu ermitteln. Sollte uns dies im Einzelfall nicht vollständig gelungen sein, werden berechtigte Ansprüche selbstverständlich im Rahmen der üblichen Vereinbarungen abgegolten.

Sach- und Personenverzeichnis